Entwurf

eines

Allgemeinen Bürgerlichen Strafgesetzbuches

für das Königreich Norwegen.

Motive.

Ausgearbeitet von der durch königliche Entschließung vom 14. November 1885 eingesetzten Kommission.

Auf Anregung des Reichs-Justizamts

übersetzt von

Dr. H. Bittl,

Kaiserlich deutscher Vizekonsul in Konstantinopel.

Berlin 1907.

J. Guttentag, Verlagsbuchhandlung,

G. m. b. H.

Durch Königliche Entschließung vom 14. November 1885 wurde eine Kommission, bestehend aus Reichsadvokat, damaligen Professor Getz als Vorsitzenden, Sr. Exzellenz dem Staatsminister, damaligen Rechtsanwalt Blehr, Amtmann Oppen, Amtmann, damaligen Amtssekretär Qvam, den Höchstgerichtsassessoren, damaligen Stadtgerichtsassessoren Scheel und Thoresen sowie Lehnsmann Överland eingesetzt, um einen Entwurf zur Umarbeitung des Strafgesetzes auszuarbeiten.

Später sind aus der Kommission ausgetreten die Herren Oppen und Blehr, und an ihre Stelle eingetreten die Herren Staatsrat, damaliger Staatsadvokat Smedal und Expeditionschef Woxen.

Da der Vorsitzende und Herr Blehr bis zum Sommer 1886 als Mitglieder des Departement-Komitees zur Revision des Entwurfs zum Strafprozeßgesetz in Anspruch genommen waren, so trat die Kommission erst im Herbst 1886 in Wirksamkeit, wo sie eine kürzere Zusammenkunft zur Erörterung der Grundsätze hatte, die dem neuen Strafgesetz zugrunde gelegt werden sollten. Alsdann trat sie wieder im Herbst 1887 zusammen zur Durchgehung des vom Vorsitzenden ausgearbeiteten Entwurfs zum allgemeinen Teil des Strafgesetzes.[1])

Im folgenden Jahr versammelte sich die Kommission vom 10. Januar bis Ausgang März zur Ausarbeitung eines Entwurfs für die vorläufigen Abänderungen des Strafgesetzes, die vor Inkrafttreten der im Jahre 1887 beschlossenen Abänderung des Verfahrens in Strafsachen für nötig erachtet wurden (vgl. Schreiben

---

[1]) Vorläufiger Entwurf eines allgemeinen bürgerlichen Strafgesetzbuches für das Königreich Norwegen. I. Teil mit Motiven. Ausgearbeitet von Professor Dr. B. Getz, Vorsitzender der Königlichen Strafrechtskommission, Christiania 1887.

Der von der Strafrechtskommission durchgesehene Entwurf liegt als Storthingsdokument Nr. 66, 1889 gedruckt vor.

des Justizdepartements vom 7. Juli 1887). Der Entwurf der Kommission[1]) liegt den Gesetzen vom 29. Juni 1889 und 28. Juni 1890 zugrunde.

Im Herbst 1888 trat sie aufs neue zusammen und durchging unter Zugrundelegung eines vom Vorsitzenden ausgearbeiteten, mit Motiven versehenen Entwurfs verschiedene Kapitel des speziellen Teiles des Strafgesetzes, nämlich die Kapitel über Sittlichkeitsverbrechen, Totschlag, Körperverletzung, falsches Zeugnis und falsche Anklage, Beleidigung sowie Unterschlagung, Diebstahl, Näscherei und Hehlerei.[2])

Zu Ende des Jahres mußte indessen die Kommission ihre Verhandlungen abbrechen wegen Zusammentritts des Storthings, und nachdem der Vorsitzende der Kommission 1889 zum Reichsadvokat ernannt worden war, wurden ihre Arbeiten einstweilen ganz eingestellt, bis er im Frühjahr 1891 von diesem Amt entbunden wurde.

Im Herbst 1892 trat die Kommission zum erstenmal wieder nach dieser Unterbrechung zusammen und durchging den vom Vorsitzenden ausgearbeiteten Entwurf eines Gesetzes betreffend die Behandlung sittlich verkommener und verwahrloster Kinder,[3]) worüber ein Gutachten abgegeben wurde.[4])

Alsdann trat sie Mitte Oktober im folgenden Herbst zusammen zwecks Durchsicht des vom Vorsitzenden ausgearbeiteten Entwurfs zu einem vollständig neuen Strafgesetz.[5])

---

[1]) Entwurf eines Gesetzes über Abänderungen des Gesetzes betreffend Verbrechen vom 20. August 1842 mit Motiven, Christiania 1888.

[2]) Liegt als Storthingsdokument Nr. 67 und 65 für 1889 gedruckt vor.

[3]) Entwurf eines Gesetzes betreffend die Behandlung von sittlich verkommenen und verwahrlosten Kindern nebst Motiven, ausgearbeitet von Dr. B. Getz, Christiania 1892.

[4]) Entwurf eines Gesetzes über die Zwangserziehung sowie eines Gesetzes über Abänderung der Bestimmungen über den Vollzug der Strafarbeit, vorgelegt von der durch Königliche Entschließung vom 14. November 1885 eingesetzten Strafrechtskommission, Christiania 1892. Die vorgeschlagenen Abänderungen im Vollzug der Strafarbeit liegen zugrunde für das Gesetz vom 26. Juni 1893; der Entwurf eines Gesetzes über die Zwangserziehung von Kindern, dem dieses Jahr durch das Storthing angenommenen Gesetz über die Behandlung verwahrloster Kinder.

[5]) Entwurf eines allgemeinen bürgerlichen Strafgesetzbuches für das Königreich Norwegen, ausgearbeitet von B. Getz, Christiania 1893 nebst Motiven, aus-

Man einigte sich hierbei indessen darüber, die Regelung der Behandlung der Arbeitsscheu, Bettelei und Trunksucht sowie der Zwangsarbeitshäuser in einem besonderen Gesetz zusammenzufassen, worüber im Sommer 1894 ein Gutachten abgegeben wurde.[1]

Die Durchsicht des Strafgesetzentwurfes selbst wurde bis zum Zusammentritt des Storthings 1895 fortgesetzt, im Herbst 1895 wieder aufgenommen und Ende Januar 1896 vollendet.

Indem hiermit das Ergebnis dieser Durchsicht vorgelegt wird, wird bemerkt, daß die Kommission ihren Entwurf mit vollständigen, in sich abgeschlossenen Motiven versehen und sich nicht auf einen Hinweis zu den Begründungen beschränken zu sollen geglaubt hat, die den vorläufigen Entwurf des Vorsitzenden begleiten, auch da, wo die vorgeschlagenen Gesetzesvorschriften und ihre Begründung in beiden Entwürfen vollständig zusammenfallen. Man war der Ansicht, daß die Vorteile einer Zusammenfassung des ganzen an einer Stelle im vollen Anschluß an den Gesetzestext, wie er jetzt vorliegt, so große sind, daß dieser Vorgangsweise unbedingt der Vorzug eingeräumt werden muß. An einzelnen Stellen, an denen die Motive zu den vorläufigen Entwürfen eingehendere Ausführungen zu dem einen oder anderen Thema enthalten, hat man jedoch auf diese in derselben Weise hingewiesen, wie auf die übrige juristische Literatur. Die Ausarbeitung und schließliche Durchsicht der Motive wurde gegen Ende April 1896 zu Ende gebracht. Da die Motive im Laufe eines längeren Zeitraumes gedruckt worden sind, hat eine Übereinstimmung insofern nicht überall erzielt werden können, als einzelne Gesetze u. a., auf die in späteren Teilen der Motive Bezug genommen ist, bei Beginn der Drucklegung noch nicht vorlagen.

---

gearbeitet von B. Getz, Christiania 1893. Die Motive zu den Kapiteln über Verbrechen und Versehen gegen die Sittlichkeit waren im wesentlichen schon gegeben in den Motiven zum Entwurf eines Gesetzes zur Bekämpfung der öffentlichen Unsittlichkeit und venerischen Ansteckung, ausgearbeitet von B. Getz, Christiania 1892, teils in den Motiven zu Anhang I und II desselben.

[1] Entwurf zu einem Gesetz über Arbeitsscheu, Bettelei und Trunksucht sowie über Zwangsarbeitshäuser, ausgearbeitet von der durch königliche Resolution vom 14. November 1885 eingesetzten Strafgesetzkommission, Christiania 1894.

Gleichzeitig mit der Beendigung der Durchsicht des Strafgesetzentwurfes, wurde auch die Ausarbeitung einiger mit diesen in Verbindung stehender Gegenstände zu Ende gebracht, die man indessen am zweckmäßigsten zum Gegenstand besonderer Gesetze machen zu sollen geglaubt hat. Diese sind:

Entwurf eines Gesetzes über die Einführung des allgemeinen bürgerlichen Strafgesetzbuches,

Entwurf eines Gesetzes über das Gefängniswesen und den Vollzug von Freiheitsstrafen,

Entwurf eines Gesetzes über Disziplinarvergehen und Verabschiedung von bürgerlichen oder geistlichen Beamten,

Entwurf eines Gesetzes über Abänderung des Gesetzes über das gerichtliche Verfahren in Strafsachen vom 1. Juli 1887.

Diese Entwürfe werden nebst ihrer Begründung im Laufe der nächsten Zeit gedruckt vorliegen.

Christiania, im Mai 1896.

B. Getz. A. Qvam. V. Scheel. Harald Smedal.
J. H. Thoresen. Fr. Woxen. H. Överland.

Andreas Urbye.

Inhaltsverzeichnis.

I. Teil.

Allgemeine Bestimmungen.

Übersicht über fremde Gesetze und Gesetzentwürfe.

In den letzten Jahren haben die meisten Länder sich teils neue Strafgesetze gegeben, teils mit den Arbeiten zu solchen begonnen, und fast überall, wohin man den Blick wendet, wird man daher neue Gesetze oder wenigstens Gesetzentwürfe finden. Da eine Reihe von diesen bei der Ausarbeitung dieses Entwurfes in größerem oder geringerem Umfang benutzt worden ist, dürfte es zweckmäßig sein, ein Verzeichnis und eine kurze Darstellung der ausländischen, insbesondere europäischen Strafgesetzgebung vorauszuschicken (vgl. Die Strafgesetzgebung der Gegenwart I, 1894).

1. Schwedisches Strafgesetz vom 16. Februar 1864 mit seinen Abänderungen durch die Verordnung vom 24. Mai und 19. Juli 1872, 31. Oktober 1873, 16. Juni 1875, 30. Dezember 1876, 10. August 1877, 6. August 1881 und 6. Oktober 1882, die Gesetze vom 16. Mai 1884, 28. Oktober 1887, 7. Juni 1889 und 20. Juni 1890, welch letzteres hauptsächlich eine Abänderung der Strafdrohungen enthält, sowie das Gesetz vom 14. Oktober 1892.

2. Dänisches Strafgesetz vom 10. Februar 1866 nebst Abänderungen durch die Gesetze vom 25. Februar 1871, 23. Mai 1873, 10. April 1874 und 9. April 1891. Vgl. auch das Strafgesetz von Island vom 25. Juni 1869.

3. Finnländisches Strafgesetz vom 19. Dezember 1889 nebst Abänderungen durch die Vo. vom 21. April 1894. Der erste Entwurf (von 1875) wurde von einer Kommission ausgearbeitet, deren wichtigstes Mitglied Prof. Ehrström war und er wurde später durch eine Prüfungskommission durchgesehen (Helsingfors 1884). Eine eingehende Kritik des Entwurfes enthält Hagströmer: Granskning usw. Upsala 1884.

4. Das deutsche Strafgesetz vom 31. Mai 1870. Dieses Gesetz, welches jedoch im wesentlichen eine Revision des preußischen von 1851 ist, wurde in sehr kurzer Zeit zustande gebracht, indem nämlich

mit den Arbeiten dazu erst in der letzten Hälfte des Jahres 1868 begonnen wurde. Zusätze und Abänderungen sind gemacht worden durch die Gesetze vom 10. Dezember 1871, 23. November 1874, 6. Februar 1875, 26. Februar 1876, 24. Mai 1880, 5. April 1888, 13. Mai 1891, 26. März, 19. Juni und 3. Juli 1893, wozu noch zu bemerken ist, daß die Bestimmungen über den Bankrott durch das Konkursgesetz vom 10. Februar 1877 abgelöst sind. Außerdem ist zu erwähnen das Aktien-Gesetz vom 18. Juli 1884, das eine Reihe einschlägiger Strafbestimmungen enthält, sowie das Sprengstoffgesetz vom 9. Juni 1884 und die Seemannsordnung vom 27. Dezember 1872.

5. Der österreichische Entwurf zu einem neuen Strafgesetz wurde erstmals der Volksvertretung im Jahre 1874 vorgelegt, er ist aber noch nicht verbeschieden. Der im folgenden zitierte Entwurf ist der von einem Ausschuß des österreichischen Reichsrats 1893 angenommene (709 der Beilagen zu den stenographischen Protokollen des Abgeordnetenhauses — XI. Session 1893). Das geltende österreichische Strafgesetz ist vom 27. Mai 1852, aber dieses ist wiederum zunächst nur eine Revision des Gesetzes vom 3. September 1803.

Ein Spezialgesetz, betreffend unredliche Handlungsweise bei Kreditgeschäften wurde am 28. Mai 1881 in 17 Paragraphen erlassen, ein solches bezüglich der Sprengstoffe am 27. Mai 1885, über Zwangsarbeitsanstalten u. a. am 24. Mai 1885.

6. Das ungarische Strafgesetz von 1878. Deutsche Übersetzung von Steinbach, Budapest 1878. Das ungarische Strafgesetz bezüglich Versehen von 1879. Beiden Gesetzen liegt der Entwurf von Karl Csmegis zugrunde.

7. Der kroatische Strafgesetzentwurf. Der Entwurf ist im Laufe von zwei Jahren durch den Justizchef Derenčin ausgearbeitet worden und war fertig am Ende des Jahres 1879; auf deutsch übersetzt von Cuculic sowie in Tauffers, Gesammelte Wohlmeinungen über den kroatischen Strafgesetzentwurf, Wien 1882.

8. Die schweizerische Strafgesetzgebung. Die geltenden Gesetze sind: die von Thurgau 1841, revidiert 1868, Waadt von 1843, Graubünden 1851 und Polizeistrafgesetz von 1873, Aargau von 1857 und Polizeistrafgesetz von 1868, Wallis von 1858, Schaffhausen von 1859, Luzern von 1860 und Polizeistrafgesetz von 1861, Unterwalden o. d. W. von 1864 und Polizeistrafgesetz von 1870, Bern von 1866, Glarus von 1867, Freiburg von 1868, Zürich von 1871, Basel-Stadt

von 1872 nebst Polizeistrafgesetz von 1872, Basel-Land von 1873, Tessin von 1873, Genf von 1874, Zug von 1876, Appenzell a. Rh. von 1878, Schwyz von 1881, Solothurn von 1885, St. Gallen von 1885 und Neuchâtel von 1891, wozu noch das Bundesstrafgesetz von 1853 über einzelne Gebiete hinzukommt. Eine gesammelte, systematisch geordnete Ausgabe der geltenden schweizerischen Strafgesetze findet sich bei Carl Stooß. Die schweizerischen Strafgesetzbücher zur Vergleichung zusammengestellt, Basel und Genf 1890. Vgl. von demselben: Die Grundzüge des schweizerischen Strafrechts I und II, Basel und Genf 1892 und 1893. Diese Arbeiten, die beide auf Veranlassung des Bundesrats herausgegeben sind, sind Vorarbeiten zu dem neuen von Stooß ausgearbeiteten Entwurf zu einem gemeinsamen Strafgesetz für die Schweiz. Ein vorläufiger Entwurf zum allgemeinen Teil desselben wurde nebst Motiven im Jahre 1893 veröffentlicht und ist durch eine von Juristen der verschiedenen schweizerischen Kantone zusammengesetzten Kommission durchgesehen worden.

Der Entwurf desselben Verfassers zu dem ganzen Strafgesetz nebst übrigens sehr kurzen Motiven erschien 1894 (Schweizerisches Strafgesetzbuch, Vorentwurf, Bern 1894; vgl. v. Lilienthal in der Zeitschr. f. d. ges. Strafrechtsw., Bd. XV, S. 97 und 200, und Lammasch in der Zeitschr. für Schweizer Strafrecht 1894, S. 44; vgl. auch die norwegische Rechtszeitschr. f. 1895, S. 305, wo eine mit Anmerkungen versehene Übersetzung des allgemeinen Teils sich befindet.[1])

9. Das niederländische Strafgesetz vom 3. März 1881. Die im Jahre 1870 eingesetzte Kommission beendete ihr Werk im Jahre 1875, aber erst im Jahre 1879 legte die Regierung den Entwurf den Generalstaaten vor. Das Gesetz trat erst am 1. September 1886 in Kraft (Gesetz über das Inkrafttreten des Strafgesetzes vom 15. April 1886), nachdem verschiedene Abänderungen in der übrigen Gesetzgebung vorgenommen worden waren, und es wurde schon vorher in einzelnen Punkten durch ein Gesetz vom 15. Januar 1886 abgeändert.

10. In Frankreich ist es bisher auf dem Gebiete der Strafgesetzgebung ziemlich ruhig gewesen. Jedoch sind zu erwähnen, das

[1]) Vorentwurf zu einem Schweizerischen Strafgesetzbuch nach den Beschlüssen der Expertenkommission, Bern 1896 ist zu spät in die Hände der Kommission gelangt, als daß er noch hätte berücksichtigt werden können.

Recidivistgesetz vom 27. Mai 1885, das Preßgesetz vom 29. Juli 1881, die Gesetze vom 24. Juli 1889 zur Beschützung von Kindern, vom 23. Januar 1873 zur Bekämpfung der Trunksucht sowie das durch die Ermordung des Präsidenten Carnot veranlaßte Gesetz vom 28. Juli 1894 bezüglich die Bestrafung von Aufforderungen zu oder Verteidigung von gewissen gesellschaftsgefährlichen Verbrechen. 1884 brachte indessen Charles Lucas beim Senat eine Petition über die Notwendigkeit einer Revision des Code Pénal ein. Nachdem eine Kommission sich hierfür ausgesprochen hatte, wurde 1887 vom Justizministerium eine Kommission zur Vorbereitung einer Revision der ganzen Strafgesetzgebung eingesetzt. Diese Kommission, deren Vorsitzender Ribot war, hat einen Entwurf zum allgemeinen Teil des Gesetzes ausgearbeitet. (S. Mitteilungen der intern. krim. Vereinigung Bd. IV., S. 165.)

11. Das belgische Strafgesetz vom 8. Juni 1867 (eine Revision des Code Pénal). Wichtige Bestimmungen über die Landstreicherei und den Bettel sowie die Behandlung verbrecherischer Kinder enthält das Gesetz vom 27. November 1891. Ferner sind zu erwähnen ein Sprengstoffgesetz vom 15. Oktober 1881 und ein Gesetz gegen die Trunksucht vom August 1887.

12. Spanischer Strafgesetzentwurf von 1884. Ausgearbeitet von dem damaligen Justizminister Silvela in 665 Paragraphen, aber fast gänzlich ohne Motive (vgl. Gerichtssaal 1885, S. 417). Später ist indessen die Reform stehen geblieben.

13. Das geltende portugiesische Strafgesetz vom 16. September 1886 ist im wesentlichen eine Revision des im Jahre 1852 gegebenen Strafgesetzes, das von einer 1845 eingesetzten Kommission ausgearbeitet war.

14. Das italienische Strafgesetz vom 30. Juni 1889. Der erste Entwurf wurde dem Senate während der Session 1873/1874 vorgelegt. Später wurden wiederholt Vorschläge gemacht, nachdem der Entwurf unter den verschiedenen Ministerien einzelne Abänderungen erlitten hatte. Das erste Buch wurde auch von der Deputiertenkammer 1877 angenommen, aber die Annahme des Gesetzes scheiterte lange daran, daß keine Einigkeit über die Frage zu erzielen war, ob die Todesstrafe in das neue Gesetz aufzunehmen sei. An das Strafgesetz knüpft sich das Gesetz über die öffentliche Sicherheit vom 30. Juni 1889.

15. Der russische Strafgesetzentwurf ist von einer 1881 eingesetzten Kommission ausgearbeitet worden, unter deren Mitgliedern Tagantsew, Nekljudof und Foinitski zu nennen sind. Der Entwurf ist mit sehr ausführlichen Motiven versehen, die hauptsächlich von Tagantsew und Foinitski ausgearbeitet sind (eine deutsche Übersetzung nebst Auszügen aus den Motiven ist von Prof. Gretener besorgt).

16. Der bulgarische Strafgesetzentwurf ist vom Jahre 1888, er ist bestimmt, das hier im wesentlichen noch geltende türkische Strafgesetz von 1857 abzulösen.

17. Das rumänische Strafgesetz von 1864 hat bisher nur unwesentliche Veränderungen im Jahre 1874 erhalten.

18. Das serbische Strafgesetz von 1860 beruht zunächst auf dem preußischen von 1851.

19. Das griechische Strafgesetz von 1834 ist im wesentlichen noch in Kraft, wenn auch einzelne Teile desselben später noch abgeändert sind.

20. Der englische Strafgesetzentwurf ist 1877 von James Stephen verfaßt und dem Parlament 1878 vorgelegt worden. Später ist er immer und immer wieder von den verschiedenen Ministerien dem Parlament vorgelegt worden, ohne indes zu endgültiger Behandlung gelangt zu sein.

Indessen hat man eine Reihe von speziellen Strafgesetzen zustande gebracht:

Sprengstoffgesetz (Explosive Substances Act) von 1883 (Zeitschr. f. d. ges. Strafrechtsw. III, 550, IV, 123).

Criminal Law Amendement Act 1885 gerichtet gegen Kuppelei, Mädchenhandel usw. (s. Zeitschr. f. d. ges. Strafrechtsw.) 1886, 288.

Probation of First Offenders Act von 1887, das ein System einführt, das dasselbe erreichen soll wie die Gesetze des Kontinents über bedingte Strafurteile.

The Penal Servitude Act von 1891, welcher das Minimum der Strafarbeit auf drei (statt fünf) Jahre festsetzt.

Prevention of Cruelty against Children Act von 1889, der Maßregeln gegen die physische und moralische Verwahrlosung von Kindern enthält (vgl. Zeitschr. f. d. ges. Strafrechtsw. XI, S. 425).

Schon im Jahre 1860 erhielt Britisch-Indien sein besonderes Strafgesetz, zunächst nach einem von Lord Macaulay schon 1834 bis 1838 ausgearbeiteten Entwurf. Dieses Gesetz, das für besonders gut gehalten wird, »kann als das englische Strafgesetz, befreit von seinen Formalitäten und Überflüssigkeiten, systematisch geordnet und in einzelnen Teilen den Eigentümlichkeiten Britisch-Indiens abgepaßt, angesehen werden« (Stephen, History of Crim. Law. I, S. 300).

21. 1892 erhielt Kanada ein neues Strafgesetz, bestehend aus 532 Paragraphen.

22. Strafgesetz für den Staat New York vom 26. Juli 1881. Die Arbeit wurde eigentlich schon 1857 begonnen, ist aber im wesentlichen nur eine Kompilation, die auch die englische Ausdrucksweise in der Weitläufigkeit behalten hat. Eine deutsche Übersetzung derselben findet sich als Beilage in der Zeitschr. f. d. ges. Strafrechtsw. 1884.

23. Das mexikanische Strafgesetz vom 7. Dezember 1871 in 1150 Artikeln nebst Einführungsgesetz gleichen Datums (eine deutsche Übersetzung ist als Anlage zur Zeitschr. f. d. ges. Strafrechtsw. 1894 gedruckt).

I. Teil.

Allgemeine Bestimmungen.

Einleitende Bestimmungen.

Die erste Frage, die zu beantworten ist, ist die, welche strafbaren Handlungen zu behandeln die Strafgesetzgebung sich zur Aufgabe stellen soll.

Wie bei der Revision der Militärstrafgesetzgebung, die ebenfalls der gegenwärtigen Kommission übertragen ist, näher ausgeführt erscheint, wird angenommen, daß die meisten Gründe dafür sprechen, die militärischen Verbrechen wie bisher in ein besonderes Militärstrafgesetz zusammenzufassen. Abgesehen hiervon, dürfte es indes schwerlich irgendeine Art strafbarer Handlungen geben, die für die Aufnahme in das allgemeine Strafgesetz ungeeignet wäre.

Vielleicht würde es am richtigsten erscheinen, wenn der Entwurf sich dem Gedanken anschlösse, der der Ausarbeitung des geltenden Strafgesetzes zugrunde lag, daß nämlich im allgemeinen nur solche Handlungen, die eine unmittelbare Rechtsverletzung enthalten oder die unmittelbar den staatlichen Zwecken zuwiderlaufen und die deshalb unter den Begriff der eigentlichen Verbrechen fallen, im Strafgesetzbuch Aufnahme finden sollen, während Strafvorschriften die mittelbaren Schaden zu verhüten und die Gefahr von Rechtsverletzungen abzuwenden bestimmt und die daher zu den Polizeiübertretungen zu rechnen sind, entweder nur gelegentlich an solchen Stellen in der Gesetzgebung, wo besonderer Anlaß dazu gegeben ist, oder allenfalls in einem besonderen Polizeistrafgesetz zu behandeln sind. Hiergegen können indes nach unserer Ansicht erhebliche Einwendungen gemacht werden. Es ist leicht einzusehen, daß, wenn diese Sonderung, die auf so inneren Unterscheidungsmerkmalen, wie Grund und Zweck der Bestimmungen aufgebaut ist, durchgeführt werden soll, ständige Unsicherheit, Zweifel und Streit die Folge sein würden, wie auch die Sonderung bei konsequenter Durchführung keinenfalls praktischen Zwecken und deren Anforderungen entsprechen würde. Das Gesetz von 1842 hat selbst viele Regeln aufgenommen, beispielsweise über Verstöße gegen die Sittlichkeit, heimliches Gebären, Anfertigung von Stempeln usw. ohne betrügerische Absicht, die doch vom Standpunkt einer strengen Systematik unter die Polizeigesetzgebung fallen müßten. Auch in anderen Ländern hat man diese Sonderung verlassen, ja es kann behauptet werden, daß ausgenommen in Bayern [1]) niemals ein Versuch zu einer solchen gemacht worden ist.

Wenn man in anderen Ländern von Polizeiübertretungen im Gegensatz zu anderen Delikten spricht, so versteht man nämlich und hat fast überall unter den ersteren kleinere Delikte im Gegensatz zu den schwereren verstanden, ohne im übrigen die Art des Deliktes oder den Grund, weshalb dasselbe mit Strafe belegt ist, zu berücksichtigen.

So verhält es sich mit den französischen contraventions de police, den Polizeivergehen der früheren hannoverschen Gesetzgebung, wie auch mit den früheren italienischen contravenzioni di polizia. Es liegt indessen auf der Hand, daß unter diesen Umständen der Zusatz »Polizei« keinen richtigen Sinn hatte, und er ist daher auch in den meisten neueren Gesetzen weggelassen, so schon in dem preußischen von 1851, dem österreichischen von 1852 und dem neuen deutschen, die jetzt alle schlechthin von Übertretungen sprechen, wie auch die holländischen und italienischen Gesetze und der spanische und schweizerische Entwurf.

Kann somit die Scheidung zwischen »Kriminal« und »Polizei« Unrecht nicht zugrunde gelegt werden, so fragt es sich weiter, ob man sich vielleicht auf den Stoff beschränken soll, der positiv im geltenden Strafgesetz vorliegt. Diese Lösung wäre jedoch ebensowenig zufriedenstellend. Von den Strafvorschriften, die außerhalb des Strafgesetzes liegen und die zum Teil bedeutend älter sind als dieses, kann doch kaum angenommen werden, daß sie mehr als die in das Strafgesetz selbst aufgenommenen den Forderungen der Jetztzeit entsprechen. Außerdem entstehen häufig wenig wünschenswerte Gegensätze zwischen alt und neu, wenn man die Änderungen auf so willkürliche Weise begrenzt; hierfür lassen sich auch zurzeit mannigfache Beispiele anführen. Eine Revision auf diesem Gebiete müßte, wenn sie auf einem so formellen Prinzip stehen bleiben wollte, die berechtigtsten Erwartungen täuschen; eine solche Revision muß sich vielmehr zur Aufgabe setzen, alles zu tun, was nötig ist, um unsere Strafgesetzgebung zeitgemäß, vollständig und einheitlich, in Übereinstimmung mit sich selbst zu gestalten. Schon damals, als mit den Arbeiten für das Strafgesetz von 1842 begonnen wurde, zeigte sich das Wünschenswerte einer einheitlichen Bearbeitung der ganzen Strafgesetzgebung. Die Auf-

---

[1]) S. bayr. Strafgesetz von 1813, Art. 2. Auch die bayrische Strafgesetzgebung von 1861 enthält diese Sonderung, indem sie die von ihr behandelten strafbaren Handlungen einteilt in: Verbrechen, Vergehen und Übertretungen, aber daneben in einem besonderen Polizeistrafgesetz die Polizeiübertretungen behandelt.

gabe der Kommission war deshalb die Zustandebringung »eines Entwurfes zu einem Kriminalgesetz sowie zu einem allgemeinen Gesetz betreffend Polizeiübertretungen«. Der letztere kam indes nicht zustande, und die Folge davon ist, daß unsere Polizeistrafgesetzgebung nicht bloß großenteils gänzlich veraltet, sondern auch unnötig verstreut ist, und daß viele Bestimmungen, weil sie ihrer Natur nach in keinen Teil der Gesetzgebung hineinpassen, teils überhaupt nicht vorhanden sind, teils an falschen Stellen stehen, teils nur als lokale Vorschriften sich vorfinden, obgleich ihnen eine allgemeine Geltung zukommen müßte usw.

Hiermit soll jedoch bei weitem nicht gesagt sein, daß beabsichtigt ist, dieses Gesetz alle möglichen strafbaren Handlungen umfassen zu lassen. Ein derartiger Plan würde in seiner Weitläufigkeit auf ganz besonders große Hindernisse stoßen und würde sich nicht einmal, selbst wenn er leicht durchführbar wäre, empfehlen. Viele Strafbestimmungen knüpfen sich so speziell an Verhältnisse, die in anderen Gesetzen geordnet sind, daß sie am natürlichsten dort Aufnahme finden, andere wiederum sind abhängig von so wechselnden oder dermaßen örtlich begrenzten Verhältnissen, daß es unzweckmäßig wäre, sie in das Strafgesetz aufzunehmen. Sollte dies aber geschehen, so müßte man in weitem Umfange den Weg einschlagen, im Strafgesetze selbst nur generell die Art der unter Strafe gestellten Handlungen anzugeben; es ist aber schwer einzusehen, ob bei einer vollständigen Durchführung dieser Ordnung ein Gewinn herauskäme, der die damit verbundenen Schwierigkeiten aufwiegen würde.[1])

---

[1]) Derartige Blankettstrafvorschriften finden sich indes im dritten Teil des Entwurfs in nicht geringer Zahl: s. hauptsächlich die §§ 332, 339, 341, 347, 351, im zweiten Teil die §§ 357, 361, 365, 414, 416, 417, 418, 419 und 421. Man hat namentlich in Fällen, in denen die Spezialgesetze, an die die Vorschriften anknüpfen, sehr zahlreich sind und in denen diese teils ohne Grund übereinstimmende Strafdrohungen enthalten, teils solcher entbehren, gefunden, daß sich die Aufnahme einer generellen Strafdrohung in das Gesetz als zweckmäßig empfehlen dürfte.

Auch in anderen Gesetzgebungen, z. B. der deutschen, finden sich solche Blankettstrafvorschriften, jedoch auch hier nicht in großer Zahl. Sie beschränken sich hauptsächlich auf §§ 145, 327, 328, 361,6, 366,1 und 10, 367,2, 5 und 14, 368,1, 2, 8. Andererseits sind auch in Deutschland große Teile der Strafgesetzgebung nicht im Strafgesetzbuch selbst geregelt, sondern z. B. im Konkursgesetz, im Schiffahrtsgesetz, in den Steuer- und Zollgesetzen, im Preßgesetz, in den Gewerbegesetzen, den Patent- und Urhebergesetzen, den Sprengstoff- und Sozialistengesetzen, den Gesetzen über die Erwerbsgesellschaften, den Prozeßgesetzen, den Beamtengesetzen, wobei noch zu bemerken ist, daß neben diesen Reichsgesetzen auch die Einzelstaaten besondere Gesetze mit Strafbestimmungen haben können. In derselben Weise wie das deutsche Strafgesetz, das hierin im wesentlichen mit dem code pénal übereinstimmt, ist auch der österreichische Entwurf aufgebaut, nur daß dieser noch mehr strafrechtlichen Stoff aufgenommen hat, ohne indes dabei erschöpfend zu sein. Ebenso das holländische, das belgische, das

Nach der hier vorherrschenden Meinung soll dagegen das Gesetz eine zentrale und leitende Stellung in der ganzen Strafgesetzgebung einnehmen, woraus folgt, daß es sich auf deren ganzes Gebiet er-

---

italienische, das genfische Gesetz, die Gesetze der Kantone Bern und Appenzell sowie der spanische und schwedische Entwurf. Als Beispiel kann hier in kurzen Umrissen angeführt werden, was das holländische Gesetz in den Teil aufgenommen hat, der von den Übertretungen handelt: Störung des Wegfriedens, Hetzen von Tieren auf Menschen oder Versäumungen beim Halten von wilden Tieren, Trunkenheit und ähnliches Verhalten, wodurch Unzuträglichkeiten oder Gefahren verursacht werden, ungesetzliche Handlungen oder Unterlassungen, die eine Gefahr für den allgemeinen Verkehr zur Folge haben oder diesen hindern, Brandstiftung an eigenem festen Eigentum ohne Erlaubnis, unvorsichtiges Umgehen mit Feuer, Nachbildung u. dgl. ohne Erlaubnis von Festungswerken, nächtliche Ruhestörung, Betteln, Annahme falscher Titel, falscher Namen u. dgl., Ausübung eines Gewerbes, wozu eine besondere Erlaubnis erforderlich ist, außer dem Fall eines Notstandes, Unterlassen der Buchführung über den Verkauf gewisser Gegenstände oder über Personen, die man über Nacht beherbergt, Kauf von Uniformstücken von Gemeinen, Nachbildung von Geld und Scheinen, Unterlassung der Anmeldung von Zahlungseinstellungen, eigenmächtige Handlungen von Personen, die unter Aufsicht stehen, Übertreten von gesetzlichen Anordnungen der Polizei, Ausbleiben als Zeuge oder dgl., Unterlassen der Obrigkeit in Fällen beizustehen, in denen eine Verpflichtung hierzu besteht, Abreißen von Plakaten u. dgl., Unterlassen der Anmeldung von Geburten und Todesfällen, kirchliche Trauung vor Abschluß der bürgerlichen Ehe, Unterlassung der Hilfeleistung bei Lebensgefahr, Verletzung des öffentlichen Anstands, Aufnahme von Frauenspersonen in Bordelle ohne Beobachtung der vorgeschriebenen Formen, Trunkenheit an öffentlichen Orten, Abgabe von Getränken an Kinder unter 16 Jahren, Tierquälerei, Errichtung von Spielhöllen, Teilnahme am Spiel in solchen, Übertretung von Bestimmungen über Schonungen, verschiedene kleinere Versehen im öffentlichen Dienst, Aufnahme von Personen in Irrenhäuser ohne gesetzlichen Grund, verschiedene kleinere Versehen Seefahrender u. a., Unterlassen der Hilfeleistung in Notfällen.

Das Strafgesetz des Kantons Appenzell behandelt unter der Überschrift:
»Übertretungen (Polizeivergehen)«
Feiertagsentweihung, Unterlassung jeder Unterrichtserteilung an Kinder, unberechtigter Gewerbebetrieb von Nicht-Kantonsbürgern, Unterlassung der Anzeige der Wohnsitznahme im Kanton, Aufnahme von Landstreichern in Herbergen, Betteln, heimliche Niederkunft, unanständiges und ruhestörendes Benehmen, besonders während der Nacht, Trunkenheit, Lotteriespiel, Bekanntmachung ausländischer Lotterien, unmäßiges Spiel um Geld u. dgl., Wirtshausbetrieb ohne Erlaubnis, desgleichen unter angenommenem Namen u. a., Abgabe von Getränken an Personen unter 16 Jahren oder an Betrunkene oder Trunkenbolde, Unterlassen seitens des Wirts, in seiner Wirtschaft begangene strafbare Handlungen zur Anzeige zu bringen, Verkauf nicht vollgewichtigen Brotes, nicht untersuchten Fleisches, verdorbener Lebensmittel, verschiedene Übertretungen von Vorschriften hinsichtlich Wege und Straßen, unvorsichtiges Umgehen mit Feuer und Schießwaffen, Graben auf fremdem Eigentum, Fahrlässigkeit bei Haltung gefährlicher Tiere, Tierquälerei, Verkauf und Verpfändung von Uniformstücken, Tragen der Uniform außerhalb des Dienstes u. dgl., verschiedene Versehen Geistlicher und weltlicher Beamten im Hinblick auf Ehestiftungen u. a., Anwendung ungesetzlicher Maße und Gewichte, Übertretung der Waldpolizei, der Wasser-, Jagd- und Fischereigesetze, der Gesetze hinsichtlich Viehseuchen, sowie der des Eisenbahn-, Post- und Telegraphenwesens und der Vorschriften über Fabrikarbeit.

streckt, soweit nicht besondere Gründe, namentlich der organische Zusammenhang mit anderswo geregelten Materien, dagegen spricht, oder die betreffende Materie schon anderswo zufriedenstellend behandelt ist und die Herübernahme in das Strafgesetz keine besonderen Vorteile verspricht. Die konkreten Resultate, zu denen diese Grundsätze führen, in ihren Einzelheiten hier anzugeben, erübrigt sich, doch dürfte eine Skizzierung der Hauptzüge angebracht erscheinen.

In verschiedenen Gesetzen, so den Wehrgesetzen, den Gewerbegesetzen, dem Transportgesetz, den Schonungs- und Fischereigesetzen, den Steuergesetzen und in der Prozeßgesetzgebung, sind Strafbestimmungen enthalten, die das Strafgesetz wohl am besten unberührt läßt, jedenfalls aber nicht den Versuch machen soll, sich dieselben einzuverleiben, da sie einerseits nur schwer von der Verbindung, in der sie jetzt stehen, losgerissen werden könnten, andererseits ihre Behandlung aber auch als einigermaßen erschöpfend und zufriedenstellend zu erachten ist.

Neben allen diesen Vorschriften, die an bestimmte Verhältnisse oder bestimmte Rechtsinstitutionen die zum Gegenstand einer mehr oder weniger vollständigen Regelung durch Gesetze gemacht worden sind, anknüpfen, gibt es indessen noch eine bedeutende Anzahl Ge- und Verbote, die jedenfalls nicht fehlen dürfen, die aber zurzeit weder im Strafgesetz noch in Spezialgesetzen, wie den oben erwähnten vorhanden sind. Die Stelle, an der man diese zu suchen hat, ist die allgemeine Polizeigesetzgebung. Eine im eigentlichen Sinne »allgemeine« Polizeigesetzgebung gibt es indes bei uns nicht, wenn man von Christian V. Lov. 6—3, wo übrigens nur die Feiertagsentweihung behandelt ist, von einzelnen Bestimmungen im Kapitel 10 desselben Buches sowie einigen anderen absieht.

Was die Landstädte anlangt, so haben wir Polizeiverordnungen vom vorigen Jahrhundert, die jedoch auf eine vollständige Regelung der Materie Anspruch machen. Indes fand man dieselben schon vor mehreren Jahrzehnten unbefriedigend, und sie stehen in vielen Beziehungen im Widerstreit mit den Anschauungen der Jetztzeit und sind deshalb großenteils als veraltet anzusehen, ohne daß sich indes genau sagen läßt, welche Teile als außer Kraft getreten anzusehen sind und welche nicht, und ohne daß an Stelle der veralteten Bestimmungen etwas Neues getreten wäre, obgleich doch eine positive Regelung not täte. Ein noch größerer Teil dieser Bestimmungen wird nicht mehr beachtet, ohne daß indes im einzelnen Falle die Gerichte die Bestimmungen als weggefallen betrachten würden, so daß alles vom Gutdünken der Polizei abhängt. Da diese alten Verordnungen außerdem angesichts der Forderungen der Jetztzeit in vielen Beziehungen als in sich selbst unvollständig angesehen werden müssen (vgl. Kommissionsgutachten betr. Abänderung der Polizei in Christiana, Sth. Verhdl. 1865—1866, Odelsth. Nr. 10, S. 41—42), so liegt es auf der Hand, daß der Zustand auch, soweit die Landstädte in Betracht kommen, Verschiedenes zu wünschen übrig läßt. Was die Dörfer betrifft, so fehlt es überhaupt an einer allgemeinen Polizeigesetzgebung; hier finden sich nur einzelne zerstreute Vorschriften, namentlich im Gesetz vom 4. Juli 1857. Dieses Gesetz ermächtigt indes zugleich den König, auf Antrag der Kommunalverwaltung gewisse Teile der Polizeigesetzgebung für die Städte auf solche Landdistrikte auszudehnen, in denen dies infolge ihrer Lage oder sonstiger besonderer Verhältnisse als zweckmäßig anzusehen ist; infolge davon fallen eine Menge Landdistrikte in größerem oder geringerem Umfang unter die Polizeiverordnung von 1701.

Im Jahre 1866 erschien indes ein Gesetz, das die Stadt Christiania ermächtigte, sich mit Zustimmung des Königs selbst Polizeivorschriften zu geben, und 1869 wurde dies auch auf Landstädte, 1881 auf Ladungsplätze mit besonderer Kommunalverwaltung, und 1891 auf die Landgemeinden ausgedehnt. Von dieser Befugnis ist indes noch nicht überall Gebrauch gemacht worden. Außerdem weichen die hiernach erlassenen Vorschriften von einander sowohl hinsichtlich ihres Inhalts, als auch ihrer Vollständigkeit ab, und sie lassen auf diese Weise in bald größerem, bald kleinerem Umfange die alten Polizeiverordnungen neben sich bestehen, ohne daß im einzelnen Falle sich angeben läßt, in welchem Verhältnis das Alte zum Neuen steht.[1])

Wir können also in Ansehung der Polizeigesetzgebung das Land in drei verschiedene Hauptrubriken einteilen:

1. die Gemeinden, die nahezu jeglicher Vorschriften entbehren;
2. die Gemeinden, in denen die veraltete Polizeigesetzgebung für die Landstädte gilt;
3. die Gemeinden, die sich eigene polizeiliche Vorschriften gegeben haben.

Dies sind jedoch nur Hauptrubriken. Wie schon ausgeführt, können die Polizeivorschriften unter sich hinsichtlich ihres Inhalts verschieden sein und die ältere Gesetzgebung in größerem oder geringerem Umfange neben sich bestehen lassen; aber auch die Landdistrikte, in denen die Polizeiverordnung in Kraft gesetzt worden ist, stehen unter keinem einheitlichen Recht, da bald der eine, bald der andere Teil der Verordnung für anwendbar erklärt worden ist.

Diese Regelung — oder richtiger diesen Mangel einer Regelung — hat man als den grundsätzlich richtigsten Zustand verteidigt. Während der Vorbereitungen zu dem oben erwähnten Gesetz von 1866 betr. die Polizei von Christiania erklärte das Justizdepartement, ein

---

[1]) Man sollte annehmen, daß durch die neuen Vorschriften die den gleichen Gegenstand regelnden älteren abgeschafft seien; nach § 87 der Vorschriften für Christiania scheint dies indes nicht der Fall zu sein, da dieser Paragraph davon ausgeht, daß das, was nach diesen Vorschriften strafbar ist, es gleichzeitig auch nach der im übrigen bestehenden Polizeigesetzgebung sein kann.

allgemeines Polizeigesetzbuch sei eine Arbeit, die sich als »gänzlich unpraktisch« erweisen werde, da es sich hier um Verhältnisse handle, die im Laufe der Zeit einem ständigen Wechsel unterworfen und deshalb für eine gesetzliche Kodifikation ungeeignet seien, für den sich vielmehr je nach Bedarf eine stückweise Revision empfehle (Sth. Verhdl. I. c., S. 9). Die in der Angelegenheit eingesetzte Kommission schloß sich dem voll an und erklärte die ganze Materie als eine zunächst »rein kommunale«, von der angenommen werden müsse, daß die Gemeindeangehörigen in voller Würdigung der Bedürfnisse ihrer Gemeinde und im Besitz von größtmöglichster Sachkenntnis ihr die eingehendste und allseitigste Behandlung angedeihen lassen würden.

Wenn man zugunsten dieser Regelung sich auf die Veränderlichkeit der Verhältnisse, die Gegenstand der Polizeigesetzgebung sind, beruft, so muß doch demgegenüer darauf hingewiesen werden, daß ihre Absicht schlecht erreicht ist, indem diese Art der Regelung gerade dazu geführt hat, daß auf diese Verhältnisse noch großenteils Vorschriften Anwendung finden, die jetzt bald 200 Jahre alt sind. Glücklicherweise ist indessen der hierdurch verursachte Schaden deswegen nicht so bedeutend, weil die Voraussetzung ebensowenig einwandsfrei ist, wie die daraus gezogene Folgerung. In Wirklichkeit sind nämlich unter den Vorschriften der Polizeigesetzgebung viele, die keineswegs durch besondere Zeitumstände hervorgerufen sind und mit diesen wechseln, vielmehr kann wohl behauptet werden, daß einige von ihnen zu den unveränderlichsten des Gemeinlebens zählen.

Noch weniger stichhaltig ist aber, was dafür angeführt wird, daß die ganze Polizeigesetzgebung als eine rein kommunale Angelegenheit zu betrachten sei, die deshalb am besten der Gemeindevertretung überlassen werde. Es ist unbedingt sowohl Recht als Pflicht des Staates, dafür zu sorgen, daß der öffentliche Friede und Anstand überall auf seinem Hoheitsgebiet, insonderheit aber auf Wegen und öffentlichen Plätzen gewahrt wird, und daß nichts geschieht, wodurch Leben, Gesundheit und Eigentum unnötigerweise Gefahren ausgesetzt werden usw.; zieht man aber die Folgerungen aus der Ansicht, das die einschlägigen Vorschriften der kommunalen Initiative zu überlassen seien, so ergibt sich, daß der Staat nicht einschreiten dürfte, wenn eine Kommunalverwaltung keine derartigen Freiheitsbeschränkungen auf ihrem Gebiete wünschen sollte. Ebensowenig kann man, ohne den Gemeinden eine unserem Recht unbekannte Souveränität einzuräumen, ihnen die Befugnis zugestehen, Gebote und Freiheitsbeschränkungen einzuführen, die nicht unmittelbar die Aufrechterhaltung der Ordnung, der Ruhe und des Anstands bezwecken, sondern andere nicht mittelbare Ziele, wie z. B. die Förderung der Sittlichkeit, verfolgen. Der Staat hat selbst darüber zu wachen, daß die persönliche Freiheit keinen unnötigen und zwecklosen Einschränkungen unterworfen wird, was leicht der Fall sein kann, wenn jede Gemeinde auf einem so umstrittenen Gebiete freie Verfügungsgewalt hätte.

Die hier bekämpfte Regelung dürfte sich aber nicht bloß als eine unzulässige Delegation der Gesetzgebungsgewalt darstellen, sondern auch an sich insofern unzweckmäßig sein, als der Umstand, daß in den verschiedenen Gemeinden verschiedene Vorschriften bestehen, dazu beitragen wird, ihre Wirksamkeit herabzusetzen, ja vielfach ihre Nützlichkeit in das Gegenteil zu verwandeln. Jedenfalls besteht heutzutage zwischen den verschiedenen Teilen eines Landes eine so lebhafte Verbindung, daß sie in vielen Beziehungen als solidarisch gelten können. Wenn man z. B. in Christiania öffentliche Trunkenheit mit Strafe belegt, so wird dies in viel geringerem Grade zur Bekämpfung der Trunksucht beitragen, wenn alle Zureisenden, die vielleicht auf einem Ausfluge nach der Stadt sich besonders gehen lassen, zu Hause unter einem Rechtssystem leben, nach dem es ein unschuldiges Vergnügen ist, in trunkenem Zustand auf der Landstraße einherzutorkeln.[1]) Ebensowenig ist, wie die oben genannte königl. Kommission, die das Gesetz von 1866 ausgearbeitet hat, anzunehmen scheint (Sth. Verhdl. l. c. S. 43ff.), die Prostitution eine »kommunale Angelegenheit«. Sieht der Staat die öffentliche Prostitution als einen Krebsschaden an, der entfernt werden muß, so darf er einer einzelnen Gemeinde ebensowenig die Duldung der Prostitution wie die Duldung von Spielhöllen erlauben. Ist der Staat dagegen entgegengesetzter Ansicht, so ist es seine Pflicht, zu verhindern, daß die einzelne Gemeinde, indem sie bei sich reinmacht, ihren Schmutz über das übrige Land auskehrt. Auch wird es wenig zur Hebung des moralischen Ansehens der Vorschriften und der Bereitwilligkeit der Bürger, sich nach ihnen zu richten, beitragen, wenn an einem Ort verboten wird, was an einem andern erlaubt ist, wenn beispielsweise hier Theatervorstellungen an Sonntagen stattfinden dürfen und wo anders nicht usw. Selbstverständlich ist es nicht die Absicht, zu bestreiten, daß es eine Menge Gegenstände[2]) gibt, deren Regelung mit Recht den Gemeinden überlassen wird, und ebenfalls viele, bei denen der Staat das Inkrafttreten einer gewissen Regelung dem Ermessen der Gemeinden überlassen kann; von hier bis zu der Behauptung, daß kein Stoff mehr für eine allgemeine Polizeigesetzgebung vorhanden sei, ist aber ein weiter und unzulässiger Sprung. Wir

---

[1]) Mit Recht sprechen daher auch die Motive zu § 453 des holländischen Gesetzes aus, daß es Sache des Staates ist, die Verantwortung für eine Regelung auf sich zu nehmen. Dies ist auch geschehen in Holland, England, Frankreich, Italien, Schweden, Finnland und wohl auch in den meisten schweizerischen Kantonen, wo Trunkenheit gesetzlich mit Strafe bedroht ist; ebenso wie es jedenfalls im schweizerischen Entwurf, in Spanien und Deutschland vorgeschlagen ist. Nur Dänemark hat unseres Wissens ebenso wie wir die Frage der lokalen Regelung überlassen.

[2]) S. hierwegen die Motive zum Entwurf eines Einführungsgesetzes.

stehen auch ziemlich allein mit der Auffassung, daß eine derartige Gesetzgebung überflüssig ist. Jedenfalls wird man in den meisten Ländern entweder besondere allgemeine Polizeigesetze oder einen besonderen Abschnitt des allgemeinen Strafgesetzes finden, der diesem besonderen Gebiete gewidmet ist.

Ein besonderer Grund, eine Reihe von Strafbestimmungen, die Verfehlungen in besonderen Verhältnissen betreffen, in das allgemeine Strafgesetzbuch aufzunehmen, wird darin gefunden werden können, daß diese verallgemeinert, d. h. nicht ausschließlich an die Voraussetzung geknüpft werden sollen, unter der sich unsere gegenwärtige Gesetzgebung mit dem Verhältnis befaßt, eine Voraussetzung, die namentlich darin besteht, daß es sich um etwas Inländisches handelt. Zur näheren Erklärung hiervon diene folgendes:

Eine unerläßliche Bedingung dafür, daß jemand in Norwegen gestraft werden kann, ist es, daß die begangene Handlung nach norwegischem Recht strafbar ist. Hiervon ist der Fall zu unterscheiden, daß lediglich eine entsprechende Handlung der Strafdrohung des norwegischen Gesetzes unterliegt. Dies ist der Fall bei Verbrechen gegen den Staat. Wir können z. B. einen Deutschen nicht wegen Hoch- oder Landesverrats gegen Deutschland bestrafen, weil unser Strafgesetz lediglich derartige Handlungen im Verhältnis zu Norwegen und Schweden kennt. Ebenso bei rein militärischen Verbrechen, bei Kürzung der Einkünfte des Staates, wie Zolldefraudationen, bei den meisten Polizeivergehen und Vergehen gegen das Schiffahrtsgesetz, im Amts- oder öffentlichen Dienstverhältnis.[1])

Eine andere Frage ist, ob diese Einschränkung eine in allen Beziehungen glückliche ist. In den Auslieferungsverträgen scheint man nicht bei derselben Grenze stehen geblieben zu sein, sondern es für ausreichend angesehen zu haben, wenn ein entsprechendes

---

[1]) Schweigaards Kommentar, 3. Aufl., S. 113; Urteil des Höchsten Gerichtshofs, Rechtszeitschr. 1873, S. 243; 1852, S. 48; Evnomia IV, S. 74; Jurist. Archiv 23, S. 53 u. 62; Ussings Kriminalrecht I, S. 45; Bornemanns S. 40—43; Schweigaards Prozeß II, S. 114—115.

Im übrigen wird man nicht immer dieselbe Auffassung zugrunde legen können. Ist in einem Schiffahrtsgesetz die unberechtigte Führung der Landesflagge mit Strafe bedroht, so ist die Bestimmung selbstverständlich nur auf Fremde anwendbar; Steuervorschriften werden ebenfalls in inländischen Gewässern für Fremde gelten.

Ferner folgt ohne weiteres, daß das delictum commune, das übrig bleibt, stets unter denselben Bedingungen wie sonst, also vor allem dann bestraft werden kann, wenn es auf dem Gebiete des Landes begangen worden ist. Aber selbst bei einem so großen Verbrechen, wie Meuterei der Schiffsmannschaft, muß nicht notwendiger Weise ein gewöhnliches Verbrechen übrig bleiben, und keinesfalls können die Strafen, die aus den allgemeinen Bestimmungen des Strafgesetzes geholt werden können, auch nur einigermaßen für ausreichend erachtet werden.

Verhältnis nach den Gesetzen des ausliefernden Landes mit Strafe bedroht ist. So kann ein Ausländer wegen Meuterei auf einem englischen Schiff an England ausgeliefert werden, obgleich wir selbst die Meuterei auf einem englischen Schiff, selbst wenn sie auf norwegischem Staatsgebiet begangen worden ist, nicht bestrafen können, sondern nur die Meuterei auf einem norwegischen Schiff.

Hierbei verdient es aber erwähnt zu werden, daß allgemein das eine Land die von den Schiffen des anderen entlaufenen Matrosen ausliefert, was wohl zunächst als eine Beistandsleistung zur Ausübung eines zivilen Zwanges zur Erfüllung übernommener Verpflichtungen anzusehen ist, aber auch selbstverständlich die Möglichkeit verschafft, den Entlaufenen sowohl als solchen als auch wegen anderer etwa von ihm begangenen Verbrechen zu bestrafen.

Hierbei kommt in Betracht, daß die Staaten, namentlich in seerechtlichen Verhältnissen, gemeinsame Interessen haben, die sie dazu bestimmen, einander Rechtshilfe zu leisten. Es ist klar genug, daß dies auch dann der Fall ist, wenn man davon absieht, daß die Zusage solcher Hilfe die Bedingung dafür ist, selbst solche zu erhalten. Die Bewohner des einen Landes vertrauen ihr Leben und ihre Güter den Schiffen des andern an, Schiff und Ladung werden oft in einem anderen Lande versichert, kurz und gut, nichts ist mehr international als diese Werkzeuge des internationalen Verkehrs, und die ganze Welt ist daher stark daran interessiert, daß sowohl Führer als Mannschaft ihre Pflicht erfüllen. Was man jedoch auf dem Gebiete gegenseitiger Hilfe durch das Institut der Auslieferung erreicht, ist nur unvollkommen. Fürs erste liefern wir nicht eigene Untertanen aus, und da auf fremden Schiffen oft Matrosen norwegischer Nationalität sind, hat dies schon viel zu bedeuten. Alsdann wird, wenigstens nach den bestehenden Verträgen, falls der Heuervertrag bei der Ankunft in Norwegen schon abgelaufen ist und der Matrose deshalb nicht als entlaufen ausgeliefert werden kann, die Möglichkeit, ihn auszuliefern, sehr, und zwar im wesentlichen auf den Fall eingeschränkt sein, daß er sich der Meuterei schuldig gemacht hat. Und es muß jedenfalls anerkannt werden, daß es bedenklich wäre, die Auslieferung in bedeutenderem Maße zu erleichtern. Denn festgenommen, ausgeliefert und nach einem anderen Lande verschickt, um dort gestraft zu werden, ist präsumtiv viel härter als am Aufenthaltsorte gestraft zu werden und sollte daher nur bei größeren Verbrechen Platz greifen.

Es hat demnach den Anschein, als ob das inländische Strafrecht in mehreren wie den hier erwähnten Fällen zu eng begrenzt sei. Soll eine Erweiterung stattfinden, so wird es indessen das richtigste sein, derartige Gebote, denen man eine allgemeine Geltung beilegen will, in das Strafgesetz selbst, und zwar an der Stelle aufzunehmen, wo sie nach allgemeinen Regeln hingehören. Wenn z. B. einzelne Strafbestimmungen im Schiffahrtsgesetz ohne Rücksicht auf die

Nationalität des Schiffes gelten sollen, so ist ihr natürlicher Platz nicht mehr in einem Gesetz, das im übrigen nur von Schiffen norwegischer Nationalität handelt, sondern im allgemeinen Strafgesetz.

---

§ 1.

Die Bestimmungen des allgemeinen Teils des Gesetzes eignen sich ihrer Natur nach zur Anwendung auf alle strafbaren Handlungen, und es liegt kein Grund vor, hier irgendeine Grenze zu ziehen. Dadurch wird selbstverständlich anderen Gesetzen, die etwa besondere Strafvorschriften enthalten, die Möglichkeit nicht genommen, die von ihnen als nötig angesehenen Ausnahmen aufzustellen. Es ist übrigens klar, daß dies nur wenige und verhältnismäßig unbedeutende sein werden, sofern man nicht unnötig von den Grundsätzen abweichen will, die der Gesetzgeber als die an sich korrektesten anerkannt hat. Um so weniger kann es aber bezweifelt werden, daß sowohl die praktisch gangbarste als auch richtigste Regelung die ist, zu verlangen, daß die beabsichtigten Ausnahmen ausdrücklich ausgesprochen werden.

Es ist um so weniger Grund vorhanden, sich über diesen Punkt näher zu verbreiten, als der Entwurf, wenn er in seinem § 1 diesen Satz aufstellt, nur ausdrücklich einen Rechtssatz anerkennt, der schon früher im selben Umfang angenommen wurde.

Auch nach dem neuen Gesetz werden die besonderen Regeln der bereits bestehenden Spezialgesetzgebung dem allgemeinen Teil des Strafgesetzes vorgehen, sofern sie nicht ausdrücklich aufgehoben werden, wozu jedenfalls in vielen Fällen Anlaß gegeben sein dürfte.[1])

§ 2.

In anderen Ländern wird allgemein zwischen den größeren und kleineren Gesetzesverletzungen unterschieden. Dies geschieht in erster Linie durch die Benennung, dann aber auch zum Teil dadurch, daß die kleineren getrennt von den größeren oft in besonderen Gesetzen, zum mindesten aber in einem besonderen Abschnitt des Gesetzes, behandelt werden. Insoweit ist diese Einteilung eine durchgreifendere als die, welche man vielfach bei den schwersten Gesetzesverletzungen findet, die unter sich dem Grade ihrer Strafbarkeit nach geschieden werden, da diese Einteilung gewöhnlich zu keiner gesonderten Behandlung geführt hat. Sowohl der Code pénal als auch das deutsche Strafgesetzbuch u. a. be-

---

[1]) Als Beispiele solcher in erster Linie vorzuschlagender Ausnahmebestimmungen können die besonderen Verjährungsfristen des Gesetzes über Abänderung der Stempelpapiergesetzgebung vom 11. April 1885, § 19, und mehrerer Fischereigesetze, z. B. im § 14 des Gesetzes vom 6. Juni 1878, angeführt werden. Vgl. im übrigen die Motive zum Einführungsgesetz.

handeln crimes und délits oder Verbrechen und Vergehen zusammen, haben aber einen besonderen Abschnitt für contraventions oder Übertretungen.

Davon bei uns die Dreiteilung anzunehmen, scheint keine Rede sein zu können. Sie ist auch anderswo viel umstritten und zum Teil verworfen, z. B. in Italien, Holland und im schweizerischen Entwurf. Ihr Nutzen erscheint selbst dort illusorisch, wo man die größten Verbrechen der Aburteilung durch die Jury vorbehalten hat. Dagegen scheinen überwiegende Gründe für die Zweiteilung zu sprechen. Namentlich was die Benennung anlangt. Es verstößt gegen den Sprachgebrauch, alle, selbst die kleinsten, strafbaren Handlungen Verbrechen zu nennen, und es ist an sich nicht wünschenswert, wenn ein Gesetz eine Benennung enthält, die geeignet ist, unbedeutenden Dingen einen erschwerenden Stempel aufzudrücken. Die Gesetzgebung selbst hat es wenigstens, was die Übertretung polizeilicher Vorschriften betrifft, vermieden, das Wort Verbrechen anzuwenden, sie spricht vielmehr entweder von Gesetzesübertretungen oder Versehen, und dieser letztere Ausdruck scheint uns der zur Annahme geeignetste zu sein.[1])

Was die nähere Durchführung der Scheidung zwischen Verbrechen und Versehen anlangt, so soll nicht bestritten werden, daß sie vielfach nur vom bloßen Ermessen abhängen und deshalb oft eine willkürliche sein wird.

Der Entwurf hat sich ebensowenig ausschließlich durch die Rücksicht auf die größere oder geringere Strafbarkeit der Handlung, als ausschließlich durch die Rücksicht auf ihrenCharakter leiten lassen können. Es ist beabsichtigt, an die Unterscheidung des Entwurfs zwischen Versehen und Verbrechen dieselben prozessualen Folgen zu knüpfen, wie sie zurzeit bei Justiz- und Polizeisachen bestehen; insonderheit soll die Möglichkeit, bei Versehen die Schuldfrage einer erneuten Behandlung durch das Laiengericht zu unterwerfen, von der Zustimmung des Beschwerdeausschusses abhängen, wie dies jetzt bei Polizeisachen der Fall ist.

Um jedoch hierbei Unbilligkeiten zu vermeiden, dürfen in der Regel solche Fälle nicht als Versehen behandelt werden, bei denen die Entscheidung entweder für das Individuum selbst oder für die Gesellschaft von größerem Interesse ist, oder wo die Beweisfrage regelmäßig besonders schwierig liegen kann (wie bei fahrlässigen Schadenzufügungen und Beleidigungen), oder solche, wo das Urteil trotz der Unbedeutendheit der Strafe geeignet ist, dem Verurteilten einen bleibenden Makel aufzudrücken. Dieser

---

[1]) Zurzeit werden beide Bezeichnungen neben einander gebraucht, so in den §§ 308—311 des Schiffahrtsgesetzes. Einen mit dem hier vorgeschlagenen übereinstimmenden Sprachgebrauch hat dagegen schon das Militärstrafgesetz, vgl. §§ 162, 165.

Gesichtspunkt hat auch die Kommission bewogen, alle strafbaren Handlungen in anderen Gesetzen, bei denen Aberkennung des öffentlichen Dienstes als Hauptstrafe verhängt werden kann, den Verbrechen zuzuzählen.

Andererseits bestehen keine besonderen Bedenken, verschiedene Tatbestände den Versehen zuzuzählen, bei denen die Strafe zwar ziemlich hoch steigen kann, die Beweisfrage aber regelmäßig eine leichte ist, oder bei denen die Verurteilung unter keinen Umständen weitergehende Folgen für die gesellschaftliche Stellung des Verurteilten haben wird, sei es wegen der Natur des Vergehens, sei es, weil die Verurteilung nur Personen treffen wird, die schon mehr oder minder dem Verbrecherproletariat angehören, wie das bei Verurteilung wegen Müßiggangs, Landstreicherei, Bettelns, unerlaubter Rückkehr u. dgl. regelmäßig der Fall sein wird.

§ 3.

Die meisten neueren Strafgesetze enthalten ein ausdrückliches Verbot, auf eine Strafe zu erkennen, die nicht durch ein Gesetz bestimmt ist, das vor Begehung der strafbaren Handlung erlassen war.[1]) Eine entsprechende Bestimmung in unser Strafgesetz aufzunehmen, erscheint auf Grund von §§ 96 und 97 überflüssig.

In Verbindung mit der eben erwähnten Bestimmung pflegen die Gesetze auch eine Vorschrift darüber zu enthalten, daß ein späteres Gesetz dann zur Anwendung kommt, wenn es milder ist als das, welches zur Zeit der Begehung der Handlung galt. Dieses Prinzip ist auch bei uns anerkannt durch das Gesetz vom 3. Juni 1874, wo es indessen nicht als eine allgemeine Regel, sondern als eine für das Verhältnis zwischen dem älteren Strafgesetz und dem Gesetz von 1874 besonders gegebene Bestimmung ausgesprochen ist. Analog sollte man annehmen, daß die entsprechende Regel hier in das Gesetz aufzunehmen sei, das die Einführung des Strafgesetzes zum Gegenstande haben soll. Es ist indessen leicht einzusehen, daß dieses eine unglückliche Ordnung ist, denn die Regel soll doch nicht bloß für das Verhältnis zwischen dem alten und dem neuen Strafgesetz, sondern auch für alle dessen spätere Abänderungen sowie für alle etwa in der übrigen Gesetzgebung enthaltenen Strafbestimmungen gelten. Folglich hat sie ihren richtigen Platz hier, wenn man nicht

---

[1]) S. so § 2 des deutschen Gesetzes: „Eine Handlung kann nur dann mit einer Strafe belegt werden, wenn diese Strafe gesetzlich bestimmt war, bevor die Handlung begangen wurde." Vgl. ungar. Ges. § 1, ital. Ges. §§ 1 und 2, Code Pénal Art. 4, belg. Strafges. Art. 2, holl. § 1. Ebenso § 2 des österr. Entw., Art. 1 des spanischen, Art. 1 des russischen, Art. 1 des schweizerischen u. a. Eine einzelne Ausnahme bildet das dänische Gesetz, dessen § 1 ein Verhältnis, das einer im Gesetz als strafbar bezeichneten Handlung ganz zur Seite gestellt werden muß, einer solchen gleichstellt.

genötigt sein will, sie bei jeder Gelegenheit, wo eine Abänderung irgend einer Strafbestimmung getroffen werden soll, zu wiederholen.

Hiermit ist indessen noch nicht die Frage beantwortet, wie weit man dem neueren milderen Gesetz rückwirkende Kraft zuerkennen will. Die Regel im Gesetz von 1874 ist, daß sie nur vor Erlassung des Urteils in erster Instanz zur Anwendung kommt. Die meisten fremden Gesetze sprechen dagegen die Regel ohne jegliche Einschränkung aus,[1]) woraus folgt, daß das neue Gesetz von jedem Gericht anzuwenden ist, das mit der Sache befaßt ist,[2]) und in einzelnen Gesetzen ist sogar bestimmt, daß das neue Gesetz selbst dann zur Anwendung zu bringen ist, wenn bereits ein endgültiges Urteil erlassen ist.[3])

Der Entwurf ist dabei stehen geblieben, daß das neue Gesetz auch dann anzuwenden ist, wenn es während der Aburteilung im Schöffengericht und im Schwurgericht in Kraft tritt, jedoch nicht bei Rechtsmitteln, deren Zweck es gerade ist, zu prüfen, ob das geltende Recht richtig auf einen bewiesenen Tatbestand (Berufung, Beschwerde) angewendet ist, oder einen Fehler zu berichtigen, der bei der Rechtsanwendung infolge unrichtiger tatsächlicher Voraussetzungen begangen worden ist (Wiederaufnahme). Sowohl in diesen Fällen als auch, wenn das neue Gesetz erst nach Erlassung des endgültigen Urteils in Kraft tritt, hält man es für am zweckmäßigsten, auffallende Nichtübereinstimmungen mit Hilfe der Begnadigung zu beseitigen.

Die Kommission billigt grundsätzlich die Regel, daß nach seinem Inkrafttreten das neue Gesetz und nicht ein anderes, inzwischen aufgehobenes Gesetz zur Anwendung zu kommen hat. Nach ihrer Meinung wäre es daher das Richtigste, wenn das Gesetz bestimmen würde, daß immer das zur Zeit der Aburteilung geltende Gesetz anzuwenden ist, mit der Maßgabe, daß dabei berücksichtigt wird, daß kein für den Angeklagten ungünstigeres Resultat herauskommt, als wenn das zur Zeit der Verübung des Verbrechens geltende Gesetz zur Anwendung gekommen wäre. Schon der Umstand, daß auf Grund des älteren Gesetzes erkannte Strafen zum Teil bei der Vollstreckung in die des neuen Gesetzes verwandelt werden müssen, spricht für eine derartige Ordnung, und noch mehr die Erwägung, daß das ältere Gesetz, namentlich bei der Fragestellung an die Geschworenen,

---

[1]) S. so deutsch. Ges. § 2, holländisches § 1, ungar. § 2, dänisches § 306.

[2]) Binding, Hdb. d. Strchts. I, S. 252. Berner, Wirkungskreis des Strafgesetzes etc. 1853, S. 60. Schwarze, Kom. zu § 2 u. a.

[3]) So Art. 2 des ital. Gesetzes: Niemand kann wegen einer Handlung bestraft werden, die nach einem späteren Gesetz nicht strafbar ist; ist jemand wegen einer solchen Handlung verurteilt worden, so kommen die Vollstreckung und die Folgen der Strafe in Wegfall. Ist das Gesetz, welches zur Zeit der Begehung gegolten hat, verschieden von dem späteren Gesetz, so kommt dasjenige Gesetz zur Anwendung, dessen Bestimmungen am günstigsten für den Verurteilten sind. S. auch Artikel 4 des spanischen Entwurfs. Vgl. dagegen S. Mayer: Der Entwurf eines Strafgesetzes f. d. Kgr. Italien, S. 5, 6. Tauffer: Ges. Wohlmeinungen über den kroatischen Strafgesetzentwurf, 1882, S. 5.

Schwierigkeiten bieten wird. Diese Ordnung ist in dem russischen Entwurf (§ 12) angenommen, und sie scheint auch auf deutscher Seite als die grundsätzlich richtigste anerkannt zu werden.[1]) Mit Rücksicht auf das Verbot des Grundgesetzes, Gesetzen rückwirkende Kraft zu verleihen, hat man jedoch als Hauptregel vorschreiben zu sollen geglaubt, daß das zur Zeit der Begehung geltende Gesetz anzuwenden ist, sofern nicht das später in Kraft getretene Gesetz positiv und unzweifelhaft für den Angeklagten günstiger ist.

Bei Entscheidung der Frage, welches Gesetz das für den Angeklagten günstigere Ergebnis liefert, muß, wie schon im Sth. Dokument für 1889 ausgeführt ist, das ganze ältere Gesetz dem ganzen neueren gegenübergestellt werden, und es ist nicht angängig, aus diesem und jenem die für den Angeklagten günstigeren Bestimmungen herauszusuchen und gewissermaßen zu einem neuen Gesetz zu vereinigen. Andererseits muß die Beurteilung, welche Gesetzgebung die günstigere ist, völlig konkret erfolgen. Das neue Gesetz ist beispielsweise, selbst wenn es eine höhere Strafdrohung enthält dann das günstigere, wenn nach ihm auf der anderen Seite die Strafe verjährt oder von einem Strafantrag abhängig ist, der nicht gestellt ist. Vgl. das Einführungsgesetz.

Durch die dem § 3 gegebene Fassung wird die Anwendung eines milderen Gesetzes, das nach Begehung der Handlung erlassen, aber vor ihrer Aburteilung wieder aufgehoben ist, ausgeschlossen. Keine Gründe der Billigkeit sprechen dafür, ein derartiges Gesetz anzuwenden.

Nach Fassung des Paragraphen soll er auch die Verjährungs- und Verfolgungsvorschriften umfassen. Der Staat verliert daher das selbständige öffentliche Anklagerecht, wenn das Verbrechen nach seiner Begehung unter die nur auf Antrag zu verfolgenden aufgenommen wird, und die Klage wird unmittelbar nach Inkrafttreten des neuen Gesetzes verjähren können, obgleich die Frist nach dem älteren Recht noch lange nicht abgelaufen sein würde. Es ist leicht einzusehen, daß dies auch die richtige Lösung ist. Die Verjährung, die von Begehung des Verbrechens ab läuft, ohne Rücksicht darauf, ob die tatsächliche Möglichkeit der Anklageerhebung bestand, beruht auf einer Betrachtung, die ebensogut auf ältere wie jüngere Verbrechen paßt. Es ist auch kein Grund vorhanden, die obligatorisch öffentliche Klage für jene festzuhalten, wenn man sie für diese aufgibt. Umgekehrt könnte vieles dafür sprechen, das neue Gesetz, wenn es die unbedingte öffentliche Klage vorschreibt, auch auf ältere Verbrechen anzuwenden; ein Bedürfnis hierfür ist indessen nicht vorhanden und man wird hier um so mehr sich der Hauptregel anzu-

---

[1]) S. so Schwarzes Kommentar S. 201 (3. Auflage); Binding, Die Normen usw. I, S. 87 u. a. Vgl. ferner über die Frage Getz in Sth. Dokument Nr. 87, 1889 (Sth. Vhdl. 5. Bd.).

schließen haben, als die Übereinstimmung einer gegenteiligen Vorschrift mit dem Grundgesetz in Frage gezogen werden könnte.[1])

Indessen scheint es zweckmäßig, einige Ausnahmen von der erwähnten Regel aufzustellen. Wenn die öffentliche Klage erhoben worden ist, so wäre es nicht zu billigen, wenn auf Freisprechung oder Abweisung der Klage erkannt werden müßte, weil das Verbrechen nach einem später in Kraft getretenen Gesetz schon vor der Klageerhebung verjährt wäre oder weil die Klageerhebung durch dieses von einem Antrag abhängig gemacht würde, der nicht gestellt ist. Hierauf bezieht sich Absatz 3 des Paragraphen der jedenfalls nur das ausspricht, was bei Stillschweigen des Gesetzes auch angenommen würde.[2]) Was ferner die Verjährung des Rechts des Verletzten, die Anklageerhebung zu verlangen, betrifft, so ist das eine ganz andere Verjährung als die gewöhnliche Strafverjährung. Hier dem neuen Gesetz rückwirkende Kraft zu verleihen, wäre ein Eingriff in die Rechte des einzelnen und somit im Widerstreit mit dem Grundgesetz. Wenn, wie beabsichtigt, die hier in Betracht kommende Frist zwischen ein Jahr und sechs Monaten bemessen wird, so muß verlangt werden, daß entweder ein Jahr von der Kenntnis des Verbrechens oder sechs Monate seit dem Inkrafttreten abgelaufen sind.

Wird die früher private Verfolgung von Verbrechen einer bestimmten Art durch das neue Gesetz zur öffentlichen, so steht nichts im Wege, daß das Verbrechen, wenn die Anklageerhebung verlangt wird, von Amts wegen verfolgt wird, auch wenn das Verbrechen unter der Herrschaft des älteren Gesetzes begangen wurde. Hier handelt es sich nur um die Prozeßart und der Umstand, daß diese in einem Fall etwas strenger als im andern ist, kann ebensowenig in Betracht kommen, wie wenn der öffentliche Prozeß selbst durch eine Abänderung verschärft worden wäre. Im übrigen ist es keineswegs gesagt, daß der Beschuldigte im offiziellen Verfahren, bei dem der Staat von Amtswegen auch für seine Verteidigung sorgt, schlechter gestellt ist als im privaten, und es dürfte sich deshalb erübrigen, etwas Besonderes über diesen Punkt zu sagen, um die Anwendung des neuen Gesetzes zu sichern.

Die Vorschriften über Vollstreckung der nach dem älteren Gesetz erkannten Strafen gehören unter die Übergangsbestimmungen und werden im Einführungsgesetz behandelt. Dasselbe gilt bzgl. der Vorschriften über den Einfluß älterer Strafurteile hinsichtlich der Strafen im Rückfall. Vgl. Kap. 6, § 21 i. f. und Kap. 28, § 7 des geltenden Gesetzes.

---

[1]) Aschehoug, II. Aufl. III. S. 217. Auch in Deutschland wurde, als man im Jahre 1876 eine Reihe privater Verbrechen in unbedingt öffentliche verwandelte, bestimmt, daß dies ohne Einfluß auf früher begangene Verbrechen sein solle.

[2]) Er stimmt mit dem überein, was vom höchsten Gerichtshof, wenn auch unter Meinungsverschiedenheit, jetzt angenommen worden ist. Rechtsztschr. 1885 S. 523.

§ 4.

Indem der Entwurf die Bezeichnung »Verbrechen« auf einen, die Bezeichnung »Versehen« auf einen anderen Teil der unter Strafe gestellten Tatbestände beschränkt hat, hat er entsprechend dem deutschen Gesetz den Sprachgebrauch durchgeführt, als gemeinsame Bezeichnung das Wort »strafbare Handlung« anzuwenden. Obgleich es streng genommen überflüssig ist, erscheint es doch am vorsichtigsten und auch am korrektesten ausdrücklich auszusprechen, daß das Wort Handlung auch das Unterlassen einer Handlung in sich schließt. Vgl. Art. 1 des St. Gallischen Gesetzes, Art. 12 des spanischen Entwurfs.

Diese Erklärung bezieht sich jedoch nicht bloß auf die Fälle, in denen von den Handlungen der Verbrecher die Rede ist, sondern auf alle, wo das Gesetz diese Bezeichnung gebraucht.

§ 5.

Die Vorschrift, welche Personen unter den Begriff des »Nächsten« fallen (s. §§ 139, 167, 172, 265, 279), entspricht, wie man sehen wird, im Wesentlichen der des Strafprozeßgesetzes in § 176.

Wenn das Gesetzbuch 3-18-9-4 ausspricht, daß die Schwägerschaft nur zwischen einem Mann und den Verwandten seiner Frau und zwischen einer Frau und den Verwandten ihres Mannes besteht, so stellt es damit nur eine Regel auf über die Schwägerschaft, die ein Ehehindernis begründet, ohne eine allgemeine Definition der Schwägerschaft zu geben. Mangels einer anderen ist diese Regel jedoch als allgemein gültig aufgefaßt worden, und es scheint deshalb notwendig, um zu verhindern, daß sie auch hier Anwendung findet, eine ausdrückliche Bestimmung hierüber in dieser Richtung aufzunehmen.

§ 6.

Innerhalb der Kommission ist die Frage erörtert worden, ob eine Definition des Begriffes »öffentlich Angestellter« zu geben sei. Eine Definition dieses Begriffs, der die »Embeds-, Ombuds- und Bestillingsmaend« des geltenden Strafgesetzes umfaßt, ist nicht vorhanden, und es ist dies wohl oft als ein Mangel empfunden worden. Andererseits läßt sich aber nicht leugnen, daß eine solche Definition sehr schwierig sein würde.[1])

In Wirklichkeit liegt die Unsicherheit auch auf einem Gebiete, auf dem eine klare Scheidung sowieso nicht wird erzielt werden können.

---

[1]) Vgl. wegen des geltenden Rechts Blomberg in »Nordische Rechtsenzyklopädie« V, S. 119—124, Schweigaards Kommentar (3. Aufl.) I, S. 159. Vgl. ferner holländ. Strafgesetz Art. 84, italienisches Art. 207, deutsches § 31, finnländisches Kap. 2, § 12, österreich. Entw. §§ 363, 364, der auch Verwalter und Lehrer an anerkannten Schulen mit aufnimmt.

Wenn nun das Gesetz auch keine Definition enthält, so ist doch als feststehend zu erachten, daß als »öffentliche Angestellte« diejenigen zu betrachten sind, denen entweder durch Wahl oder durch Ernennung eine öffentliche Autorität in Staat oder Gemeinde oder eine besondere Glaubwürdigkeit in bestimmten Beziehungen verliehen ist, was namentlich in Verbindung mit einer besonderen Verpflichtung zur Anzeige oder Berichterstattung (z. B. Hebammen) vorkommen wird. Auf diese Weise werden auch Gemeindevertreter, Schiedsrichter, Laienrichter und Geschworene zweifellos als öffentliche Beamten anzusehen sein.

Zweifel entstehen, wenn Personen in Frage kommen, die im Dienst des Staates oder der Gemeinde angestellt sind, ohne daß ihnen eine Autorität zusteht, die lediglich durch die öffentliche Gewalt verliehen werden kann, wie dies bei den beim Feuerlöschwesen und bei öffentlichen Arbeiten angestellten Personen der Fall ist. Auch hier wird es wohl am meisten der allgemeinen Auffassung entsprechen, wenn man die Vorgesetzten als Inhaber eines öffentlichen Amtes ansieht, während ohne weiteres auf der anderen Seite angenommen werden wird, daß nach unten hin in dieser Richtung eine Grenze gezogen ist, ohne daß indes als allgemeine Regel aufgestellt werden könnte, daß die am meisten Untergeordneten niemals öffentliche Beamte sein können, indem auch auf das mehr oder minder große Maß des ihnen in ihrer Stellung geschenkten Vertrauens Rücksicht zu nehmen ist. So werden Löschmannschaften und Silberwerksarbeiter nicht als öffentliche Beamte anzusehen sein, wohl aber Departementsangestellte[1]) und Angestellte des Post- und Telegraphenwesens. Personen, die nach öffentlicher Anstellung eine Autorität über andere ausüben, wird man alle als öffentliche Beamte ansehen, auch wenn diese Autorität ihnen keine weitergehenden Rechte verleiht, als sie einem Privatmann gegenüber dem anderen zustehen, zu denken ist hierbei an Lehrer, Vormünder, Eisenbahnschaffner.[2])

Alle Vorgesetzte in militärischen Stellungen sind öffentliche Beamte, während dies in Ansehung der Gemeinen bei uns nicht der Fall ist.[3]) Daß die Stimmberechtigten in öffentlichen Angelegenheiten nicht als öffentliche Beamte anzusehen sind, ist zweifellos.

In einer Reihe von Fällen muß jedenfalls angenommen werden, daß eine Person nicht im allgemeinen, sondern nur dann als öffentlicher Beamter gilt, wenn sie zur Ausführung einzelner Aufträge verwendet wird; so wird einem Kontoristen des Vogtes nicht als

---

[1]) Vgl. Retst. 1883, S. 449 ff.

[2]) Über die bei Privateisenbahnen angestellten Beamten vgl. §§ 127 und 325 i. f.

[3]) Das holländische Strafgesetz erklärt in § 84 alle Militärpersonen als öffentliche Beamte.

solchem, sondern nur dann diese Eigenschaft zukommen, wenn er mit Ermächtigung des Vogtes Exekutionshandlungen vornimmt.

Es wird indessen schon aus dem bisher Ausgeführten geschlossen werden können, daß die Grenze zwischen dem, was als öffentliches Amt anzusehen ist und was nicht, nicht von einer derartigen Beschaffenheit ist, daß sich eine auf abstrakten Merkmalen aufgebaute Begriffsbestimmung geben läßt. Will man eine größere Sicherheit auf diesem Gebiete erreichen, so dürfte es zweckmäßig sein, in den besonderen Gesetzen und in den Ernennungsurkunden auszusprechen, was in dieser Beziehung Rechtens sein soll. Man hat deswegen hier sich auf die Bestimmung beschränken zu sollen geglaubt, welche anderen Stellungen und wie weit sie in strafrechtlicher Beziehung den öffentlichen Ämtern gleichzustellen sind.

Für die Beantwortung dieser Frage ist es zur Erlangung eines vollständigen Überblicks notwendig, näher auf die zurzeit geltende Ordnung einzugehen.

Das geltende Recht stellt in strafrechtlicher Beziehung die Anwälte und Advokaten den öffentlichen Beamten völlig gleich (Gesetz vom 12. August 1848, § 16, und vom 28. September 1857, § 6).

Was die Ärzte anlangt, so erwirbt jeder, der an der Universität das medizinische Examen bestanden hat, das Recht, als Arzt zu praktizieren; dieses Recht kann er auch nicht durch bewiesene Untauglichkeit noch durch verbrecherischen Lebenswandel verlieren. Dagegen kann nach dem Quacksalbergesetz vom 29. April 1871 die Genehmigung zu praktizieren stets solchen Personen verweigert werden, die nicht medizinische Kandidaten sind, selbst wenn an ihren Kenntnissen nichts auszusetzen ist; haben sie aber die Erlaubnis erhalten, so kann sie ihnen nur durch Urteil in den in § 2 des Gesetzes genannten Fällen entzogen werden, d. h. wegen Überschreitung ihrer Befugnisse oder wegen Kunstfehler. Wer innerhalb des Reiches mit Strafarbeit bestraft worden ist, kann nach § 3 überhaupt Kranke nicht behandeln, sofern er nicht entweder medizinischer Kandidat oder mit königlicher Ermächtigung Quacksalber ist, in welchen Fällen die Strafarbeit ohne Einfluß auf seine licentia practicandi ist. Gänzlich freigegeben ist das Gewerbe als Tierarzt, jedoch mit der Maßgabe, daß nur autorisierte Tierärzte Haustiere, die von einer bösartigen ansteckenden Krankheit befallen sind, behandeln und diejenigen Mittel verschreiben dürfen, die nicht an jedermann abgegeben werden. Nach § 28 des Gesetzes vom 14. Juli 1894 können wohl auch private Tierärzte wegen Vergehen, die nach Kap. 24 des Strafgesetzes, wenn sie von öffentlich angestellten Tierärzten begangen werden, mit Strafe bedroht sind, bestraft werden, jedoch nur mit Gefängnis oder Bußen, und das Recht zu praktizieren kann privaten Tierärzten überhaupt und auch öffentlich angestellten Tierärzten nur wegen dienstlicher Verbrechen aberkannt werden. Strengere Regeln gelten hinsichtlich der Stellung als Apotheker und Pharmazeut, indem hier regelmäßig eine öffentliche Prüfung verlangt wird und die Berechtigung durch Überschreitung der Taxen und schlechte Verwaltung verloren werden kann (Verordn. v. 4. Dezbr. 1672, § 25 u. a.).

Schließlich sind auch Hebammen jetzt regelmäßig öffentlich angestellt und demnach vollaus öffentliche Beamte (Vd. v. 21. November 1810); indessen ist es nicht bloß anderen geprüften Hebammen, sondern nach dem Gesetz vom 24. Mai 1839 innerhalb gewisser Grenzen einer jeden anderen Frauensperson erlaubt, zu praktizieren.

Bezüglich des Rechts, als Lehrer aufzutreten und Schulen zu errichten, enthielt die ältere Gesetzgebung überhaupt keine Bestimmungen. Nach §§ 63 und 56 des Schulgesetzes vom 26. Juni 1889 hat nunmehr aber die Schulbehörde überall das Recht ohne weiteres, jeder beliebigen Person, deren moralische Eigenschaften sie zum Vorstand einer Schule, in die Kinder unter 15 Jahren Aufnahme finden, als ungeeignet erscheinen lassen, die Ausübung der Lehrtätigkeit zu verbieten, selbst wenn die Schule in vollem Gang ist und der Betreffende so außer Nahrung gezetzt wird; zudem gibt es hiergegen kein Rechtsmittel noch irgendwelche Vorschriften, die die Klarstellung des Sachverhalts vor Erlassung der Verfügung sicherstellen könnten. Wenn diese Bestimmung auch zweifellos in vielen Beziehungen als bedenklich weitgehend erachtet werden muß, so erscheint sie doch auf der anderen Seite wieder als nicht durchgreifend genug, da sie, wie auch die übrigen angeführten Schulgesetze, sich nur auf Kinder unter 15 Jahren erstreckt.

Den Schulen müssen selbstverständlich Erziehungsanstalten und Kinderheime gleichgestellt werden, da der Unterricht bei ihnen inbegriffen ist. In Wirklichkeit könnte man hier noch weiter gehen und die Erlaubnis zur Errichtung von Schulen durch Private von einer widerruflichen Erlaubnis abhängig machen. Dies kann indessen keinenfalls durch dieses Gesetz geschehen, und es würde auch nicht die hierher gehörigen Bestimmungen überflüssig machen.

Das Gesetz vom 27. Juni 1891 verlangt im § 2, daß die Pfarrer und Vorsteher von Dissidentengemeinden, obgleich sie in Zukunft sich nur bei der Obrigkeit anzumelden haben, in ihrem Amt sich an die Gesetze des Staates halten und der Wahrheit und ihrer Pflicht dienen sollen, in welcher Beziehung sie ebenso zur Verantwortung gezogen werden können wie öffentliche Beamte. Hiernach liegt es am nächsten, ihre ganze Tätigkeit, was die Frage der Verantwortlichkeit anbelangt, als öffentliches Amt zu betrachten, das ihnen wegen jeder Pflichtwidrigkeit oder sonstigen unangemessenen Verhaltens aberkannt werden kann, wie dies bei einem Pfarrer der Staatskirche der Fall sein würde. Dies soll indessen wohl nur so weit gelten, als ihnen öffentliche Funktionen anvertraut sind, d. h. als sie mit öffentlicher Wirkung Eheschließungen vollziehen, Anmeldungen von Geburts- und Todesfällen entgegennehmen können u. dgl., und so wird das Gesetz wohl auch ausgelegt werden.

Noch weniger ist durch das Gesetz ausgesprochen, daß der Betreffende, abgesehen von dienstlichen Vergehen, in sonstiger Beziehung den Beamten gleichgestellt sei und, namentlich wegen allgemeiner Verbrechen, die ihn seiner Stellung und des allgemeinen Vertrauens unwürdig erscheinen lassen, seines Amtes enthoben werden könne, selbst wenn Eigenschaften bei ihm zutage treten, die in Ansehung des öffentlichen Dienstes von Bedeutung sind, wie dies z. B. bei Fälschungen der Fall ist. In der königlichen Proposition zum Gesetz von 1891 war vorgeschlagen, daß die Obrigkeit die Wahl bestätigen solle und ihre Bestätigung versagen könne, wenn der Gewählte übel beleumundet oder sonst ungeeignet sei, die ihm vom Staate anvertrauten Funktionen auszuüben; diese Bestimmung kam indessen nach dem Vorschlag des Storthingkomitees in Wegfall. Zweifellos war sie auch recht weitgehend, aber es hätte etwas an ihre Stelle gesetzt werden sollen; eine Verurteilung wegen grober Sittlichkeitsverbrechen, die vielleicht erst vor kurzer Zeit erfolgt ist, sollte absolut die Anerkennung in Stellungen, wie den erwähnten, ausschließen. Noch schlimmer ist es, daß nach dem jetzigen Wortlaut des Gesetzes der einmal gewählte Vorsteher durch kein Urteil entfernt werden kann, solange er seine Stellung einigermaßen versieht, selbst wenn er im übrigen sich der größten Verbrechen schuldig macht.

Der Entwurf nimmt an, daß die Möglickeit bestehen muß, alle Personen in den oben genannten Stellungen von diesen zu entfernen, wenn sie Verbrechen begehen, welche sie des für ihre Stellung nötigen Vertrauens unwürdig machen, oder wenn sie die ihnen infolge ihrer Stellung obliegenden Pflichten auf eine Weise verletzen, die die Gefahr einer Wiederholung in sich schließt (§§ 29, 30). Dagegen glaubte man sie nicht alle in strafrechtlicher Beziehung den öffentlichen Beamten völlig gleichstellen zu können, so daß das Kapitel von den Verbrechen im öffentlichen Dienst und die Bestimmungen im § 251 über die öffentliche Anklage wegen der gegen sie begangenen Beleidigungen auf sie anwendbar wären. Man hat hierfür im § 6 die weitere Bedingung aufgestellt, daß sie die Stellung infolge öffentlicher Bestätigung innehaben, was wohl bei allen Anwälten, Advokaten und Apothekern der Fall ist, jedoch wie oben gezeigt, nicht bei allen Personen, die als Ärzte, Tierärzte oder Hebammen, oder als Pfarrer oder Gemeindevorsteher bei Dissidenten oder Freigemeinden fungieren, zutrifft und noch weniger bei allen Schulverwaltern u. dgl.

§ 7.

Man hat es für zweckmäßig erachtet, im Gesetz eine Definition sowohl des Begriffs »öffentlicher Ort« als auch davon zu geben, was unter der öffentlichen Begehung einer Handlung zu verstehen ist, wie man dies auch im § 85 des österreichischen Entwurfs und in Art. 40 des Stoosschen schweizerischen Entwurfes getan hat.[1]) Wie diese beiden Entwürfe erklärt auch die hier vorgeschlagene Definition die Handlung als öffentlich begangen, wenn sie in Gegenwart einer größeren Anzahl von Personen verübt ist, selbst wenn diese alle besonders ausgewählt waren. Handlungen, die an oder in der Nähe von gewöhnlich begangenen oder dem allgemeinen Verkehr dienenden Orten verübt werden, erklärt derselbe ebenfalls für öffentlich begangen, wenn sie leicht von einer etwa dort sich aufhaltenden Person wahrgenommen werden konnten; er knüpft aber im Gegensatz zum schweizerischen Entwurf die weitere Bedingung hieran, daß sie in Wirklichkeit auch von jemand wahrgenommen wurden.

Wegen Beispielen für Fälle, in denen die öffentliche Begehung oder die Begehung an einem öffentlichen Orte nach dem Entwurf von Bedeutung ist, wird auf die §§ 130, 135, 140, 142, 211, 212, 327, 328, 332, 348, 350, 376, 377, 378, 383 und 390 verwiesen.

§ 8.

Vergl. Entwurf zum Militärstrafprozeßgesetz von 1894 § 3 und Art. 87 des holländischen Gesetzes.

Wegen Fällen, in denen die Regel Anwendung findet, wird auf die §§ 87, 88 und 92 verwiesen.

§ 9

entspricht § 11 Kap. 15 des geltenden Gesetzes,

§ 10,

dem § 9 Kap. 25 desselben Gesetzes, jedoch mit einigen ergänzenden Zusätzen.

§ 11.

Einzelne Gesetze nehmen den Monat zu 30 Tagen an, andere bedienen sich des Kalendermonats; dies ist auch bei uns der Fall und wird ohne Bedenken beibehalten werden können. Dies ist unbedingt das praktischste und wird zu keiner nennenswerten Ungleichheit führen können, um so weniger als man bei der Verurteilung zu kürzeren Gefängnisstrafen diese in Tagen festzusetzen haben wird (§ 25.).

---

[1]) Öffentlich ist ein Verbrechen begangen, wenn es von jedermann wahrgenommen werden kann, oder von einer größeren Zahl von Personen wahrgenommen wird, oder wenn es durch die Presse oder durch ähnliche Mittel der Vervielfältigung begangen wird.

I. Kapitel.

Das Geltungsgebiet des norwegischen Strafgesetzes.

§ 12.

Nr. 1 und 2. Verbrechen, die auf dem norwegischen Staatsgebiet begangen sind.

Handlungen, die im Inlande begangen sind, unterliegen selbstverständlich völlig dem norwegischen Strafgesetz. Als innerhalb des Reiches begangen gelten, allgemeinen Grundsätzen entsprechend, auch Handlungen, die an Bord von norwegischen Schiffen begangen werden, die sich nicht auf fremdem Hoheitsgebiet befinden. Dies besonders auszusprechen, ist streng genommen nicht nötig, und viele fremde Gesetze haben es daher auch unterlassen.

Indessen hat das norwegische Strafgesetz dieselbe Auffassung auch bezüglich der Schiffe, die sich auf fremdem Seeterritorium, also sogar im fremden Hafen, befinden, und auch dies ist nicht ohne Seitenstück in fremden Gesetzen. Jedoch gilt diese Regel nur innerhalb der in Nr. 2 gezogenen Grenzen. Daß Verbrechen, die von Ausländern während eines zufälligen Aufenthalts auf einem im fremden Hafen befindlichen norwegischen Schiff begangen werden, als in Norwegen verübt angesehen werden sollten, ist gewiß keine billige Regel. Bei der im Entwurf vorgeschlagenen Regelung der Strafbarkeit der im Auslande begangenen Handlungen erscheint es überflüssig, in weiterem Maße die norwegischen Schiffe dem norwegischen Gebiet gleichzustellen. Der Entwurf beschränkt die völlige Gleichstellung auf norwegische Schiffe, die sich auf hoher See befinden, wobei dieser Ausdruck nach allgemeinem Sprachgebrauch das Meer außerhalb des Hoheitsgebiets irgendeines Staates bezeichnet, siehe so Völkerrecht von Bornemann S. 125 und Holtzendorff bei Hagerup S. 71, vgl. auch den spanischen Entwurf: Art. 7, 1: en alta mar a'bordo de buque español und das finnländische Gesetz, das nach seiner Abänderung vom 21. April 1894 nur Verbrechen, die auf finnländischen Schiffen auf hoher See begangen sind, gleich den in Finnland selbst begangenen bestraft (§ 1, 2, c).

Weitgehende Ausdehnungen des Begriffes »norwegisches Staatsgebiet« werden auf dem Gebiete des Militärrechts und der Bestimmungen über die Konsulargerichtsbarkeit gemacht werden können; das fällt jedoch außerhalb des Rahmens dieses Gesetzes.

Ad 3. Verbrechen, die im Auslande von norwegischen Staatsbürgern oder von in Norwegen heimatsberechtigten Personen begangen worden.

Das geltende norwegische Strafgesetz geht in der Anwendung des norwegischen Strafrechts auf Inländer wegen der von ihnen im

Auslande begangenen Handlungen weiter als die meisten fremden Gesetze. Ebensoweit wie wir gehen von bekannteren Gesetzen nur einzelne Schweizer Kantonalgesetze und der österreichische Entwurf. Das französische Gesetz beschränkt die Regel auf die größten Verbrechen (crimes), und das schwedische und dänische Gesetz stellen die Anklageerhebung ins Ermessen. Im übrigen verlangen sonst alle ausländischen Gesetze und Gesetzentwürfe übereinstimmend, daß die Handlung auch nach den Gesetzen des Begehungsortes strafbar oder, wie der russische Entwurf sich ausdrückt, verboten sein muß. Der schweizerische Entwurf von Stoos bestraft alle Verbrechen (aber nicht Übertretungen), die von Schweizern im Auslande begangen werden (Art. 3 § 2, vgl. Art. 183). Jedoch kann die Strafe wegfallen, wenn die Handlung nach den Gesetzen des Begehungsortes nicht mit Strafe bedroht ist.

Die Strafbarkeit der von Norwegern im Auslande begangenen Handlungen etwa davon abhängig zu machen, daß sie auch nach den Gesetzen des Begehungsortes mit Strafe bedroht sind, hält die Kommission für unrichtig.

Erstens muß hervorgehoben werden, daß alle Verbrechen und Versehen gegen die norwegische Staatsgewalt und den norwegischen Staat ohne Rücksicht auf den Begehungsort bestraft werden müssen, und hier werden die Strafbestimmungen in den ausländischen Gesetzen entweder gänzlich fehlen oder unzureichend sein.

Diese Regel hat jedoch ihre natürlichen Grenzen darin, daß eine Reihe von Delikten gegen die norwegische öffentliche Gewalt nur im Inlande begangen werden können, entweder weil die Strafdrohung selbst sich nur auf in Norwegen begangene Handlungen bezieht oder weil diese begriffsmäßig an das Inland gebunden sind. So wird der Widerstand gegen Beamte während der Ausübung ihres Dienstes regelmäßig ausscheiden, da den norwegischen Beamten im Auslande keine Befugnisse zustehen, während die Anwerbung von Norwegern zu fremden Kriegsdiensten im Auslande nicht bestraft werden kann, weil die Strafe nach § 133 nur eintritt, wenn die Anwerbung im Inland vorgenommen wird. Den Verpflichtungen gegen den Staat können auch die besonderen Verpflichtungen, die auf einem Familienverhältnis u. dgl. beruhen, zur Seite gestellt werden. Wenn ein Norweger seine Kinder auf eine Reise ins Ausland mitnimmt, so kann es nicht geduldet werden, daß ihm jeweils immer nur die Verpflichtungen gegen sie obliegen sollten, die in der Gesetzgebung seines jeweiligen Aufenthaltsortes begründet sind. Das Verbot gegen gewisse Beschäftigungen z. B. (§ 381) muß auch im Auslande Geltung haben, zumal die gröbsten Verstöße gegen dasselbe gerade beim Umherziehen von Land zu Land begangen werden. Ebenso ist es klar, daß Strafvorschriften, die mit der persönlichen Rechtsstellung verknüpft sind, die sich nach den Gesetzen des Heimatlandes richtet, den Staatsbürger überallhin begleiten müssen. Die Bigamie muß für den Norweger in der Türkei dasselbe Verbrechen bleiben wie in Norwegen und ebenso die Eingehung einer wegen Verwandtschaft gesetzlich verbotenen Ehe.

In Ansehung anderer Verbrechen wird regelmäßig angenommen werden können, daß ein Anlaß zur Bestrafung nur dann vorliegt, wenn auch die Gesetze des Begehungsortes sie mit Strafe bedrohen. In einer Reihe von Fällen ist dies ganz klar, namentlich soweit die betreffenden Handlungen nicht als an sich unmoralisch und auch nach der Gesetzgebung des fremden Landes nicht als rechtswidrig angesehen werden können, wie dies z. B. bei den meisten Polizeiverboten der Fall sein wird. Indessen empfiehlt es sich, die Strafbarkeit so wenig wie möglich von der ausländischen Gesetzgebung abhängig zu machen. In Wirklichkeit gibt es eine Reihe von Handlungen, die von allen zivilisierten Nationen gleichmäßig mit Strafe bedroht sind, und diese darf die norwegische Gesetzgebung ohne Bedenken in Ansehung ihrer Untertanen ohne Rücksicht auf den Begehungsort für unbedingt strafbar erklären. Hierdurch erreicht man nicht bloß, daß sich eine besondere Prüfung der ausländischen Gesetzgebung, die oft mit Schwierigkeiten verbunden sein wird, erübrigt, sondern auch, daß kosmopolitisch anerkannte Verbrechen, selbst dann, wenn sie unter Wilden oder außerhalb jedes geordneten Staatswesens begangen werden, der Bestrafung sicher sind. Hierdurch wird auch dem Umstande Rechnung getragen, daß der Staat seine Angehörigen auch im Auslande, jedenfalls im Verhältnis zu dessen Mitbürgern, beschützt. Von diesem Gesichtspunkte aus hat der Entwurf das Meiste des zweiten Teiles des Gesetzes ohne weiteres auf Norweger in der ganzen Welt für anwendbar erklärt, während er in den nicht aufgezählten Fällen verlangt, daß die Handlung auch nach den Gesetzen des Begehungsortes mit Strafe bedroht ist. Hierbei muß jedoch bemerkt werden, daß der Strafvorschrift nicht notwendigerweise im Auslande dieselbe Bedeutung zukommt wie im Inlande. Wo nämlich die Strafbarkeit ausdrücklich von der Rechtswidrigkeit abhängig gemacht ist, muß diese nach dem Recht beurteilt werden, das nach allgemeinen international-rechtlichen Grundsätzen jeweils das maßgebende ist und dies wird in der Regel das Recht des betreffenden Ortes sein. So wird niemand nach § 216 bestraft werden können, weil er ein 17jähriges Kind der Fürsorge der zuständigen Personen entzogen hat, wenn das Kind nach dem Recht des Ortes, das zugleich das seines Wohnsitzes ist, in diesem Alter frei in seinen persönlichen Angelegenheiten entscheiden kann.

Durch die im vorliegenden Entwurf durchgeführte Regelung hat dieser sich in Wirklichkeit auf diesem Gebiete an die bestehende Ordnung mehr angeschlossen, als dies ursprünglich beabsichtigt war. Der Entwurf vermeidet indessen sowohl verschiedenes Unzweckmäßige, was die bestehende Ordnung im Gefolge zu haben scheint, als auch die mannigfachen Zweifel, wozu sie Anlaß gibt (s. Getz

Entwurf 1887, Motive S. 32) und hierin sind die Vorteile zu suchen, die eine Änderung empfehlen.

Die Kommission hält es nicht für nötig, in Fällen wo die Strafbarkeit der Handlung nach dem Recht des Begehungsortes verlangt wird, als weitere Bedingung auszusprechen, daß entweder seitens des fremden Staates oder seitens des Verletzten[1]) ein Antrag vorliegen muß, oder daß die Voraussetzungen für die Strafverfolgung auch nach dem Recht des Begehungsortes vorhanden sein müssen,[2]) die Handlung also nicht verjährt oder die Strafe erlassen oder verbüßt sein darf, oder daß nicht auf höhere Strafen, als nach dem fremden Recht zulässig, erkannt werden darf.[3]) Den norwegischen Staatsbürgern im eigentlichen Sinn, werden in Ansehung der im Auslande begangenen strafbaren Handlungen die im Inlande beheimateten Personen gleichgestellt.[4])

Auch diese stehen nämlich in einem besonderen Verhältnis zum norwegischen Staat und zur norwegischen Staatsgewalt, auch wenn sie sich im Ausland aufhalten. Will man hieraus nicht die Folge ziehen, daß sie ebenso wie norwegische Staatsbürger im Inlande bestraft werden können, so wird die Folge sein, daß stets, falls ihnen nicht ein Anstoß erregendes Straffreiheitsmonopol zustehen soll, gesucht werden muß, ihre Auslieferung zu veranlassen oder, wenn dies untunlich, mit Ausweisungsmaßregeln gegen sie vorzugehen sein wird, Maßregeln, die bei an sich unbedeutenden Verbrechen oft unnötig hart, ja manchmal geradezu brutal sein können, wie wenn es sich z. B. um eine norwegische Frau handelt, die durch ihre Ehe mit einem im Inlande wohnenden Ausländer ihr norwegisches Staatsbürgerrecht verloren hat.[5]) Hat der fremde Untertan die norwegische Staatsangehörigkeit, so kann er übrigens nach dem Gesetz von 1888 auch nicht ausgewiesen werden.

---

[1]) So der spanische Entwurf und das italienische Gesetz, soweit kleinere Verbrechen in Frage kommen.

[2]) So das ungarische Gesetz, der kroatische, schweizerische und spanische Entwurf.

[3]) So das ungarische Gesetz, der kroatische und spanische Entwurf.

[4]) Nach unserem bis zum Gesetz vom 21. April 1888 geltenden Recht war »Staatsbürger« und »Einwohner« ungefähr gleichbedeutend, indem man dadurch, daß man im Inlande seinen Wohnsitz aufschlug, Staatsbürger wurde. Die im Jahre 1888 eingetretene Änderung, wonach man Staatsbürger sein kann, ohne Einwohner zu sein und noch mehr umgekehrt, hat nach § 8 des Gesetzes keine Änderung in der strafrechtlichen Stellung der Einwohner herbeigeführt. Alle Einwohner sind daher der norwegischen Staatsgewalt wegen der im Auslande begangenen Verbrechen ebenso unterworfen wie die eigentlichen Staatsbürger. Nach den meisten fremden Rechten, in denen der Begriff des Staatsbürgers dem unsrigen entspricht, liegt er auch völlig und allein dem auf dem Gebiete des Strafrechts gemachten Unterschiede zwischen In- und Ausländern zugrunde.

[5]) Auch das schweizerische Bundesstrafrecht in Art. 37 und der Stoossche Entwurf stellen bei Landesverrat die in der Schweiz wohnhaften Personen den Schweizern gleich und strafen sie demnach auch wegen derartiger im Auslande verübter Handlungen (s. wegen der allgemeinen Gleichstellung Stoos, Grundzüge I, S. 161).

Nr. 4. Strafbare Handlungen, die von Ausländern im Auslande begangen werden.

Ad § 12, 4b. Auch wenn man streng daran festhält, daß der einzelne Staat nur seine eigenen Interessen wahrzunehmen und sich nicht um weitergehende Aufgaben zu bekümmern hat, wird man ihm keine Abweichung von diesem Grundsatz zum Vorwurf machen können, wenn er das allgemeine Recht für sich in Anspruch nimmt, auch die von Ausländern im Auslande begangenen Verbrechen zu bestrafen. Die Staaten sind gegenüber den meisten Verbrechen solidarisch, und am allerwenigsten kann einem Staat daran gelegen sein, eine Zufluchtsstätte für Diebe, Räuber u. dgl. zu werden, indem er ihnen bei sich ein Obdach gewährt. Wenn es sich mehr und mehr einbürgert, daß die Staaten unter sich die Verbrecher ausliefern, so ist dies nicht bloß auf die Bedürfnisse des ersuchenden, sondern auch des ausliefernden Staates zurückzuführen, was auch zur Genüge daraus hervorgeht, daß man Ausländer, die größere Verbrechen begangen haben, ausweist, wenn kein Anlaß zur Auslieferung gegeben ist. Durch die Ausweisung erreicht man aber nicht das, was man durch die Strafe erreicht, und zudem hängt die Auslieferung noch von der Bereitwilligkeit des fremden Staates zur Entgegennahme des Ausgelieferten ab. Außerdem kann der Auslieferungsvertrag infolge Krieges suspendiert sein, oder es können sich verschiedene Auffassungen hinsichtlich der Beweise für die Verübung des Verbrechens oder hinsichtlich des Ortes, der als Tatort anzusehen ist, geltend machen. Schließlich kann der Täter auch in dem Lande, in dem er sich zurzeit aufhält, die Staatsangehörigkeit erworben haben und demnach die Möglichkeit einer Auslieferung ausgeschlossen sein.

Es muß auch festgehalten werden, daß die Strömung dahin geht, das Strafrecht universell zu gestalten. Bis jetzt haben allerdings nur wenige Gesetze den kosmopolitischen Charakter des Strafrechts proklamiert, nämlich das österreichische,[1]) das italienische und das ungarische, von denen das letztere im § 9, vgl. § 11, bestimmt, daß auch Ausländer wegen beliebiger im Auslande begangener Verbrechen bestraft werden können, wenn sowohl nach dem ausländischen wie nach dem ungarischen Gesetze die Bedingungen der Strafbarkeit vorhanden sind. Aber auch der russische und der kroatische Entwurf haben sich in größerem oder geringerem Umfange demselben Gedanken angeschlossen, und man kann so wohl ziemlich sicher an-

[1]) Dies ist schon seit 1803 geltendes Recht in Österreich gewesen, und die Motive zum vorliegenden österreichischen Entwurf schlagen vor, die Regel beizubehalten, indem sie ausführen:

»In der Hauptsache gilt dasselbe auch nach dem jetzt bestehenden Gesetze, dem es zum Ruhme gereicht, in der Verwirklichung des Gedankens der Solidarität der Strafrechtspflege aller zivilisierten Länder allen andern vorangegangen zu sein.« Cfr. Zucker in der Zeitschr. für intern. Privat- und Strafrecht III, S. 618.

nehmen, daß er mit der Zeit wenigstens bei der Mehrzahl der größeren Nationen geltendes Recht werden wird.[1])

Wenn unser Gesetz, entsprechend vielen ausländischen, die inländische Strafgewalt auf Verbrechen ausdehnt, die von Ausländern im Auslande gegen Norwegen oder gegen Norweger begangen sind, so ist damit ebenfalls ein dem oben erwähnten gleiches Interesse anerkannt. Völlig klar ist aber die richtige Konsequenz hieraus nicht gezogen. Eine in unser Gesetz aufgenommene Bestimmung, wonach ein Franzose, der in Frankreich einen Norweger ermordet, von uns bestraft werden kann, wird auch nicht im geringsten dazu beitragen, die Sicherheit der in Frankreich reisenden Norweger zu erhöhen. Nirgends in der Welt wird man deswegen mehr unterlassen, Norweger zu betrügen, zu bestehlen, zu beleidigen, zu mißhandeln und zu ermorden, weil die Handlung nicht bloß nach den Gesetzen des Ortes, sondern auch nach unserem Gesetz mit Strafe bedroht ist, und außerdem gibt es viele Verbrechen, die in hohem Grade über die Grenzen des einzelnen Landes hinaus sich fühlbar machen, ohne daß sie im juristischen Sinne als gegen alle diejenigen gerichtet angesehen werden könnten, die durch sie in Mitleidenschaft gezogen werden, z. B. betrügerischer Bankerott. Will man daher ernstlich seine eigenen Untertanen beschützen, so gibt es kein anderes Mittel, als daß alle Staaten sich unter einander sowohl durch Auslieferung als durch Abstrafung Beistand leisten und sich so gegenseitig ergänzen.

Durch diese Erwägungen geleitet, stellt der Entwurf in § 12, 4b

---

[1]) Die einschlägigen Bestimmungen des ungarischen Gesetzes lauten:

§ 9. »Nach den Bestimmungen dieses Gesetzes ist auch derjenige Ausländer zu bestrafen, welcher ein im § 7 unter 2 nicht angeführtes Verbrechen oder Vergehen im Auslande verübt, wenn dessen Auslieferung vertragsmäßig oder dem bisherigen Usus zufolge nicht eintritt, und der Justizminister die Einleitung des Strafverfahrens anordnet.«

§ 11. »Wegen eines im Auslande verübten Verbrechens oder Vergehens kann das Strafverfahren in den Fällen der §§ 8 und 9 nicht eingeleitet werden, wenn die Handlung nach dem am Orte der Tat geltenden oder nach ungarischem Gesetz nicht strafbar ist, — oder nach einem dieser Gesetze aufgehört hat, strafbar zu sein, — oder wenn die kompetente ausländische Behörde die Strafe erlassen hat.«

§ 12. »Wenn in den Fällen der §§ 8 und 9 die auf ein Verbrechen oder Vergehen gesetzte Strafe am Orte der Tat milder ist als diejenige, welche dieses Gesetz bestimmt, so ist die erstere Strafe anzuwenden«.

§ 13. »In den Fällen der §§ 8 und 9 ist der im Auslande verbüßte Teil der Strafe in die durch die ungarischen Gerichte zu verhängende Strafe stets einzurechnen.«

Art. 6 und 7 des italienischen Gesetzes enthalten Vorschriften, die im wesentlichen mit den ungarischen übereinstimmen; doch wird verlangt, daß es sich um ein Verbrechen handelt, das mit einer Freiheitsstrafe von 3 Jahren bestraft werden kann. Ungefähr dasselbe verlangt der russische Entwurf. Der österreichische und der kroatische Entwurf hingegen geben ebensoweit wie das ungarische Gesetz.

die Regel auf, daß die im Auslande von Ausländern begangenen Verbrechen im Inlande bestraft werden, wenn die Tat auch nach dem Rechte des Begehungsortes mit Strafe bedroht ist und der Täter entweder seinen Wohnsitz oder seinen Aufenthaltsort im Inlande hat, wozu nach § 13, Abs. 2 als weitere Bedingungen noch hinzutreten, daß die Voraussetzungen zur Strafverfolgung auch nach dem ausländischen Recht vorhanden sind, erforderlichenfalls also der Antrag des Verletzten gestellt, die Strafverfolgung nicht verjährt, kein freisprechendes Urteil ergangen oder die erkannte Strafe noch nicht verbüßt ist.

Bedenken gegen eine derartige Ausdehnung des inländischen Strafrechts können wohl nicht geltend gemacht werden. Da hier lediglich von einem Recht, nicht von einer Pflicht die Rede ist (vgl. § 13, 1. Abs.), ist nicht zu befürchten, daß man sich dadurch eine unverhältnismäßige Last aufbürdet. Es kann ferner auch nicht geltend gemacht werden, daß man über die Grenzen dessen, was dem einen Staat gegenüber dem anderen oder dessen Untertanen erlaubt ist, hinausgeht. Alle Staaten kennen, wie gleich näher ausgeführt werden soll, Fälle, in denen sie die von Ausländern im Auslande begangenen Handlungen bestrafen, und dies sogar lediglich nach ihrem eigenen Strafrecht und ohne Rücksicht darauf, ob die Handlung nach dem Gesetz des Begehungsortes strafbar ist, und ohne zu verlangen, daß der Angeklagte bei der Anklage im Inlande zugegen sein müsse. Es ist somit voll anerkannt, daß kein völkerrechtlicher Satz hier die Strafgewalt einschränkt, selbst wenn die obengenannten Gesetze und Gesetzentwürfe noch nicht beweisen würden, daß ein derartiger Satz jedenfalls nicht die erforderliche allgemeine Anerkennung genießt.

Ad § 12 Nr. 4a. Ungefähr alle Gesetze stimmen in einzelnen Fällen darin überein, unbedingt das Landesstrafrecht auch auf Ausländer im Ausland ohne Rücksicht auf das Recht des Begehungsortes anzuwenden. Die einzige Ausnahme bilden hier wohl nur das dänische und das anglikanische Recht. Solche Fälle sind namentlich Angriffe auf den Staat mit der Absicht, durch Revolution die Staatsverfassung umzustürzen (Hochverrat), Münzverbrechen und ähnliches. Das erstere Verbrechen wird oft nach den Gesetzen des Begehungsortes überhaupt nicht strafbar sein, aber nichtsdestoweniger werden keine Bedenken dagegen geltend gemacht werden können, hier die Strafdrohung auch gegen den Ausländer im Auslande zu kehren. Der Betreffende wird sich sagen müssen, daß der fremde Staat sich nach Kräften zu verteidigen suchen wird, und meistens wird die Analogie mit dem Rechte seines eigenen Landes ihn darauf hinweisen, daß die Handlung als etwas Strafbares aufgefaßt wird. In dem anderen Falle handelt es sich um etwas, dessen verbrecherischer Charakter überall außer Zweifel sein wird, aber es kann der Fall sein, daß die Gesetze des Begehungortes die Münzdelikte mit einer geringeren Strafe belegen als dem Lande, um dessen Münzen es sich handelt, angemessen erscheint.

In der letzteren Zeit haben jedoch einzelne Gesetze und Gesetzentwürfe angefangen, auch einige andere unter die unbedingt strafbaren Handlungen aufzunehmen, so namentlich die Sprengstoffverbrechen.

Diesen fügt der neue schweizerische Entwurf noch die grobe Kuppelei und der letzte österreichische Entwurf außerdem noch den Menschenraub hinzu, während das holländische Gesetz seinerseits hauptsächlich den Seeraub hier aufführt.

Es kann indessen nicht geleugnet werden, daß die Herausnahme einzelner Verbrechen recht willkürlich ist und daß es leicht der Fall sein kann, daß eine nicht aufgeführte Verbrechensart ebenso sehr verdienen würde, auf die Proskriptionsliste gesetzt zu werden. Es kann auch keinen praktischen Bedenken unterliegen, einen Schritt weiter zu gehen und ohne Rücksicht auf die Gesetze des Begehungsortes überhaupt grobe Verbrechen, deren strafbarer Charakter überall anerkannt ist, mit Strafe zu bedrohen.

Hierdurch wird der Zweck dieser Sonderbestimmungen um so sicherer erreicht, und man gewinnt außerdem noch einige andere recht erwähnenswerte Vorteile. Die oft recht schwierige Untersuchung ausländischer Rechte wird sich erübrigen, man wird auch Handlungen, die außerhalb des Gebietes eines zivilisierten Staates begangen werden, zur Rechenschaft ziehen können, und man wird namentlich in Fällen, in denen die Schwere des Verbrechens dies wünschenswert erscheinen läßt, seinen eigenen Landsleuten denselben Schutz im Auslande zuteil werden lassen können, den ihnen das geltende Recht zusichert.

Ein wesentlicher Vorteil des Entwurfes gegenüber dem bestehenden Recht — auch abgesehen von den allgemeinen Vorteilen eines kosmopolitischen Strafrechts — liegt darin, daß er eine freiere Beurteilung unserer Interessen und ihrer Verletzung zuläßt, als dies der Fall ist, wenn im Gesetz die Anklageerhebung davon abhängig gemacht wird, daß der Verletzte Norweger ist, und daß auf der anderen Seite die natürlichen rechtlichen Interessen des ausländischen Verbrechers besser beschützt werden, indem man nur da eine Verfolgung ohne Rücksichtnahme auf die Gesetze des Begehungsortes zuläßt, wo eine Handlung in Frage steht, deren verbrecherischer Charakter besonders grob und im Rechte aller zivilisierten Völker anerkannt ist.

Ist die Handlung nach dem Rechte beider Länder strafbar, so wird wohl die Auslieferung am Platze sein, namentlich weil das Verbrechen am Begehungsort am leichtesten aufgeklärt werden kann. Ist Bedingung für die Strafverfolgung, daß die Handlung nach dem Gesetze des fremden Landes ebenso strafbar ist, so werden die Gerichte dieses Landes am geeignetsten sein, dieses Gesetz anzuwenden. Infolgedessen soll die Anwendung des inländischen Strafrechts überhaupt gegenüber der Auslieferung nur eine subsidiäre

Stellung einnehmen. Im Gesetz dies besonders auszusprechen, ist unnötig. Soll die Auslieferung stattfinden, so wird dies entweder auf Grund eines Vertrages oder eines diesen Gegenstand regelnden Gesetzes geschehen, und dort ist dann der Ort, von der prinzipalen Stellung der Auslieferung zu handeln.

Für die Frage, in welchem Umfange die im Auslande begangenen Verbrechen in § 12, 4a als unbedingt strafbare besonders aufzuführen sind, ist es nicht ohne Bedeutung, wie man sich zu der Frage stellt, was als im Auslande, was als im Inlande begangen anzusehen ist. Hierüber gehen die Meinungen nicht wenig auseinander, indem die einen den Ort der Begehung, die anderen den Ort, wo die Folge eingetreten ist, die die Handlung zum vollendeten Verbrechen werden läßt, entscheiden lassen wollen. Diese Uneinigkeit ist namentlich von überaus großer Bedeutung hinsichtlich der Teilnahme an Verbrechen, die von anderen begangen werden. Der letzte Absatz des Paragraphen stellt in dieser Beziehung die praktische Regel auf, daß beide Orte als Begehungsorte anzusehen sind, und er stimmt hierin sowohl mit § 676 des Newyorkischen Gesetzes als mit Art. 3, § 1 des schweizerischen Entwurfs überein.[1]

Für die Unterlassungsverbrechen folgt ohne weiteres aus dem letzten Absatz des § 12, daß sie dort als begangen anzusehen sind, wo der Betreffende hätte handeln sollen. Unterläßt so ein angemusterter Matrose, seinen Dienst an Bord eines norwegischen Schiffes anzutreten (§ 301), so gilt dieses Verbrechen als auf dem Schiff begangen, weshalb er, gleichgiltig ob er Aus- oder Inländer ist und ob das Schiff in einem norwegischen oder einem fremden Hafen liegt, nach norwegischem Recht bestraft werden kann (§ 12, 2). Ein angemusterter Matrose gehört eben zur Besatzung des Schiffes, auch wenn er nicht an Bord kommt. Infolgedessen wird eine Bestimmung, daß Verbrechen, die von norwegischen Seeleuten als solchen begangen werden, immer nach norwegischem Recht bestraft werden können, für überflüssig erachtet.

§ 13.

Abs. 1 entspricht Kap. 1, § 2 des geltenden Strafgesetzes.[2] Von Abs. 2 ist im vorhergehenden Paragraphen die Rede gewesen.

---

[1]) S. auch R. Gram in der »Zeitschrift für Rechtswissenschaft«, VI, S. 277—278.

[2]) In einzelnen Entwürfen wird auch ein Antrag der zuständigen ausländischen Behörde oder des Verletzten selbst da verlangt, wo das Verbrechen nach dem Rechte beider Länder der unbedingten öffentlichen Anklage unterliegt; dies scheint jedoch jeglichen Grundes zu entbehren. Man straft doch ebensosehr im eigenen Interesse wie um dem Ausland eine helfende Hand zu reichen.

Zu Abs. 3 wird bemerkt:

Es ist selbstredend, daß in den Fällen, in denen das norwegische Strafrecht für unbedingt anwendbar erklärt wird, selbst der Umstand, daß im Auslande die Strafe verbüßt ist, nicht in Betracht kommen kann. Einer der Gründe, weshalb das inländische Strafrecht unbedingt für anwendbar erklärt wird, ist gerade der, daß das ausländische Recht zu mild sein kann, um in dieser Richtung zu befriedigen. So wird man z. B. auch nach fremdem Recht oft wegen hochverräterischer Handlungen bestraft werden können, aber es wird dann auf Grund eines Paragraphen sein, der Angriffe auf eine befreundete Macht mit Strafe bedroht, und der Umstand, daß jemand, vielleicht sogar ein Norweger, deswegen bestraft worden ist, darf natürlich nicht eine Anwendung der norwegischen Strafbestimmungen über Hochverrat auf ihn ausschließen. Insofern ist § 4, Kap. 1 des geltenden Gesetzes gänzlich zu verwerfen, und er hat auch, soweit uns bekannt, in ausländischen Gesetzen nirgends seinesgleichen. Selbst in Fällen, in denen die Strafverfolgung gegen einen Norweger davon abhängt, daß die Handlung auch nach dem ausländischen Rechte strafbar ist, dürfte es unrichtig sein, einem jeden ausländischen Strafvollzug strafausschließende Bedeutung zukommen zu lassen. Man müßte dann auch daran festhalten, daß unsere Gerichte auf keine höhere als die nach dem fremden Recht zulässige Strafe erkennen dürften, andernfalls wäre es ein unhaltbarer Mittelweg, dem Strafvollzug eine derartige Bedeutung beizulegen.

Durch die hier vorgeschlagene Regel, daß eine erlittene Strafe in Abrechnung zu bringen ist, ist die Behandlung eine konsequente geworden. Es folgt von selbst, daß im Inlande nur dann eine Anklage erhoben werden wird, wenn die von dem ausländischen Gericht erkannte Strafe nach unseren Begriffen als unverhältnismäßig milde angesehen werden muß. Durch den Zusatz »soweit dies möglich« soll auf die Fälle Bezug genommen werden, in denen ein Abzug nicht möglich ist, wie z. B. bei der Todesstrafe, falls das neue Gesetz sie beibehalten sollte. Dasselbe gilt natürlich auch bei der Amtsenthebung u. dgl., sowie beim Verlust der bürgerlichen Ehrenrechte (vgl. § 32), und es erübrigt sich daher, in § 4, Kap. 1 unseres Gesetzes eine besondere Ausnahmebestimmung aufzunehmen.

§ 14.

Was § 7, Kap. 1 des geltenden Gesetzes in bezug auf die fremden Gesandtschaften enthält, ist entweder überflüssig oder unzureichend. Sollen die völkerrechtlichen Ausnahmen aufgezählt werden, so muß dies erschöpfend geschehen und es müssen dann auch beispielsweise Souveräne und Kriegsschiffe aufgeführt werden. Indessen ist es schwierig und in Wirklichkeit auch in keinem Recht versucht worden, hier genau anzugeben, wie weit in diesem Punkte die völkerrechtlichen Grundsätze gehen. Es wird auch für genügend erachtet, die

Regel in ihrer Allgemeinheit auszusprechen; hiermit haben sich auch die meisten fremden Rechte begnügt, soweit sie überhaupt dieser Ausnahme Erwähnung tun.

Über die Auslieferung von Verbrechern.

In Übereinstimmung mit den meisten fremden Gesetzen wird es für unnötig und wenig zweckmäßig erachtet, hier Regeln über die Auslieferung von Verbrechern aufzunehmen. Der Grund, weshalb es für nötig gehalten wurde, im Gesetz von 1842 auf dieses Gebiet einzugehen, ist ersichtlich der, daß man die Möglichkeit schaffen wollte, durch Verträge Regeln über die Auslieferung festzusetzen, die mit den eigenen Regeln des Gesetzes über die Anklageerhebung im Inlande möglicherweise in Widerstreit stehen könnten. Das Gesetz von 1842 wollte nicht bloß die Auslieferung von Ausländern, die sich im Auslande vergangen hatten, zulassen, was niemals mit den Vorschriften des Gesetzes über die Anklageerhebung in Widerspruch treten konnte, da hier immer die Anklageerhebung ein dem König zustehendes Recht ist, sondern auch die der Inländer, die im Auslande und die der Ausländer, die im Inlande Verbrechen begangen hatten. Dies sind indes Auslieferungsfälle, die, wenigstens wenn die Staaten ihren bisherigen Standpunkt beibehalten, praktisch wohl niemals in Frage kommen werden. Es ist ein allgemein anerkannter Grundsatz, daß Inländer nicht ausgeliefert werden und ebensowenig Ausländer seitens des Landes, in dem sie sich vergangen haben. In den Ländern, in denen Gesetze sich mit der Auslieferung beschäftigen, ist dieses Falls niemals Erwähnung getan, und ebensowenig ordnen die Auslieferungsverträge unserer Zeit die Auslieferung wegen Verbrechen an, die auf dem eigenen Gebiete des ausliefernden Staates begangen sind.

Wenn man hier also die Auslieferung mit Schweigen übergeht und keine dem § 6, Kap. 1 des Gesetzes von 1842 entsprechende Bestimmung aufnimmt, so hindert dies natürlich nicht, daß die schon bestehenden Gesetze ebenso wie die rechtsgültig eingegangenen Verträge in Kraft bleiben, auch wenn sie die Auslieferung in weiterem Umfange zulassen. In dieser Richtung können aber wohl nur das Gesetz vom 11. September 1818 und der Vertrag mit Dänemark vom 7. März 1823 aufgeführt werden, welch letzterer nur Sonderbestimmungen bezüglich der Ausländer enthält, die hier im Inlande falsche dänische Münzen anfertigen.

Wenn somit kein Anlaß besteht, Bestimmungen über Auslieferung der Verbrecher in das Strafgesetz aufzunehmen, so kann dies ganze Gebiet um so leichter beiseite gelassen werden, als man allen Grund hat, es in seiner Gesamtheit gesetzlich zu regeln. Dies haben auch mehrere der meistvorgeschrittenen Nationen schon getan, so England, die Vereinigten Staaten, die Schweiz, Argentinien, Holland, Belgien u. a. sowie Italien und Frankreich, die jedenfalls damit im Begriffe stehen. Die Fragen, welche Personen auszuliefern sind und wegen welcher Verbrechen, an welchen Staat und unter welchen Garantien die Auslieferung zu erfolgen hat, enthalten soviel Zweifelhaftes und Wichtiges, daß eine gesetzliche Regelung sich dringend empfiehlt. Dies um so mehr, als die einzige positive Vorschrift, die unser geltendes Gesetz bezüglich der Verträge enthält, die es abzuschließen erlaubt, daß sie nämlich auf dem völligen Gleichheits-, d. h. Gegenseitigkeitsprinzip beruhen müssen, an sich wenig begründet ist, man aber, im Falle man es aufgibt, auch die Garantie aufgibt, die immerhin darin gesehen werden kann, daß die Regierung des einen Landes nicht weiter gehen kann, als die des anderen zu folgen bereit ist. In Wirklicheit ist nämlich die Auslieferung in vielen Fällen ebensosehr im Interesse des ausliefernden Staates wie in dem des aufnehmenden (ersuchenden), und es läßt sich nichts für die Regel anführen, daß der eine Staat die ausländischen Verbrecher beschützen urd sich dadurch selbst zu einem Räubernest machen sollte, nur weil der andere Staat zwar bereit ist, die Missetäter aufzunehmen und zu bestrafen, die ihm entlaufen sind, aber nicht die aus der Hand geben will, die sich zu ihm geflüchtet haben.[1]) Auf der andern Seite verdient es wohl erwogen zu werden, ob das Verbot der Auslieferung von Inländern so unbedingt wie hisher aufrecht erhalten werden soll. Es muß zugegeben werden, daß eine Sache oft nur am Tatort hinreichend aufgeklärt und behandelt werden kann, und daß deswegen im Verhältnis der zivilisierten Staaten untereinander die Auslieferung für den Beschuldigten und für die Gesellschaft das Vorteilhafteste sein kann. Oft ist auch das Staatsangehörigkeitsverhältnis mehr formeller als reeller Natur, während Personen, die die Staatsangehörigkeit des Landes nicht besitzen, so mit ihm verknüpft sein können, daß ihre Auslieferung an ein fremdes Land nur als große Härte empfunden werden kann.[2]) Alle diese Fragen eignen sich jedoch am besten zur Lösung durch ein eigenes Gesetz.

Der Entwurf hat auch keine dem § 8, Kap. 1 des geltenden Gesetzes entsprechende Bestimmung aufgenommen. Daß norwegische Gerichte nur nach norwegischen Strafgesetzen Strafen verhängen, und daß Strafen nur dann vollstreckt werden können, wenn sie von norwegischen Gerichten erkannt sind, ist, wie auch Schweigaard ausgesprochen hat, selbstverständlich, und es würde nur verwirren, es positiv auszusprechen. Um fremdes Recht anwenden zu können, ist stets eine dahingehende Bestimmung des inländischen Rechts

[1]) Die Gegenseitigkeit ist auch aufgegeben im italienischen Entwurf, im englischen und, wie es scheint, auch im holländischen Recht. S. hierüber Atti della commissione ministeriale per lo studio e la compilazione di un progetto di legge sulla estradizione, Roma 1885.

[2]) Vgl. Zucker i. Ztschr. für int. Privat- und Strafrecht III, S. 618.

selbst erforderlich, wodurch das fremde Recht gewissermaßen zum inländischen wird. Einen Grund zur Anwendung ausländischen Strafrechts wird man nur in positiven Bestimmungen unserer eigenen Gesetzgebung finden können; schon nach § 96 des Grundgesetzes würde sich dies verbieten. Noch selbstverständlicher ist es, daß wir nur Strafurteile norwegischer Gerichte oder solcher Gerichte vollstrecken können, die unsere Gesetzgebung diesen etwa gleichgestellt hat. Dies ist nichts anderes, als was bezüglich der Urteile in Zivilsachen ebenfalls Rechtens ist.

II. Kapitel.

Strafen.

Die Todesstrafe.

Es ist hier nicht der Platz, die so oft und mit so großem Eifer und so großer Tüchtigkeit angeführten Gründe für und wider diese Strafe aufs neue vorzuführen und zu erörtern. Mit den meisten derselben werden alle, die sich für die Frage interessieren, schon bekannt sein, und es wird schwer sein, dem etwas Neues von Bedeutung hinzuzufügeu. Dagegen haben wir uns den Versuch angelegen sein lassen, das Neue, was die Zeit selbst bringt, und die umfassenderen Erfahrungen, die die Abschaffung der Todesstrafe an mehreren Orten und in längeren Zeiträumen zu ernten gestattet hat, übersichtlich darzustellen.

In der Tat werden auch diese Erfahrungen in letzter Instanz den Ausschlag geben, wenigstens sofern sie nicht für die Notwendigkeit der Todesstrafe sprechen, sondern vielmehr zeigen, daß sie entbehrt werden kann, ohne daß die Sicherheit der menschlichen Gesellschaft hierdurch Gefahr läuft. Die meisten Anhänger der Todesstrafe werden wohl selbst zugeben, daß sie kein absolutes Gebot der Gerechtigkeit ist, dem Genüge geschehen muß, gleichgültig, ob dadurch der Gesellschaft ein Dienst erwiesen wird oder nicht, und daß ihr viele Mängel anhaften, weshalb ihre Beibehaltung nur dann gerechtfertigt werden kann, wenn diese Mängel auf der anderen Seite durch offenbare Vorteile, wie den erhöhten Schutz, den sie dem Leben des rechtschaffenen, friedlichen Bürgers gewährt, aufgewogen werden. Zeigen aber Erfahrungen, denen man sich nicht verschließen kann, daß dieser erhöhte Schutz illusorisch, daß man ebensosicher an Leib und Leben ist, wenn Schafott und Büttel verschwunden sind, so hat damit die Todesstrafe ihre Daseinsberechtigung verloren. Wir wollen daher zunächst die Länder, in denen diese Strafe vollständig aus dem Strafgesetzbuch getilgt ist, untersuchen und feststellen, welches Zeugnis sie uns ablegen. Neben diesen gibt es indessen auch andere Länder, in denen die Todesstrafe, obgleich sie im Strafgesetz enthalten ist, nie oder so gut wie nie zur Anwendung gebracht wird, und auch diese haben natürlich Anspruch auf unsere Aufmerksamkeit. Ein reiches Material zur Beurteiluug der Frage hat auch seit langem aus fast allen Ländern insofern vorgelegen, als sie für eine Reihe von Verbrechen, die früher kapitale waren, die Todesstrafe abgeschafft haben. Hierbei länger zu verweilen, ist indessen weniger geboten. Es ist längst festgestellt, daß die Abschaffung der Todesstrafe für Diebstahl, Raub, Betrug, Brandstiftung u. dgl. keine Zunahme dieser Verbrechen im Gefolge gehabt hat. Andererseits kann aber nicht in Abrede gestellt werden, daß diese Tatsache insofern für unsere Frage einigermaßen an Beweiskraft verliert, als die große Umwälzung auf dem Gebiete des Strafrechts, die die bedeutende Einschränkung der Todesstrafe zur Folge hatte, mit so großen Veränderungen in der Staatsleitung, den sozialen Verhältnissen und den Anschauungen der Menschheit überhaupt zusammenhängt, daß es mehr als vermessen wäre, wollte man entscheiden, welche Rolle die verschiedenen veränderten Momente bei der Hervorbringung des Ergebnisses gespielt haben.

In Holland wurde die Todesstrafe im Jahre 1870 abgeschafft. Bei Einführung des neuen Strafgesetzes von 1881 wurde die Frage von neuem erörtert, es zeigte sich aber, daß der Glaube an ihre Entbehrlichkeit mit der Erfahrung zugenommen hatte. »Mehrere Verteidiger der Todesstrafe hielten diese für unentbehrlich und beriefen sich hierfür hauptsächlich auf die von Hr. Mackay in der der Regierung vorgelegten Denkschrift angeführten Gründe. Andere dagegen erklärten ausdrücklich, daß sie, obgleich sie im Jahre 1870 gegen ihre Abschaffung gewesen seien, jetzt nicht zu ihrer Wiedereinführung die Hand reichen wollten, nachdem die Statistik gezeigt habe, daß ihre Abschaffung keine Zunahme der großen Verbrechen bewirkt habe«.[1]) Später wurde ein Antrag auf Wiedereinführung der Todesstrafe verworfen.

In Rumänien war die Todesstrafe im letzten halben Jahrhundert nicht zur Anwendung gebracht worden, und sie wurde im Jahre 1864 abgeschafft und in der Verfassung von 1866 ausdrücklich verboten.

Der holländische Gesandte in Bukarest äußerte sich hierüber, daß sachkundige Männer einstimmig der Meinung seien, daß die Verbrechen seither abgenommen haben, und daß niemand an ihre Wiedereinführung dächte. Vielmehr stellt Rumänien sogar in Aus-

---

[1]) Die Zahl der begangenen, früher mit Todesstrafe bedrohten Verbrechen war in der Zeit von 1860—1869 82, in der Zeit von 1871—1880 57. Smidt: »Geschiedenis van het Wetboek van Strafrecht« I, S. 155 u. 181.

lieferungsverträgen die Bedingung, daß der Auszuliefernde nicht zum Tode verurteilt werden darf. In »Strafgesetzgebung der Gegenwart« I, S. 344 spricht sich Professor Missir (Jassy) dahin aus, daß die Statistik nicht zeigt, daß der Versuch ungünstig ausgefallen sei.

In Portugal wurde die Strafe im Jahre 1864 abgeschafft, nachdem sie in den letzten 25 Jahren nicht zur Vollstreckung gebracht worden war. Auch der holländische Gesandte in Lissabon äußerte sich in demselben Sinne wie sein Kollege in Rumänien,[1]) und auch Portugal macht in Auslieferungsverträgen denselben Vorbehalt wie jenes Land. Für die Abschaffung spricht sich auch der portugiesische Justizminister in einem Schreiben an den norwegisch-schwedischen Gesandten in Lissabon aus.[2])

In Italien und Toskana wurde die Todesstrafe im Jahre 1780 abgeschafft, nachdem seit 1765 kein Todesurteil vollstreckt worden war; im Jahre 1795 (teilweise 1790) wurde sie wieder eingeführt und 1847 wieder abgeschafft, nachdem sie seit 1831 nicht mehr angewendet worden war; 1852 wurde sie wieder eingeführt, um 1859 aufgehoben zu werden. Im Jahre 1865 wurde die Einführung eines gemeinsamen Strafrechts für Italien vorgeschlagen; es scheiterte aber an der Frage der Todesstrafe, indem die Deputiertenkammer gegen, der Senat für die Strafe stimmte. Seither wurden zu verschiedenen Malen von der Regierung Vorschläge wegen eines derartigen Strafgesetzes gemacht, teils unter Beibehaltung, teils unter Aufhebung der Todesstrafe. Der spätere Vorschlag der Regierung nahm eine entschiedene Stellung gegen sie ein, und beim Strafgesetz von 1889 wurde sie ohne Debatte auf Grund der gewonnenen Erfahrungen abgeschafft, nachdem sie nämlich schon lange Zeit im Begnadigungsweg außer Wirksamkeit gesetzt war (»Strafgesetzgebung d. Gegenwart« I, S. 589).

In den Motiven zum italienischen Regierungsentwurf eines Strafgesetzes von 1883[3]) wird bezüglich Toskanas folgendes gesagt:

»Die schönste und sicherste Erfahrung, die der Behauptung von einer Notwendigkeit der Todesstrafe jede Bedeutung nimmt, hat man in Italien geerntet, wo in der Provinz Toskana 1859 die Todesstrafe aus dem Gesetz getilgt wurde und wo in Wirklichkeit ungefähr während der letzten 50 Jahre kein Schafott errichtet und niemand durch Henkershand entleibt worden ist.

Aber jedermann weiß und die Statistik zeigt, wieviel besser die Verhältnisse in bezug auf die Straffälligkeit in Toskana als in den übrigen italienischen Provinzen sind, und es würde genügen, daß sie nicht schlechter wären, um zu zeigen, daß unter einer Strafgesetzgebung, die das Schafott nicht kennt, die verbrecherische

---

[1]) Smidt: Geschiedenis usw. S. 176.

[2]) Olivecrona: De la peine de mort, 2. Aufl. 1893, S. 261.

[3]) »Allegati al Progetto del Codice Penale del Regno d'Italia«, 1883, S. 392.

Frechheit nicht zu wachsen, die öffentliche Ordnung nicht gefährdet und die Sicherheit für das Leben unschuldiger Bürger nicht abzunehmen braucht.

Auch auf einem andern Wege und von einem anderen Gesichtspunkte aus führt die in Toskana gemachte Erfahrung zu der Schlußfolgerung, daß die Todesstrafe nicht die besondere Eigenschaft besitzt, Verbrechen zu verhindern.

In Wirklichkeit wurde diese Strafe, die 1847, wie schon früher 1786 von dem unsterblichen Leopold I. wieder abgeschafft worden war, 1852 wieder in das toskanische Strafgesetz aufgenommen; vergleicht man aber die Zeit, in der sie abgeschafft, mit der, worin sie wieder eingeführt wird, so wird man keinen Unterschied finden. Unter der Herrschaft des letzteren Gesetzes kommen Mord und mit dem Tode bedrohter Raub ungefähr in derselben und jedenfalls in nicht geringerer Zahl vor als unter der Herrschaft des ersteren.«

In Neapel kamen auf 100 000 Einwohner in der Zeit von 1873—1874 21 Morde, in Sizilien 31, in Sardinien 18, Rom und Umbrien 9, Toskana 6 vor.

In Amerika haben Michigan, Wisconsin, Rhode Island und später Maine die Todesstrafe abgeschafft, ohne daß sie irgendwelche Nachteile verspürt hätten. Insbesondere haben, was Michigan anbelangt, die Morde im Verhältnis zur Bevölkerung seit 1847, wo die Abschaffung stattfand, um 50 Prozent abgenommen. Abgeschafft ist sie desgleichen in Columbia, Venezuela und Costa Rica.

Es war auch keine Zunahme in der Zahl der Verbrechen, die in Österreich die Wiedereinführung der Todesstrafe im Jahre 1796 bewirkte, nachdem sie 1787 aufgehoben worden war. Der jetzt ruhende österreichische Entwurf macht einen äußerst begrenzten Gebrauch von dieser Strafe. Frühere Reichstagskommissionen haben sogar mit großer Majorität ihre völlige Aufhebung verlangt, jedoch fand im Jahre 1893 ein dahingehender Vorschlag nicht die nötige Majorität.

In Finnland wurde die Todesstrafe tatsächlich schon im Jahre 1826 durch eine kaiserliche Bestimmung über ihre Umwandlung im Wege der Begnadigung abgeschafft, und seit jener Zeit ist dort kein Todesurteil mehr vollstreckt worden. Bis 1870, wo das Gesetz wesentlich gemildert wurde, betrug die Zahl der zum Tode verurteilten, aber begnadigten Verbrecher: 1826—1840 1 auf 46 000, 1841—1850 1 auf 49 000, 1851—1860 1 auf 48 000, 1861—1870 1 auf 50 000 Einwohner. Von 1870 ab war die Zahl der mit Todesstrafe bedrohten Verbrechen: 1870—1875 durchschnittlich pro Jahr 13,6; 1876—1880 10,6; 1881—1883 12,3. Auf Grund dieser Erfahrungen hat der Prokurator im finnländischen Senat zu wiederholten Malen ausgesprochen, daß die Erfahrung völlig die Entbehrlichkeit der Todesstrafe und die gänzliche Gefahrlosigkeit ihrer Abschaffung bewiesen habe. Nichtsdestoweniger hat man im neuen Strafgesetz nach mehrfachen Zweifeln ihre Aufrechterhaltung wenigstens auf dem Papier beschlossen, indem der Reichstagsausschuß in dieser Richtung namentlich ausführt, daß die Gesellschaft sich der Möglichkeit einer Anwendung dieses Strafmittels in Ausnahmefällen, wo die Aufrechterhaltung der Rechtsordnung es verlangen könnte, nicht berauben dürfe. (Denkschrift des Strafrechtsausschusses, Nr. 1, 1888, S. 58—61.)

In der Schweiz verbot ein Bundesgesetz von 1874 den Kantonen die Anwendung der Todesstrafe; dieses Gesetz wurde aber 1879 durch Volksabstimmung mit etwa 200000 gegen 180000 Stimmen wieder aufgehoben, und seitdem hat eine Reihe kleinerer Kantone die Strafe wieder eingeführt, nämlich Schwyz, Zug, Obwalden, Appenzell I. R., St. Gallen, Luzern, Uri, Wallis, Freiburg und Schaffhausen, während die meisten und gerade die bevölkertsten Kantone, wie Zürich, Bern und Genf, jedenfalls bisher ihre Abschaffung aufrecht erhalten haben. Dieser Umkehr in der Schweiz kann jedoch keine Bedeutung beigemessen werden. Vier bis fünf Jahre sind eine allzukurze Zeit, um in einem kleinen Lande wie die Schweiz bestimmte Erfahrungen zu ernten. Eine Zunahme der Verbrechen kann hier sehr leicht ein Zufall sein. Zudem ist es aber nicht erwiesen, daß eine Zunahme stattgefunden hat.

In dem neuen schweizerischen Strafgesetzentwurf hat die Todesstrafe keine Aufnahme gefunden. In der mit der Durchsehung des Entwurfs befaßten Kommission wurde ein Antrag auf ihre Aufnahme mit 15 gegen 4 Stimmen verworfen. Es ist jedoch die Rede davon, die Entscheidung dieser Frage jedem einzelnen Kanton zu überlassen, damit sie der Durchführung des gemeinsamen Strafrechtes nicht im Wege steht.

Bis jetzt sind übrigens seit der Wiedereinführung nur drei Todesurteile vollstreckt worden.

In Belgien, wo die Todesstrafe gesetzlich zwar nicht abgeschafft, aber seit 1863 nicht mehr vollstreckt worden ist, betrug in der Zeit von 1847 bis 1863 die Zahl der Vollstreckungen 36 und die der Verurteilungen wegen Mordes 183. In den 17 Jahren von 1864—1880 gab es 128 Verurteilungen wegen Mordes, aber keine Vollstreckung (»Howard-Association Report«, Oktober 1883, S. 15). Von 1881 bis 1890 ergingen 86 Urteile wegen Mordes. Da die Bevölkerung seit 1864 etwa 20 Prozent gestiegen ist, so ist dies in Wirklichkeit ein Rückgang.

Auch in den deutschen Staaten, Sachsen, Oldenburg, Nassau, Bremen, Anhalt, Dessau, wo die Todesstrafe vor der Schaffung eines gemeinsamen deutschen Strafgesetzbuches abgeschafft war, waren Erfahrungen gemacht worden, die sie einer Wiedereinführung geneigt gemacht hätten. In Wirklichkeit war auch im Deutschen Reichstage die Stimmung dafür, dem Beispiele dieser Staaten zu folgen, und nur dem Machtspruche Bismarcks ist es zu danken, daß Deutschland in erster Reihe noch die Todestrafe in seinem Gesetze kennt.

In allen zivilisierten Staaten ist die Anwendung der Todesstrafe natürlich in der späteren Zeit, namentlich im Laufe dieses Jahrhunderts, stark eingeschränkt und für einen großen Teil der Verbrechen abgeschafft worden; in Ansehung anderer, wo sie als Strafdrohung fortbesteht, wird sie regelmäßig durch Begnadigung in lebenslängliche Freiheitsstrafe verwandelt.

Es wäre umsonst, wollte man behaupten, daß die Erfahrungen hier für die Todesstrafe sprechen, daß die Verbrechen zugenommen haben, je mehr vom Begnadigungsrecht Gebrauch gemacht worden ist, oder daß die Verbrechen, für die sie abgeschafft ist, zugenommen oder wenigstens in geringerem Maße abgenommen haben als die, in Ansehung derer sie beibehalten worden ist; vielmehr kann das Gegenteil in mehreren Fällen nachgewiesen werden.

In England fielen so von 1855—1859 bis 1875—1879 verschiedene, früher mit dem Tode bedrohte Verbrechen von 7237 auf 5149, während der Mord, für den die Todesstrafe vor allem bestehen blieb, von 167 Fällen auf 255 stieg; auch hat der Mord späterhin nicht an dem allgemeinen Rückgange, den die Kriminalität in diesem Lande in den letzten Jahrzehnten gezeigt hat, teilgenommen.[1]) Daß dieselbe Erfahrung in Sachsen gemacht worden ist, wurde von der sächsischen Regierung selbst ausgesprochen, als sie im Jahre 1868 die Abschaffung der Todesstrafe vorschlug:

»Die Erwartung, daß die mit Todesstrafe bedrohten Verbrechen abnehmen würden, hatte sich nicht erfüllt, vielmehr war das Verbrechen des Mordes in der späteren Zeit häufiger vorgekommen. Einen Grund zur Beibehaltung der Todesstrafe konnte man indessen hieraus nicht ableiten, da diese Tatsache im Gegenteil zu zeigen schien, daß die Drohung mit dem Tode eine abschreckende Wirkung nicht besessen hat. Dagegen mußte festgestellt werden, daß die Zahl der Verbrechen, die wohl nach dem älteren, aber nicht nach dem neueren Recht mit dem Tode bedroht werden, sich nicht in auffallender Weise vermehrt hatte, ebenso wie dieselbe Wahrnehmung auch bezüglich der Verbrechen gemacht worden war, für die die Todesstrafe im Jahre 1838[2]) abgeschafft worden war.

Werfen wir ferner einen Blick auf die Länder, in denen die Todesstrafe zwar weder gesetzlich noch in der Praxis abgeschafft ist, wo man aber doch zeitweise den Weg eingeschlagen hat, sie durch Anwendung der Begnadigung auszuschließen, so werden wir sehen, daß auch hier die gemachten Erfahrungen nicht zu ihren Gunsten sprechen. Bei uns wurden in dem Zeitraum von 1859-1868 23 Personen wegen Mordes verurteilt, wovon sieben hingerichtet wurden,

[1]) Es wurden wegen Mordes angeklagt in den Zeiträumen: 1865—1869: 343, 1870—1874: 286, 1875—1879: 340, 1880—1884: 313, 1885—1889: 350, zum Tode wurden verurteilt 112, 101, 153, 134, 151 und hingerichtet 51, 52, 93, 65 und 86.

[2]) Motive zum deutschen Strafgesetzbuch, Anl. 2 S. VI.

wozu noch eine Hinrichtung wegen Raubes in Verbindung mit Totschlag trat. Von 1868 bis 1874 kam keine Hinrichtung vor. In diesen sieben Jahren wurden 16 Personen wegen Mordes verurteilt, mit anderen Worten, die Durchschnittszahl blieb gänzlich unverändert, oder es trat, wenn man so will, trotz Zunahme der Bevölkerung eine ganz geringe Abnahme in der Zahl der Mörder ein. Dieses günstige Resultat verdankt man jedoch nur den drei ersten Jahren der Periode. Die Jahre 1872 bis 1875 zeigen zwölf Verurteilungen wegen Mordes, also durchschnittlich drei pro Jahr, aber es ist selbstredend, daß bei so kleinen Zahlen wie denen, mit welchen wir es hier zu tun haben, immer aus zufälligen Gründen eine Unregelmäßigkeit eintreten wird. Auch die Jahre 1860 bis 1864 weisen durchschnittlich drei Morde pro Jahr auf mit zusammen sieben Hinrichtungen. Dabei kann einer der Mörder, der für das Jahr 1875 aufgeführt wird (Sophie Johannesdatter) ebensogut für 1869 aufgeführt werden, da die Begnadigung noch keineswegs feststehende Praxis war. Als im Jahre 1875 sechs Urteile wegen Mordes, darunter vier zum Tode, erlassen wurden, fand man darin nichtsdestoweniger einen Beweis dafür, daß die Abschaffung der Todesstrafe schädlich auf die Rechtssicherheit eingewirkt habe, und es fanden nun drei Hinrichtungen statt. Wie unbegründet diese Auffassung, daß die Notwendigkeit der Todesstrafe durch die Erfahrung bewiesen sei, war, geht zur Genüge aus dem oben Gesagten hervor; in Wirklichkeit stellt sich auch das Jahr 1875 nicht ungünstiger als viele andere Jahre, indem zwei der Morde, die abgeurteilt wurden, im vorausgehenden Jahre begangen waren. In den Dekaden von 1876 bis 1885 und 1886 bis 1895, in denen keine Hinrichtungen stattfanden, betrug die Zahl der Anklagen wegen Mordes 31 bzw. 38[1]) gegen 67 in der Dekade 1846 bis 1855, 37 in der von 1856 bis 1865 und 30 in der von 1866 bis 1875.

In Dänemark wurden keine Todesurteile vollstreckt in der Dekade 1871 bis 1880. Trotzdem fiel in diesem Zeitraum die Zahl der verurteilten Mörder auf 16, während in den fünf Jahren 1866 bis 1870 20 wegen dieses Verbrechens verurteilt wurden. Von 1871 bis 1875 auf 1876 bis 1880 trat allerdings eine Zunahme in der Zahl der Mörder ein (von sieben auf neun), aber es zeigt sich, daß diese letzten fünf Jahre überhaupt krimineller waren, als die vorhergehenden. Trotzdem fanden 1881 bis 1882 zwei Hinrichtungen statt, wogegen in den Jahren 1883 bis 1889 niemand hingerichtet wurde. In den ersten Jahren nach den Hinrichtungen war die Zahl der Todesurteile und demnach die der Morde ungewöhnlich hoch: vier, drei, drei, in den letzten vier Jahren ist sie dagegen auf eine pro Jahr gesunken (Olivecrona I. c. S. 286). 1892 wurde wieder ein Todesurteil vollstreckt.

---

[1]) Die noch nicht abgelaufenen paar Monate von 1895 natürlich nicht mitgerechnet.

Die Erfahrungen, die man hinsichtlich der Wirkung der Abschaffung der Todesstrafe gesammelt hat, sind sicherlich so reich und vielseitig, daß sie bei Beantwortung der Frage, ob diese Strafe zur Verhinderung der Verbrechen besonders geeignet ist, entscheidend sein müssen. Man kann nicht länger zugeben, die Lösung durch theoretische Erwägungen und Deduktionen zu suchen. Die Erfahrung aber zeigt, daß sie derartige Eigenschaften nicht besitzt, ja, sie deutet im Gegenteil darauf hin, daß ihre Abschaffung vorteilhaft für die Rechtssicherheit ist. In Wirklichkeit ist es auch nicht unwahrscheinlich, daß dies, ganz abgesehen von dem behaupteten schädlichen Einfluß dieser Strafe auf die Moral des Volkes an vielen Orten der Fall sein kann. Es hat sich nämlich gezeigt, daß es überaus schwer ist, bei den Geschworenen eine Schuldigsprechung zu erlangen, wenn ein Todesurteil die Folge sein würde. Dies ist in Amerika so bekannt, daß man sogar Beispiele dafür anführt, daß die Ausführung eines geplanten Mordes aufgeschoben wurde, bis sie sich in einem Staat ermöglichen ließ, in dem die Todesstrafe besteht. Desgleichen werden die in Amerika häufigen Fälle der Lynchjustiz, die nur in Staaten mit Todesstrafe vorkommen, auf die skandalösen Freisprechungen zurückgeführt, die sich als Folge der Furcht der Geschworenen, zu verurteilen, ergeben. Es war auch eine ähnliche Beobachtung, die 1830 die englischen Bankiers veranlaßte, die Abschaffung der Todesstrafe für Fälschungsdelikte zu beantragen, indem es sich nämlich zeigte, daß diese hier regelmäßig zur Straflosigkeit führte; und daß dies in nicht geringem Grade in England auch beim Morde zutrifft, scheint daraus hervorzugehen, daß in England und Wales (in 30 Jahren) 2005 Anklagen wegen Mordes nur zu 665 Verurteilungen geführt haben, während sonst doch gewöhnlich zwei Drittel der Angeklagten für schuldig befunden werden.[1]) Wenn man, wie bei uns, stets die Wahl hat, zum Tode oder zu lebenslänglicher Strafarbeit zu verurteilen, wird diese Gefahr jedenfalls nicht so groß sein, vorausgesetzt, daß die Jury es selbst in der Hand hat, die Verurteilung zum Tode zu verhindern. Hierdurch wird aber jedenfalls nichts Weiteres erreicht, als daß nicht befürchtet zu werden braucht, die Beibehaltung der Todesstrafe werde der Rechtssicherheit zum Schaden gereichen; darüber hinaus sich irgend-

---

[1]) »Committed« wurden 1884 im ganzen 79 wegen Mordes; davon wurden 23 freigesprochen, 16 für unzurechnungsfähig erklärt und 40 verurteilt. »Committed for trial« wurden in demselben Jahre 14 407; hiervon wurden 3220 freigesprochen, 53 für unzurechnungsfähig befunden und 11 134 verurteilt. Indessen gibt es verschiedene andere Verbrechen gegen die Person, bei denen es fast gerade so schwer zu sein scheint, eine Verurteilung zu erreichen, wie beim Mord. Was die französische und deutsche Statistik anbelangt, so können sie schwerlich in Betracht kommen, da in Frankreich die Jury es durch ihr Recht, selbst mildernde Umstände anzunehmen, in der Hand hat, ob die Todesstrafe zur Anwendung kommen soll, und in Deutschland diese Strafe nahezu durch die Begnadigungspraxis abgeschafft ist.

welche Hoffnungen zu machen, daß sie sogar im entgegengesetzten Sinne wirken werde, ist man nach den Erfahrungen, die die verschiedenen Länder auf diesem Gebiete gemacht haben, jedenfalls nicht berechtigt. Dies ist nicht eine einseitige Behauptung der Gegner der Todesstrafe, sondern kann als eine von allen Sachverständigen allgemein anerkannte Wahrheit angesehen werden.[1])

Wenn man behauptet, daß die Todesstrafe bisweilen angewendet werden muß, weil der Verbrecher im Falle seiner Flucht ein äußerst gefährliches Individuum sein würde, so kann dieses Argument auch als durch die Statistik widerlegt gelten, die keine Zunahme der Verbrechen in den Ländern zeigt, die die Todesstrafe nicht anwenden. Im übrigen liegt es auf der Hand, daß die Zugrundelegung dieses Argumentes zu einer Anwendung der Todesstrafe nach eigentümlichen und ganz anderen, als den bisher befolgten Prinzipien führen müßte.

In Wirklichkeit sind nämlich die gefährlichsten Personen entweder die ganz unzurechnungsfähigen, die niemals zum Tode verurteilt werden können, sondern nur in Verwahrung genommen werden, oder die doch degenerierten, gemindert zurechnungsfähigen, denen die Betretung des Schafotts aus diesem Grunde erspart bleibt.

Zurück bleibt die Frage, ob diese Strafe nicht für die schwersten Verbrechen der Personen, die schon zu der schwersten sonst vorhandenen Strafe verurteilt sind, beibehalten werden muß, also namentlich für den von zu lebenslänglicher Freiheitsstrafe Verurteilten begangenen Mord. Diesen Mittelweg hat man bisher nirgends eingeschlagen; nur in dem früheren österreichischen Regierungsentwurf und in dem Entwurfe für Bremen von 1868 haben wir eine Anwendung der Todesstrafe gefunden, die sich im wesentlichen hierauf beschränkte. Im österreichischen war sie bestimmt für Ermordung der Eltern, gleichzeitige Ermordung mehrerer Personen und für die Fälle, in denen der Täter bereits früher wegen Mordes oder Mordversuches verurteilt war. Man kann sich aber sicherlich die Frage vorlegen, ob ihre Anwendung hier nicht ein zweischneidiges Schwert sein kann. Ebenso wie es nichts Außergewöhnliches ist, daß Strafgefangene, die jeder Hoffnung für die Zukunft beraubt sind, sich selbst das Leben nehmen, ebenso kommt es auch vor, daß sie einen Mord begehen, um selbst getötet zu werden, wenn dies die Folge des Verbrechens ist. Wir haben bekanntlich eine besondere Bestimmung hierüber erst in der Verordnung vom 18. Dezember 1767 betreffend die Bestrafung von Delinquenten, die ohne Ursache, ledig-

---

[1]) S. so die Motive z. Deutschen Stfgb. Anl. 2, S. XXXIV. Vgl. auch die Rede des italienischen Justizministers im italienischen Senate 1875: »Parlamento italiano, Legislatura XII, Senato del Regno. Discussioni intorno alla Pena di Morte« S. 311, wo es unter anderem heißt: »Io ammetto che questi piccoli Stati i quali ordinarono l'abolizione abbiano potuto senza pericolo compiere quest' atto nei loro paesi.«

lich um ein Unheil anzustiften und dadurch das Leben zu verlieren, andere umbringen, und dann in § 24, Kap. 6 des Strafgesetzes; es muß sich also schon in früheren Zeiten gezeigt haben, daß der Fall nicht unpraktisch ist.

Gestützt auf Obenstehendes, glaubt die Mehrzahl der Kommission die Aufnahme der Todesstrafe unter die Strafen des Gesetzbuches nicht vorschlagen zu sollen.

Sie kann indessen der Frage keine fundamentale Bedeutung beimessen und sie würde es sehr beklagen, würde eine Uneinigkeit in diesem Punkte die Zustandebringung des Strafgesetzes verzögern oder sie sogar in Frage stellen, wie man dies anderswo erlebt hat. Gewiß muß sie daran festhalten, daß die Todesstrafe viele bedenkliche Schattenseiten hat und teilweise mit den Gesichtspunkten unvereinbar ist, auf denen nach den Anschauungen der Gegenwart ein Strafensystem beruhen muß; trotzdem würde sie für ihre Beibehaltung gewesen sein, wenn sie die Auffassung zu teilen imstande gewesen wäre, daß sie in einem nennenswerten Grade zur Erhöhung der Rechtssicherheit beitragen könnte.

Wenn die Todesstrafe, wie wohl angenommen werden darf, auch im Fall ihrer Beibehaltung nicht öfter als bisher zur Anwendung gebracht werden würde, so verliert die Frage zweifellos noch weiter an Bedeutung. Es sind jetzt bald 20 Jahre, seitdem die letzte Todesstrafe hier im Lande vollstreckt worden ist, und diese ständige Ausübung des Begnadigungsrechtes hat unseres Wissens nirgends gegen das allgemeine Rechtsbewußtsein verstoßen und ebensowenig eine Abnahme der Rechtssicherheit zur Folge gehabt.

Würde die Beibehaltung der Todesstrafe im Gesetze beschlossen, so könnte dies wohl auch kaum so aufgefaßt werden, als ob nun die fortgesetzte systematische Nachlassung der Todesstrafe im Wege der Begnadigung wie bisher ausgeschlossen sei.

Auf der anderen Seite kann jedoch nicht in Abrede gestellt werden, daß gerade auch dieser Umstand das Gewicht der Gründe, die für eine Ausmerzung der Todesstrafe aus dem Strafgesetze sprechen, in nicht geringem Grade erhöht. Wie auch vom Justizkomitee des Storthings 1872 anerkannt wurde, muß diese Strafe, selbst wenn sie im übrigen eine besonders abschreckende Wirkung auszuüben imstande wäre, diese so gut wie ganz verlieren, wenn die Wahrscheinlichkeit ihrer Anwendung auf Null herabsinkt und selbst der frechste Verbrecher wenigstens annehmen darf, mit Sicherheit auf Begnadigung rechnen zu können. Strafen aufzustellen, die lediglich dazu bestimmt sind, auf dem Papier zu stehen, entspricht zudem wenig strafrechtlichen Grundsätzen, und es wird dadurch der Begnadigungsbehörde ein Wirkungskreis eingeräumt, der weit über ihre Zwecke hinausgeht. Sicherlich läßt es sich zuzeiten verteidigen, ihr eine derartige Ausdehnung zu geben, wenn es gilt, bei Unvollkommenheit des Gesetzes eine zeitweilige Abhilfe zu schaffen oder man bei Änderungen des Gesetzes vorsichtig schrittweise vorgehen will. Bei uns dürfte indes dieser Versuch lange genug gedauert haben, um die Angelegenheit reif für eine Entscheidung erachten zu können. Läßt man das eine Jahr 1875 außer Betracht, in dem eine, wie dargetan, unbegründete Reaktion zur Vollstreckung von drei Todesurteilen führte, so sind es jetzt bald 30 Jahre, auf deren Erfahrung man sich hierzulande für die Entbehrlichkeit der Todesstrafe berufen kann, und hierauf gestützt wird man eine Entscheidung treffen können, ohne eine Übereilung befürchten zu müssen. Ein Gesetz, das jetzt auch formell die Todesstrafe beseitigt, bringt in Wirklichkeit hier nichts Neues, sondern sanktioniert nur den schon seit langem bestehenden Rechtszustand und bildet auf diese Weise den natürlichen Abschluß einer Probe, deren günstiges Ergebnis, soweit man nach statistischen Daten urteilen kann, unbestreitbar erscheint.

Assessor Scheel kann nicht dem Vorschlage der Mehrheit bezüglich Abschaffung der Todesstrafe beitreten. Diese Frage war zunächst infolge eines vom Odelsthing 1869 an die Regierung gerichteten Ansuchens Gegenstand eingehender Erörterungen bei den Vorarbeiten zum Gesetz von 1874 über Abänderungen des Strafgesetzes. Die Regierung schlug die Beibehaltung der Todestrafe vor. Zum selben Ergebnis kam 1872 das betreffende Storthingkomitee (Indst. O. Nr. 94, Sth. Verhdl. 1872, 6. Bd.), obschon bei einigen Mitgliedern Zweifel über ihre Rechtmäßigkeit und Zulässigkeit vom ethischen Standpunkt aus herrschten. Bei der Behandlung im Storthing nahm die Sache die Wendung, daß ein im Odelsthing gestellter Antrag auf Aufhebung der Todesstrafe mit allen gegen die Stimmen der Antragsteller verworfen wurde, wenngleich mehrere Mitglieder im Odelsthing und im Lagthing sich für prinzipielle Gegner erklärten, siehe Storthingstidende für 1874, Odelsthinget S. 344—374 und 375 (Erklärung von 27 Vertretern, grundsätzliche Gegner zu sein) und Lagthinget S. 98—110. Nach diesen Vorgängen in den Jahren 1872 bis 1874 dürfte man daher zu der Annahme berechtigt sein, daß das allgemeine Rechtsbewußtsein hierzulande damals im großen und ganzen gegen die Aufhebung der Todesstrafe war. Und ich habe mich nicht davon überzeugen können, daß in der kurzen Zeit von ca. 12 Jahren, die seitdem vergangen sind, ein derartiger Umschwung im Rechtsbewußtsein des Volkes eingetreten sei, daß man jetzt durch Beibehaltung der Todesstrafe mit ihm in Widerstreit geraten würde. Vielmehr glaube ich, daß die Todesstrafe für das allgemeine Rechtsbewußtsein eine, wofür ich sie auch selbst halte, durchaus gerechte Strafe ist, wo es sich um die gröbsten Verbrechen gegen das Leben von Mitmenschen handelt, wobei ihre Anwendung deshalb auch nicht mit dem Grundsatz, daß Strafe und Verbrechen in einem angemessenen Verhältnis zu stehen haben, in Widerstreit gerät. Auch habe ich keine besonderen Zweifel darüber, daß sie, mit dieser Einschränkung angewendet, im großen ganzen — wenn auch viele Ausnahmen angeführt werden können — abschreckend wirkt. Ich stütze dies geradezu auf die, wie mir scheint, natürliche Betrachtung, daß das Leben für die meisten Menschen das teuerste Gut ist und daß es nichts gibt, was sie mehr fürchten als den Tod. Freilich liegen, namentlich für die spätere Zeit, eine ganze Reihe von Daten vor, die direkt gegen diese meine Auffassung zu sprechen scheinen. Aber ich glaube, daß man bei Beurteilung dieser Angaben nicht vorsichtig genug sein kann. Sie umfassen für die meisten Länder einen, wo es sich um eine Frage wie die vorliegende handelt, verhältnismäßig kurzen Zeitraum (20—30 Jahre und teilweise nicht einmal so lang). Bei derartigen statistischen Angaben ist außerdem zu beachten, daß oft andere Faktoren, namentlich wirtschaftliche Verhältnisse, hinzutreten, so daß es schwer ist, aus den nackten Zahlen sichere Schlüsse zu ziehen. Wenn deshalb unter Heranziehung statistischer Angaben speziell für England angeführt wird, daß verschiedene der früher mit dem Tode bestraften Verbrechen sogar bedeutend an Zahl abgenommen haben, nachdem für sie die Todesstrafe abgeschafft war, während gleichzeitig eine beträchtliche Zunahme der auch fernerhin mit dem Tode bedrohten Verbrechen zu verzeichnen war, so muß man diese Behauptungen und die dafür angeführten Zahlen mit großer Vorsicht aufnehmen. Wenn ferner die für England angeführten Zahlen und die angeblich daraus zu ziehenden Schlüsse unbedingt zuverlässig wären, so müßte doch die Vermutung naheliegen, daß man in England, mit derartigen Erfahrungen vor Augen, so schnell wie möglich die Todesstrafe abgeschafft haben würde. Aber, wie bekannt, ist dort die Todesstrafe für die allergröbsten Verbrechen gleichwohl beibehalten worden. Auch in mehreren anderen Staaten, in denen in den letzten Jahren die Frage der Abschaffung der Todesstrafe eine Rolle gespielt hat, hat man sie beibehalten und teilweise sogar wieder eingeführt. In Frankreich ist so erst im Mai 1894 ein Antrag auf Abschaffung der Todesstrafe in der Deputiertenkammer mit 353 gegen 150 Stimmen verworfen worden, und es kann wohl um so weniger angenommen werden, daß man in Frankreich mit dem vorliegenden statistischen Material nicht völlig bekannt gewesen sei, als dort die Berechtigung der Todesstrafe sehr bestritten gewesen ist; siehe das von Prof. v. Liszt 1894 herausgegebene Werk »Das Strafrecht der Staaten Europas«, S. 444, wo u. a. angeführt wird, daß in Frankreich diejenigen, welche die Todesstrafe abgeschafft haben wollen, mehr eine Vereinigung glänzender Redner als eine große Masse bilden, und daß in einer allgemeinen Versammlung der »Société générale des Prisons« im Jahre 1887 eine große Anzahl eifriger Verteidiger der Todesstrafe auftraten. Ganz neulich ist in Frankreich sogar eine Ausdehnung der Anwendung der Todesstrafe in Anregung gebracht worden, nämlihc für den Verrat in Friedenszeiten (aus Anlaß des Dreyfus-Prozesses Ende 1894). In der Schweiz ist, nachdem das Bundesgesetz von 1874 gegen die Anwendung der Todesstrafe durch Volksabstimmung im Jahre 1879 beseitigt war, diese Strafe in mehreren Kantonen wieder eingeführt worden; siehe des näheren in dem angeführten Werk von v. Liszt, S. 389—390, und Nordische Rechtszeitschrift für 1895, S. 305, 315 und 391, woraus zu ersehen ist, daß die Todesstrafe in zehn Kantonen wieder eingeführt ist und daß seit 1891 drei Todesurteile vollstreckt worden sind, nämlich zwei im Kanton Luzern und eins im Kanton Schwyz. In Finnland, wo die Todesstrafe durch ein kaiserliches Edikt außer Anwendung gebracht worden war, ist sie durch das neue Strafgesetz von 1889, namentlich für den Mord, wieder eingeführt worden. Ein Beispiel für Wiedereinführung der Todesstrafe nach ihrer Abschaffung hat man aus früherer Zeit übrigens in Österreich; hier wurde die Todesstrafe 1787 von Joseph II. abgeschafft, aber schon wenige Jahre nachher wieder eingeführt und später beibehalten, ebenso wie ihre Beibehaltung auch im Entwurf von 1891 zu einem neuen Strafgesetz für Österreich vorgeschlagen wird. Aus den Zeitungen ist zu ersehen, daß dieser Entwurf kurz vor Weihnachten 1894 im österreichischen Abgeordnetenhause behandelt und daß dabei ein Antrag auf Abschaffung der Todesstrafe abgelehnt wurde. Auch in Deutschland hat man bis jetzt die Todesstrafe beibehalten, obgleich ihre Aufnahme in das deutsche Strafgesetzbuch von 1870 lediglich einem Machtspruch Bismarcks zu verdanken war (s. das nähere in dem angeführten Werk von v. Liszt, S. 12—13) und obgleich die Aufnahme ihrer Wiedereinführung in mehreren deutschen Staaten gleichbedeutend war, wo sie früher abgeschafft gewesen war (Sachsen, Oldenburg, Nassau, Bremen, Anhalt-Dessau). Auch in den meisten der Vereinigten Staaten von Nordamerika ist die Todesstrafe beibehalten. In Schweden hatte sich der Reichstag im Jahre 1893 mit einem Antrag auf Abschaffung der Todesstrafe zu befassen. Die Mehrheit des »Lagutskott« fand indessen, daß der Zeitpunkt für eine Abschaffung nicht der richtige sei (s. Anhang zum Protokoll des Reichstags 1893, Auslassungen des Lagutskott Nr. 66). Bekanntlich ist die Todesstrafe auch in Schweden beibehalten. Aber schon darin, daß sie, um auf die erwähnten statistischen Daten zurückzukommen, in den meisten Staaten und gerade in den größten Kulturländern, mit alleiniger Ausnahme von Italien, in Gesetzen oder Gesetzentwürfen aus der allerneuesten Zeit beibehalten ist, muß eine Ermahnung gesehen werden, nur mit Vorsicht Schlüsse aus den statistischen Angaben zu ziehen, und ich habe mich deswegen nicht veranlaßt gesehen, länger bei ihnen zu verweilen als geschehen.

Wenn somit zu sagen ist, daß die Stimmung im großen ganzen bei den Kulturvölkern für die Todesstrafe ist, so kann dies möglicherweise auch mehr oder minder auf die Betrachtung zurückzuführen sein, daß die Todesstrafe zum mindesten als ein Akt der Notwehr erforderlich ist. Auch dieser Gesichtspunkt muß m. E. in Betracht kommen. Die Gesellschaft hat die Pflicht, vor allem das Leben ihrer Bürger zu beschützen. Wenn es sich aber um Personen handelt, deren ganzes Leben eine Drohung gegen das Leben ihrer Mitmenschen ist, weil sie sozusagen von Mord und Raub leben, so könnte die Gesellschaft manchmal geradezu wehrlos dastehen, könnte sie nicht zur Todesstrafe als dem äußersten Mittel greifen. Man wird jedenfalls einwenden, daß man derartige Personen dadurch unschädlich machen könne, daß man sie lebenslänglich einsperrt. Die Möglichkeit einer Befreiung wird aber doch immer gegeben sein, wenn man sich dieser Personen nicht durch so strenge Mittel versichert, daß die Einsperrung selbst zu einer Tortur wird. Überhaupt sehe ich nicht ein, daß die Gesellschaft irgendwelche Veranlassung oder die Pflicht haben sollte, derartige Personen vielleicht unter großen Anstrengungen und Aufwendungen am Leben zu erhalten mit der Aussicht, daß dies auf Kosten des Lebens ihrer Mitmenschen geschieht.

Ich bin deshalb dafür, daß die Todesstrafe beibehalten wird, aber wie aus dem Gesagten hervorgeht, nur für die gefährlichsten Verbrechen und nur dann, wenn durch diese unter sonst erschwerenden Umständen Menschenleben vernichtet werden. Ich nehme ferner an, daß die Todesstrafe, wie dies auch bis auf wenige Ausnahmen dem jetzigen Strafgesetz entspricht, niemals als einzige Strafe aufzustellen ist.

Die Verbrechen, für die ich auf diese Weise die Todesstrafe beibehalten wissen möchte, sind enthalten in den §§ 100, 233 i. f. und 268 i. f. Im Anschluß an obige Ausführungen schlägt Assessor Scheel folgende Abänderungen des Entwurfs der Mehrheit vor.

§ 15.

Vor »Gefängnis« wird »Todesstrafe« eingefügt.

§ 20.

Hinter »ein Verbrechen« im ersten Absatz wird eingefügt »das nicht mit dem Tode bedroht ist«.

§ 55.

Vor »lebenslänglicher Freiheitsstrafe« ist einzufügen »Todesstrafe oder«.

§ 67.

Im ersten Absatz ist zu setzen »Todesstrafe oder lebenslänglichem Gefängnis« an Stelle von »lebenslänglichem Gefängnis«.

In Verbindung damit wird vorgeschlagen, statt 25 30 Jahre zu setzen.

§ 72.

Im ersten Absatz ist zu setzen »bei Todesstrafe oder lebenslänglichem Gefängnis« an Stelle von »bei lebenslänglichem Gefängnis«.

§ 100.

Nach »lebenslänglichem Gefängnis« im ersten Absatz ist einzufügen »oder mit dem Tode«.

§ 148.

An Stelle von »nicht unter fünf Jahren« ist zu setzen »Gefängnis von fünf Jahren bis auf Lebenszeit oder die Todesstrafe«.

§ 233.

Der letzte Teil des letzten Absatzes ist zu fassen:

»Kann in jedem Falle auf lebenslängliches Gefängnis oder bei Mord auf Todesstrafe erkannt werden.«

§ 268.

Der erste Absatz erhält folgende Fassung:

»Der Raub wird mit Gefängnis von drei Jahren bis auf Lebenszeit bestraft, wenn usw.«

Der letzte Absatz soll lauten:

»Hat ein solcher Raub, wie er in Absatz 2 und 3 dieses Paragraphen behandelt ist, den Tod eines Menschen mit sich geführt, so kann die Todesstrafe verhängt werden.«

Diesem Vorschlage schließt sich Assessor Thoresen an, der Assessor Scheels Ansicht teilt, daß die gänzliche Aufhebung der Todesstrafe nicht zu empfehlen sei, und hierzu folgendes bemerken zu sollen glaubt:

Die Mehrheit der Kommission hat es nicht für nötig gefunden, näher auf das einzugehen, was vom Standpunkt allgemeiner Rechtsgrundsätze für und wider die Berechtigung dieser Strafe angeführt werden kann, und ich bin ebenfalls der Ansicht, daß derartige Ausführungen in den Motiven zum Strafgesetzentwurf entbehrt werden können, da diese Fragen hierzulande wie anderswo so oft und so eingehend erörtert worden sind, daß sich neues von einiger Bedeutung wohl schwerlich sagen ließe. Was bezüglich einer Reihe von Ländern, wo die Todesstrafe abgeschafft ist, mitgeteilt worden ist, hat mich nicht davon überzeugen können, daß nunmehr die Zeit gekommen sein sollte, wo diese Strafe nicht mehr als zeitgemäß oder notwendig angesehen werden könne. Wenn man bedenkt, daß die große Mehrheit der Staaten und unter diesen gerade die größten — England, Deutschland, Rußland, Frankreich, Österreich und die meisten Staaten der nordamerikanischen Union — diese Strafe beibehalten haben, so scheint mir die Schlußfolgerung viel näher zu liegen, daß ihre gänzliche Aufhebung bei weitem nicht den Anschauungen der Zeit entspricht. Für einzelne der genannten Länder hat man, wie Assessor Scheel gezeigt hat, aus der allerneuesten Zeit deutliche Beweise für das Gegenteil.

In diesem Zusammenhange darf man auch nicht unberücksichtigt lassen, daß mehrere Staaten, die die Abschaffung der Todesstrafe beschlossen haben, in bezug auf Rechtssicherheit nicht gerade zum Vorbild dienen können, während man in älterer und neuerer Zeit an mehreren Orten, wo die Abschaffung stattgefunden hat, es für erforderlich angesehen hat, sie wieder einzuführen — eine Tatsache, die als schwerwiegendes Argument gegen eine Abschaffung erkannt werden muß.

Wenn man durch statistische Daten nachzuweisen sucht, daß die Zahl der Verbrechen, auf die früher Todesstrafe stand, nach ihrer Abschaffung oder Nichtanwendung, nicht gestiegen ist, die Rechtssicherheit also durch die Nichtanwendung dieser Strafe nicht gelitten hat, so teile ich die Ansicht von Assessor Scheel, daß diesen Mitteilungen eine entscheidende Beweiskraft in dieser Richtung nicht innewohnt, da die Zahl von Verbrechen einer gewissen Art in einem gewissen Zeitabschnitt von vielen Umständen abhängt, unter denen die Größe der Strafe — wenn auch selbstverständlich von Bedeutung — nicht die wichtigste Rolle spielt. Auf der anderen Seite glaube ich jedoch, insofern als die Mehrheit aus diesen Mitteilungen schließen will, daß die Todesstrafe als Abschreckungsmittel sich weniger zweckdienlich erwiesen hat, dies nicht bestreiten zu sollen, da ich ebenfalls der Ansicht bin, daß sie als solche sich nicht so wirksam erwiesen hat, daß darin allein und hauptsächlich ihre Berechtigung gefunden werden könnte. Diese muß vielmehr nach meiner Auffassung in etwas anderem, dessen auch Assessor Scheel Erwähnung getan hat, gesucht werden, nämlich in dem der Gesellschaft zustehenden Recht der Notwehr. Daß die Fälle garnicht so selten sind, in denen die Gesellschaft einem Verbrecher gegenüber sich geradezu im Zustande der Notwehr befindet, ist füglich nicht zu bestreiten, und es wird wohl, namentlich nach den Erfahrungen, die in der letzten Zeit hier und in anderen Ländern gemacht worden sind, auch nicht bestritten werden.

Wo das Verbrechen als eine Kriegserklärung gegen die ganze bestehende Gesellschaftsordnung hervortritt, die durch die gewaltsamsten Mittel, sogar massenweise Vernichtung von Eigentum und Menschenleben gestürzt werden soll, da ist es meines Erachtens ganz klar, daß die Gesellschaft und ihre gesetzestreuen Mitglieder solchen Verbrechern gegenüber sich im Zustand der Notwehr befinden und das Recht des Staates solchen Personen gegenüber kann daher nicht geringer sein, wie das des einzelnen Individuums, das unter solchen Umständen zum Äußersten schreiten darf. Aber auch abgesehen von diesen besonderen Fällen kann man sich Verbrecher von einer solchen Gefährlichkeit denken, daß deren Existenz unvereinbar ist mit dem Schutz von Leib und Leben, den der Staat nach Kräften seinen Bürgern, die hierauf einen unabweisbaren Anspruch haben, zu gewähren hat.

Nun kann man allerdings sagen, daß der Staat solch gefährlichen Verbrechern gegenüber anders gestellt ist als der Private, indem er sie durch Einsperrung unschädlich machen kann und demgemäß nicht das Recht habe, sie des Lebens zu berauben. Dem kann ich aber nicht beistimmen.

Die Sicherheit, die durch bloße Freiheitsberaubungen erlangt werden kann, ist natürlich bei weitem nicht ausreichend gegenüber so gefahrdrohenden Tendenzen, wie den in Rede stehenden. Die Möglichkeit, daß derartig gefährliche Verbrecher die Freiheit erlangen und ihre vernichtende Tätigkeit fortsetzen, wird immer vorhanden sein, namentlich, wenn sie zahlreiche Gesinnungsgenossen und Mithelfer haben, wie dies erfahrungsgemäß nicht selten der Fall ist.

Daß der Staat, dessen wichtigste Aufgabe es ist, die Rechtssicherheit aufrecht zu erhalten, keine Verpflichtung hat, das Leben derjenigen zu schonen, deren bloße Gegenwart eine ständige Drohung gegen das Leben anderer bedeutet, scheint mir außer Zweifel zu sein.

Eine derartige Schonung hieße die Verbrecher auf Kosten der Gesellschaft begünstigen.

Ferner liegt die Annahme nahe, daß der Staat, wenn er nicht berechtigt sein sollte, derartigen Verbrechern das Leben zu nehmen, sondern darauf beschränkt wäre, sie der Freiheit zu berauben, genötigt sein würde, um eine möglichst große Garantie gegen ihr Entweichen zu erzielen, eine derartig strenge Einsperrung und derartige Zwangsmaßregeln zur Anwendung zu bringen, daß die Fortsetzung dieser Behandlung während ungewisser Zeit, vielleicht auf Lebensdauer des Betreffenden, das Rechtsgefühl mehr verletzen würde, als die Vollstreckung der Todesstrafe.

Gerade im Hinblick auf die hier genannten Verbrechen hat man eingewendet, daß die Todessstrafe erfahrungsgemäß nicht die Fähigkeit besitzt, von Verbrechen abzuhalten, und dies trifft auch insofern zu, als man zugeben muß, daß jede Strafdrohung, ja die Gewißheit, daß die Strafe eintreten werde, sich nicht selten dem verbrecherischen Willen gegenüber völlig ohnmächtig erwiesen hat. Hierin kann ich aber nach meiner oben entwickelten Auffassung kein Argument gegen die Anwendung der Todesstrafe erblicken, vielmehr glaube ich, daß gerade in Fällen, in denen es sich um Subjekte handelt, deren Hang zum Verbrechen keine Grenzen kennt, die Gefahr, die ihr bloßes Dasein in sich birgt, um so größer und dementsprechend das Verteidigungsrecht und die Verteidigungspflicht des Staates um so weitgehender ist, als jede Strafdrohung ihnen gegenüber ihre Wirkung versagt.

Wenn die Mehrheit in dem Umstand, daß nahezu 20 Jahre lang bei uns kein Todesurteil zur Vollstreckung gelangt, sondern immer im Wege der Begnadigung nachgelassen worden ist, ein starkes Argument für ihre gänzliche Aufhebung sieht und geltend macht, daß diese unter solchen Umständen bloß die Sanktionierung eines de facto bestehenden Zustandes bedeuten würde, so kann ich diese Art der Schlußfolgerung in mehreren Beziehungen nicht als untrüglich gelten lassen. Fürs erste dürfte es doch einigen Zweifeln unterliegen, ob die jeweilige Ausübung des Begnadigungsrechtes allgemein in dem Maße gebilligt worden ist, wie dies die Mehrheit anzunehmen scheint, und ferner scheinen mir 20 Jahre jedenfalls doch ein viel zu kurzer Zeitraum zu sein, als daß man bereits feste Schlüsse über die Stellung der Todesstrafe in der öffentlichen Meinung zu ziehen berechtigt wäre, die jedenfalls, wie Assessor Scheel näher ausgeführt hat, im Jahre 1874 für ihre Beibehaltung war. Hinzukommt — was für mich die Hauptsache ist —, daß gerade in der allerletzten Zeit die Erscheinungen in der Verbrecherwelt, wie bereits erwähnt, die eindringlichste Warnung vor einer gänzlichen Abschaffung enthalten. Die Frage erscheint, soweit es sich absehen läßt, zurzeit in einem anderen Lichte als früher, und ihre Nichtvollziehung während der letzten 20 Jahre kann — selbst wenn man ihr eine weitergehende Bedeutung beimißt, als sie meines Erachtens verdient — nicht als ein entscheidendes Argument für ihre Entbehrlichkeit in der Zukunft angeführt werden.

Von diesen Gesichtspunkten aus habe ich dafür stimmen zu sollen geglaubt, daß die Möglichkeit gegeben wird, neben anderen Strafen auch in den Fällen auf Todesstrafe zu erkennen, in denen es sich um für die Gesellschaftsordnung und die allgemeine Rechtssicherheit besonders gefährliche Individuen handelt, wie dies im Votum des Assessors Scheel näher angegeben ist.

Die Prügelstrafe.

In der letzten Zeit sind hier und in verschiedenen anderen Ländern Stimmen laut geworden, die eine Wiedereinführung der Prügelstrafe namentlich bei besonders brutalen und rohen Verbrechen gegen Schwache und Wehrlose verlangen. Die Kommission glaubt deshalb sich etwas näher über diese Frage äußern zu sollen.

Die Verteidiger der Prügelstrafe stützen sich auf Voraussetzungen, denen man sich voll und ganz anschließen kann. Brutale Überfälle und vor allem Notzuchtsattentate sind sicherlich so geartete Verbrechen, daß alle Veranlassung besteht, die wirksamsten Mittel zu ihrer Bekämpfung zu wählen, auch wenn diese unserem Geschmack weniger zusagen und mit den humanen Empfindungen unserer Zeit nicht übereinstimmen. Wenn unser Strafensystem nachweisbar keine hinreichende Fähigkeit gezeigt hat, derartige verbrecherische Tendenzen in Schach zu halten, und andererseits gehofft werden kann, daß die Prügelstrafe die Sicherheit für Leib und Leben und weibliche Ehre zu erhöhen geeignet ist, so besteht sicherlich alle Veranlassung, ihre Aufnahme in das Strafensystem einer ernstlichen Erwägung zu unterziehen.

Daß die Prügelstrafe eine solche Fähigkeit besitzen soll, wird nun gewöhnlich unter Hinweis auf England behauptet, wo die Prügelstrafe, obgleich niemals gesetzlich abgeschafft, im Laufe der Zeit für Erwachsene außer Anwendung gekommen war, aber im Jahre 1863 gegenüber Räuberbanden und Garrotters[1]) eine neue und besondere gesetzliche Grundlage erhielt und seitdem auch nicht selten auf derartige Verbrecher angewendet worden ist. Eine nähere Untersuchung wird es aber mehr als problematisch erscheinen lassen, ob hier wirklich Resultate vorliegen, die zeigen, daß die Verbrechen nach Einführung der Prügelstrafe abgenommen haben und daß diese etwaige Abnahme auf diese Strafe als ihre Ursache zurückzuführen ist. Wohl haben die meisten englischen Richter seinerzeit die Ansicht ausgesprochen, daß die Prügelstrafe einen günstigen Einfluß gehabt hat; die Aussagen zeigen aber deutlich, daß sie mehr subjektiver Anschauung entspringen und stark von offenbarer Sympathie mit der Strafe selbst beeinflußt sind. Die Richter, die diese nicht geteilt haben, machen ihrerseits mit Gewicht geltend, daß sie nicht imstande war, etwas Gutes auszurichten.[2]) Als die Regierung im Jahre 1875 dem Unterhaus eine erweiterte Anwendung der Strafe vorschlug, stieß sie auf so heftigen Widerstand, daß der Vorschlag ohne Abstimmung zurückgezogen und nicht einmal der Versuch gemacht wurde, ihn zu verteidigen.[3]) Es wurde u. a. geltend gemacht, daß die Garrotterepidemie, die das Gesetz von 1863 hervorgerufen hatte, und die übrigens im wesentlichen aus erfundenen und übertriebenen Fällen bestand, in Wirklichkeit schon mehrere Monate vor Inkrafttreten des Gesetzes aufgehört hatte, und daß nach Einführung des Gesetzes gerade die von ihm bedrohten Verbrechen zugenommen, während so ziemlich alle anderen abgenommen hatten.

Nach einem 1894 dem Parlament vorgelegten Bericht ist in den Jahren 1877—1893, auf Grund der Parlamentsakte von 1863 Peitschung im ganzen bei 354 Personen, darunter 331 Erwachsenen, zur Anwendung gebracht worden. Von den Verbrechen, bei denen sie eintritt, kann aber im Gegensatz zu den meisten anderen nicht gesagt werden, daß sie eine sinkende Tendenz zeigen, und dies, trotzdem die Richter, von denen viele an die Wirksamkeit der Strafe

---

[1]) Garrotting ist der Versuch, durch Erdrosselung oder Anwendung betäubender Mittel sich oder andere zur Begehung von Verbrechen instand zu setzen.

[2]) Reports on the State of the law relating to brutal assaults etc. London 1875.

[3]) Hansards Parliamentary Debates, S. 1853 ff.

glauben, sie in immer weiterem Umfange zur Anwendung gebracht haben.[1]) Wenn dies das in England erzielte Ergebnis ist, so fällt dies um so mehr ins Gewicht, als die englische »Cat« ein Instrument ist, das, wenn ein Prügelwerkzeug überhaupt abschreckende Wirkung haben sollte, diese Eigenschaft in vollstem Maße besitzen müßte.

Man hat von diesem englischen Gesetzgebungsexperiment, das so ohne Grund zugunsten der Prügelstrafe ins Feld geführt worden ist, gesprochen, wie wenn hier ein Versuch mit einem ganz neuen, bisher ungekannten Strafmittel vorläge, ja, es hat stellenweise geradezu Begeisterung als das neuentdeckte Universalmittel gegen alle Roheit unserer Zeit hervorgerufen. In Wirklichkeit ist aber, wie jedermann weiß, die Prügelstrafe jahrhundertelang in allen Ländern neben der Todes- und Verstümmelungsstrafe das allerverbreitetste Strafmittel gewesen, und man hat so die beste Gelegenheit gehabt, zu erfahren, daß auch unter ihrer wie überhaupt unter der Herrschaft selbst der brutalsten Strafmethoden die Verbrechen wie Pilze aus dem Boden schossen. Es ist auch nicht etwa so, als ob die Zeiten der Prügelstrafe überall und auf allen Gebieten so weit zurücklägen, daß man sich keine Meinung mehr darüber bilden könnte, ob sie nicht doch etwas zur Zurückdämmung dieser Verbrechen beigetragen habe. In Österreich wurde sie so in ziemlicher Ausdehnung für Verbrecher aus dem Volke bis 1867 angewendet, in Kroatien bis 1872, in Serbien bis 1873,[2]) in einzelnen Schweizer Kantonen, bis ein Gesetz 1871 ihre Anwendung verbot, und in Finnland war sie, wenn auch immer seltener angewendet, bis in die letzte Zeit in Geltung. Noch heutzutage wird sie in Dänemark in großem Umfange auf männliche Personen unter 18, wie übrigens bei uns auch auf Knaben unter 15 Jahren angewendet. Daß bei uns die Rutenstrafe nicht in höherem Maße eine Kur ist, die den Rückfall verhindert, ist eine Erfahrung, die niemand wird bestreiten können, und für Dänemark gilt dasselbe. Auch dort hat die Zahl der jungen Verbrecher trotz der Prügelstrafe im Laufe der Jahre gewaltig zugenommen, während die Kriminalität der älteren sich ungefähr gleich geblieben ist. Von 1866—1870 bis 1886—1890 betrug die durchschnittliche Zunahme der Kriminalität bei Männern im Verhältnis zur Bevölkerung 12 Prozent, die bei männlichen Personen zwischen 15 und 20 Jahren über 52 und die bei Knaben unter 15 Jahren 120 Prozent.[3])

---

[1]) In der Zeit von 1876—1880 auf 49, 1881—1885 auf 104, 1886—1889 auf 120 und 1891—1893 auf 81.

[2]) Hier wurde sie »als ihren Zweck verfehlend« abgeschafft, s. Strafgesetzgebung der Gegenwart I, S. 353.

[3]) S. Denkschrift der Kommission für Staatsaufsicht bei der Kindererziehung, Kopenhagen 1895, S. 21. S. auch R. S. Gram in der Zeitschrift für Gefängniswesen 1895, S. 1 ff.

Auf einem Gebiete haben eine ganze Reihe von Ländern[1]) bis zum heutigen Tage in größerem oder geringerem Umfange die Prügelstrafe aufrecht erhalten, nämlich als Disziplinarstrafe in Gefängnissen und Strafanstalten. Hier kann man also Erfahrungen machen über ihren Charakter und ihre Wirksamkeit im Verhältnis zu anderen Strafen. Es ist klar, das sie hier unter den ihr günstigsten Verhältnissen wirkt; sie wird bestimmungsgemäß von dem verhängt, der genaue Kenntnis von der Person des Schuldigen hat und daher weiß, wie weit diese Behandlungsweise paßt, sie folgt rasch und verhältnismäßig sicher dem Verbrechen nach und wird rein als physisches Leiden empfunden, ohne die ungünstigen Folgen für die zukünftige Stellung des Bestraften in der Gesellschaft zu haben, wie dies bei einer durch öffentliches Urteil verhängten körperlichen Züchtigung der Fall ist. Man kann daher ruhig sagen, daß es, wenn ihre Überlegenheit sich nicht einmal auf diesem Gebiete feststellen läßt, ein untrügliches Zeichen dafür ist, daß sie ihren Platz als allgemeine Strafart nicht wird behaupten können.

Über den Nutzen der Prügelstrafe gehen übrigens die Ansichten der Gefängnismänner selbst sehr auseinander. Auf den Penitentiarkongressen in London 1872 und in Stockholm 1878 sprachen die meisten sich gegen dieselbe aus, und auf der Zusammenkunft deutscher Gefängnisbeamten in Stuttgart 1877 wurde sie mit 47 gegen 42 Stimmen verworfen. Diese Uneinigkeit spricht jedenfalls nicht für einen Versuch, die Anwendung der Prügelstrafe auch auf Gebiete auszudehnen, wo die Bedingungen für eine günstige Wirkung bedeutend geringer sind als in den Strafanstalten.[2])

Muß man so auf der einen Seite festhalten, daß kein Grund zu der Annahme vorhanden ist, daß die Wiedereinführung der Prügelstrafe ein wirksames Mittel sein werde, um der wachsenden Kriminalität, namentlich dem Überhandnehmen der brutalen und rohen Verbrechen, entgegenzuarbeiten, — so ist es doch auf der anderen Seite eine erfreuliche Tatsache, daß die steigende Kriminalität, gegen die die Prügelstrafe die sichere Radikalkur sein sollte, jedenfalls bei uns sich nicht nachweisen läßt. Daß bei uns die Zahl nicht bloß der Verbrechen im allgemeinen, sondern auch gerade die der gröberen Verbrechen eher im Ab- als im Zunehmen begriffen ist, ist schon an anderer Stelle hervorgehoben worden.[3]) Wir wollen indessen hier diese Frage näher beleuchten und namentlich, soweit

---

[1]) So Norwegen, Schweden, Dänemark, Finnland, Rußland, England, Preußen, einige andere deutsche Staaten u. a. Dagegen im großen und ganzen nicht die romanischen Staaten und auch nicht Österreich, Baden u. a.

[2]) S. Eckert im »Handbuch des Gfw.« II, 1888, S. 93, Krohne »Gefängniskunde«, 1889, S. 354, Transactions of the Intern. Pen. Congress in London«, 1872, S. 384, auch im Stockholm 1878, S. 282 und 569.

[3]) Siehe Getz, Entwurf zu einem Gesetz betr. sittlich verkommene und verwahrloste Kinder. 1892, S. 52, Anm.

die vorhandenen Angaben reichen, die groben, von großer Brutalität oder sittlicher Verkommenheit zeugenden Verbrechen berücksichtigen.

Ein ausgezeichnetes Hilfsmittel hierbei gewährt die im Jahre 1888 vom Statistischen Bureau herausgegebene Übersicht über die Kriminalstatistik von 1846—1885.

Nach dieser betrug die Anzahl der Anklagen

	1846—1855		1856—1865		1866—1875		1876—1885	
	Anzahl der Anklagen	Jährl. Durchschnitt auf je 100 000 Einw.	Anzahl der Anklagen	Jährl. Durchschnitt auf je 100 000 Einw.	Anzahl der Anklagen	Jährl. Durchschnitt auf je 100 000 Einw.	Anzahl der Anklagen	Jährl. Durchschnitt auf je 100 000 Einw.
Wegen Mordes	67	0,48	37	0,23	30	0,17	31	0,16
„ Totschlags...	166	1,18	170	1,06	134	0,77	140	0,74
„ Kindesmords oder dgl...	274	1,95	333	2,08	356	2,03	351	1,84
„ Notzucht	28	0,20	45	0,28	53	0,30	66	0,35
„ Raubes......	68	0,49	64	0,40	40	0,23	35	0,18
„ Mordbrennerei	29	0,21	40	0,26	64	0,35	45	0,24
Gesamtzahl der Anklagen	30 811		30 261		35 402		36 096	
Durchschnittliche Bevölkerungszahl ...	1 403 000		1 597 600		1 752 300		1 904 900	

Besondere Angaben über die gröberen Körperverletzungen sind nicht vorhanden, aber hier werden die erkannten Strafen um so eher einigermaßen zur Richtschnur dienen können, als das Gesetz während der in Frage stehenden Periode keine Abänderungen erlitten hat, während angenommen werden kann, daß die Strafausmessung etwas milder geworden ist. Von 1865—1866 wurden wegen Körperverletzung zu Strafarbeit verurteilt im ganzen 30, 1884—1885 im ganzen 17, was jedenfalls nicht auf eine Zunahme der gröberen Arten deutet.

In den letzten sechs Jahren, für die Angaben in den gedruckten statistischen Mitteilungen vorliegen, ist das Verhältnis folgendes:

	Mord	Totschlag	Kindesmord	Notzucht	Raub	Mordbrennerei	Gesamtzahl der Anklagen.
1886	3	11	28	7	7	3	3 218
1887	—	21	34	3	2	5	3 368
1888	4	12	45	6	1	6	3 224
1889	2	16	36	5	2	5	3 466
1890	3	9	21	2	3	9	2 603
1891	2	3	29	2	—	2	2 548
zusammen	14	72	193	25	15	30	18 427

Was insbesondere die schweren Körperverletzungen betrifft, so wurden 1888 wegen Körperverletzung zu Strafarbeit verurteilt 12, 1889 14, 1890 14, 1891 12.

Betrachtet man diese Angaben, so zeigt es sich, daß das einzige der in Frage stehenden Verbrechen, von dem man eine steigende Tendenz behaupten kann, das Notzuchtsverbrechen ist, aber auch dieses ist in den letzten Jahren bedeutend zurückgegangen und übersteigt in diesen kaum 0,25 auf 100 000 Einwohner, eine Zahl, die es in den fünfziger Jahren aufwies.

Die Freiheitsstrafen.

Die erste Frage hier ist, ob Grund vorhanden ist, mehrere Arten von Freiheitsstrafen beizubehalten. In letzter Zeit haben sich Stimmen hiergegen erhoben,[1]) und die neue Auffassung hat im neuen holländischen Gesetze fast völlig den Sieg davon getragen, indem dessen regelmäßige Freiheitsstrafe Gefängnis ist, auf das von 1 Tag bis zu 15, ausnahmsweise 20 Jahren oder auf Lebenszeit erkannt werden kann. Daneben kennt das Gesetz nur »Hechtenis« von 1 Tag bis zu 1 Jahr. Mit der Gefängnisstrafe ist die Pflicht verbunden, aufgetragene Arbeiten zu verrichten; sie wird für die ersten 5 Jahre in Zellen verbüßt. Hechtenis ist ebenfalls mit Arbeitspflicht verbunden, aber der hierzu Verurteilte kann selbst die Arbeit wählen und den ganzen Ertrag behalten. Die Strafe wird nur auf Wunsch in Einzelhaft verbüßt. Sie findet Anwendung an Stelle von unbeibringlichen Geldstrafen, bei Polizeiübertretungen und je nach den Umständen bei Fahrlässigkeitsdelikten. Bei allen anderen Delikten wird, ohne Rücksicht auf die Art des Verbrechens, auf Gefängnis erkannt. Politische Verbrecher, Duellanten und ähnliche unterliegen insofern derselben Behandlung wie Diebe, Räuber, Betrüger usw.

In dieser Beziehung stimmt das holländische Gesetz mit unserem geltenden Recht überein, das ebenfalls für kleinere Delikte sozusagen eine Custodia honesta (einfacher Arrest) kennt, das aber — nur mit der Ausnahme, die im Verantwortlichkeitsgesetz begründet ist — Strafarbeit ohne Ausnahme auf alle größeren Verbrechen anwendet. Ein Unterschied ist jedoch, daß das holländische Gefängnis überhaupt nicht notwendigerweise mit Folgen für die Ehre und die Rechtsstellung der betreffenden Person verbunden ist, wie unsere Strafarbeit. Insoweit ist jenes Gesetz zweckmäßiger, es scheint aber trotzdem immer noch zu wenig Rücksicht auf die verschiedene Beschaffenheit der Verbrechen Rücksicht zu nehmen. Verschiedene

---

[1]) Siehe die Verhandlungen bei Le Congrès Penitentiaire intern. de Stockholm, 1878 I, S. 138 und 551 auch Stooß in »Grundzüge des Schweizerischen Strafrechts«, 1892, I, S. 314ff.

andere Gesetze haben in weit größerem Umfange berücksichtigt, daß es Delikte gibt, die an sich nicht einer ehrlosen oder gesellschaftsfeindlichen Gesinnung entspringen. Der Staat, der im Gegensatz zu den betr. Individuen diese Handlungen für schädlich ansieht, muß sich natürlich gegen sie wehren, und dies kann er nur, indem er Strafen verhängt; es ist aber ungerecht und kann nur zu moralischer Verwirrung führen, wenn in diesen Fällen dieselben Strafarten Anwendung finden wie bei gewöhnlichen Verbrechen. Auf Grund dieser Betrachtungen hat Dänemark unter seinen Strafen das Staatsgefängnis aufgenommen, das in Höhe von 6 Monaten bis zu 10 Jahren oder auf Lebensdauer verhängt wird, Deutschland die Festungshaft von 1 Tag bis zu 15 Jahren oder lebenslänglich, Ungarn das Staatsgefängnis von 1 Tag bis zu 15 Jahren, und ebenso der österreichische Entwurf von 1 Tag bis zu 20 Jahren. Den gleichen Charakter hat in Frankreich und Belgien die Detention, die für eine Zeit von 5 bis zu 20 Jahren eintritt (in Belgien zeitlich bis zu 15 Jahren begrenzt, aber auch auf Lebenszeit verhängt) usw.

Diese Art Gefängnis wird nach diesen Gesetzen so gut wie ausschließlich bei politischen Verbrechern und Duellanten angewendet, so daß sie voraussichtlich bei uns wenig Verwendung finden würde. Man hat indessen in diesen Ländern wenigstens teilweise gefunden, daß hierbei nicht genug Rücksicht auf andere Verbrechen genommen worden ist, die ebenfalls Anspruch auf eine Ausnahmebeurteilung und Behandlung haben können, und namentlich das ungarische Gesetz bestimmt deshalb, daß die zu Gefängnis Verurteilten (von 1 Tag bis zu 5 Jahren) aus besonderen Gründen im Urteil von der Arbeitspflicht befreit werden können und ihnen erlaubt wird, sich selbst zu verpflegen. Hierzu ist jedoch zu bemerken, daß der Name der Strafe doch immer noch zurückbleibt und daß auch dieses ein recht bedeutendes Übel für den Bestraften ist.

Nach unserer Ansicht verdient die in Italien angenommene Regelung den Vorzug. Das Strafgesetz von 1889 kennt außer der Arreststrafe, die bei Versehen Anwendung findet, verschiedene von Anfang bis zu Ende neben einander herlaufende Freiheitsstrafen: Reclusione und Detenzione, die beide in Höhe von 3 Tagen bis zu 24 Jahren erkannt werden können. Reclusione ist mit der Pflicht, befohlene Arbeit auszuführen, verknüpft und wird für die Dauer von mindestens 6 Monaten in Einzelzelle verbüßt. Auch Detenzione ist mit Arbeitspflicht verbunden, der Sträfling hat aber das Recht, zwischen den im Gefängnis zugelassenen Arbeiten zu wählen; in Einzelzelle wird sie nur während der Nacht verbüßt. Reclusione führt bei einer Zeitdauer von mehr als 3 Jahren ipso jure den Verlust der bürgerlichen Ehrenrechte mit sich. Detenzione findet Anwendung subsidiär für Bußen, bei Zweikampf und politischen Verbrechen, desgleichen bei Fahrlässigkeitsdelikten und verschiedenen anderen.

Die italienische »custodia honesta« unterscheidet sich auf diese Weise von den oben genannten dadurch, daß einerseits ihr Anwendungsgebiet ein größeres ist, andererseits ihr Inhalt sie den allgemeinen Freiheitsstrafen näher bringt.[1]) Sie verdient, wie wir annehmen, wie im ersten, so auch im zweiten Punkte Billigung, namentlich insofern, als sie überall eine Arbeitspflicht festsetzt. Die Arbeit an sich kann weder als eine Entwürdigung noch als ein Übel angesehen werden, wenn sie nach der Stellung und nach den Fähigkeiten des einzelnen abgepaßt wird, und es kann nicht gebilligt werden, daß der Staat sich verpflichtet, zuzusehen, daß ein Gefangener die ihm zu teil gewordene öffentliche Versorgung zum Anlaß nimmt, sich dem Müßiggang zu ergeben. Auch ein vor ein paar Jahren ausgearbeiteter französischer Entwurf zum allgemeinen Teil des Strafgesetzbuches hat eine entsprechende Regelung angenommen.[2])

Es wird also angenommen, daß man neben der allgemeinen Freiheitsstrafe noch eine andere haben muß, die ebenfalls mit Arbeitspflicht verbunden ist, jedoch nach eigener Wahl hinsichtlich der Art der Arbeit und mit dem Rechte, selbst für seinen Unterhalt zu sorgen; hierbei sind die zu dieser Strafe Verurteilten selbstredend nicht mit zu anderer Freiheitsstrafe Verurteilten zusammenzubringen, es kann ihnen aber, wenigstens wenn es sich um eine längere Zeit handelt, nach eigener Wahl erlaubt werden, während des Tages mit einander zusammenzusein; die Strafe ist auf Verbrechen anzuwenden, die entweder nach ihrer Art oder nach den besonderen Umständen von keiner besonders verdorbenen Gesinnung zeugen.

Ob man den längeren Strafen einen besonderen Namen gibt, oder durchweg dieselbe Bezeichnung beibehält, ist jedenfalls ein wenig wichtiger Punkt, solange kein reeller Unterschied damit verknüpft wird. Es scheint aber wünschenswert, den Makel, der sich an die Bestrafung knüpft, tunlichst zu verringern, da die Möglichkeit für den Bestraften, wieder ein ehrenhaftes Mitglied der Gesellschaft zu werden, einigermaßen hiervon abhängen kann; es ist deshalb am besten nicht schon durch den Namen der verbüßten Strafe ihn zum groben Verbrecher zu stempeln.

---

[1]) Dies gilt auch von dem Festungsarrest des russischen Entwurfs. Auch hier gilt unbedingte Arbeitspflicht, aber die zu weniger als 6 Jahren Verurteilten können selbst frei die Art der Arbeit wählen und behalten den ganzen Nettoertrag. Die zu längerer Zeit Verurteilten haben nicht diese freie Wahl und behalten nur zwei Drittel des Verdienstes.

[2]) Er unterscheidet emprisonnement von 15 Tagen bis zu 20 Jahren oder auf Lebenszeit und détention von 15 Tagen bis zu 20 Jahren. Außerdem gibt es arrêst de police von 1 bis zu 14 Tagen ohne jegliche Arbeitspflicht (Mitteilungen der Int. krim. Vereinigung IV, 1894, S. 165ff.).

Eine weitere Frage ist die, ob ein Bedürfnis vorliegt — auch neben der hier behandelten custodia honesta —, zwei in ihrer Intensität wesentlich verschiedene Strafarten aufzustellen, von denen die eine auf die kleineren, die andere auf die größeren Delikte anzuwenden wäre. Dies ist das in den meisten Ländern angenommene System. Es ist das deutsche und ungarische, sowie das des österreichischen und kroatischen Entwurfs. Alle diese Gesetze haben Gefängnisstrafe von 1 Tag bis zu 5 Jahren und Zuchthaus von 1 oder 2 bis zu 15 oder 20 Jahren oder Lebensdauer. Die Zuchthausstrafe ist ipso jure mit Verlust gewisser bürgerlicher Rechte verknüpft; der Zuchthaussträfling muß die vorgeschriebene Arbeit ausführen und kann auch zu Arbeiten außerhalb der Strafanstalt verwendet werden. Die Gefängnisstrafe führt keinen derartigen Verlust mit sich, die Arbeit ist nach den Fähigkeiten und den Verhältnissen des Gefangenen einzurichten und kommt ihm oft selbst mehr oder minder zugute. In Ungarn kann hier die Arbeitspflicht sogar ganz aufgegeben werden. Die Gefängnisstrafe ist auf diese Weise bei kleineren Delikten die einzig anwendbare Freiheitsstrafe, bei den mittleren tritt sie oft neben die Zuchthausstrafe, indem das Gesetz oder der Richter diese oder jene wählen, je nachdem man das Verbrechen zu einem mehr oder minder ehrlosen stempeln will. Diese Länder haben so teilweise drei gleichlaufende Freiheitsstrafen, nämlich Zuchthaus, Gefängnis und Festungsarrest (Staatsgefängnis), von denen die eine strenge, die andere weniger strenge und die dritte überhaupt keine Arbeitspflicht mit sich führen, und von denen die eine auf besonders ehrlose, die andere auf weniger ehrlose und die dritte auf solche Delikte Anwendung findet, die die Ehre überhaupt nicht berühren. Etwas verschieden hiervon, aber doch auf denselben Grundgedanken beruhend, ist die Regelung in Dänemark, wo die Freiheitsstrafen bestehen in Zuchthaus von 2 bis 10 Jahren oder auf Lebenszeit, Besserungshaus von 8 Monaten bis zu 6 Jahren, beide mit Arbeitspflicht; einfachem Gefängnis von 2 Tagen bis zu 2 Jahren, Gefängnis bei gewöhnlicher Gefängniskost von 2 Tagen bis zu 6 Monaten und bei Wasser und Brot von 2 bis zu 30 Tagen sowie Staatsgefängnis von 6 Monaten bis zu 10 Jahren oder auf Lebenszeit, alle ohne Arbeitspflicht. Ebenso in Schweden, wo die Gefängnisstrafe sich auf 1 Monat bis zu 2 Jahren, die Zuchthausstrafe von 2 Monaten bis zu 10 Jahren oder auf Lebenszeit erstreckt.[1])

---

[1]) Ungefähr wie in Schweden ist die Ordnung nach dem finnländischen Gesetz: Zuchthaus von 6 Monaten bis zu 12 Jahren oder auf Lebenszeit, Gefängnis von 14 Tagen bis zu 4 Jahren, ausnahmsweise auch auf längere Zeit, so z. B. bis zu 12 Jahren bei Zweikampf (Kap. 23, § 1). Zürich hat Zuchthaus von 1 bis zu 15 Jahren oder auf Lebenszeit, Arbeitshaus von 6 Monaten bis zu 10 Jahren und Gefängnis von 1 Tage bis zu 5 Jahren. Solothurn Zuchthaus von 1 bis zu 20 Jahren oder auf Lebenszeit, Einsperrung von 3 Monaten bis zu 10 Jahren

Unsere Auffassung ist, daß, wenn man nicht das »ehrliche Gefängnis« so exklusiv gestaltet wie nach dem deutschen Gesetz und auch dort die Arbeitspflicht festhält, keine Notwendigkeit vorhanden ist, drei neben einander herlaufende Strafarten zu haben. Dieses gilt besonders dann, wenn man alle nicht besonders langen Strafen in Zellen verbüßen läßt, so daß eine Scheidung zwischen den weniger und den mehr verderbten Elementen im Urteile selbst wegen des etwaigen Zusammenseins nicht besonders notwendig wird.

Eine hiervon etwas verschiedene Frage ist die, ob man nicht doch zwei Arten von Freiheitsstrafen haben soll, von denen die eine anfängt, wo die andere aufhört, und zwar so, daß die auf kürzere Zeit bemessene Strafe auch weniger intensiv ist als die auf längere Zeit bestimmte. Dieses ist — abgesehen von der Gefängnisstrafe bei Wasser und Brot, deren größere Intensität wieder durch die damit verbundene Verkürzung der Zeit aufgewogen wird — das norwegische System. Es ist ebenfalls das englische, indem dessen Strafen Gefängnis (emprisonment) bis zu zwei Jahren und penal servitude von drei (vor 1891 fünf) Jahren aufwärts sind,[1]) sowie das geltende französische: Gefängnis (emprisonnement) von 6 Tagen bis zu fünf Jahren, Zwangsarbeit (travaux forcés) von fünf bis zu 20 Jahren oder auf Lebenszeit, sowie (reclusion) von fünf bis zu 10 Jahren, ein milderer Grad der Zwangsarbeit. Dieselben Strafen hat das belgische Gesetz, jedoch mit einigermaßen verschiedenen Zeitgrenzen: emprisonnement von acht Tagen bis zu fünf Jahren, travaux forcés von zehn bis zu 20 Jahren oder auf Lebenszeit; reclusion von fünf bis zu zehn Jahren.

Nach dem spanischen Entwurf sind die Strafen: reclusion von zwölf bis zu zwanzig Jahren oder auf Lebenszeit, presidio von sechs bis zu zwölf, prision von sechs Monaten bis zu sechs Jahren, arresto von einem bis zu sechs Monaten, arresto menor von einem bis zu 30 Tagen. Der russische Entwurf hat neben satotschénije (Festungsarrest) katorga (Zwangsarbeit) von fünf bis zu 15 Jahren oder auf Lebenszeit, issprawitel' nüi dôm (Korrektionshaus) von einem bis zu sechs Jahren, tjurmá (Gefängnis) von zwei Wochen bis zu einem

---

und Gefängnis von 1 Tage bis zu 1 Jahre. Entsprechend ist ungefähr auch die Regelung in St. Gallen. Der schweizerische Entwurf hat für Verbrechen Zuchthaus von 1 bis zu 15 Jahren oder auf Lebenszeit oder Gefängnis von 8 Tagen bis zu 1, ausnahmsweise bis zu 5 Jahren. Nach den Motiven sind es jedoch hauptsächlich praktische Gründe, die bewirkt haben, daß nicht dasselbe System wie im vorliegenden Entwurf Aufnahme gefunden hat.

[1]) »Der Unterschied, den man macht, indem man »imprisonment« für Verurteilungen bis zu zwei Jahren und weniger und penal »servitude« für Verurteilung zu fünf Jahren oder mehr benutzt, hat keinen Sinn mehr, nachdem beide Arten von Urteilen in den vereinigten Reichen vollstreckt werden, und sie ist irreführend, indem beide Klassen von Verurteilten der Gefängnisstrafe unterworfen werden und sich in demselben Zustand von »Strafknechtschaft« (penal servitude) befinden. Du Cane: The Punishment and Prevention of Crime 1885, S. 159.

Jahr und Arrest von einem Tag bis zu 6 Monaten. Auch der russische Entwurf muß hiernach zunächst hierher gerechnet werden, wenn auch sein System, namentlich was die niedrigsten Strafarten anlangt, etwas gemischt ist. Es scheint indessen auch kein hinreichender Grund vorhanden zu sein, eine derartige Sonderung zwischen den kürzeren und den längeren Strafen beizubehalten. Selbstredend kann nichts zur Verteidigung der jetzt bei uns herrschenden Ordnung gesagt werden, die die längste Strafe der kürzeren Strafart aufhören läßt, lange bevor die kürzeste Strafe der längeren Strafart anfängt. 120 Tage bei gewöhnlicher Gefängniskost dürften schwerlich einem längeren Zeitraum als 60 Tagen Zuchthaus entsprechen, und hiervon wird also gleich auf 180 Tage gesprungen. Eine derartige Ordnung ist in einem jeden geordneten System gänzlich unpassend und muß dazu führen, daß der Richter alle diejenigen, die passenderweise zu einer Zuchthausstrafe von zwei bis zu sechs Monaten zu verurteilen wären, mit Gefängnis davonkommen läßt, das zwei Monaten der genannten Strafe entspricht. Desgleichen ist es ein unhaltbarer Zustand, daß die kürzeren Freiheitsstrafen nicht ebenso wie die längeren mit Arbeitszwang verbunden sind. Hierin sind sich ungefähr alle Länder einig, alle neueren Gesetze haben — mit den für die custodia honesta erwähnten Ausnahmen — durchgehend ohne Rücksicht auf die Dauer der Strafzeit den Arbeitszwang vorgeschrieben. Daß bei den kürzeren Strafen in bezug auf die Wahl der Arbeit mehr Rücksicht auf die Stellung und Neigung des Gefangenen genommen wird, ist gewiß am Platze, wenn man kein »ehrliches Gefängnis«, wie das oben erwähnte, neben dem gewöhnlichen kennt, erscheint aber im entgegengesetzten Fall überflüssig. Es ist kein Grund vorhanden, in dieser Hinsicht erstmalige Diebe und Betrüger u. dgl. anders zu behandeln als die gröberen Verbrecher. Auch ist kein Bedürfnis vorhanden, gewisse Folgen für die spätere Stellung des Bestraften in der Gesellschaft ausschließlich an die Länge der Strafe zu knüpfen. Eher dürfte es dem Richter, wenigstens bis zu einem gewissen Grade, zu überlassen sein, je nach der Art und dem Charakter des einzelnen Verbrechens Bestimmung hierüber zu treffen. Wird außerdem regelmäßig durchgeführt, daß alle Freiheitsstrafen für einige Zeit, die kürzeren also für ihre ganze Dauer, nicht gemeinschaftlich, sondern in Einzelzellen verbüßt werden, so dürfte man bei uns zu demselben Resultat kommen, wie das italienische und das holländische Gesetz und der französische Entwurf, daß nämlich überhaupt kein Grund zu einer derartigen Zweiteilung besteht. Diese ist auch, wie die höchst verschiedene Ordnung der verschiedenen Länder zeigt, was den Zeitpunkt anbelangt, der als entscheidend angesehen werden soll, eine äußerst willkürliche. Während so die schwedische Strafarbeit mit zwei Monaten anfängt, beginnt die englische mit drei und die französische mit fünf Jahren.

Das Resultat, zu dem wir gekommen, ist also, daß es nur eine allgemeine Freiheitsstrafe geben soll, die für eine gewisse Zeit immer in Einzelzelle zu verbüßen ist und die Verpflichtung mit sich führt, aufgetragene Arbeit zu verrichten.

Was die Bezeichnung der Strafen anbelangt, so hat man von dem in den früheren Entwürfen vorgeschlagenen abweichen zu sollen geglaubt. Daß Strafarbeit eine wenig glückliche Bezeichnung, und daß es namentlich in Anbetracht der Vorstellungen, die jetzt mit ihr verknüpft werden, bedenklich ist, diesen Namen auf die kürzeren Strafzeiten, insbesondere auf die Strafe, die an Stelle von Geldstrafen tritt, auszudehnen, dürfte einleuchtend sein. Die Schwierigkeit liegt zunächst darin, eine andere Bezeichnung für das »Gefängnis« des Entwurfs zu finden, wenn man dieses Wort an Stelle seiner »Strafarbeit« benutzen will. Man hatte hier in erster Linie die Wahl zwischen Arrest und »Hefte«. Von diesen Worten blieb man bei dem letzten stehen, das, wie man sieht, dem schwedischen »Häkte«, dem deutschen »Haft«, dem holländischen »Hechtenis« entspricht. Es ist gewiß ein neues Wort, aber es hat doch gute Anknüpfungspunkte, indem sowohl das Verbum »hefte« sowie das Substantivum »Heftelse« gute, alte, eingebürgerte Ausdrücke, sowohl innerhalb, wie außerhalb der Gesetzgebung, sind (s. § 66 des Grundgesetzes und §§ 2, 3 und 4, Kap. 24), und es kann nicht bezweifelt werden, daß es deshalb verhältnismäßig schnell und leicht in die Sprache Eingang finden wird.

Damit Freiheitsstrafen eine bessernde und erziehende Wirkung ausüben können, ist es erforderlich, daß sie von längerer Dauer sind. Der Penitentiarkongreß in Rom 1885 sprach ebenfalls aus, daß kurze Freiheitsstrafen nur eine repressive Natur haben könnten. Wenn man aber hieraus die Folgerung ziehen wollte, daß die Regelung der kürzeren Strafen eine ziemlich gleichgültige Sache sei, und deshalb entweder überhaupt bei Strafen, die einen kürzeren Zeitraum nicht überschreiten, keine Absonderung einführt, oder es in dieser Beziehung so leicht nimmt, daß die Gefangenen regelmäßig die Strafe gemeinsam verbüßen, und dies noch dazu ohne Beschäftigung,[1]) so sieht man die Sache so verkehrt wie möglich an. Wenn schon bei den kürzeren Strafen wenig Aussicht vorhanden ist, die Gefangenen zu bessern, so ist es um so leichter, sie gegen früher zu verschlechtern, und wenn die langen Strafen auf die verhältnismäßig geringe Zahl derer, die ihr unterworfen

---

[1]) Dies ist so der Fall in Frankreich und zum Teile auch in Deutschland. »Preußische Jahrbücher« 1886: »Die Freiheitsstrafen und die Besserungstheorie«. Streng: »Studien über Entwicklung etc. des Vollzugs der Freiheitsstrafe«, 1886, S. 193, Illing in »Blätter f. Gefängnisk.« XV, 92, und »Zeitschrift f. gesamte Strafrechtsw.« VII, 199.

sind, bessernd wirken, so hat dies fast nichts dem Schaden gegenüber zu bedeuten, der dadurch verursacht würde, wenn die Gefängnisse für die Tausende, die jährlich kürzeren Strafen unterworfen werden, eine Erziehungsstätte im Laster und in sittlicher Verderbtheit werden sollten. Bei uns ist es nun schon seit langem zur feststehenden Regel geworden, daß kurze Freiheitsstrafen im Einzelraum verbüßt werden. Es ist natürlich keine Rede davon, von diesem Prinzip abzugehen. Aber man darf sich auch nicht der Gefahr einer Überfüllung der Gefängnisse aussetzen, so daß man genötigt würde, ihre Handhabung zu lockern, und dies ist gewiß ein Grund, der dafür spricht, eine gewisse Möglichkeit offen zu halten, eine verschärfte Gefängnisstrafe anzuwenden, die dafür um so kürzer sein kann.

Noch wahrscheinlicher ist es vielleicht, daß es in Distriktsgefängnissen mit Schwierigkeiten verknüpft sein wird, die Aufsicht und die Anwendung der Mittel durchzuführen, die eine erziehende oder schützende Wirkung auf den Gefangenen ausüben sollten, und daß es namentlich oft schwer sein wird, ständige und passende Arbeit zu schaffen. Gewiß wird eine zufriedenstellende Ordnung leichter durchgeführt werden können, wenn der Staat, wie dies aus mannigfachen Gründen seine Pflicht wäre, die Distriktsgefängnisse[1]) übernimmmt, aber mit unverhältnismäßigen Kosten wird dies doch wenigstens an vielen Orten verbunden sein. Für besser als eine längere Freiheitsstrafe, die in Nichtstun verbracht wird, müssen wir eine kürzere, aber bedeutend geschärfte Gefängnisstrafe, wie dies unser jetziges gewöhnliches Gefängnis, oder Gefängnis mit hartem Nachtlager es ist, ansehen, und auch dieser Gesichtspunkt weist nach unserer Meinung nach derselben Richtung, wie die Rücksicht auf die Raumverhältnisse.

Zweifellos haben längere Freiheitsstrafen an sich Mißhelligkeiten im Gefolge, die bewirken, daß man sie nur anwenden soll, wenn auf der anderen Seite etwas wirklich Gutes erreicht wird. Sie erhöhen nicht bloß die öffentlichen Ausgaben, sondern tragen auch das Ihrige dazu bei, den Schuldigen zu verarmen und seine Familie in Not zu versetzen, was seinerseits zur Vermehrung der Verbrechen beiträgt, so gewiß als Not und Verzweiflung ein fruchtbarer Boden für solche sind.

Hierzu kommt die Erfahrung, die man in vielen Ländern, wo die Gefängnisstrafe bei Wasser und Brot und andere Strafschärfungen abgeschafft worden sind, gemacht hat, daß die Strafe hierdurch gegenüber dem Verbrecherproletariat vielfach ein nicht genügend großes Übel geworden ist. Es werden deshalb auch schon ver-

---

[1]) S. hierwegen die Motive zum Gesetzentwurf, betr. Landstreicherei, Trunkenheit und Zwangsarbeit, 1894, S. 60.

schiedentlich Vorschläge gemacht, zu verschiedenen Formen der verschärften Gefängnisstrafen zurückzukehren.[1])

In Übereinstimmung hiermit hat die deutsche Regierung jetzt vorgeschlagen, die Möglichkeit zu schaffen, bei Verbrechen gegen Sittlichkeit, Leib und Leben, Raub und gemeingefährlichen Verbrechen, wenn eine besondere Roheit, Bosheit oder Ehrlosigkeit zutage getreten ist, die Strafen durch Wasser und Brot und hartes Nachtlager zu verschärfen. Der Vorschlag ist im Reichstage noch nicht verhandelt worden, aber er ist im Ausschuß mit 12 gegen 9 Stimmen angenommen worden (Nr. 173, Reichstag 8. Leg.-Per., 2 Session 1892/1893).

Auf der Versammlung der deutschen Gefängnisbeamten in Braunschweig 1894 wurde auch eine Resolution betreffend die kurzen Freiheitsstrafen angenommen, die u. a. darauf hinaus geht, daß ein Bedürfnis vorhanden sei, auf dem Gesetzgebungswege geschärfte Freiheitsstrafen einzuführen (»Blätter für Gefängniskunde«, 1894, Sonderheft S. XXXVI). Hierbei hat man namentlich Gefängnis bei Wasser und Brot und Gefängnis mit hartem Nachtlager im Auge.

Desgleichen wurden Strafschärfungen namentlich durch Wasser und Brot und hartes Nachtlager auf der 5. Versammlung des Kriminalistenvereins (in Antwerpen 1894) anempfohlen (»Mitteilungen der I. K. V.« 177 und 269).

Nach dem österreichischen Entwurf § 14 können ebenso wie nach dem geltenden Gesetz Zuchthaus, Gefängnis und Arrest (Haft), wenn nach den Umständen eine größere Strenge angezeigt erscheint, durch Hungerkost, hartes Nachtlager und Dunkelzelle verschärft werden. Dem hat sich der Ausschuß des Reichsrates angeschlossen,

---

[1]) Das Unbefriedigende bei den gewöhnlichen kurzen Gefängnisstrafen in Deutschland wurde in der Deutschen Landesversammmlung der Internationalen Kriminalistischen Vereinigung in Halle 1891 erkannt. Es wurde dort folgende Resolution gefaßt:

1. Es ist geboten, die Wirkung der kurzzeitigen Freiheitsstrafe durch Verschärfungen zu erhöhen.

(Wird fast einstimmig angenommen [ein Mitglied enthält sich der Abstimmung].)

2. Als derartige Strafverschärfungen empfehlen sich:
   a) Kostschmälerung,
   b) hartes Lager,
   c) Dunkelarrest,
   d) Arbeitszwang, oder auch
   e) Arbeitsentziehung.

(Zu a und b einstimmig angenommen.)

3. Die Anordnung von Strafschärfungen erfolgt auf Grund des Strafgesetzes im Urteile. Das Gesetz sieht die Strafschärfungen fakultativ vor, die Lage des Einzelfalles ist maßgebend.

(Mit bedeutender Majorität angenommen.)

4. Für den Vollzug der Strafschärfungen unter 2 ist Einzelhaft notwendig.

(Einstimmig angenommen.)

jedoch mit der Einschränkung, daß die Schärfung nicht angewendet wird, wenn die Freiheitsstrafe an Stelle von Geldstrafen tritt.

Das holländische Gesetz über den Strafvollzug vom 15. April 1886 schreibt ebenfalls vor, daß dem Gefangenen in den beiden ersten Tagen einer Gefängnisstrafe nur Wasser und Brot zu reichen ist. In Belgien wurde im Jahre 1893 von der Regierung der Kammer der Repräsentanten ein Gesetzentwurf vorgelegt, wonach männliche Gefangene, die, nach früherer Verbüßung einer Freiheitsstrafe zu Gefängnis unter sechs Monaten verurteilt würden, unter gewissen näheren Bedingungen die Gefängnisstrafe in der Weise zu verbüßen hätten, daß sie in den ersten acht Tagen nur Wasser und Brot und vom neunten bis zum dreißigsten Tag jeden zweiten Tag Wasser und Brot und daß sie die ersten dreißig Tage hartes Nachtlager erhalten sollten. Wie weit dieser Entwurf Gesetz geworden ist, ist der Kommission unbekannt.[1])

Die meisten näheren Vorschriften sowohl bezüglich der Gefängnis- wie der Haftstrafe sind, wie man sehen wird, einem besonderen Gesetz über den Strafvollzug überwiesen und sollen beim Entwurf zu diesem zum Gegenstand der Behandlung gemacht werden.

Eine Bestimmung, die schon jetzt erwähnt werden muß, ist das hohe Minimum, welches der Entwurf, abgesehen von Zusammenrechnungsfällen, für die Freiheitsstrafe festsetzt: einundzwanzig Tage (oder bei den beiden Arten des geschärften Gefängnisses sieben bzw. vierzehn Tage). Dies hängt zusammen mit der bedingten Verurteilung, die das Gesetz von 1894 eingeführt und der Entwurf aufgenommen hat, und dessen Zweck u. a. gerade ist, die ganz kurzen Freiheitsstrafen überflüssig zu machen. Da der Entwurf in seiner vorliegenden Form zudem im wesentlichen mit dem übereinstimmt, was jetzt schon bei uns Gesetz ist, so dürfte es überflüssig sein, näher auf die Gründe einzugehen, die gegen eine Anwendung der Gefängnisstrafe in Fällen sprechen, wo das Vergehen nicht gröber ist, als daß es mit einigen Tagen Freiheitsentziehung gesühnt werden könnte.[2])

---

[1]) Man hat bei uns nicht die Erfahrung gemacht, daß die Wasser und Brot-Strafe besonders gefährlich für die Gesundheit ist; jedenfalls kann angenommen werden, daß andere Freiheitsstrafen, die dafür um so länger sind, teils direkt, teils indirekt einen zum mindesten ebenso schädlichen Einfluß haben können. In Wirklichkeit ist es eine Tatsache, daß gerade lange Strafen sehr gefährlich für die Gesundheit sind. So sagt der deutsche Gefängnisdirektor Streng in seinen »Studien usw.« S. 159, daß eine Lebensversicherungsgesellschaft, die Verbrecher versichern wollte, sie mindestens 20 Jahre älter annehmen müßte, als sie in Wirklichkeit sind. Dagegen hat die deutsche Militärstatistik bei einer Zahl von 1 385 451 militärischen auf verschiedene Weise geschärften Gefängnisstrafen nur 50 Krankheitsfälle aufgewiesen, die auf die Strafe selbst zurückzuführen sind (»Zeitschr. f. ges. Strafrechtsw.« VII, S. 159). Vgl. Bericht über unsere Strafanstalten 1892—1893, S. 39.

[2]) Vgl. Verhandlungen bei der ersten Zusammenkunft des Norwegischen Kriminalistischen Vereins, Christiania 1893, S. 146ff.

Was die Haft betrifft, so hat man gefunden, durchweg bei zeitbestimmten Strafen stehen bleiben zu können, hat aber dafür das Maximum auf 20 Jahre erhöht. Ist das Verbrechen so beschaffen, daß es überhaupt durch Haft abgebüßt werden soll, so wird dies auch immer eine im Verhältnis zur Strafschuld genügend hohe Strafe sein. Sollte man trotzdem zu lebenslänglicher Freiheitsentziehung schreiten, so müßte dies in der Gefährlichkeit des Verbrechers begründet sein. In Wirklichkeit ist es jedoch kaum denkbar, daß Verbrechen, die hier in Betracht kommen, ihre Gefährlichkeit über mehrere Jahrzehnte hinaus behalten. Auch in einzelnen anderen Ländern hat man die entsprechende Strafe auf eine bestimmte Zeit eingeschränkt oder wenigstens eine derartige Einschränkung vorgeschlagen, so in Ungarn und in Frankreich sowie im österreichischen und im französischen Entwurf.

Ferner muß schon hier erwähnt werden, daß das System der bedingten Entlassung lediglich auf die Anwendung finden soll, die zu Gefängnis, nicht aber auf die, die zu Haft verurteilt sind. Auf diese letzteren, die regelmäßig Gelegenheitsverbrecher ohne eine besonders verbrecherische oder verdorbene Gesinnung sind und deshalb auch nicht eine Besserung und moralische Stärkung bezweckende Behandlung nötig haben werden, paßt das System nicht. Eine Ungerechtigkeit gegen die Haftgefangenen wird dabei sich nicht herausstellen, wenn das Gericht bei der Strafausmessung sich die verschiedene Ordnung der beiden Freiheitsstrafen vor Augen halten wird.

Als eine Bestimmung von größerer Bedeutung muß hier auch erwähnt werden, daß der Entwurf einerseits im § 24 das Recht gibt, wenn die Triebfeder des Verbrechens an sich nicht unehrenhaft ist,[1]) Haft an Stelle von Gefängnis anzuwenden, und daß andererseits nach § 23 der zu Haft Verurteilte immer die Umwandlung dieser Strafe in eine entsprechende Gefängnisstrafe verlangen kann. Die Absicht ist, daß Haft nicht bloß bei denen zur Anwendung gebracht werden soll, die die Mittel und Fähigkeiten besitzen, die mit ihr verbundenen Vorteile zu genießen, sondern überhaupt auf alle die, die man nicht im Urteil zu gewöhnlichen Verbrechern stempeln will. Es wird indessen leicht der Fall sein können, daß die Strafe je nach der Stellung der Verurteilten sich verschieden gestalten wird und daß einzelne es für alles andere als eine Wohltat ansehen werden, zu Haft statt zu Gefängnis von halb so langer Dauer verurteilt zu sein. Unter diesen Umständen wird es der Billigkeit entsprechen, eine Umwandlung zuzulassen, und dies wird man um so unbedenklicher tun können, als es auch zu einer Vereinfachung der Gefängnisverwaltung führen wird.

---

[1]) Vgl. österr. Entw. § 15; deutschen Entw. 1892/1893, Reichstag Nr. 173, § 16b.

Durch die in § 27 gegebenen Regeln über Ausmessung der Geldstrafen ist Sorge getragen, den Gedanken zu verwirklichen, daß die Geldstrafen so nach der ökonomischen Leistungsfähigkeit abgepaßt werden, daß sie zu einem für reich und arm gleich wirksamen Repressionsmittel werden, wenn auch selbstverständlich jeder Gedanke daran, in dieser Richtung etwas anderes als eine ganz äußerliche Gleichheit zu erreichen, als Illusion bezeichnet werden muß. Selbst von zwei in ökonomischer Beziehung gänzlich Gleichgestellten werden ja Geldstrafen von gleicher Höhe ganz verschieden empfunden werden können. Selbstverständlich sind die in § 27 gewählten Größen willkürlich, aber dies ist, wie jeder einsehen wird, unvermeidlich. Was erreicht wird, ist eine größere Übereinstimmung der Gerichte bei Handhabung der Strafausmessung, und daß die Rücksichtnahme auf die Vermögensverhältnisse, die das Gesetz genommen wissen möchte, die aber die Gerichte zu nehmen wenig Neigung gezeigt haben, nicht bloß eine auf dem Papier stehende Vorschrift bleiben kann. Wenn als Minimum bei Verbrechen das Einkommen von zwei Tagen festgesetzt ist, so hat man auch hier die bedingte Verurteilung im Auge gehabt, die bei den unbedeutendsten verbrecherischen Handlungen anzuwenden sein wird. Bei Versehen muß man dagegen auf das Einkommen eines halben Tages herabgehen können, da es sich hier oft um Ordnungsstrafen handeln wird, auf die am besten unbedingt erkannt wird, die aber ohne Schaden verhältnismäßig unbedeutend sein können.

Es ist ohne weiteres klar, daß, wo das Einkommen in einem größeren Vermögen seinen Grund hat, dies ein Anlaß zur Erhöhung der Geldstrafe ist; umgekehrt will der Entwurf, daß eine Herabsetzung auch über das Maß dessen stattfinden soll, was mit Rücksicht auf die besonderen Umstände des Falles und die Einkommensverhältnisse des Schuldigen begründet wäre, wenn es ohne weiteres trotzdem klar ist, daß eine Geldstrafe von dieser Höhe seine Leistungsfähigkeit überschreiten würde; ist es doch auch die Absicht der Geldstrafe, eine solche und nicht eine Freiheitsstrafe zu sein, weshalb sie auch nicht als ein Umweg zu dieser benutzt werden soll. Wie weit diese Gesichtspunkte maßgebend sein sollen, hat man jedoch der konkreten Beurteilung der Gerichte überlassen müssen, da es doch nicht immer angängig sein wird, aus diesem Grunde die Strafe auf das Minimum herabzusetzen. Findet man, daß das Delikt nicht durch eine Geldstrafe, deren Entrichtung der ökonomischen Leistungsfähigkeit entsprechen würde, gebüßt werden kann, so ist am richtigsten von vornherein auf Freiheitsstrafe zu erkennen, um so mehr, als es in solchen Fällen leicht vorkommen kann, daß die Geldstrafe, selbst wenn sie entrichtet wird, in Wirklichkeit von einem Dritten bezahlt wird. Der Entwurf gibt deshalb auch in weit größerem Umfange die Möglichkeit, auch bei Polizeiversehen unmittelbar auf Freiheitsstrafe zu erkennen.

Im übrigen ist zu bemerken, daß die Rücksichtnahme auf die Vermögensverhältnisse nur eines der bei der Strafausmessung in Betracht kommenden Momente ist. Wenn das Gesetz infolge der eigentümlichen Natur dieses Moments sich veranlaßt und auch in der Lage sieht, eine nähere Anweisung hinsichtlich des ihm beizulegenden Gewichtes zu geben, so darf daraus der Schluß gezogen werden, daß die Vermögensverhältnisse in Zukunft zum Gegenstand einer ganz anderen, genauen und zuverlässigen Untersuchung zu machen sein werden, als dies zurzeit der Fall ist. Der Entwurf hebt hervor, daß lediglich nach dem »anzunehmenden« Einkommen zu fragen ist, und hieraus folgt, daß es für das Gericht ex officio ausreicht, wenn es in der Lage ist, sich hierüber eine Anschauung zu bilden; und dies ist auch jetzt der Fall, wenn der Vorschrift des geltenden Gesetzes entsprochen werden soll. In der Regel werden die eigenen Angaben des Angeklagten hier vollauf genügen. Natürlich läßt sich nicht verhindern, daß die Parteien nähere Aufklärungen herbeizuführen suchen, aber es kann von Aussetzungen lediglich zu diesem Zwecke ebensowenig die Rede sein, als jetzt etwa solche erfolgen nur zum Zwecke näherer Aufklärung des einen oder anderen Umstandes, der für die Strafausmessung von Bedeutung ist.

Assessor Thoresen will dafür stimmen, daß die Worte »innerhalb dieser Grenzen« — und bis »so ist der durchschnittliche mutmaßliche Verbrauch der Person an die Stelle zu setzen« — in Wegfall kommen. Eine derartige Gesetzesvorschrift wie die hier von der Kommission vorgeschlagene, die auch in anderen Ländern nicht ihresgleichen hat, wird bei der Rechtsprechung füglich dahin ausgelegt werden, daß die ökonomische Stellung des Betreffenden das ist, worauf bei der Strafausmessung am meisten Rücksicht zu nehmen ist; aber die Richtigkeit einer derartigen Auffassung kann ich nicht anerkennen. Nach meiner Auffassung wird dies zu offenbaren Mißhelligkeiten führen, und man nimmt eine allzu einseitige Rücksicht auf die Vermögensverhältnisse des zu Bestrafenden. Die Berechnung der Strafe nach dem Vorschlage der Kommission wird dazu führen, daß sie der öffentlichen Meinung oft entweder als sinnlos streng oder als allzu mild vorkommen wird. Auf der einen Seite wird man es schwerlich gerechtfertigt finden, daß ganz unbedeutende Polizeiversehen nur deswegen mit Hunderten von Kronen bestraft werden sollten, weil der Missetäter ein reicher Mann ist, und ebensowenig oder noch weniger, daß alle Ehr- und Körperverletzungen, die von Personen, die nichts besitzen und nur wenig oder gar kein Einkommen haben, in Fällen, wo für diese Delikte Geldstrafen angemessen erscheinen, mit wenigen Kronen gesühnt erscheinen sollten. Ein derartiges Strafsystem dürfte daher auch leicht dazu führen, daß die öffentliche Meinung, was die Beschaffenheit des Deliktes und die Schuld des Täters anlangt, irregeführt wird. Ferner kann ich auch nicht finden, daß das Einkommen des Täters als ein sicherer und zuverlässiger Maßstab für seine ökonomische Leistungsfähigkeit angesehen werden kann. Ein Mann, der 6000 Kronen jährlich verdient, aber eine große Familie zu ernähren hat, kann in ökonomischer Beziehung viel schlechter gestellt sein als eine einzelne Person, die nur das halbe Einkommen hat, und es ist deshalb ungerechtfertigt, daß das Minimum der Geldstrafe für den ersteren doppelt so groß sein soll, wie für den letzteren. Gewiß soll die Berechnung der Geldstrafe nach dem Einkommen nur das Regelmäßige, Ausnahmen im einzelnen Fall also zulässig sein; es ist aber zu befürchten, daß diese letzteren Fälle so häufig sein würden, daß von der Regel nichts übrig bliebe.

Gegen den Vorschlag der Kommission sprechen auch praktische Gründe, die für mich nicht die am wenigsten maßgebenden sind. Nach der Fassung des jetzigen Gesetzes sind nicht besonders genaue oder gründliche Untersuchungen bezüglich der Vermögensverhältnisse des Angeklagten erforderlich. Ganz anders würde dies werden, wenn die Vermögensverhältnisse zum wesentlichsten und wichtigsten Faktor bei der Strafausmessung erhoben werden sollten. Dies ist nach meiner Ansicht eine notwendige Folge sowohl des Wortlautes, als auch der Absicht des Gesetzes, wenn die letztere einigermaßen erreicht werden soll. Es werden dann möglichst genaue und zuverlässige Aufklärungen über seine ökonomische Stellung im ganzen erforderlich werden. Da man selbstverständlich in dieser Beziehung sich nicht auf seine eigenen Angaben verlassen kann, werden besondere Untersuchungen durch Schriftverkehr mit Steuerkommissionen oder auf andere Art sich wohl nicht oft umgehen lassen. Es ist vorauszusehen, daß reine Bagatellsachen auf diese Weise nicht bloß weitläufig gemacht werden, sondern daß auch ihre Entscheidung sich verzögern und vielleicht nicht unbedeutende Kosten verursachen wird. In vielen Fällen werden auch sogar nur einigermaßen zuverlässige Aufklärungen über das Einkommen des Angeklagten oder seinen Aufwand geradezu unmöglich sein, so z. B., wenn es sich um im Auslande wohnende Personen handelt, die sich auf Reisen bei uns Gesetzesverletzungen zuschulden kommen lassen. Wenn aus den Äußerungen der Kommission, so wie ich sie auffasse, hervorzugehen scheint, daß der jetzt geltenden Regel in Kap. 6, 3 nicht Genüge geschieht, und sie sogar möglicherweise auf dem Papier stehen bleiben wird, so ist meine Kenntnis der Praxis in dieser Beziehung nicht so bedeutend, daß ich hierüber eine bestimmte Ansicht aussprechen könnte. So wie der vorletzte Satz des § 27 des Entwurfs abgefaßt ist, wird man mit Sicherheit davon ausgehen können, daß diesem Punkt die Bedeutung beigemessen wird, worauf er Anspruch hat, und daß der Paragraph in dieser Beziehung durch eine nachgiebige Praxis verändert werden wird.

Der Entwurf gibt im § 28 die Möglichkeit einer teilweisen Bezahlung und Abverdienung durch Arbeit, überläßt aber die näheren, hierher gehörigen Regeln der Verwaltung, indem man gewiß zugeben müssen wird, daß diese Frage Schwierigkeiten bietet, die die Festlegung bestimmter Regeln durch Gesetz unzweckmäßig erscheinen lassen. Es muß jedoch hervorgehoben werden, daß die Abverdienung dem freien Willen überlassen bleibt, und daß der Verurteilte selbst die Initiative dazu ergreifen muß. Hiermit glaubt man zu erreichen, daß sie eher als eine Vergünstigung angesehen wird und ohne unverhältnismäßige Kosten bewerkstelligt werden kann. Es besteht im übrigen kein Hindernis, daß die Abverdienung auch gestattet werden kann, nachdem eine Beitreibung erfolgt oder vergeblich versucht worden ist.

Bezüglich der Möglichkeit der Beitreibung hält sich der Entwurf an das geltende Gesetz von 1889. Der Entwurf läßt jedoch die Bestimmung fallen, wonach ohne weiteres bei den wegen Verschwendung Entmündigten Freiheitsstrafe der Geldstrafe substituiert werden kann. Diese Bestimmung, die unseres Wissens in keinem anderen Gesetz vorkommt, ist sicher überflüssig. Ist der Verschwender nicht unzurechnungsfähig, so wird er trotz seiner Verschwendung verschiedenes dagegen einzuwenden haben, Geldstrafen zu bezahlen, und es ist nicht angängig, ohne zwingenden Grund den ins Gefängnis zu sperren, der vielleicht nur zu einer unbedeutenden Geldstrafe verurteilt ist.

Wir haben deshalb eine mehr wesentliche Änderung an dem ursprünglichen Entwurf insofern vorschlagen zu sollen geglaubt, als in diesem Entwurf an Stelle der Geldstrafen, die bei gewinnsüchtigen Verbrechen als neben der Freiheitsstrafe zu verhängen gedacht waren, die Einziehung im weiteren Umfang, als im § 36 bestimmt, zugelassen wird. Die Anwendung dieser Maßregel wird alsdann davon abhängen, daß wirklich durch das Verbrechen ein Gewinn erzielt worden ist, aber andererseits wird in diesem Falle die Größe des so unrechtmäßig Erworbenen die einzige Grenze bilden. Ebenso einleuchtend, wie dies letztere dürfte es auch sein, daß die Freiheitsstrafe auch vom ökonomischen Standpunkt aus bei mißlungenen Betrügereien u. dgl. eine hinreichende Strafe bildet. Eine weitere Folgerung dieser Regelung ist es, daß der Betrag in Fällen, in denen er sich nicht beitreiben läßt, trotzdem nicht durch Freiheitsstrafe abzubüßen ist, was ebenso billig als folgerichtig ist, so sicher, als unbefriedigte Erstattungsansprüche nicht Gegenstand einer Abbüßung sind. Hierdurch ist auch die oft erörterte Frage, inwieweit juristische Personen Geldstrafen unterworfen werden können, im gewissen Sinne gelöst. Wenn jeder unrechtmäßige Gewinn ihnen genommen werden kann, so wird das Bedürfnis, Geldstrafen diese selbst an Stelle ihrer Geschäftsführer treffen zu lassen, das sonst zweifellos vorhanden ist, sich in geringerem Umfange geltend machen (v. Liszt,

Lehrbuch, § 26; Schuster, Über englisches Recht im Strafgesetzbuch der Gegenwart, I, S. 126).

Als subsidiäre Strafe wird Gefängnis und nicht Haft vorgeschlagen. Da es sich hier meistens um Individuen handelt, die selbst nichts besitzen, werden die mit der Haft im Hinblick auf die Möglichkeit, sich eine bessere Verköstigung zu verschaffen, verbundenen Vorteile gewöhnlich illusorisch sein. Ebensowenig werden im allgemeinen diejenigen, die eine subsidiäre Freiheitsstrafe verbüßen, in der Lage sein, sich selbst Arbeit zu verschaffen, und die Folge davon würde sein, daß sie entweder mit dem, was das Gefängnis bietet — oft ohne jede Wahl — beschäftigt werden müßten, oder daß sie während ihrer Strafzeit ohne Beschäftigung bleiben würden, was bei Personen, die oft gerade infolge ihrer Faulheit zu zahlen außerstande sind, ein wenig angebrachter Zustand ist. Überhaupt geht das Gesetz davon aus, daß der Verurteilte regelmäßig soll bezahlen können, und es will ihm durch die Gefängnisstrafe, die ihn andernfalls erwartet, eine kräftige Ermahnung dazu geben; dieser Zweck wird leicht nicht erreicht werden, wenn man nicht eine Freiheitsstrafe wählt, die mit einem möglichst wirksamen Arbeitszwang verbunden ist. Schließlich sind im letzten Absatz des § 28 einige Regeln für den Fall aufgenommen, daß die Geldstrafe teilweise bezahlt, teilweise durch Freiheitsstrafe verbüßt wird.

Das hier bezüglich der Geldstrafe Vorgeschlagene stimmt in den Grundzügen vollständig mit den Beschlüssen der Internationalen Kriminalistischen Vereinigung auf ihrem Kongreß in Christiania 1891 [1]) überein und auch mit der im Laufe der eifrigen Erörterungen dieser Strafart herrschend gewordenen Meinung. Nur der Vorschlag, bei gewinnsüchtigen Verbrechen die Einziehung an Stelle der Geldstrafe treten zu lassen, bildet hiervon eine Ausnahme.

---

[1]) »Mitteilungen der Intern. Kriminal. Vereinigung« III, S. 265, siehe gleichfalls den Bericht »2. Landesversammlung der Gruppe Deutsches Reich«, Berlin 1891, S. 57—58 und 65—66. Siehe im übrigen wegen der jetzt so reichhaltigen Literatur über dieses Gebiet: S. v. der Aa: »Welke wettelijke en administratieve Maatregelen kunnen worden genomen, om het kwaad te verminderen, dat in den Regel geldboeten onbetaald blijven en dus de verfangende Hechtenis moet worden ondergaan« und Rosenfeld in »Mitt. der Int. Krim. Vereinig.« III, 1.

Die subsidäre Gefängnisstrafe völlig zu beseitigen, wie dies von mehreren Seiten empfohlen worden ist, hat sich der Entwurf nicht entschließen können. In Wirklichkeit würde, wenn Zwangsarbeit zur Abverdienung der Geldstrafe hierfür eingeführt würde, dieses sich doch nur in der Weise durchführen lassen, daß man entweder die Zwangsarbeit selbst zu einer Freiheitsstrafe machen, oder denjenigen, der sich der Arbeit entziehen würde, für dieses Versehen zu einer Freiheitsstrafe verurteilen lassen würde, wie dies auch von Professor v. Liszt vorgeschlagen wird. Wenn aber, wie dies der Entwurf will, dem Verurteilten die Möglichkeit gegeben wird, freiwillig die Geldstrafe abzuverdienen, so wird die Freiheitsstrafe in Wirklichkeit auch nur eine Strafe, die man sich durch Arbeitsverweigerung zuzieht. Nach dem Entwurf besteht indessen der Unterschied, daß er keinen Rechtsanspruch auf eine derartige Abverdienung gegeben

Ein ähnliches, aber in seiner Durchführung immerhin recht verschiedenes System hinsichtlich der Berechnung der Geldstrafen hat man in Portugal. Nach Art. 65 des portugiesischen Strafgesetzes sollen Geldstrafen nicht das Einkommen von drei Jahren übersteigen, und es wird das Einkommen eines jeden Tages mindestens zu 100 Reis (ca. 40 Öre) und höchstens 2000 Reis berechnet.

Die Regeln über die Geldstrafen im schweizerischen Entwurf lauten in ihrer letzten Fassung:

Der geringste Betrag der Geldstrafe ist drei Franken.

Der Strafbetrag ist innerhalb drei Monaten zu bezahlen. Doch kann der Richter diese Frist je nach Umständen verlängern und dem Verurteilten auch gestatten, den Betrag nach und nach zu bezahlen oder denselben durch freie Arbeit abzuverdienen. Gestalten sich die Verhältnisse des Schuldigen nach dem Urteil wesentlich ungünstiger, so kann der Richter den Betrag der Geldstrafe angemessen ermäßigen.

Wenn der Verurteilte den Betrag innerhalb der bestimmten Zeit weder bezahlt noch abverdient, so verweist ihn der Richter auf so lange in eine Anstalt, welche dem Strafvollzuge dient, bis er den Betrag durch Arbeit abverdient hat. Doch dauert die Haft nicht länger als ein Jahr. Die Arbeit soll möglichst seinen Fähigkeiten entsprechen. Es können ihm auch Arbeiten außerhalb der Anstalt, insbesondere Arbeiten für den Staat, zugewiesen werden.

Die hier vorgeschriebene Herabsetzung der Geldstrafe infolge verschlechterter Vermögensverhältnisse ist selbstverständlich am Platze; sie wird aber bei uns durch Begnadigung erreicht werden können, ein Mittel, zu dem man sowieso seine Zuflucht nehmen muß, wenn z. B. eine eingetretene Änderung der Verhältnisse, wie Kränklichkeit, eine Herabsetzung der Freiheitsstrafe veranlassen. Was Abverdienung in der Strafanstalt anbelangt, so würde es eine solche nur immer dem Namen nach geben können, da keine derartige Anstalt so betrieben werden kann, daß die Einnahmen die Ausgaben übersteigen. Außerdem würde dieselbe leicht solchen Personen gegenüber, die zu größeren Geldstrafen verurteilt worden sind, weil sie im Besitze eines größeren Arbeitseinkommens erachtet wurden, ungerecht werden

---

hat, in der Annahme, daß die Zeit noch nicht gekommen sei, gesetzlich einen solchen festzulegen, bevor nicht mehr Erfahrungen über die praktische Durchführbarkeit dieser Regelung unter allen Verhältnissen gesammelt sind. Wenn aber auch die Möglichkeit, Arbeit zu verlangen, nicht gegeben ist, so werden doch die Grundsätze des Entwurfs über Ausmessung und Bezahlung der Geldstrafe zur Folge haben, daß selten jemand, der den guten Willen hat, zu bezahlen, die Gefängniszelle wird betreten müssen. Davon, an Stelle des Gefängnisses eine Unterbringung in eine Zwangsarbeits-Anstalt zur Abverdienung der Geldstrafe einzuführen, kann jedenfalls bei uns keine Rede sein. In vielen Fällen würde es außerordentlich schädlich sein und als eine unbillige Härte empfunden werden, wenn man den, der eine ihm auferlegte Geldstrafe nicht bezahlen kann, unter die Gesellschaft bringen würde, die diese Anstalten in der Regel beherbergen.

können, da es keinesfalls feststeht, daß auch ihre Gefängnisarbeit in demselben Grade produktiver ist.

Zu §§ 29 und 30. Unser geltendes Recht kennt keine eigentlichen Ehrenstrafen. Ein Strafurteil kann gewiß teils unmittelbar als Strafe, teils als Folge der Verurteilung selbst oder der Strafe, den Verlust von Stellungen und Rechten zur Folge haben: in erster Linie den Verlust von amtlichen Stellungen und dem Rechte, solche zu erlangen, dann aber auch den Verlust des politischen Stimm- und Wahlrechts, des Rechts, in der Wehrmacht zu dienen, des akademischen Bürgerrechts, des Rechts, gewisse Gewerbe zu betreiben oder überhaupt das Bürgerrecht zu erlangen, ebenso wie es auch während der Verbüßung der Strafe teilweise die Entmündigung des Verurteilten bewirken kann (Plakat vom 15. Januar 1768). Der leitende Gesichtspunkt hierbei ist aber nicht, die Ehre des Verurteilten zu treffen, sondern, er soll allein daran gehindert werden, Stellungen einzunehmen und Rechte oder Gewerbe auszuüben, zu denen er sich durch Begehung des Verbrechens als ungeeignet erwiesen hat.

Unsere Gesetzgebung befindet sich in dieser Hinsicht in Übereinstimmung mit der neueren Gesetzgebung anderer Länder, die durchweg die »infamierenden« Strafen, ebenso wie die »Infamie« als Strafe abgeschafft haben. In diesem Punkte nimmt daher das schwedische Gesetz von 1864, wonach derjenige, der zum Verlust des »mitbürgerlichen Vertrauens« als »wanfrejdat« und von allen Rechten, zu denen »god frejd« (guter Ruf) erforderlich ist, als ausgeschlossen angesehen werden soll, eine ziemlich alleinstehende Stellung ein.

In Ansehung der näheren Aufzählung der Rechte, die infolge der Verbrechen verloren werden, und der Art, wie dieser Verlust eintritt, usw., herrscht jedoch fast durchgehend eine Verschiedenheit zwischen unserem und dem fremden Recht, und diese Verschiedenheit ist kaum an einer einzigen Stelle unbedingt zu unserem Vorteil, an mehreren aber zweifellos zu unserem Nachteil.

Darüber, daß öffentliche Stellungen infolge von Verbrechen ungefähr in dem Umfange zu verlieren sind, in dem unser Gesetz dieses vorschreibt, wird wohl kaum eine Meinungsverschiedenheit entstehen. Um so mehr kann aber dagegen eingewendet werden, daß dieser Verlust als eine Strafe aufgefaßt ist, die unbedingt die Anwendung von Geld- oder Gefängnisstrafen ausschließt. Daß infolgedessen in vielen Fällen Straflosigkeit eintreten kann, oder die Gerichte — soweit dies überhaupt möglich ist —, um eine wirksame Strafe anwenden zu können, gezwungen sind, entweder den Verbrecher in der Stellung, deren er sich unwürdig und für die er sich ungeeignet gezeigt hat, zu belassen, ist zu bekannt, als daß man hierauf ein weiteres Wort zu verschwenden brauchte. Diese Regelung ist auch, soweit uns bekannt, außerhalb Skandinaviens nicht zu finden, und selbst in Dänemark kann, wenigstens in einigen Fällen, gleichzeitig auf Verlust des Amtes und auf Gefängnis erkannt werden (siehe so Dänisches Strafg. §§ 130, 132, 133, 137 u. f.). Die gewöhnliche Regel anderswo ist, daß öffentliche Beamte wegen Verbrechen sowohl in als außerhalb des Dienstes zu denselben Strafen verurteilt werden und daß hiermit der Verlust des Amtes verbunden werden kann oder muß, wenn der Charakter des Verbrechens dies wünschenswert erscheinen läßt. Nur in einzelnen Fällen, namentlich wenn der Betreffende kein eigentliches Verbrechen begangen, sich aber als ungeeignet und zur Bekleidung des von ihm innegehabten Vertrauenspostens unwürdig gezeigt hat, begnügt man sich damit, ihm lediglich diesen abzuerkennen.

Von anderen Berechtigungen, die verloren werden können, nennt das Strafgesetzbuch selbst nur ein paar und dies in ganz spezieller Anwendung, nämlich in § 25, Kap. 10, Wählbarkeit und in § 2 und 3, Kap. 21 das Recht zum Gewerbebetrieb. Sonst finden sich die hierher gehörenden Bestimmungen in anderen Gesetzen: in der Verfassung im Universitätsstiftungsgesetz, in der Militärgesetzgebung, im Gesetz über Vorsteherschaft und Schiedsgerichte, im Gesetz über die Rechtsanwälte, in der Strafprozeßordnung u. a. und zum Teil auch im Gesetzbuche selbst.

Daß dies eine unzweckmäßige Regelung ist, liegt auf der Hand. Es geht durch sie nicht bloß die Übersichtlichkeit verloren, sondern auch der Zusammenhang und die systematische Vollständigkeit. In Wirklichkeit wird auch ein Blick auf die vorhandenen Bestimmungen zeigen, daß diese sehr einer Reform bedürfen.[1])

[1]) § 5 des Gesetzes vom 8. Juni 1818 verlangt von den Handelstreibenden »einen unsträflichen Wandel«, wogegen es nach 3—7—1 des Gesetzbuches, um Handwerker zu werden, genügt, daß man »nicht klar einer unehrlichen oder verwerflichen Missetat überführt wird, die man nicht bei Gott und der Obrigkeit gebüßt hat« und das Gesetz vom 12. August 1848, betr. die Rechtsanwälte, verlangt das Zeugnis »eines rechtschaffenen Wandels«, was gewiß einerseits etwas weniger, andererseits doch aber vielleicht etwas mehr ist als der Nachweis eines »unsträflichen Wandels«. Um als Lehrer oder Arzt auftreten zu können, wird weder »unsträflicher« noch »rechtschaffener« Wandel verlangt, ja nicht einmal das, was das Gesetz von Handwerkern fordert; und dasselbe gilt hinsichtlich der Stellung als Vormund, nachdem die Ehrenstrafe beseitigt ist. Relegation von der Universität ist eine notwendige Folge der Strafarbeit oder einer »entehrenden Strafe«. Eine Ausdrucksweise, die jetzt jedenfalls dunkel und unzutreffend zu nennen ist. Abgesehen hiervon, kann man schwerlich infolge von Verbrechen eine Stellung verlieren, die man schon innehat. Seine väterliche oder seine eheherrliche Gewalt verliert man selbst dann nicht, wenn man wegen Verkuppelung seiner Kinder oder seiner Frau verurteilt wird. Einem Rechtsanwalt kann gewiß das Recht, Prozesse zu führen, aberkannt werden, wenn er sich hierzu als ungeeignet gezeigt hat, und ebenso kann ein Arzt, der mit Genehmigung praktiziert, auf Grund des Quacksalbergesetzes wegen Unfähigkeit unter gewissen Bedingungen die licentia practicandi verlieren, nicht aber derjenige, der medizinischer Kandidat ist. Wer Lebensmittel

Am richtigsten und zufriedenstellendsten würde es sein, wenn man an dieser Stelle des Strafgesetzes alle Folgen des Strafurteiles für die bürgerliche Rechtsstellung des Verurteilten aufnehmen könnte, wie dies auch im ursprünglichen Entwurf von 1887 beabsichtigt war. Die Kommission hat indessen auf Grund der hiermit verbundenen Schwierigkeiten die Durchführung dieses Gedankens aufgegeben und

---

verfälscht, so daß sie für Leben und Gesundheit schädlich werden, kann des Rechtes für verlustig erklärt werden, solche Waren zuzubereiten oder mit ihnen Handel zu treiben, wenn die Tat unter § 2 und 3, Kap. 21 des Strafgesetzbuches fällt, nicht aber, wenn das Verbrechen so schwer ist, daß es unter § 2, Kap. 13 fällt. Was insbesondere das Stimmrecht anbelangt, so ist dessen Verlust bekanntlich in § 53a des Grundgesetzes geregelt, der aber auch teils unklar ist, teils weniger zweckmäßige Vorschriften enthält. Man kan ihn gewiß dahin ergänzen, daß auch der zum Tode Verurteilte (aber Begnadigte) sein Stimmrecht verliert, und zweifellos wird auch derjenige, der das Stimmrecht noch nicht erworben hat, dieses auch in denselben Fällen, in denen der bereits Stimmberechtigte es verliert, nicht mehr erwerben können. Hieraus folgt aber auf der anderen Seite, daß selbst eine Gefängnisstrafe, auf die vor Vollendung des 15. Lebensjahres erkannt wird, diese Wirkung haben muß, was sowohl ungerecht als inkonsequent ist, solange dasselbe nicht bei der gleichstehenden Rutenstrafe der Fall ist. Selbstverständlich ist es auch im höchsten Grade willkürlich, wenn die Gefängnisstrafe bei Verbrechen, die in den Kapiteln des Strafgesetzbuchs über Meineid, Diebstahl, Raub und Betrug behandelt sind, stets den Verlust des Stimmrechtes zur Folge hat, während dies bei anderen Verbrechen nicht der Fall ist; so geht dasselbe verloren bei einer Gefängnisstrafe wegen unerlaubter Ausübung eines öffentlichen Amtes nach § 35, Kap. 21, nicht aber bei der wegen eines kleineren Diebstahls nach 22—14, bei Bruch des Briefgeheimnisses, aber nicht bei Fälschungsdelikten, die unter Kap. 11 fallen, usw. Professor Aschehong scheint deswegen auch anzunehmen, daß die in Kap. 11 behandelten Verbrechen den Verlust des Stimmrechtes zur Folge haben (III, S. 581), aber ebenso, wie dies wenig mit dem Wortlaut des Gesetzes übereinstimmt, ist auch dagegen zu erinnern, daß viele Fälle, die in diesem Kapitel mit Gefängnisstrafe bedroht sind, z. B. 11, § 13, sich zunächst als polizeiliche Bestimmungen darstellen, bei denen eine derartige Folge wenig angebracht erscheint.

Als eine Absonderlichkeit kann es auch hervorgehoben werden, daß nach dem geltenden Gesetz derjenige, der ein öffentliches Amt innehat, nicht bloß dieses Amt für verlustig, sondern auch selbst bei kleineren Delikten für unwürdig erklärt werden kann, ein solches in Zukunft zu erhalten; daß dagegen derjenige, der kein solches Amt innehat, auch nicht für unwürdig erklärt werden kann, in Zukunft ein solches zu erlangen, selbst wenn er das größte und ehrloseste Verbrechen begeht. Vgl. im übrigen die Ausführungen bei § 6.

In Deutschland gelten folgende Regeln:

§ 31. Die Verurteilung zur Zuchthausstrafe hat die dauernde Unfähigkeit zum Dienste in dem deutschen Heere und der kaiserlichen Marine, sowie die dauernde Unfähigkeit zur Bekleidung öffentlicher Ämter von Rechts wegen zur Folge.

Unter öffentlichen Ämtern im Sinne dieses Strafgesetzes sind die Advokatur, die Anwaltschaft und das Notariat, sowie der Geschworenen- und Schöffendienst mitbegriffen.

§ 32. Neben der Todesstrafe und der Zuchthausstrafe kann auf den Verlust der bürgerlichen Ehrenrechte erkannt werden, neben der Gefängnisstrafe nur, wenn die Dauer der erkannten Strafe drei Monate erreicht und entweder

der Entwurf überläßt es daher der privaten Gesetzgebung, die ihr nötig erscheinenden Bedingungen für die Inhaber verschiedener Stellungen und die Ausübung verschiedener Tätigkeiten hinsichtlich eines unsträflichen oder einwandfreien Lebenswandels zu erlassen. Ebenso überläßt sie es der militärischen Gesetzgebung, Bestimmungen darüber zu erlassen, wie weit Verbrechen von der Dienstleistung in der Kriegsmacht ausschließen sollen.

---

das Gesetz den Verlust der bürgerlichen Ehrenrechte ausdrücklich zuläßt oder die Gefängnisstrafe wegen Annahme mildernder Umstände an Stelle von Zuchthausstrafe ausgesprochen wird.

Die Dauer dieses Verlustes beträgt bei zeitiger Zuchthausstrafe mindestens zwei und höchstens zehn Jahre, bei Gefängnisstrafe mindestens ein Jahr und höchstens fünf Jahre.

§ 33. Die Aberkennung der bürgerlichen Ehrenrechte bewirkt den dauernden Verlust der aus öffentlichen Wahlen für den Verurteilten hervorgegangenen Rechte, ingleichen den dauernden Verlust der öffentlichen Ämter, Würden, Titel, Orden und Ehrenzeichen.

§ 34. Die Aberkennung der bürgerlichen Ehrenrechte bewirkt ferner die Unfähigkeit, während der im Urteile bestimmten Zeit

1. die Landeskokarde zu tragen;
2. in das deutsche Heer oder in die kaiserliche Marine einzutreten;
3. öffentliche Ämter, Würden, Titel, Orden und Ehrenzeichen zu erlangen;
4. in öffentlichen Angelegenheiten zu stimmen, zu wählen oder gewählt zu werden oder andere politische Rechte auszuüben;
5. Zeuge bei Aufnahme von Urkunden zu sein;
6. Vormund, Nebenvormund, Kurator, gerichtlicher Beistand oder Mitglied eines Familienrates zu sein, es sei denn, daß es sich um Verwandte absteigender Linie handele und die obervormundschaftliche Behörde oder der Familienrat die Genehmigung erteile.

§ 35. Neben einer Gefängnisstrafe, mit welcher die Aberkennung der bürgerlichen Ehrenrechte überhaupt hätte verbunden werden können, kann auf die Unfähigkeit zur Bekleidung öffentlicher Ämter auf die Dauer von einem bis zu fünf Jahren erkannt werden.

Die Aberkennung der Fähigkeit zur Bekleidung öffentlicher Ämter hat den dauernden Verlust der bekleideten Ämter von Rechts wegen zur Folge.

§ 36. Die Wirkung der Aberkennung der bürgerlichen Ehrenrechte überhaupt sowie die Fähigkeit zur Bekleidung öffentlicher Ämter insbesondere tritt mit der Rechtskraft des Urteils ein; die Zeitdauer wird von dem Tage berechnet, an dem die Freiheitsstrafe, neben welcher jene Aberkennung ausgesprochen wurde, verbüßt, verjährt oder erlassen ist.

Diese Folgen sind, gleichviel, ob sie ipso jure oder infolge ausdrücklicher Festsetzungen im Urteile eintreten, wirkliche Strafen, die durch Begnadigungen erlassen werden können, aber nicht bei Verjährung der nebenher erkannten Strafe hinwegfallen.

Außerdem kann hier erwähnt werden:

§ 161. Bei jeder Verurteilung wegen Meineids, mit Ausnahme der Fälle in den §§ 157 und 158, ist auf Verlust der bürgerlichen Ehrenrechte und außerdem auf die dauernde Unfähigkeit des Verurteilten, als Zeuge oder Sachverständiger eidlich vernommen zu werden, zu erkennen.

In den Fällen der §§ 156 bis 159 kann neben der Gefängnisstrafe auf Verlust der bürgerlichen Ehrenrechte erkannt werden.

§ 319. Wird einer der in den §§ 316 und 318 erwähnten Angestellten wegen einer der in den §§ 315 bis 318 bezeichneten Handlungen verurteilt, so

Unter diesen Umständen hat man es auch für unnötig erachtet, eine gesetzliche Bestimmung über die Stellung als Vormund oder Kurator aufzunehmen, da diese, wie sich die Sache bei uns entwickelt hat, stets als öffentliche Ämter angesehen werden, von denen man im Verwaltungswege entfernt werden kann, ohne daß ein gesetzlich bestimmter Grund vorhanden sein müßte. Von einer ehemänn-

---

kann derselbe zugleich für unfähig zu einer Beschäftigung im Eisenbahn- oder Telegraphendienste oder in bestimmten Zweigen dieser Dienste erklärt werden.

Sachlich ungefähr ebenso, in der Form aber etwas verschieden ist die Sache im österreichischen Entwurf unter dem Namen Schmälerung der staatsbürgerlichen Rechte geregelt. Diese Strafe erstreckt sich jedoch tatsächlich nur auf staatsbürgerliche Rechte (einschl. der Stellung als Rechtsanwalt und Notar) sowie auf öffentliche Auszeichnungen und akademische Grade. Daneben aber bestimmt der Entwurf besonders, daß demjenigen, der vorsätzlich eine Tätigkeit, die nur nach abgelegter Prüfung ausgeübt werden darf, mißbraucht, verboten werden kann, für eine Zeit von sechs Monaten bis zu drei Jahren und ausnahmsweise auch für immer sich mit ihr zu befassen. Hat er gezeigt, daß ihm die erforderlichen Kenntnisse abgehen, so kann das Recht, die betreffende Tätigkeit auszuüben, ihm so lange entzogen werden, bis er nachweist, daß diesem Mangel abgeholfen ist.

Das holländische Gesetz kennt als Nebenstrafe die Aberkennung gewisser Rechte (§ 28), nämlich: 1. des Rechtes, öffentliche Stellungen im allgemeinen oder gewisse öffentliche Stellungen zn bekleiden, 2. des Rechtes, in der Kriegsmacht zu dienen, 3. des Rechtes, bei den gesetzlich bestimmten Wahlen zu wählen und gewählt zu werden, 4. juristischer Ratgeber oder Verwalter, Vormund, Kurator für fremde Kinder zu sein, 5. der väterlichen Gewalt, der Vormundschaft über eigene Kinder, 6. des Rechtes, bestimmte Gewerbe zu betreiben. Die Absetzung der auf Lebenszeit oder auf bestimmte Zeit angestellten Richter oder anderer auf Lebenszeit angestellter Beamten kann nur in den im Gesetz ausdrücklich angeführten Fällen eintreten.

In welchen Fällen die Aberkennung dieser Rechte eintreten kann, ist im speziellen Teil des Gesetzes bestimmt, wo es heißt, daß mit der Verurteilung nach dem und dem Paragraphen die Aberkennung der im § 28, 1—4, 1—5, oder ähnlichen bezeichneten Rechte zu verbinden ist. Außerdem enthalten die §§ 29 und 30 des Gesetzes die allgemeine Bestimmung, daß das Recht, öffentliche Stellungen zu bekleiden, stets aberkannt werden kann, wenn das Verbrechen in der betreffenden Stellung begangen oder diese durch dasselbe mißbraucht worden ist, und daß die väterliche Gewalt und anderes verloren geht, wenn die Eltern das Verbrechen mit ihren oder gegen ihre Kinder begangen haben. Die Aberkennung erstreckt sich bei lebenslänglicher Strafe auf Lebenszeit; sonst dauert sie wenigstens zwei und höchstens fünf Jahre länger als die Hauptstrafe.

Der spanische Entwurf faßt unter dem Namen inhabilitacion die erwähnten Strafen zusammen. Sie ist entweder absolut und dauernd (absoluta perpetua) und hat zur Folge: 1. Verlust aller öffentlichen Ämter und Auszeichnungen und die dauernde Unfähigkeit, solche zu erlangen; 2. den Verlust des aktiven und passiven Wahlrechts; 3. den Verlust der Pension u. dgl. Ist die Inhabilitation zwar absolut, aber nicht dauernd, so hat sie nur die unter 1 und 2 genannten Folgen, und dies nur für bestimmte Zeit (2 bis 12 Jahre). Ist sie speziell, so bestimmt das Urteil ihren Umfang: die öffentliche Stellung, das Handwerk oder die Kunst oder das Wahlrecht, die mißbraucht worden sind. Außerdem kennt der Entwurf auch eine interdiccion civil, die den Verlust der väterlichen Gewalt, des Rechts, Vormund oder Kurator zu sein, an einem

lichen ipso jure eintretenden Vormundschaft über die Frau kann nach dem Gesetz vom 29. Juni 1888 keine Rede mehr sein. Was die elterliche Gewalt betrifft, so geht man davon aus, daß die hierüber im Entwurf zum Gesetz, betr. verwahrloste Kinder, enthaltenen Bestimmungen ausreichend sein werden, und daß andererseits auch keine Rede davon sein wird, diese Gewalt in anderen Fällen als denen, wo das Gesetz zur Anwendung kommt, aufzuheben.

Familienrate teilzunehmen, sein Eigentum zu verwalten oder darüber inter vivos zu verfügen, zur Folge hat. Die Gerichte können die Dauer dieser Strafe bestimmen, sofern dies im Gesetze nicht schon geschehen ist. Im übrigen knüpft das Gesetz diese Strafen teils akzessorisch an andere Strafen, so hat Strafarbeit von mindestens 12 Jahren interdiccion civil für die Dauer der Strafzeit und inhabilitacion absoluta perpetua zur Folge. Teilweise kann Inhabilitation auch allein, namentlich bei geringeren Amtsdelikten, verwendet werden. Besondere Bestimmungen darüber enthält im übrigen der spezielle Teil; so führt Kuppelei mit eigenen Kindern oder Mündeln den Verlust der väterlichen Gewalt usw., und überhaupt Verurteilung wegen Unsittlichkeit den Verlust des Rechtes mit sich, Lehrer zu sein.

In dem italienischen Gesetz ist die interdizione dai publici uffici als Strafart behandelt. Sie ist entweder lebenslänglich oder zeitlich begrenzt. Ist sie lebenslänglich, so bewirkt sie den Verlust des aktiven und passiven Wahlrechts, eines jeden anderen polititschen Reehts, der Parlamentsmitgliedschaft und der Stellung als Geschworener, ferner aller öffentlicher Ämter, akademischer Grade und Würden, Auszeichnungen u. dgl., desgleichen aller mit diesen Stellungen verbundenen Gewinne und Ehrenstellungen, der Stellung als Vormund oder Kurator, auch bei eigenen Kindern in den gesetzlich bestimmten Fällen, sowie des Rechts, eine der obengenannten Stellungen usw. zu erlangen.

Die zeitlich begrenzte interdizione bewirkt für die Dauer von fünf Jahren den Verlust des Rechtes, die oben erwähnten Berechtigungen auszuüben und zu erwerben usw.

Das Gesetz bestimmt besonders die Fälle, in denen das Verbot auf einzelne derselben beschränkt oder auch auf die Ausübung einer Kunst oder eines Gewerbes ausgedehnt werden kann.

Eine Verurteilung zu lebenslänglicher Strafe oder zu reclusione von mehr als fünf Jahren führt ipso jure lebenslängliche interdizione mit sich, und teilweise auch lebenslänglichen oder zeitlich begrenzten Verlust der väterlichen und der ehemännlichen Gewalt; die Verurteilung zu lebenslänglicher Strafe hat den Verlust der Testierfähigkeit zur Folge und macht ein früheres Testament ungültig.

Reclusione über drei Jahre führt ipso jure zeitlich bestimmte interdizione mit sich. Bei Verurteilung wegen Verbrechen, die in Mißbrauch eines öffentlichen Amtes, eines Gewerbes oder einer Kunst bestehen, wird immer zeitlich bestimmte interdizione mit der anderen Strafe verbunden, und diese interdizione kann auch auf die Ausübung des Gewerbes oder der Kunst erstreckt werden. Im übrigen regelt der spezielle Teil des Gesetzes ihre Anwendung. Auf dieselbe Weise ist die Sache im Russischen und in den westlichen Zügen auch im Ungarischen, Appenzellschen, dem Genfischen und St. Gallischen Gesetz geregelt. Der kroatische Entwurf gleicht am meisten dem österreichischen.

Auf der einen Seite abweichender, auf der anderen ähnlicher der unserigen ist die Regelung in Finnland, Schweden, Solothurn in Zürieh und auch in Dänemark. Es erübrigt sich jedoch, näher hierauf einzugehen, da keines dieser Länder ein besonders nachahmenswertes System besitzen dürfte; dazu sind sie viel zu unzusammenhängend und irrationell.

Auf der anderen Seite war man bestrebt, durch die hier aufgenommenen Bestimmungen den Fehlern und Mängeln, welche die bisher zerstreute Behandlungsweise hervorgerufen haben, einigermaßen abzuhelfen und auch in den Fällen, wo die bisherige Gesetzgebung zu milde erschien, die erforderliche Schärfung herbeizuführen.

Der Entwurf führt deshalb nicht bloß alle öffentlichen Ämter und staatsbürgerlichen Rechte auf, sondern erstreckt sich in § 29, 3 auch auf eine Reihe privater Anstellungen, bei denen ein ehrenhafter Charakter von Bedeutung ist, wo aber nach dem bei § 6, 1 Ausgeführten diesem Umstande weniger oder gar kein Wert beigemessen wird. Die Aufzählung in § 29, 3 umfaßt, wie man sehen wird, dieselben Stellungen, die in § 6, 1 behandelt sind, aber, da dieser Paragraph ihre Gleichstellung mit den öffentlichen Ämtern von der öffentlichen Ermächtigung abhängig macht, so wird § 29, 3 insoweit zur Anwendung kommen, als eine solche nicht vorhanden ist. Wenn in § 29, 3 auch Rechtsanwälte und Apotheker aufgeführt sind, die nach den geltenden Bestimmungen stets der öffentlichen Ermächtigung bedürfen, so ist dies geschehen, weil man annehmen könnte, daß, namentlich in betreff der Rechtsanwälte, hierin eine Änderung eintreten könnte. Auch haben im § 29, 3 Schiffsführer Aufnahme gefunden, die im § 6 nicht genannt sind. Was insbesondere diese letzteren betrifft, so tritt diese Bestimmung an Stelle des § 297 des Seegesetzes, der sich indessen vom Entwurf dadurch unterscheidet, daß er die Wiedererlangung des Rechtes, ein Schiff zu führen, durch Rehabilitierung zuläßt und sich nur auf Schiffsführer erstreckt, die ein Zertifikat oder eine andere besondere Ermächtigung brauchen. Was den ersten Punkt anbelangt, so ist hier, wie überhaupt bei den im § 29, 3 aufgeführten Stellungen, die Rehabilitierung schon aus dem Grunde ein weniger glückliches Institut, als der Grund der Aberkennung auch eine durch das Verbrechen oder Versehen zutage getretene Untauglichkeit sein kann, an der auch ein mehrere Jahre andauernder einwandfreier Lebenswandel nichts ändern wird.[1]) Überhaupt wird in derartigen Fällen der Mangel sich entweder als absolut erweisen, so daß die Aberkennung am besten ohne zeitliche Begrenzung ausgesprochen wird, wobei in besonderen Fällen eine Begnadi-

---

Der schweizerische Entwurf von Stoos läßt die bürgerlichen Ehrenrechte nur bei Zuchthaus (Freiheitsstrafe über einem Jahre) aberkennen und nur für zwei bis zehn Jahre über die Strafzeit hinaus. Hat sich der Schuldige der Bekleidung eines von ihm innegehabten Amtes unwürdig gezeigt, so erklärt der Richter ihn ohne Rücksicht auf die Größe oder Art der Bestrafung für unwählbar für jegliche Art von Ämtern für die Dauer von 5 bis zu 15 Jahren. Werden durch das Verbrechen Pflichten verletzt, die dem Schuldigen in seinem Berufe, seinem Betriebe oder seiner Handelstätigkeit obliegen, so wird ihm deren Ausübung für die Dauer von 1 bis zu 15 Jahren verboten; dasselbe gilt, wenn jemand sich durch ein Verbrechen der väterlichen oder vormundschaftlichen Gewalt unwürdig gezeigt hat.

[1]) Vgl. Motive der Seerechtskommission S. 368.

gung eintreten könnte, oder aber der Mangel trägt diesen Charakter nicht, so daß die Aberkennung sich nicht über einige wenige Jahre erstrecken darf, widrigenfalls der Verurteilte schließlich doch gezwungen sein würde, seinen alten Beruf aufzugeben und sich einen neuen zu suchen, da er sonst Gefahr läuft in eine Notlage zu geraten, die ihn sozial und ökonomisch vernichten würde.

Die jetzt geltende Einschränkung auf Schiffsführer, die einer öffentlichen Ermächtigung bedürfen, erscheint angesichts der jetzt geltenden Regeln [1]) als nicht zufriedenstellend, und da auch keine Aussichten auf eine baldige Abänderung dieser Regeln vorhanden sind, so empfiehlt es sich, hier keine derartige Begrenzung aufzustellen, die auch nicht im Entwurf der norwegischen, schwedischen und dänischen Seerechtskommission vorgesehen war.

Es wird angenommen, daß der absolute Charakter, der unserer jetzigen Ordnung das Gepräge gibt, indem eine Reihe von Verbrechen, auch wenn sie nur mit unbedeutenden Strafen bedroht sind, ipso jure den Verlust der staatsbürgerlichen Rechte, namentlich des Stimmrechtes in öffentlichen Angelegenheiten, dazu noch dauernd zur Folge haben, nicht beibehalten zu werden verdient. Gewiß ist dieser starre Charakter in der späteren Zeit durch die Einführung des Rehabilitierungsinstitutes bedeutend gemildert worden. Dieses verlangt jedoch eine öffentliche Bekanntmachung von vielleicht längst gesühnten und vergessenen Fehltritten, die jedenfalls in weniger schweren Fällen eine unbillige Härte ist und leicht dazu führen kann, daß man vorzieht zu schweigen und zu leiden oder ungesetzliche Wege einzuschlagen, um sich den Folgen zu entziehen.

In fast allen fremden Ländern ist mit den kleineren Verbrechen nur ein zeitlich begrenzter Verlust dieser Rechte verbunden, und in den meisten Ländern ist dieser nicht einmal vorgeschrieben, sondern vom konkreten Ermessen des Gerichtes abhängig. In vielen, namentlich neueren Gesetzen und Gesetzentwürfen haben selbst die längsten zeitlich begrenzten Strafen diesen Verlust nicht auf Lebenszeit, sondern nur für eine gewisse Zeit zur Folge, die, wenn auch je nach den Umständen lang, so doch nicht endlos ist.[2])

---

[1]) Zurzeit ist es nach § 4 des Gesetzes vom 13. August 1857 jedermann erlaubt, nicht nur Segelfahrzeuge jeder Größe auf inländischer Fahrt, sondern auch von Nordland und Finnmarken auf Fahrten im nördlichen Eismeer und dem weißen Meere zu führen.

[2]) S. so den Schweizerischen Entwurf, nach dem nur Zuchthaus diesen Verlust und nur für 2—10 Jahre, von der Verbüßung ab gerechnet, mit sich führt. Nach dem deutschen Gesetz (§§ 32—37) und nach dem österreichischen Entwurf (§§ 37—44) beträgt die Zeit bei Zuchthausstrafe 2—10 und bei Gefängnis 1—5 Jahre. Das politische Wahlrecht geht indessen in Österreich nach § 20 der Reichsrats-Wahlordnung unbedingt auch bei Diebstahl und ähnlichem, aber nur für die Dauer von 3 Jahren nach dem Strafende verloren.

Die Kommission nimmt an, daß auch bei uns jeder Verlust der im § 29, 2 aufgeführten staatsbürgerlichen Rechte in Fällen, wo die Strafe selbst nicht lebenslänglich ist, zeitlich begrenzt sein soll.

Hat sich der Verurteilte nach Verbüßung der Strafe 15 Jahre lang so aufgeführt, daß er keine Verurteilung, die aufs neue den Verlust dieser Rechte zur Folge haben würde, über sich heraufbeschworen hat, so dürfte nichts dagegen einzuwenden sein, ihm diese wieder zu verleihen.

Desgleichen nimmt sie an, daß die unbedeutenderen Verbrechen einen derartigen Verlust nur nach näherem Ermessen mit sich führen sollen. Unser gegenwärtiges System, das nur auf eine ganz äußerliche Weise nach der Art des Verbrechens unterscheidet, ist offenbar unhaltbar. Viele ehrlose Handlungen, die z. B. von großer Brutalität und sittlicher Roheit zeugen, werden auf diese Weise frei ausgehen, während auf der anderen Seite kleine Diebstähle, die von Kindern oder ganz jungen Leuten verübt sind, eine Brandmarkung zur Folge haben, die für ihre künftige Laufbahn verhängnisvoll werden kann.

Am zweifelhaftesten ist die Frage, ob man es dem Gericht in den Fällen, in denen es die Aberkennung dieser Rechte aussprechen kann oder muß, auch überlassen soll, die kürzere oder längere Dauer dieses Verlustes zu bestimmen, oder ob man sich an einen gesetzlich bestimmten Termin, z. B. 15 Jahre, halten soll. Wenn die Kommission, trotzdem fast alle anderen Länder die erste Art gewählt haben, doch bei der letzteren stehen geblieben ist, so hat sie sich dabei von folgenden Gesichtspunkten leiten lassen:

Eine Ausmessung für eine längere oder kürzere Reihe von Jahren wird stets willkürlich sein und den Eindruck hervorrufen, daß es sich hier mehr um ein gewöhnliches Strafübel, das um seiner selbst willen verhängt wird, als um eine Maßregel handelt, deren innerster Grund der ist, die wichtigsten Interessen der Gesellschaft gegen Mißbrauch durch Unwürdige zu schützen. Man wird durch das Institut der Rehabilitierung, das, wie §§ 75, 76 zeigen, beibehalten werden soll, es immer in der Hand haben, diese Zeit näher zu begrenzen, wenn die geringere Bedeutung des Verbrechens und die einwandfreie spätere Führung des Verbrechers einen billigen Anspruch hierauf entstehen lassen. Ein wesentliches Bedenken dagegen, daß auf diese Weise derjenige, der sich davor scheut, die

---

In Holland beträgt die Zeit 2—5 Jahre (Art. 31); nach dem finnländischen Strafgesetz § 14 Kap. 2, 1—15 Jahre, nach § 57 des ungarischen bei Versehen 1—3, bei Verbrechen 3—10 Jahre. Nach dem neuen französischen Entwurf ist dieser Verlust bei zeitlich begrenzter Strafe ebenfalls zeitlich beschränkt und darf nicht das Doppelte der Hauptstrafe überschreiten. In Dänemark werden jetzt die Rechte nach Gesetz vom 13. April 1894 nach Ablauf von 10 Jahren wiedererworben, wenn es sich um eine erstmalige Begehung und nur um Gefängnisstrafe bei Wasser und Brot handelt.

Rehabilitierung noch zu suchen, immerhin 15 Jahre nach Verbüßung der Strafe vom Stimmrecht etc. ausgeschlossen ist, wird wohl nicht geltend gemacht werden können. Das Verhältnis ist doch weit verschieden von dem jetzigen, wo der Verlust mangels einer Rehabilitierung lebenslänglich ist. Man darf hierbei nicht vergessen, daß die Aberkennung bei kleineren Verbrechen nicht unbedingt vorgeschrieben ist, sondern immer davon abhängt, ob das Verbrechen von Ehrlosigkeit zeugt; es erscheint deshalb unter diesen Umständen nicht unbillig, wenn diese Rechte nicht so schnell wieder erworben werden, falls nicht mit gutem Grunde eine Besserung angenommen werden kann.

Wird die Zeit aber auf 15 Jahre erstreckt, so muß die Möglichkeit der Wiedererlangung bei kleineren Verbrechen leichter gemacht werden, als dies nach dem Gesetz über die Rehabilitierung vom 9. Juni 1883 der Fall ist.

Wer lediglich zu Haft oder zu Gefängnis unter einem Jahr verurteilt worden ist, dürfte nach fünf Jahren einen Anspruch auf Rehabilitierung haben, wenn er sich während dieser Zeit im Inland aufgehalten hat, so daß seine Führung hat beobachtet werden können, und er sich nichts Ehrloses hat zu Schulden kommen lassen. Wer zu Gefängnis bis zu fünf Jahren verurteilt worden ist, soll nach dem Entwurf einen gleichen Anspruch haben, wenn zehn Jahre in der gleichen Weise verflossen sind. Die Einholung einer Erklärung der Vorsteherschaft erscheint überflüssig, sie ist in den größeren Städten eine bloße Formalität und führt auf dem Lande zu einer Notorität, die leicht gerade die Ehrliebendsten davon abhalten kann, sich um die Rehabilitierung zu bewerben. Es wird für genügend erachtet, wenn die Angelegenheit in die Hand des betreffenden Verhörsgerichts und der Anklagebehörde gelegt wird. Auch scheinen besondere Bestimmungen hinsichtlich jugendlicher Personen entbehrt werden zu können. Personen unter 14 Jahren werden überhaupt nicht bestraft werden können, und Personen unter 16 Jahren werden ebenfalls selten verurteilt werden, und daß die staatsbürgerlichen Rechte nicht jungen Leuten unter 18 Jahren aberkannt werden, wenn die Aberkennung nur fakultativ ist, braucht wohl nicht gesagt zu werden. Praktisch wird also die Frage nur da werden, wo eine Person unter 18 Jahren zu einer Gefängnisstrafe von mehr als einem Jahre verurteilt wird; aber auch hier wird sie auf jeden Fall in den dreißiger Jahren die Rechte wieder erlangen. Dem entsprechen die Vorschriften der §§ 75, 76.

Es ist wohl überflüssig zu bemerken, daß diese Rechte, da ihr Verlust als Strafe bezeichnet wird, durch Begnadigung wieder erlangt werden können, was namentlich dann in Frage kommen wird, wenn die Unrichtigkeit des Urteils sich herausstellt, ohne daß die Möglichkeit einer Wiederaufnahme gegeben ist, oder wenn ein besonders gutes Verhalten eine besondere Anerkennung verdient.

Der Entwurf gibt sowohl den Ausdruck »Aeresopreisning« (Rehabilitierung) als auch »de borgerlige Ehresrettigheder« (die bürgerlichen Ehrenrechte) auf, indem diese Ausdrücke aus denselben Gründen, die seinerzeit zur Aufhebung der Ehrenstrafen geführt haben, unangebracht erscheinen.

Im Einführungsgesetz wird die Wirkung der Wiedereinsetzung in die Rechte, deren Verlust keine Strafe ist, behandelt werden.

Zu § 31. Wie im Gesetz über den Strafvollzug bestimmt werden wird, können staatsbürgerliche Rechte keinesfalls während der Dauer der Freiheitsstrafe ausgeübt werden. Da dies nicht als Strafe, sondern als eine Folge der Anforderungen der Gefängnisdisziplin anzusehen ist, so hat man diese Bestimmung zunächst in das obengenannte Gesetz verweisen zu sollen geglaubt.

Die Vorschriften des § 31 stimmen mit dem überein, was auch in den meisten anderen Orten gilt. Die für Fälle eines bedingten Urteiles aufgenommene Vorschrift beruht, wie man sieht, auf derselben auch im § 52 zum Ausdruck gelangten Auffassung, daß die Aussetzung sich nur auf die Hauptstrafe bezieht.

§ 32. Ähnliche Bestimmungen sind im österreichischen Entwurf § 45 und im schweizerischen Artikel 29, 3. Absatz, vorgeschlagen. Hinsichtlich der schwedischen Urteile haben wir in Ansehung der Strafe der Ehrlosigkeit eine solche Bestimmung im Gesetz vom 11. September 1818 § 8 gehabt, aber sie wird als in Wegfall gekommen angesehen; obgleich sich behaupten ließe, daß im Hinblick auf sie derjenige, der in Schweden das mitbürgerliche Vertrauen verloren hat, auch in Norwegen der staatsbürgerlichen Rechte verlustig gegangen sein muß.

Zu § 33. Die Strafe der Ausweisung war seinerzeit vielfach in Anwendung, aber sie ist jetzt bekanntlich aus unserem Strafrecht wie aus dem vieler anderen Länder ausgeschieden. Sicherlich können Ausländer infolge von Verbrechen aus dem Lande ausgewiesen werden, dieses aber ist nach unserem geltenden Recht keine Strafe, sondern eine Verwaltungsmaßregel. Auch sonst kann keine Verweisung, weder außerhalb des Reiches noch von einem zu einem anderen bestimmten Platz innerhalb des Reiches stattfinden. Sicherlich werden oft Strafgefangene bei ihrer Entlassung nach einem bestimmten Ort, ihrem Heimatsort oder einem anderen bestimmten Platz geschickt, wo angenommen wird, daß sie Arbeit finden können, aber eine Verpflichtung, dortselbst zu verbleiben, haben sie jedenfalls nicht.

In verschiedenen fremden Gesetzen wird dagegen die Strafe der Verweisung in größerem oder geringerem Umfange verwendet, ganz abgesehen von der besonderen Form der sogenannten Deportation, die vor allem in Frankreich und Rußland vorkommt. Zunächst ist in den meisten Staaten auch die Ausweisung der Ausländer nach verbüßter Strafe unter die Strafen selbst aufgenommen. Alsdann ist es auch nicht außergewöhnlich, daß der entlassene Strafgefangene nach Maßgabe des Urteils unter Polizeiaufsicht gestellt wird, womit die Polizei das Recht erhält, ihm den Aufenthalt an bestimmten Orten zu verbieten (so in Deutschland, Frankreich und nach dem russischen Entwurf). Nach dem österreichischen und kroatischen Entwurf kann jedoch einer Person durch Urteil der Aufenthalt an einem jeden Platz — nach dem österreichischen Entwurf jedoch nur, falls der Betreffende nicht dort heimatsberechtigt ist — verboten werden, wo seine Anwesenheit als eine Gefahr für die Sicherheit von Personen oder Eigentum oder für die öffentliche Sittlichkeit anzusehen ist. Dies kann jedoch auch nicht als selbständige Hauptstrafe, sondern nur in Verbindung mit einer Freiheitsstrafe ausgesprochen werden; in Wirklichkeit ist es auch nur eine Sicherheitsmaßregel gegenüber dem Bestraften, die aus Zweckmäßigkeitsrücksichten unter die Strafen aufgenommen worden ist. Einen weiteren Gebrauch von der Verweisung machen namentlich das italienische Gesetz und der spanische Entwurf sowie einzelne Schweizer Kantone. Nach dem ersteren kann eine Verweisung nach einem bestimmten Platze stattfinden, der mindestens 60 Kilometer von dem Ort entfernt ist, wo das Verbrechen ausgeführt wurde und wo der Verletzte und der Verurteilte ihren Wohnsitz haben (Art. 18). Nach dem spanischen Entwurf gibt es neben der Landesverweisung relegacion für eine bestimmte Zeit von sechs bis zu zwanzig Jahren oder auf Lebenszeit, destierro von sechs Monaten bis zu sechs Jahren. Die erstere ist eine Verweisung nach bestimmten Orten außerhalb der pyrenäischen Halbinsel, die letztere eine Verweisung von bestimmten Orten (ein Verbot, sich an bestimmten Orten aufzuhalten).

Eine Anwendung der Verweisung in Anlehnung an und in Übereinstimmung mit dem kroatischen Entwurf scheint sich in vielen Beziehungen zu empfehlen. Sie wird an Stelle des Sicherheitsarrestes treten können, der jetzt wegen Drohungen auferlegt wird und als eine an sich harte Maßregel bezeichnet werden muß. Sie wird ferner auch in vielen Fällen Anwendung finden können, in denen das Verbleiben einer Person an bestimmten Plätzen eine Gefahr enthält, ohne daß das Gesetz zurzeit irgendwelche Sicherungsveranstaltungen zuläßt. Die Notwendigkeit eines derartigen Mittels ist auch fast überall anerkannt; nur ist die Anwendung desselben, wie man sieht, in den meisten Ländern dem Ermessen der Polizei überlassen, in denen der Verbrecher durch das Urteil unter Polizeiaufsicht gestellt wird. Dies scheint indessen weiter zu gehen als das Verlangen, daß das Gericht selbst im Urteil bestimmen soll, daß eine derartige Verfügung getroffen werden kann. In England und nach dem schweizerischen Entwurf § 34 kann eine Person regelmäßig zu einer Sicherheitsleistung angehalten oder für einige Zeit festgenommen werden; beide Maßregeln dürften übermäßig streng sein, wenn der Zweck auch durch eine Verweisung hätte erreicht werden können.

In einzelnen Fällen, in denen die Verweisung aus den obengenannten Gründen angebracht erscheint, wird sie je nach den Umständen und im Verhältnis zur Schwere des Verbrechens sich als eine so strenge Maßregel darstellen, daß die Verhängung einer anderen Strafe nebenher als unmöglich angesehen werden könnte. Von diesem Gesichtspunkte aus könnte man in Erwägung ziehen, ob man nicht dem Beispiel des italienischen Gesetzes folgen und den Gerichten anheim geben sollte, lediglich auf Verweisung zu erkennen, die so ganz an die Stelle einer Freiheitsstrafe treten würde. Es genügt aber wohl in solchen Fällen, wenn die Freiheitsstrafe ganz oder einigermaßen auf das Minimum herabgesetzt werden kann. Eine weitere Frage ist es, ob man dem italienischen Gesetz auch darin folgen soll, die Substitution auch da zuzulassen, wo keine besonderen Gründe für die Verweisung sprechen, das Gericht aber der Ansicht ist, daß sie eine hinreichende Strafe bilden würde. Wir sind aber der Ansicht, daß dies ein bedenklicher Schritt sein würde, da es in Wirklichkeit für ein Gericht äußerst schwer sein würde, von vornherein zu beurteilen, ein wie großes Übel die Verweisung sein würde. Es würde sich oft herausstellen, daß das, was man für ein empfindliches Übel ansah, eine Begünstigung ist und umgekehrt. Die Entscheidung, die ja ganz dem Ermessen des Gerichts überlassen werden müßte, würde äußerst willkürlich sein, und die allgemeine Tendenz, das Gesetz bei seiner Handhabung zu mildern, würde hier eine willkommene Stütze finden.

Die Übertretung einer vom Gericht angeordneten Verweisung wird nach § 342^{2} zu bestrafen sein.

Die Ausweisung der Ausländer hat der Entwurf als eine Verwaltungsmaßregel beibehalten; vgl. § 138.

Zu § 34—37. Man hat hier geglaubt, den Ausdruck »Inddragning«, Einziehung, an Stelle von Konfiskation anwenden zu sollen. »Forbrydes« und »Forbrydelse« sind, wie man einsehen wird, in diesem Zusammenhange wenig zweckmäßige Ausdrücke.

Die in § 36 erwähnte Einziehung ist früher in den Motiven, S. 44, behandelt worden. Es wird vorgeschlagen, die ganze Ausbeute der Tätigkeit einzuziehen, auch wenn das Strafurteil sich nur auf einen einzelnen oder einzelne Teile derselben erstreckt. Es würde sonst z. B. bei einer Verurteilung wegen gewerbsmäßiger Hehlerei leicht der Fall eintreten können, daß nur wenig erreicht würde, da es leicht sein kann, daß, auch wenn der Angeklagte wegen hundert verschiedener Hehlereien verurteilt wird, der durch diese erzielte Gewinn eine Kleinigkeit gegenüber dem darstellt, was seine Tätigkeit in Wirklichkeit eingebracht hat. Die Gefahr einer Willkür würde hierbei auch nicht größer sein, als nach den vorhandenen Gesetzen, die eine Verurteilung zu Geldstrafen neben der Freiheitsstrafe zulassen. Wenn so das deutsche Gesetz bei derartigen gewinnsüchtigen Verbrechen bis zu Strafen von 10 000 und 15 000 Mk. geht, so soll dabei die Ausmessung offenbar nach denselben Grundsätzen, wie sie in § 36 aufgestellt sind, stattfinden, und dem freien Ermessen wird hier zum mindesten ein ebenso freier Spielraum gelassen und die Gefahr eines Fehlgriffs ebenso groß sein, wie wenn die Einziehung an Stelle der Geldstrafen steht.

Der Entwurf faßt diese Einziehung ebensowenig wie die des § 35 als eine Strafe auf; gerade deshalb kann sie auch eine Aktiengesellschaft oder eine juristische Person, die den Vorteil aus der strafbaren Handlung gehabt hat, treffen. Hierdurch wird auch im wesentlichen der Zweck erreicht, der von den Verteitigern der Straffähigkeit der juristischen Personen verfolgt wird (vgl. von Liszt, Lehrbuch des deutschen Strafrechts).

Im übrigen stimmen die Regeln über die Einziehung auch mit den in anderen Ländern gebräuchlichen überein. S. so den österreichischen Entwurf § 29—32. Über die Einziehung von Drucksachen sind besondere Regeln in § 324 in Verbindung mit § 390 und 435 des Entwurfes aufgestellt. Gegenstände, die zur Verübung eines Versehens gebraucht worden sind, sind, wie man sehen wird, nicht schon aus diesem Grunde regelmäßig einzuziehen. Hiervon gibt es jedoch in besonderen Fällen Ausnahmen, s. so §§ 366 und 383. Außerhalb des Strafgesetzes, namentlich in den Gewerbegesetzen, sind ebenfals häufig Bestimmungen über Einziehung oder Konfiskation enthalten, die aufrecht erhalten bleiben.

Zu § 38. Indem im übrigen bezüglich der Ausweisung auf die Ausführungen zu § 9 des Entwurfes zu einem Gesetz über Landstreicherei u. a. verwiesen wird, soll hier, was insbesondere die Ausweisung wegen Verbrechen anbelangt, folgendes bemerkt werden: nach fremden Gesetzen ist diese teils eine Strafe, teils keine solche, teils eine Veranstaltung, zu der die Befugnis im Urteil gegeben wird. Dies letztere ist der Fall in Deutschland, wo die Hauptregel ist, daß die Polizei befugt ist, Personen auszuweisen, die unter Polizeiaufsicht gestellt sind (§ 362 des R. St. G. B.) und nach dem russischen Entwurf § 31. Auch im Hinblick auf die Voraussetzungen sind die Regeln im übrigen recht verschieden. So läßt das ungarische Gesetz § 64 Ausländer, die wegen eines schweren Deliktes (»Verbrechens«) verurteilt werden, ebenfalls durch Urteil ausweisen, während nach § 36 des österreichischen Entwurfes ein jeder Ausländer, der zu Freiheitsstrafen verurteilt und für die Sicherheit für gefährlich erachtet wird, ausgewiesen werden kann. Nach dem schweizerischen Entwurf von Stoos kann die Ausweisung nur mit Zuchthausstrafe verbunden werden, § 24, nach den meisten der geltenden Kantonalgesetze kann sie dagegen bei der Mehrzahl der Freiheitsstrafen Anwendung finden. Nach dem dänischen Strafgesetz (§ 16) ist die Ausweisung zulässig bei Verurteilungen zu Strafarbeit sowie im Rückfall bei Verurteilungen zu Gefängnis bei Wasser und

Brot. Eine Reihe fremder Länder kennt überhaupt keine Ausweisung (so England und Amerika), andere, wie Frankreich, weisen nur wegen Landstreicherei aus.

Aus Gründen, die in den Motiven zu dem obengenannten Gesetzentwurf entwickelt sind, soll die Ausweisung niemals obligatorisch sein, sondern von verschiedenen näheren Umständen abhängen, die teilweise sogar erst nach Erlaß des Urteils festgestellt werden können. Von diesem Gesichtspunkte aus hat man es für am richtigsten gehalten, unsere gegenwärtige Regelung beizubehalten, wonach die Ausweisung keine Strafe, sondern eine Verwaltungsmaßregel ist. Auf der anderen Seite war man der Ansicht, die Möglichkeit der Ausweisungen nicht weiter einschränken zu sollen. Der Paragraph weist ausdrücklich darauf hin, daß durch Verträge gegenseitige Einschränkungen gemacht werden können, und zweifellos wird dieser Weg mit Nutzen betreten werden können. Soweit dies nicht geschehen ist, dürfte es zweckmäßig sein, die Ausweisung in einem solchen Umfange zuzulassen, daß wir imstande sind, die Untertanen der verschiedenen Länder in demselben Maße auszuweisen, wie diese es norwegischen Untertanen gegenüber tun. Man hat deshalb hier sowie im § 9 des Entwurfes zum Landstreichergesetz nur die im Reiche geborenen und dort wohnenden Ausländer ausgenommen, um dadurch eine Ausweisung norwegischer Frauen hintanzuhalten, die lediglich durch Eingehung einer Ehe ausländische Staatsangehörige geworden sind, ohne deshalb das Land zu verlassen. Eine Frage ist, ob nicht auch Personen, die im Auslande wegen Verbrechen verurteilt sind, hier mit aufgeführt werden. Dies würde auch mit dem Vertrage mit Rußland und Finnland übereinstimmen, wie es auch bekanntlich gerade die Personen sind, denen die nordamerikanischen Freistaaten die Landung verweigern. Indessen wird wohl die Möglichkeit, im allgemeinen Fremde, deren Aufenthalt im Lande lästig ist, durch Regierungsverfügungen auszuweisen, ausreichen.

Zu § 39. Ähnliche Bestimmungen finden sich in vielen Strafgesetzen, so dem dänischen und holländischen, und im russischen, spanischen und schweizerischen Entwurf.

An sich kann eine derartige Bestimmung für überflüssig erachtet werden, da auf andere Weise dafür gesorgt ist, daß Personen, die infolge Geisteskrankheit gefährlich sind, unschädlich gemacht werden können. Hierzu ist indessen zu bemerken, daß es zweckdienlich ist, daß das Gericht im Falle einer Freisprechung ausdrücklich ausspricht, daß dies nicht wegen Mangels an Beweis, sondern wegen angenommener Unzurechnungsfähigkeit geschehen ist. Namentlich gilt dies für Schwurgerichtssachen, da hier keine Entscheidungsgründe gegeben werden.

Außerdem könnte es vorkommen, daß die in § 9 des Gesetzes vom 17. August 1848 vorgeschriebene Untersuchung dazu führt, daß eine Person, die als geisteskrank einer vielleicht lebenslänglichen

Strafe durch Freisprechung entgangen ist, nicht als geisteskrank anzusehen ist, sondern als ein völlig zurechnungsfähiger Verbrecher. Die äußerst unwillkommene Folge würde sein, daß die betreffende Person straflos sein würde, weil sie als geisteskrank einzusperren wäre, andererseits aber von dieser Einsperrung befreit bliebe, weil sie zu einer Strafe hätte verurteilt werden sollen. Es wird deshalb für zweckmäßiger gehalten, daß die ebenfalls auf sachverständiges Urteil gestützte Annahme des Gerichts ohne weiteres zugrunde zu legen ist.

Selbstverständlich enthält das Urteil keine Entscheidungen darüber, ob der Betreffende dauernd geisteskrank sein wird oder nicht, oder wie lange seine Geisteskrankheit noch dauern wird. Streng genommen, braucht es deshalb nicht ausgesprochen zu werden, daß die in § 39 vorgeschriebenen Sicherheitsmaßregeln aufgehoben werden können, wenn die zuständigen Behörden ihre Voraussetzungen nicht mehr als vorhanden ansehen, und man wird nicht verhindern können, daß sie sehr schnell zu diesem Ergebnis kommen, wenn ihre wahre Meinung war, daß die betreffende Person niemals unzurechnungsfähig gewesen ist. Jedoch ist die Sachlage wesentlich anders, als wenn sie von vornherein in völliger Ungebundenheit die Frage der Unzurechnungsfähigkeit hätten beantworten können.

Hinsichtlich der Stellung der Frage der Unzurechnungsfähigkeit beim Schwurgericht kann das genfische Gesetz vom 19. März 1897 (Zeitschritt für ges. Strafrechtsw. VII S. 405) verglichen werden. Wie weit § 39 zur Anwendung zu bringen ist, wird auch in Schwurgerichtssachen vom Gericht allein entschieden, und eine dahingehende Frage braucht den Geschworenen überhaupt nicht vorgelegt zu werden. Haben diese aber auf nichtschuldig erkannt, und ist es zweifelhaft, ob der Angeklagte überhaupt das ihm zur Last gelegte Verbrechen begangen hat, so kann es für das Gericht von Interesse sein, zu erfahren, ob das freisprechende Verdikt deshalb erfolgt ist, weil die Tat nicht als bewiesen angesehen oder der Täter für unzurechnungsfähig erachtet wurde.

Im übrigen wird bemerkt, daß dieser Paragraph für so wünschenswert gehalten worden ist, daß er vorläufig als § 40 in dem Entwurf zu einem Gesetze über Landstreicherei u. a. aufgenommen worden ist.

Die meisten Gesetze lassen bei der Entlassung schwerer Verbrecher für eine gewisse Zeit eine spätere Polizeiaufsicht zu. Der Inhalt dieser ist jedoch nicht überall der gleiche. Nach dem deutschen Gesetz kann die Polizei dem Betreffenden den Aufenthalt an bestimmten Orten untersagen und ihn, falls er Ausländer ist, ausweisen; außerdem können Haussuchungen zu jeder Stunde vorgenommen werden, auch ohne Vorliegen eines bestimmten Verdachtes. (§ 39 des StGB. in Verb. mit § 103, 104 der StPrO.)

In Frankreich kann ihm ebenfalls der Aufenthalt an bestimmten Orten verboten werden, außerdem muß er aber angeben, wo er seinen Aufenthalt nehmen will, und an jedem Ort, wo er sich niederläßt, mindestens sechs Monate verbleiben, sowie jeden Wegzug anzeigen und an jedem neuen Ort sich beim Maire melden.

In England gibt die Polizeiaufsicht nicht das Recht, einer Person zu verbieten, ihren Aufenthaltsort frei zu wählen und zu verändern, aber sie muß immer die Wahl und eine jede Veränderung anzeigen und außerdem einmal monatlich sich schriftlich oder persönlich bei der Polizei melden.

In den Strafgesetzen einzelner Länder ist dieses Institut nicht erwähnt, so nicht in den Gesetzen von Dänemark, Schweden und Finnland und auch nicht in denen von Holland, Ungarn und einer Reihe von Schweizer Kantonen. Aber in einzelnen Anwendungsarten wird es doch überall vorkommen, vgl. so das dänische Gesetz vom 3. März 1860, betr. die Bestrafung von Bettel und Landstreicherei, und das schwedische Gesetz vom 12. Juni 1884, betr. Landstreicherei.

Nach reiflicher Überlegung ist man dazu gekommen, dieses auch bei uns unbekannte Institut nicht zur Aufnahme vorzuschlagen. In den Ländern, in denen es bekannt ist, ist sein Nutzen bestritten.[1]) Aus dem Entwurf zum Gesetze über den Strafvollzug wird man sehen, daß es beabsichtigt ist, die Entlassung auf Probe zu einem regelmäßigen Teile der Gefängnisstrafe zu machen, und während der Probezeit wird der Entlassene tatsächlich stets, wenn auch nicht unter Aufsicht der Polizei, so doch in einer Weise unter Aufsicht stehen, daß jedenfalls dieselben Vorteile erreicht werden wie bei der Polizeiaufsicht. Personen, die infolge schlechter Führung ihre ganze Strafzeit abbüßen müssen, dürften sich bei ihrer Entlassung wohl zur Beaufsichtigung eignen, aber es dürfte sich vielleicht doch empfehlen, zu versuchen, wie sie sich auf eigene Faust durchhelfen, nachdem bisher jeglicher Zwang und jegliche Aufsicht sich als nutzlos erwiesen haben.

Auch die beabsichtigten, sehr verschärften Regeln bezüglich der Landstreicherei werden dazu beitragen, die Polizeiaufsicht überflüssig zu machen.

III. Kapitel.

Die Bedingungen der Strafbarkeit.

Dieses Kapitel handelt von den allgemeinen Voraussetzungen dafür, daß eine Handlung zur Schuld angerechnet werden kann. Es ist jedoch keine erschöpfende Behandlung beabsichtigt, sondern es

[1]) S. so v. Liszt, Zeitschrift für Rechtswissenschaft 1889, S. 371.

sollen nur solche Sätze hier ausgesprochen werden, deren ausdrückliche Aufnahme in das Gesetz einerseits wünschenswert, andererseits unbedenklich erscheint.

Das Kapitel enthält, was das Gesetz über die beiden großen Grundbedingungen auszusprechen für nötig erachtet: die Verursachung einer objektiven Rechtsverletzung und den rechtswidrigen Willen. Das Gesetz hat sich indessen in Übereinstimmung mit wohl allen neueren Gesetzen enthalten, nähere Bestimmungen darüber aufzustellen, was es als einen an sich hinreichenden Kausalnexus ansieht. Die Versuche, die in unserer älteren Gesetzgebung gemacht wurden, im Gesetz selbst Regeln hierüber aufzustellen (Strafgesetz von 1842, § 28, 15, 24 Kap. 14) erhöhten eher die Schwierigkeiten, statt sie zu beseitigen. Das Richtigste dürfte sein, diese Frage der Auslegung zu überlassen.

Das Kapitel enthält ferner die Ausnahmen von der Strafbarkeit einer Handlung, die darin begründet sind, daß dem Willen nicht seine gewöhnliche Bedeutung zukommt, entweder weil das Individuum sich infolge Geisteskrankheit oder Jugendlichkeit nicht im vollen Besitze der leitenden Vernunft befindet, oder weil es unter einem unwiderstehlichen Zwange stand. Schließlich sind auch die Fälle behandelt, in denen die Rechtswidrigkeit einer Handlung auf Grund besonderer Umstände ausgeschlossen ist.

Zu den wichtigen Fragen, die sich an die verschiedenen Arten der Strafschuld anknüpfen, verhalten sich die verschiedenen Gesetze und Gesetzentwürfe äußerst verschieden. Alle kennen die beiden Arten, Vorsatz und Fahrlässigkeit, die meisten erklären auch, wie unser geltendes Gesetz, die Fahrlässigkeit nur in den ausdrücklich bestimmten Fällen für strafbar. Hierauf beschränkt sich aber die Übereinstimmung der Gesetze und Gesetzentwürfe auf diesem Gebiete.

Ein großer Teil derselben unterläßt es überhaupt, weitere Vorschriften zu geben. So das norwegische, holländische, französische und belgische Gesetz, sowie mehrere Schweizer Gesetze. Andere enthalten eine oder mehrere Bestimmungen über einzelne Punkte, die besonders erwähnenswert schienen, ohne jedoch systematische Vollständigkeit zu bezwecken und ohne durchgehend in den so ausdrücklich im Gesetz ausgesprochenen Sätzen übereinzustimmen. So enthält das deutsche Gesetz nur eine Vorschrift über tatsächlichen Irrtum, während der österreichische, schweizerische und kroatische Entwurf, die Gesetze von Italien, Ungarn, Dänemark, sowie St. Gallen und Solothurn und mehrerer anderer Kantone auch den Rechtsirrtum aufgenommen haben. Das schwedische und finnländische Gesetz (letzteres im Gegensatz zum Entwurf von 1875) schweigen über alles dieses, enthalten aber eine Vorschrift über die äußersten Grenzen der Strafbarkeit. Die Gesetze der Kantone Thurgau, Graubünden,

Aargau, Schaffhausen, Freiburg und Bern, sowie der spanische und der finnländische Entwurf von 1875 enthalten wieder eine Vorschrift über aberratio ictus.

Auf eine Begriffsbestimmung von Vorsatz und Fahrlässigkeit haben sich nur wenige eingelassen, so der russische und schweizerische Entwurf und die Gesetze von Graubünden, Aargau, Schaffhausen und St. Gallen. Größere Übereinstimmung herrscht dagegen hinsichtlich des materiellen Inhaltes dieser Regeln, soweit man darauf eingegangen ist, solche aufzustellen. So sprechen alle die Gesetze, die Bestimmungen über Irrtum enthalten, aus, daß die Unkenntnis vom Vorhandensein tatsächlicher im Gesetz geforderter Bedingungen der Strafbarkeit die Bestrafung wegen vorsätzlicher Begehung ausschließt, während dies beim Rechtsirrtum nicht der Fall ist.

Es ist unbestreitbar, daß an sich sehr gewichtige Gründe dafür sprechen, das ganze Gebiet zum Gegenstand einer systematischen Behandlung zu machen. Es ist so voll von Kontroversen, daß deren Lösung auf gesetzlichem Wege vom praktischen Standpunkt aus höchst wünschenswert wäre. So ist vor allem die Scheidung zwischen Vorsatz und Fahrlässigkeit keineswegs klar. Ist man nur vorsätzlicher Verursacher von dem, was man gerade hat herbeiführen wollen, oder auch von dem, was sich als notwendige oder doch wahrscheinliche Folge der Handlung darstellte? Und wo liegt letzterenfalls die Grenze hinsichtlich des Grades der Wahrscheinlichkeit? Aber auch in vielen anderen Beziehungen würden positive Gesetzesvorschriften wünschenswert sein. Ist man des vollendeten Mordes schuldig, wenn man auf A. schießt und B. tötet, von dessen Gegenwart man nichts wußte? Welcher Grad von Vorsicht wird verlangt, damit nicht einmal eine Bestrafung wegen Fahrlässigkeit eintreten kann? Wenn das Gesetz eine geringere Strafe auf Diebstahl unter fünf Kronen setzt, genügt es dann, um diese Bestimmung für sich in Anspruch nehmen zu können, daß man den Wert des Gestohlenen unter fünf Kronen schätzte? Ist es, wenn das Gesetz eine erhöhte Strafe auf Körperverletzungen mit tödlichem Ausgang setzt, erforderlich, daß der Täter zum mindesten die Möglichkeit eines derartigen Ausganges hat voraussehen können? Welche Bedeutung kommt ferner dem Rechtsirrtum zu? Ist ein Irrtum hinsichtlich der Strafbarkeit oder deren Grad von Einfluß? Wie verhält es sich mit einem Irrtum hinsichtlich der Rechtswidrigkeit, z. B. wenn sich jemand in Unkenntnis des Verbotes mit seiner Tante oder der Witwe seines Bruders verheiratet? Und wenn dies dahin beantwortet wird, daß die Unkenntnis der Rechtswidrigkeit entschuldigt, kann dann dasselbe auch gelten, wenn die Handlung an sich moralisch verwerflich ist, wie z. B. außerehelicher Geschlechtsverkehr zwischen denselben Personen oder verschwenderische Lebensweise, durch die die Lage der Konkursgläubiger verschlechtert wird? Oder wenn Rechtsirrtum überhaupt nicht soll entschuldigen können, gilt dies dann auch, wenn der Irrtum nicht bloß eine Rechtsnorm, sondern infolge davon auch ein konkretes Rechtsverhältnis betrifft? Kann z. B. derjenige, der von jemand auf dessen Sterbebett einen Gegenstand empfängt und sich zueignet, als Verbrecher gestraft werden, wenn er infolge Unkenntnis der Vorschrift des Erbgesetzes über die Ungültigkeit von Geschenken auf dem Sterbebett den Gegenstand für sein Eigentum hielt?

Wenn trotz all dieser mehr oder weniger zweifelhaften Fragen die meisten Gesetze es ganz oder im wesentlichen unterlassen haben, auf dieses Gebiet einzugehen, so dürfte der Grund wohl der sein, daß sie die Schwierigkeiten eingesehen haben, zugleich klare und zufriedenstellende Regeln aufzustellen, und zum Teil auch darin, daß sie die Frage noch nicht für reif zu einer endgültigen Entscheidung angesehen haben, sondern der wissenschaftlichen Diskussion zu ihrer Klarlegung noch freien Lauf lassen wollten. Wir wollen nun im folgenden uns mit den einzelnen Fragen beschäftigen und untersuchen, hinsichtlich welcher es ratsam erscheint, die Zustandebringung gesetzlicher Regeln zu versuchen.

§§ 40 und 41.

Vorsatz und Fahrlässigkeit.

Auf eine Definition des vorsätzlichen Verbrechens im Gegensatz zur fahrlässigen Rechtsverletzung scheint es am besten zu sein, zu verzichten. Gewiß hat man in der letzten Zeit einige Versuche einer derartigen Definition gesehen,[1]) aber nach unserer Ansicht haben

---

[1]) Der russische Entwurf enthält folgende Bestimmungen (§ 43):

»Eine verbrecherische Handlung ist vorsätzlich begangen, wenn der Schuldige bei ihrer Vornahme entweder ihre Ausführung wollte oder den Eintritt der von ihr verursachten Folgen zuließ.

Eine verbrecherische Handlung wird als eine fahrlässige angesehen, wenn der Schuldige bei ihrer Vornahme, obgleich er die aus ihr entstehenden Folgen voraussah, aber daran dachte, sie abzuwenden oder wenn er, obgleich er die Handlung selbst oder ihre Folgen nicht voraussah, doch in der Lage war, sie vorauszusehen oder sie hätte voraussehen sollen.

Das Gesetz von St. Gallen sagt: »Als vorsätzlich verübt ist sie (die Handlung) dem Täter zuzurechnen, wenn seine Absicht auf deren Verübung selbst oder auf die Herbeiführung ihrer Hauptwirkung, oder wenn sie auf die Verübung einer anderen mit Strafe bedrohten Handlung gerichtet war und der Täter dabei den eingetretenen Erfolg, ohne ihn selbst zu beabsichtigen, doch als wahrscheinlich voraussehen konnte... Als fahrlässig verübt ist sie dem Täter zuzurechnen, wenn er die Folgen seiner Handlungsweise nicht als wahrscheinlich voraussehen konnte, sondern sie aus Leichtsinn, Nachlässigkeit oder Unachtsamkeit herbeigeführt hat«.

Der schweizerische Entwurf sagt: »Vorsätzlich bedeutet: mit Wissen und Wollen (sachant et voulant).

Wie man sieht, nehmen diese drei Versuche einer Begriffsbestimmung drei grundsätzlich verschiedene Standpunkte ein. Der russische Entwurf erstreckt sich auch auf die nicht beabsichtigte Folge, wenn diese doch wahrscheinlich war und sich der Handelnde trotzdem nicht abhalten ließ; das

diese keine brauchbare Anweisung hinsichtlich der schwierigen Frage über die Abgrenzung zwischen dolus und culpa gegeben.

Die Kommission kann sich hier nicht auf eine Erörterung all der verschiedenen Fragen, die auf diesem Gebiete entstehen, und auf all die verschiedenen Lösungen, die in wissenschaftlichen Abhandlungen oder in Gesetzen und Gesetzentwürfen zu finden versucht worden sind, näher einlassen. Man muß sich darauf beschränken, kurz die Auffassung, die dem Entwurfe zugrunde liegt, wiederzugeben.

Strafbarer, vorsätzlicher Verursacher einer Folge ist nach seiner Auffassung zunächst ein jeder, der gehandelt hat, um den Erfolg herbeizuführen, ohne daß hier die größere oder geringere Wahrscheinlichkeit seines Eintretens irgendwie in Betracht kommt — vorausgesetzt nur, daß die vorgenommene Handlung eine derartige Gefahr des Eintretens des Erfolges mit sich geführt hat, daß sie schon aus diesem Grund objektiv — betrachtet — unzulässig war. Als vorsätzlicher Verursacher wird ferner auch derjenige angesehen, der alternativ oder eventuell den Erfolg beabsichtigt hat, nämlich für den Fall, daß dieser zur Erreichung eines weiteren Zweckes nötig sein sollte. Z. B. man schießt auf einen Reiter zunächst in der Absicht, das Pferd zu treffen, indem dieses für hinreichend angesehen wird, die weitere Fortbewegung zu verhindern, subsidiär aber auch, um den Mann selbst zu treffen, da dieses für den gewollten Zweck ebenfalls erforderlich ist, falls das Pferd nicht getroffen werden sollte.

Ist die Folge gar nicht beabsichtigt, indem der Handelnde an ihr kein Interesse hat, sondern nur an einer anderen, von ihr unabhängigen Wirkung der gleichen Ursache, so ist sie trotzdem dann als vorsätzlich verursacht anzusehen, wenn sie sich als notwendig oder überwiegend wahrscheinlich darstellen mußte. Z. B. man vergiftet einen Brunnen, von dem man weiß, daß Menschen aus ihm trinken, in der Absicht, einige Kühe zu töten, die ebenfalls Wasser aus ihm bekommen. Hat sich andererseits die Folge zwar als mög-

---

Gesetz von St. Gallen tut dies nur unter der Voraussetzung, daß auch die beabsichtigte Folge selbst strafbar war; der schweizerische Entwurf fordert (wie aus der Begründung von Stoos in der Zeitschr. für ges. Strafrechtsw., XV, S. 199 hervorgeht), daß der Wille gerade auf Herbeiführung der Folge gerichtet war. Stoos gibt den Begriff des dolus eventualis auf und will an seine Stelle als besondere Verbrechensart die Herbeiführung einer Gefahr des Eintritts der Folge neben vorsätzlicher Herbeiführung der Folge selbst setzen. S. so § 58 des Entwurfs, der die vorsätzliche Herbeiführung einer Gefahr für Menschenleben mit Zuchthaus oder Gefängnis von einem bis zu drei Jahren, und für den Fall, daß jemand umkommt, von zwei bis zu fünf Jahren bedroht. Vgl. hiermit Löffler: »Die Schuldformen des Strafrechts«, Leipzig 1895, Seite 5, wo unterschieden wird zwischen einem Handeln 1. mit der Absicht, die Folge herbeizuführen, 2. mit Kenntnis des mehr oder minder sicheren Eintretens der Folge und 3. ohne eine solche Absicht oder solche Kenntnis.

lich, aber doch unwahrscheinlich erwiesen, so wird hier immer nur fahrlässige Begehung vorliegen. Kann die Folge aber weder als überwiegend wahrscheinlich noch als unwahrscheinlich bezeichnet werden, so betritt man ein Gebiet, wo die Lösung unsicher ist und es immer sein wird. Von wesentlicher Bedeutung wird es hierbei sein, ob der Schuldige sich mit dem Eintritt der Folge zufrieden gegeben hat oder nicht, d. h. ob er, ohne auf diese Rücksicht zu nehmen, so gehandelt hat, daß er, auch wenn er ihr Eintreten hätte voraussehen können, nicht anders gehandelt haben würde,[1]) oder ob er im Vertrauen darauf gehandelt hat, daß ein günstiges Geschick ihn vor dem Eintreten der befürchteten Folge bewahren würde. Am klarsten ist das Verhältnis, wenn die vorgenommene Handlung gerade in der Absicht vorgenommen ist, eine Bedingung für den Eintritt der Folge zu setzen, indem man zwar kein Interesse an dieser selbst, aber doch ein Interesse daran hat, ihr Eintreten zu erleichtern. Z. B. eine Person beschuldigt eine andere, um den Verdacht von sich selbst abzulenken, zugleich aber in der Hoffnung, daß auch der andere wegen Mangels an Beweis freigesprochen werden würde, oder sie gibt aus Gewinnsucht einem anderen Mittel zur Verübung eines Verbrechens, aber in dem Glauben, daß seine Ausführung bei näherer Überlegung doch als allzu schwierig werde aufgegeben werden. In beiden Fällen wird Vorsatz angenommen werden müssen.

Auf jeden Fall müssen die Schwierigkeiten, eine Grenze zwischen dolus und culpa zu ziehen, uns daran erinnern, daß diese Begriffe in Wirklichkeit ineinander übergehen, und daß dies deshalb auch bei den Strafen der Fall sein soll, so daß kein allzu großer Sprung zwischen der höchsten Strafe wegen fahrlässiger und der niedrigsten wegen vorsätzlicher Begehung zu machen ist.

Zu § 40. Fast alle Gesetze stimmen, wie bereits erwähnt, dahin überein, bei eigentlichen Verbrechen die fahrlässige Begehung nur ausnahmsweise zu bestrafen und für diesen Fall es ausdrücklich im Gesetz auszusprechen. Insofern stimmt auch unser geltendes Gesetz mit den fremden überein, und es scheint nicht zweifelhaft, daß diese Ordnung beibehalten zu werden verdient.

Eine Reihe von Gesetzen stellt indessen bei kleinen Versehen oder Polizeidelikten eine Ausnahme von der Regel auf, wie z. B. § 43 des russischen Entwurfs. Dieser lautet:

»Fahrlässig begangene Übertretungen sind, soweit nicht im Gesetz etwas anderes bestimmt ist, gleich den vorsätzlich verübten zu bestrafen.«

---

[1]) Vgl. hiermit Art. 26 des Gesetzes von Luzern: Als Fahrlässigkeit ist es indessen nicht zu betrachten, sondern als absichtliche Übeltat, wenn der eingetretene rechtswidrige Erfolg einer Handlung von dem Täter als möglich vorausgesehen wurde, er aber die Tat verübte, indem es ihm gleichgültig war, ob dieser oder ein anderer Erfolg eintrete.

Ebenso § 1, Abs. 3 des österreichischen Gesetzes:

»Als Verbrechen werden nur vorsätzliche Handlungen bestraft; als Vergehen werden vorsätzliche, aus Fahrlässigkeit begangene aber nur insofern bestraft, als dies im Gesetz insbesondere angeordnet ist; als Übertretungen werden auch fahrlässig begangene Handlungen bestraft, wenn das Gesetz die Strafandrohung nicht auf vorsätzliche Handlungen beschränkt.«

Der schweizerische Entwurf, Artikel 184, sagt:

»Wer eine Übertretung aus Fahrlässigkeit begeht, wird bestraft, wenn nicht ausdrücklich nur die vorsätzliche Übertretung mit Strafe bedroht ist.«

Art. 45 des italienischen Gesetzes lautet:

»Bei Versehen haftet ein jeder für seine Handlung oder Unterlassung, selbst, wenn nicht nachgewiesen wird, daß er etwas Gesetzwidriges begehen wollte.« Vgl. auch § 28 des ungarischen Polizeigesetzes, § 15 des Polizeigesetzes von Obwalden und § 14 des Polizeigesetzes von Basel.

Gegen diese Art von Bestimmungen können jedoch Einwendungen erhoben werden, die unseres Erachtens überwiegend sind. Aus dem früher Entwickelten kann man ersehen, daß sie, falls sie überhaupt erlassen werden sollen, nicht auf Polizeivergehen im engen Sinne zu begrenzen sind, aber eine Regel aufzustellen, daß eine Reihe von Rechtsverletzungen, selbst wenn sie ohne Vorsatz begangen worden sind, nur deswegen zu bestrafen sind, weil sie unbedeutend sind, während die großen hier straflos bleiben, ist doch wenig zu rechtfertigen. Selbst was die Polizeivergehen im engsten Sinne betrifft, so wird die Regel, daß hier ein Vorsatz nicht erforderlich ist, als eine durch die Umstände nicht notwendig gemachte Rigorosität angesehen werden. Es ist nicht einzusehen, weshalb beim tatsächlichen Irrtum das Verhältnis in irgendeiner Beziehung ein anderes als gewöhnlich sein sollte. Anders verhält es sich jedenfalls mit dem Rechtsirrtum, da es ja leicht vorkommen kann, daß man die Verbote oder Gebote, an die die Polizeistrafen anknüpfen, nicht kennt, aber, wie § 57 beweist, ist es nicht die Absicht des Entwurfes, daß Rechtsirrtum den Vorsatz ausschließen soll.

Bei Versehen, die in der Unterlassung, zu handeln, bestehen, ist das Verhältnis doch etwas abweichend von dem gewöhnlichen. Wenn die Gesetze den Bürgern eine ganze Reihe von Pflichten auferlegen, z. B. als Zeugen, als Richter zu erscheinen, die Straße vor ihren Häusern zu kehren, Todesfälle anzumelden usw., so würde dieser Zweck zweifellos gänzlich verfehlt werden, wenn man die Entschuldigung, daß man nicht vorsätzlich, sondern aus Vergeßlichkeit es unterlassen habe, das Gesetz zu befolgen, als voll annehmen müßte.[1])

[1]) Das deutsche Strafgesetzbuch spricht sich nicht ausdrücklich über die hier behandelten Fragen aus, was zu Uneinigkeit in der Auslegung geführt hat.

Auch hier muß indessen dem Betreffenden eine zurechenbare Fahrlässigkeit zur Last gelegt werden können. Dieses ist im allgemeinen in der Praxis auch anerkannt, aber bisweilen findet man ausdrückliche Bestimmungen darüber, daß mehr oder minder bedingungslos von einer subjektiven Verschuldung abzusehen ist. Soweit solche in eigentlichen Gesetzen vorkommen, müssen sie, soweit sie nicht aufgehoben werden, worüber das Nähere bei § 8 des Einführungsgesetzes enthalten ist, zweifellos den Vorschriften des vorliegenden Gesetzes vorgehen. Im allgemeinen kann aber wohl kaum angenommen werden, daß ein besonderes Bedürfnis nach derartigen Ausnahmen von den grundlegenden Prinzipien des Strafrechts vorhanden ist, und dies scheint auch ein Blick auf die ausländische Gesetzgebuug zu bestätigen. Wenn man auch in einzelnen Ländern [1]) einzelne Fälle von Delikten ohne Verschuldung kennt, so sind dies doch nur alleinstehende Ausnahmen, und man ist sich im allgemeinen jedenfalls darüber einig, daß »praktische Rücksichten« es nicht nötig machen, sich bei den Polizeidelikten von den allgemeinen Regeln über Strafschuld zu emanzipieren. Zu Absatz 3 und 4 des Paragraphen wird bemerkt: Bezüglich der stafbaren Handlungen, die im Dienste anderer begangen werden, enthalten verschiedene spezielle Gesetze, wie dies in den Motiven zu § 8 des Einführungsgesetzes näher ausgeführt ist, Bestimmungen, die in derartigen Fällen den Vorgesetzten mehr oder minder unbedingt haften lassen, ohne Rücksicht auf eigenes Verschulden oder jedenfalls, ohne daß ein solches bewiesen zu sein brauchte; es ist beabsichtigt, diese Bestimmungen, wenn auch mit einigen Modifikationen, bestehen zu lassen; aber es besteht keine Veranlassung, hiervon eine weitere Anwendung zu machen und dies dazu noch auf dem eigentlichen Gebiete des Strafrechts.

Einzelne, so Hälschner (Lehrbuch I, S. 318) lehren, daß überall, wo nichts Gegenteiliges bestimmt ist, also auch bei Polizeidelikten, dolus erforderlich ist. Ebenso Schwarze (Kommentar, III. Aufl., S. 325). Andere, so Berner (Lehrbuch, § 97), nehmen an, daß bei Polizeivergehen regelmäßig kein Vorsatz erforderlich ist und niemals, wenn sie in Unterlassungen bestehen. Oppenhoff (Lehrbuch, Abschn. 29, Nr. 5—8) lehrt, daß mangels entgegengesetzter Bestimmungen auch bei Polizeidelikten, die in einer Handlung bestehen, Vorsatz erforderlich ist, womit jedoch nicht ausgesprochen ist, daß man die Strafvorschrift gekannt haben müsse; bei Fahrlässigkeitsdelikten genügt dagegen Fahrlässigkeit. Die Vorschrift im Abs. 2 des § 40 gilt selbstverständlich nur bei den echten Unterlassungsdelikten und nicht für die Fälle, wo eine Unterlassung auf Grund besonderer Umstände an Stelle einer Handlung tritt.

[1]) Stoos, Grundzüge I, S. 197, v. Liszt, Lehrbuch, 6. Aufl., S. 133. Oft werden Präsumtionen aufgestellt, die bis zum Nachweis der Unschuld Geltung behalten. S. auch »Die Strafgesetzgebung der Gegenwart«, Schuster: »Großbritannien«, S. 627, Foinitzky: »Das russische Kaisertum«, S. 287; s. ferner Goos: »Allgemeiner Teil des dänischen Strafrechts« I, S. 267 ff., cfr. 215: Haus: »Principes généraux du droit pénal«, 2. Aufl. 1874, § 286.

Dagegen muß man in derartigen Fällen, damit der Vorgesetzte als selbstschuldig angesehen werden kann, für genügend erachten, daß er dem Untergebenen die Verübung des Verbrechens hat hingehen lassen, wie dies auch bezüglich der Vorgesetzten im öffentlichen Dienste in § 125 besonders ausgesprochen ist. In vielen Fällen ist dies allerdings nicht mehr, als was man auch ohne ausdrückliche Gesetzesvorschrift annehmen würde. So würde man sicherlich den Handelsmann wegen Unterlassung der Buchführung verurteilen, der ruhig zusehen würde, daß sein Buchhalter die Führung der Bücher unterläßt. In vielen Fällen dagegen würde doch die Frage bei Schweigen des Gesetzes zweifelhaft sein können, und es empfiehlt sich daher eine ausdrückliche Bestimmung, um die Unklarheit zu beseitigen.

Eine derartige Bestimmung ist um so mehr am Platze, als sie die Verantwortung des Vorgesetzten innerhalb der gezogenen Grenzen ohne Rücksicht darauf festsetzt, wieweit nach speziellen Vorschriften das Verhalten des Vorgesetzten als Mitwirkung oder als unmittelbare Ausführung anzusehen sein könnte, und ohne Rücksicht darauf, ob die Mitwirkung im allgemeinen im gegebenen Fall als strafbar bezeichnet ist oder nicht.

Auch die Rücksichtnahme auf den Teil des Strafrechts, der außerhalb des Strafgesetzes selbst liegt, weist nach derselben Richtung. Da die Bestimmungen über Teilnahme, insbesondere über Anstiftung, in Wegfall kommen,[1]) könnte es sonst vorkommen, daß man dem Vorgesetzten, der seinen Leuten etwas Ungesetzliches aufgetragen hat, z. B. Jagd während der Schonzeit, nichts anhaben könnte, indem man davon ausginge, daß die Strafdrohung sich nur gegen den unmittelbaren Täter richtet.

Man könnte zweifelhaft sein, ob es nicht richtiger wäre, die Bestimmung auf Versehen einzuschränken. Hiergegen kann doch zunächst geltend gemacht werden, daß es sich wohl schwerlich vermeiden ließe, daß eine derartige Einschränkung höchst willkürlich würde. Hat z. B. ein Waldeigentümer seinen Leuten aufgetragen, Holz zu hauen, so ist es doch nicht angängig, ihn, sofern sie mit seinem Wissen für seine Rechnung über die Grenze hinaus Bäume

---

[1]) Im übrigen muß hier bemerkt werden, daß es auch jetzt schon höchst zweifelhaft ist, ob und namentlich in welchem Umfange die Regeln des Gesetzes über Teilnahme auf Polizeidelikte anwendbar sind. Offenbar entspricht es meistens nicht der Absicht des Gesetzes, den untergebenen Teilnehmer nach Maßgabe dieser Regeln zu bestrafen. Es wird indessen auch darüber kein Streit entstehen können, daß beispielsweise die Anstiftung zum Betteln, abgesehen von den im Gesetz selbst genannten Fällen, nur dann wird bestraft werden können, wenn der Anstifter den anderen für sich betteln läßt; ferner entspricht es wohl auch schwerlich, z. B. dem Schonungsgesetz vom 22. Juni 1863, wenn man die allgemeinen Regeln über die Teilnahme auf die Anstiftung zu ungesetzlicher Jagd anwendet.

schlagen, nur dann verantwortlich zu machen, wenn das Schlagen nur nach § 399 zu bestrafen ist, und ihn nicht zur Verantwortung zu ziehen, wenn das Schlagen sich als Diebstahl darstellt. Die wesentlichsten Bedenken, die Bestimmung auch auf schwerere strafbare Handlungen auszudehnen, werden wohl mit der verschiedenen Auffassung, die dem Ausdruck »im Dienste eines anderen« zuteil wird, begründet.

Demgegenüber muß indessen geltend gemacht werden, daß der Ausdruck eng zu nehmen ist, daß es nicht genügt, wenn die strafbare Handlung während des Dienstes und auch nicht, wenn sie unter Benutzung der Veranlassung, die der Dienst gibt, begangen wird, sondern daß die Handlung selbst sich mit der Ausübung des Dienstes selbst decken oder sich als ein Teil des Dienstes darstellen muß. So aufgefaßt, wird man der Bestimmung jedenfalls auf dem ganzen Gebiete des Strafrechts zustimmen können, und daß diese Auffassung die herrschende werden wird, kann um so weniger bezweifelt werden, als der entsprechende Ausdruck in 3—21—2 in derselben Weise verstanden wird.

Im übrigen muß erwähnt werden, daß die Bestimmung gegenüber dem geltenden Recht insofern eine Einschränkung der Verantwortung des Vorgesetzten enthält, als § 8, Kap. 5 den Vorgesetzten durchweg für passives Verhalten gegenüber ungesetzlichen Handlungen der Untergebenen verantwortlich macht, auch wenn diese mit dem Dienste nichts zu tun haben. Allerdings kann die Strafe Gefängnis nur übersteigen, wenn das Motiv Eigennutz gewesen ist. In Wirklichkeit wird aber dieses Motiv regelmäßig vorhanden sein, wo derartige Handlungen von Untergebenen im Dienste eines anderen vorgenommen werden, so daß diese Einschränkung hier wenig Bedeutung hat.

Was die andere Seite der Sache, nämlich die Verantwortung des Untergebenen für Versehen, deren er sich im Dienste eines anderen schuldig macht, anlangt, ist es die allgemeine Regel des Entwurfs, daß eine strafrechtliche Verantwortung nicht ausgeschlossen ist, daß aber nach § 58 von einer solchen abgesehen werden kann, wenn die Handlung durch seine abhängige Stellung veranlaßt worden ist.

In vielen Fällen wird die Fassung der speziellen Paragraphen zu einer weitergehenden Straffreiheit führen können, indem diese ihre Strafdrohung nur gegen den Vorgesetzten, namentlich den Betriebsherrn, selbst richten. Wieweit dies der Fall ist, wird gewiß zweifelhaft sein können, ohne daß indes hieraus Mißhelligkeiten entstehen werden, solange die Möglichkeit besteht, sich wenigstens an den Vorgesetzten zu halten. Ist dieser dagegen unschuldig und kann infolgedessen überhaupt kein Anspruch gegen ihn geltend gemacht werden, so würde eine fühlbare Lücke entstehen, wenn die Strafe nicht auch den Untergebenen treffen könnte.

Davon zeigt der dritte Teil des Gesetzentwurfes eine Reihe von Beispielen (vgl. die Motive zu § 58 i. f.), aber auch die außerhalb des Strafgesetzbuches liegende Strafgesetzgebung ist reich an solchen. So scheinen die Strafbestimmungen in den Gesetzen über Bier und Branntwein mindestens teilweise lediglich gegen den Betriebsherrn gerichtet zu sein. Siehe z. B. die Bestimmungen im §§ 28 und 18 der Gesetze vom 18. Juni 1884 über das Hinauswerfen von Betrunkenen; diese bedrohen denjenigen, der entweder selbst oder durch andere Personen aus seinem Hause hinauswirft, die sich bei ihm betrunken haben, mit einer Strafe von 8 Kronen für jeden Hinausgeworfenen, und sie fügen bei, daß, sofern dadurch Schaden verursacht wird, der Wirt außerdem 20 bis 200 Kronen zu bezahlen hat. In § 24 des Branntweingesetzes vom 24. Juli 1894 ist allerdings an Stelle dieser Bestimmungen nur ein Erstattungsanspruch gegen den Wirt aufgenommen, aber da das Wort »außerdem« auch hier beibehalten ist, so kann die Absicht nur sein, daß nur der Wirt strafbar sein soll, und daß folglich niemand bestraft werden kann, wenn nicht dieser gefaßt werden kann, ebensowenig wie ein Erstattungsanspruch gegen ihn geltend gemacht werden kann, wenn ihn keine strafrechtliche Verantwortung trifft, da die strafrechtliche Verantwortung des Wirtes in diesen Fällen indessen zweifellos auf solche Fälle begrenzt ist, wo er selbst vorsätzlich das Gesetz übertreten oder seine Übertretung veranlaßt hat, so folgt hieraus, daß, wenn Leute seines Personals in seiner Abwesenheit auf eigene Faust jemand hinauswerfen, niemand eine besondere Verantwortung trifft. Im Transportgesetz vom 14. Juli 1893 ist in vielen Fällen die Strafdrohung lediglich gegen den Stationshalter gerichtet, ohne daß man indessen berechtigt wäre, ihn verantwortlich zu machen, wenn ihm nichts zur Last gelegt werden kann, wenn z. B. das Versehen während seiner notwendigen Abwesenheit von seinem Knecht begangen worden ist. Ausdrückliche Bestimmungen in dieser Hinsicht dürften nur die Gesetze vom 18. Mai 1876 und 19. Juni 1880, betreffend die Schonung von Robben und Walen enthalten, wonach die Verantwortung für Versehen der Besatzung nur den Schiffsführer trifft, wenn er sie befohlen oder zugelassen hat, sonst aber die daran Schuldigen, also eine Regel, die der hier gegeben entspricht.

Durch § 8 des Einführungsgesetzes sind die hier aufgestellten Regeln auch unbedingt auf die Strafbestimmungen der übrigen Gesetze ausgedehnt worden, so daß etwaige abweichende Regeln in Wegfall kommen (vgl. Motive zum Entwurf eines Einführungsgesetzes, wo man eine nähere Aufzählung dieser Vorschriften der Spezialgesetzgebung finden wird).

Zu § 41. Es wird für unbedenklich gehalten, die Aufzählung der verschiedenen Arten gröberer Fahrlässigkeit, die im § 2, Kap. 4 des Strafgesetzes von 1842 enthalten waren, fallen zu lassen. Schon in Schweigaards Kommentar wird darauf aufmerksam gemacht, daß dieses ganze Kapitel, dessen Hauptbestandteil sie bilden, ohne Schaden hätte weggelassen werden können.

In Wirklichkeit wird sogar angenommen, daß die in Frage stehenden Bestimmungen teils positive Vorschriften, teils Voraussetzungen enthalten, denen nicht beigetreten werden kann. Im allgemeinen wird wohl, um die Fahrlässigkeit bestrafen zu können, verlangt werden müssen, daß »die Gefährlichkeit der Handlung so offenbar war, daß leicht einzusehen war, daß Schaden aus ihr entstehen könnte«. § 2, Kap. 4 des Strafgesetzes sieht dagegen in diesem Fall die Fahrlässigkeit als grobe an und gibt so zu erkennen, daß die Vornahme der Handlung auch soll bestraft werden können, wenn ihre Gefährlichkeit nicht leicht zu erkennen war. Es erscheint also zweckmäßiger, an Stelle der Vorschrift des geltenden Gesetzes, in welchen Fällen die Fahrlässigkeit als eine grobe anzusehen sei, eine Bestimmung darüber aufzunehmen, in welchen Fällen sie überhaupt bestraft werden kann. Würde dies unterlassen, so könnte es leicht zu der Auffassung führen, daß die zivilrechtliche und die strafrechtliche Verantwortung zusammenfallen, was, wie schon Schweigaard ausführt,[1]) wenig begründet ist. In Wirklichkeit ist es ja ganz klar, daß, ebenso wie das Gesetz in einer Reihe von Fällen die unvorsätzliche Rechtsverletzung überhaupt nicht straft, in anderen Fällen alle Ursache vorhanden sein wird, die Anwendung von Strafen auf die qualifizierteren Fälle von Gleichgültigkeit, Leichtsinn oder Gedankenlosigkeit zu beschränken. So weit zu gehen, daß überhaupt jede zurechenbare Fahrlässigkeit mit Strafe bedroht würde, wäre nur die rücksichtslos verschwenderische Anwendung eines Mittels, das wie kein anderes sich zum maßvollen und vorsichtigen Gebrauch empfiehlt. Man wird es nicht erreichen, größere Vorsicht einzuprägen, indem man den straft, der so außergewöhnlich unglücklich war, durch eine Handlung, die überhaupt nicht gefährlich schien oder bei einiger Überlegung hätte scheinen müssen, Schaden zu verursachen. Und es kann leicht zu Ungerechtigkeiten führen, wenn man an der Hand des Gesetzes die Forderung durchzusetzen sucht, daß alle Menschen in allen Lagen, in jeder körperlichen und geistigen Verfassung die Besonnenheit und Vorsicht zeigen sollen, die an und für sich als eine wünschenswerte Norm bezeichnet werden könnte.

---

[1]) Kommentar I, S. 190/193; vgl. Schwarzes Kommentar S. 21 und 23, wo es heißt:

»Gegenwärtig, wo eine solche an sich nicht selbstverständliche Beschränkung im Gesetzbuche nicht verlautbar geworden, liegt die Gefahr nahe, daß eine zu weit gehende Bestrafung der Fahrlässigkeit eintreten werde.« Vgl. auch Mayer »Das ungarische Strafgesetzbuch«, S. 115: »Soviel steht jedenfalls fest auch nach dem ungarischen Gesetze, daß man nie das geringe Versehen strafen will.«

Daß jede Fahrlässigkeit strafbar sein soll, lehrt dagegen Dollmanns Kommentar zum bayrischen Strafgesetzbuch an mehreren Orten.

Bei der Ausarbeitung des Strafgesetzes von 1842 war auch in Anregung gebracht, eine Vorschrift bezüglich dieses Punktes aufzunehmen, die folgendermaßen lautet:

»Fahrlässigkeit wird nicht bestraft, wenn angenommen werden muß, daß das Eintreffen der schädlichen Wirkung der Tat billigerweise vom Täter nicht vermutet werden konnte.«

Aber sie wurde als unnötig weggelassen, weil man erkannte, daß das, was hier für straffrei erklärt wurde, überhaupt keine Fahrlässigkeit war. Die Absicht war mit anderen Worten, selbst die entschuldbarste Fahrlässigkeit mit Strafe zu bedrohen, und da hatte man keine nähere Vorschrift nötig. Um so mehr ist jetzt Grund vorhanden, eine Bestimmung aufzunehmen, wenn man beabsichtigt, eine Norm festzusetzen, die sich im Widerstreit mit dem befindet, was jetzt notwendigerweise als geltendes Recht angesehen werden muß.

Das schwedische Gesetz und nach diesem das finnländische haben folgende Vorschrift aufgenommen:

»Wegen Handlungen, die erwiesenermaßen mehr zufällig als vorsätzlich sind, darf nicht zu Strafe verurteilt werden.«

Auch das sächische und hessen-darmstädtische Gesetz enthielt ähnliche Bestimmungen, dahin gehend, daß »eine außergewöhnliche Vorsicht von einem Handelnden nur dann verlangt werden kann, wenn ihm eine besondere Verpflichtung dazu obliegt«.[1])

Hiergegen scheint indessen ungefähr derselbe Einwand gemacht werden zu können, wie gegen die bei uns vorgeschlagene Bestimmung. Jedenfalls ist die Vorschrift so unbestimmt, daß sie leicht der Gegenstand recht verschiedener Auslegungen werden könnte. Im Gegensatz hierzu dürfte die in § 41 des Entwurfes aufgestellte Begrenzung das Richtige treffen.

§ 42.

Irrtum.

Indem wir demnächst die verschiedenen anderen Fragen durchgehen wollen, wegen der die Aufnahme gesetzlicher Regeln in Frage kommen könnte, beginnen wir zunächst mit den verhältnismäßig leichtesten, was auch sonst anderswo gewöhnlich behandelt worden ist, nämlich dem faktischen Irrtum. Das deutsche Gesetz enthält hierüber folgende Bestimmungen:

§ 59. Wenn jemand bei Begehung einer strafbaren Handlung das Vorhandensein von Tatumständen nicht kannte, welche zum gesetzlichen Tatbestande gehören oder die Strafbarkeit erhöhen, so sind ihm diese Umstände nicht zuzurechnen.

---

[1]) Der schweizerische Entwurf (Art. 48) definiert »fahrlässig« folgendermaßen: »Aus Mangel an der Vorsicht, zu welcher der Täter den Umständen nach verpflichtet war.« Hierin liegt indessen kaum eine Begrenzung.

Bei der Bestrafung fahrlässig begangener Handlungen gilt diese Bestimmung nur insoweit, als die Unkenntnis selbst nicht durch Fahrlässigkeit verschuldet ist.

Dieselbe Regel kommt ungefähr im selben Wortlaut vor im italienischen, russischen und kroatischen Entwurf, in den Gesetzen von Ungarn und der Kantone Schaffhausen, Luzern und Solothurn. Dagegen findet sich keine Bestimmung hierüber im italienischen Gesetz.

Der schweizerische Entwurf, Art. 12, sagt: »Irrt der Täter über eine Tatsache, so wird sie ihm nicht zum Vorsatz zugerechnet.«

Im allgemeinen wird ein derartiger Satz wohl unnötig sein, da seine Vorschrift wohl aus dem Begriff des vorsätzlichen Verbrechens folgen dürfte. So zweifelt auch bei uns, wo das Gesetz nichts hierüber enthält, niemand, daß man, um wegen Königsmordes bestraft werden zu können, wissen muß, daß es der König ist, den man ermordet, oder daß man, um wegen Mordbrennerei bestraft werden zu können, wissen muß, daß das angezündete Haus bewohnt ist oder zum gewöhnlichen Aufenthalt von Menschen dient. In vielen Fällen ist die Entscheidung aber nicht so sicher, so, wenn die Subsumtion vom Werte des angeeigneten oder vernichteten Gegenstandes abhängt, oder wo der unzüchtige Umgang mit Mädchen unter einem gewissen Alter usw.[1]) mit Strafe oder mit verschärfter Strafe bedroht ist.

Es wird sich daher empfehlen, daß das Gesetz alle diese Zweifel löst, aber man wird vielleicht Bedenken hegen gegen Bestimmungen wie die vorgeschlagene. Hierbei ist jedoch zu bemerken, daß sie immer in Übereinstimmung mit den Regeln über dolus eventualis zu verstehen ist;[2]) der Mangel einer positiven Kenntnis von dem betreffenden Tatumstand kann also jedenfalls dann nicht entschuldigen, wenn der Betreffende ihn doch für wahrscheinlich hält und trotzdem die Ausführung seines Planes beschlossen hat. Insoweit wird also nichts anderes gelten, als was schon Schweigaard (Komm. IV, Aufl. 2, S. 283) in einem speziellen Fall als geltendes Recht dargestellt hat. Ferner ist zu bemerken, daß immer die Möglichkeit gegeben ist, im speziellen Teil Ausnahmen von der hier aufgestellten Regel zu machen, wie dies bei §§ 197 und 198 geschehen ist.

Die Aufnahme einer Vorschrift, wie sie hier vorgeschlagen wird, erscheint daher nützlich und unbedenklich. Hinsichtlich der Fassung scheint der österreichische Entwurf den Vorzug vor anderen zu verdienen, und in engem Anschluß an ihn wird daher vorgeschlagen:

---

[1]) Im englischen Recht wird angenommen, daß der Irrtum hier jedenfalls zum Teil nicht in Betracht kommt (Stephen: Digest of Crim. Law), und dasselbe war ausdrücklich im bayrischen Gesetz, Art. 227 ausgesprochen. S. §§ 197, 198 des Entwurfes.

[2]) Dies wird auch anderswo angenommen, s. so Kommentar von Schwarze, 260/261.

§ 42. Hat jemand bei der Vornahme einer Handlung sich im Irrtum über Umstände befunden, welche die Strafbarkeit bedingen oder von Einfluß auf den Grad der Strafbarkeit sind, so ist zu seinen Gunsten seine irrtümliche Annahme dem Urteil zugrunde zu legen, wofern nicht anderes bestimmt oder unzweideutig vorausgesetzt ist.

Sofern der Irrtum selbst durch Fahrlässigkeit verschuldet ist, kommt in den Fällen, wo Fahrlässigkeit strafbar ist, die hierfür bestimmte Strafe zur Anwendung.

Hierdurch ist zunächst auch ausgesprochen, daß die Regel sich auch auf Strafausschließungs- oder Milderungsgründe erstreckt. Ferner, daß der Betreffende auch nicht milder beurteilt wird, als es der Fall gewesen sein würde, wenn seine irrige Annahme richtig gewesen wäre. Wer z. B. mit seiner unverheirateten Tochter, die er irrtümlich für eine andere verheiratete Frau hält, Geschlechtsverkehr hat, wird nicht straflos ausgehen, sondern statt wegen Blutschande wegen Ehebruchs bestraft.

Bei einer Reihe von Bestimmungen im speziellen Teil ist die Anwendung einer höheren Strafe vom Wert eines Gegenstandes oder von der Größe eines Schadens abhängig gemacht (s. so §§ 183, 256, 260, 271, 292 u. a.).

In allen diesen Fällen muß, um auf die höhere Strafe erkennen zu können, ein Schaden in der vom Paragraphen verlangten Größe vorsätzlich zugefügt sein, aber, um Zweifel auszuschließen, bestimmt der letzte Absatz des § 42, daß Kenntnis von der Größe des verursachten Schadens in Geld nicht verlangt wird. Hat jemand vorsätzlich ein Kunstwerk im Werte von 50 000 Kronen vernichtet, genügt dies, selbst wenn der Täter es nahezu für wertlos gehalten hat. Ein Bedenken hiergegen kann in Anbetracht der weiten Strafrahmen des Gesetzes nicht vorliegen.

Hängt die Strafbarkeit selbst von der Kenntnis des Wertes ab — ein gefundener Gegenstand wird z. B. für ungefähr wertlos und daher für derelinquiert gehalten —, so soll dagegen der Irrtum stets strafausschließende Wirkung haben. Ebenso wird es im Hinblick auf die Frage, ob man sich auf die Bestimmung über Notstand zu seinen Gunsten berufen kann, ausreichen, daß man auf Grund des Irrtums über den Wert die verlangte Verhältnismäßigkeit als vorliegend erachtet hat. Was den Rechtsirrtum im besonderen angeht, so wird auf das zu § 57 Bemerkte hingewiesen.

§ 43.

Die Bedeutung der unbeabsichtigten Folge.

In vielen Fällen läßt das Gesetz eine strengere Strafe eintreten, wenn das Verbrechen einen größeren Schaden zur Folge gehabt hat, als beabsichtigt war.

Es entsteht indesen die Frage, ob überhaupt rein kasuellen Folgen eine derartige Bedeutung beizulegen ist, oder ob es nicht vielmehr genügt, sie bei der Strafausmessung innerhalb der im allgemeinen gesetzlich bestimmten Grenzen von Einfluß sein zu lassen. Wenn man über diese hinaus die gesetzlich bestimmte Strafe wegen vorsätzlicher Körperverletzung schärft, wenn diese den Tod zur Folge gehabt hat, so scheint es billig, zu verlangen, daß die Körperverletzung von einer solchen Beschaffenheit war, daß der Tod zum mindesten als eine mögliche Folge vorauszusehen war. Der gewöhnliche Strafrahmen reicht völlig aus, um auch Verletzungen mit tödlichem Ausgange zu decken, wenn dieser Ausgang gar nicht vorauszusehen war.

Wird die Richtigkeit dieser Betrachtung zugegeben, so wird es zweckmäßig sein, wie dies auch im russischen und österreichischen Entwurfe geschehen ist, eine Vorschrift hierüber in den allgemeinen Teil des Strafgesetzes aufzunehmen. Der letztere Entwurf (§ 54) lautet:

»Hat eine Handlung Folgen nach sich gezogen, welche der Schuldige zur Zeit der Tat nicht vorauszusehen vermochte, und welche nach der Tat abzuwenden nicht in seiner Macht lag, so finden auf ihn die von dem Eintritte solcher Folgen bedingten strengeren Strafbestimmungen keine Anwendung.«

Der russische (§ 39): »Hat eine wenn auch unter Strafe gestellte Handlung Folgen gehabt, die der Täter nicht voraussehen oder abwenden konnte, so werden sie ihm nicht zur Last gelegt.«

Das hier Vorgeschlagene dürfte auch mit dem geltenden Recht nach den Abänderungen der Kapitel 14 und 15 im Jahre 1889 übereinstimmen.

§§ 44 und 45.

Unzurechnungsfähigkeit.

Indem § 40 ausgesprochen hat, daß Vorsatz oder Fahrlässigkeit die Bedingungen der Strafbarkeit sind, ist damit auch gesagt, daß alles, was das Vorhandensein vom Vorsatz oder Fahrlässigkeit ausschließt, auch die Strafe ausschließt. Es braucht deshalb nicht ausgesprochen zu werden, daß das, was jemand infolge eines äußeren, unwiderstehlichen Zwanges verursacht, straffrei ist und ebensowenig, daß die Bewegungen eines Besinnungslosen niemals Verbrechen sein können, oder daß die Möglichkeit, ein Verbrechen zu begehen, durch eine Geisteskrankheit ausgeschlossen wird, die den Betreffenden der Fähigkeit beraubt, überhaupt die ihn umgebenden tatsächlichen Verhältnisse richtig aufzufassen.

Weder die Geisteskrankheit, noch der Zwang brauchen indessen so beschaffen gewesen zu sein. Der Zwang kann auch gerade durch Hervorrufung des rechtswidrigen Willens gewirkt haben, und die Geisteskrankheit kann sich als eine Vernichtung nicht der Auffassungsfähigkeit der tatsächlichen Verhältnisse, sondern der moralischen Freiheit des Willens oder der Fähigkeit, zwischen Recht und Unrecht zu unterscheiden, darstellen; oder es kann auch vorkommen, daß er in gar keinem nachweisbaren Verhältnis zu der vorgenommenen rechtswidrigen Handlung steht. Außerdem gibt es anormale Zustände, die nicht gerade als Geisteskrankheit betrachtet werden können, denen aber doch hinsichtlich der Zurechnungsfähigkeit eine gewisse Bedeutung beizumessen sein dürfte. Das Gesetz hat also Veranlassung, sich über alles dieses auszusprechen.

Die Frage bezüglich des rechten Verhältnisses zwischen Geisteskrankheit und strafrechtlicher Unzurechnungsfähigkeit ist sowohl in anderen Ländern als auch bei uns eifrig erörtert worden und ist auch an sich von einer schwierigen und verwickelten Natur. Es ist hier nicht der Platz, auf einen weitläufigen Meinungsaustausch gegenüber all den verschiedenen Gesichtspunkten einzugehen, die teils von medizinischer, teils von juristischer, teils von anderer Seite hervorgehoben worden sind. Wir müssen uns damit begnügen, unsere eigene Auffassung von der Frage zu entwickeln, soweit dies zur Begründung der vorgeschlagenen Gesetzesbestimmung erforderlich ist.

Was hier im besonderen Grade Schwierigkeiten verursacht, ist zunächst die Unsicherheit und Uneinigkeit, die hinsichtlich der richtigen Beantwortung der Frage, ob Geisteskrankheit vorhanden ist einerseits, andererseits über das Wesen und den Zweck der Strafe herrscht; hinzu tritt aber noch der Einfluß, den die verschiedene Regelung der Strafen und der Schutzmaßregeln gegen gefährliche Geisteskrankheiten hinsichtlich der praktischen Folgen auf die eine oder andere Beantwortung erlangt. Auf der einen Seite sehen wir die strafrechtliche Unzurechnungsfähigkeit aller Geisteskranken aufs eifrigste festgehalten, weil die Strafe moralische Schuld voraussetze, die hier als nicht vorhanden angenommen werden könne, während auf der andern Seite dies ebenso eifrig bekämpft wird, weil eine Strafdrohung doch auf viele Geisteskranke einwirken und so auch hier die Strafe zur Beschützung der Gesellschaft dienlich sein könne. Oder es wird auf der einen Seite geltend gemacht, daß der Geisteskranke, wenn er auch nicht aller moralischen Begriffe entbehre, doch eher in eine Heil- als in eine Strafanstalt gehöre; da die erstere die Ursache des Verbrechens beseitigen könne, wozu die letztere ungeeignet sei, worauf die Anhänger der Bestrafung antworten, daß eine kurative Behandlung auch während der Strafe nicht ausgeschlossen sei, und daß auch diese nicht durch jene überflüssig werde, da es doch keineswegs gegeben sei, daß alle Verbrechen eines Geisteskranken in der Geisteskrankheit begründet seien. Hinzu kommt, daß, je nach der Verschiedenheit der Einrichtungen und der Art der verbrecherischen Handlungen, die Gesellschaft entweder dadurch, daß der Betreffende als zurechnungsfähig oder als unzurechnungsfähig behandelt wird, am besten beschützt wird. Erlangt er im ersteren Falle nach einigen Jahren wieder die Freiheit, so ist dies offenbar weniger sicher, als wenn er als gefährlicher Geisteskranker so lange eingesperrt wird, bis er entweder sein Leben beschließt oder aufhört, gefährlich zu sein. Kann er dagegen als zurechnungsfähiger Verbrecher mit dem Tode bestraft werden, so ist dies offenbar noch sicherer als selbst eine lebenslängliche Einsperrung als gefährlicher Geisteskranker. Kann er andererseits, wenn er auch für unzurechnungsfähig befunden wird, doch nicht überhaupt als gefährlich unschädlich gemacht werden, so wird doch immerhin mit einer Strafe, die die Gesellschaft für einige Zeit von seiner Gegenwart befreit, einiges gewonnen sein.

Unser geltendes Recht befreit bekanntlich diejenigen von Strafe, die wahnsinnig oder verrückt oder infolge Krankheit oder Altersschwäche ihres Verstandes beraubt sind. Hierin stimmt es mit vielen anderen älteren Gesetzen überein, die sich ungefähr entsprechender Ausdrücke bedienen.[1]) Die Absicht hierbei war jedenfalls nicht, im allgemeinen Geisteskrankheit eines jeden Grades als Strafausschließungsgrund zu bezeichnen. In älteren Zeiten nahm man die Sache nicht so genau und begnügte sich damit, diejenigen als unzurechnungsfähig zu behandeln, die sozusagen die Geisteskrankheit äußerlich an sich trugen.[2])

Seitdem die psychiatrische Wissenschaft fortgeschritten ist und die zunehmende Humanität der Zeit stets größere Anforderungen an die gerechte Behandlung, auch geisteskranker Verbrecher, gestellt hat, hat auch die Auffassung immer mehr an Raum gewonnen, daß

---

[1]) So Code pénal Art. 64. Il n'y a ni crime ni délit, lorsque le prévenu était en etat de démence au temps de l'action, ou lorsqu'il a été contraint par une force à laquelle il n'a pu resister.

Gleichlautend ungefähr Art. 71 des belgischen Gesetzes; in derselben Richtung Art. 42 des portugiesischen Gesetzes. Das preußische Gesetz sagt in § 40:

»Ein Verbrechen oder Vergehen ist nicht vorhanden, wenn der Täter zur Zeit der Tat wahnsinnig oder blödsinnig, oder die freie Willensbestimmung desselben durch Gewalt oder durch Drohungen ausgeschlossen war.« Ungefähr ebenso eine Reihe schweizerischer Kantonalgesetze.

§ 2 des österr. Strafgesetzes verlangt, daß der Betreffende völlig seiner Vernunft beraubt ist oder kein Bewußtsein von seiner Handlung hat.

Von späteren Gesetzen ist lediglich das finnländische, soweit bekannt, auf diesem Standpunkt stehen geblieben, indem § 3, Kap. 3 bestimmt: »Eine Handlung, die von dem begangen wird, der wahnsinnig oder infolge Altersschwäche oder einer anderen Ursache nicht bei Verstande ist, soll straflos sein.« Diese Bestimmung stimmt ungefähr mit der des schwedischen Rechtes überein.

[2]) S. so Anl. 3 zum Entwurf eines Strafges. für den Nordd. Bund.

»Erörterung strafrechtlicher Fragen aus dem Gebiete der gerichtlichen Medizin«, S. VI: »Die verschiedenen Formen geistiger Alienation oder Schwäche sollten rechtliche Bedeutung nur dann haben, wenn sie sich bis zum Wahnsinn oder Blödsinn steigerten.«

auch die weniger stark hervortretenden Grade der Geisteskrankheit zu beachten seien.

Auf der anderen Seite haben die Gesetze durchweg Bedenken getragen, einen jeden Geisteskranken ohne weiteres für unzurechnungsfähig zu erklären. Sie haben deshalb in der späteren Zeit einen neuen Weg eingeschlagen, indem sie, statt die Straffreiheit an Tollheit, Wahnsinn oder Geisteskrankheit im allgemeinen zu knüpfen, nach dem Verhältnis des anormalen Geisteszustandes zu der verbrecherischen Handlung fragen, wieweit der Handelnde infolge der Geisteskrankheit daran gehindert war, den richtigen Charakter der Handlung zu verstehen, oder seinen Willen in bezug auf diese zu beherrschen.[1])

---

[1]) So sagt das Züricher Gesetz: »Die Strafbarkeit einer Handlung ist ausgeschlossen, wenn die Geistestätigkeit des Handelnden zurzeit der Begehung der Tat in dem Maße gestört war, daß er die Fähigkeit der Selbstbestimmung oder die zur Erkenntnis der Strafbarkeit der Tat erforderliche Urteilskraft nicht besaß.«

Bern: »Straflos sind diejenigen, die sich zur Zeit der Tat ohne ihre Verschulden in einem Zustand befanden, in welchem sie sich ihrer Handlung oder der Strafbarkeit derselben nicht bewußt waren (Wahnsinn, Blödsinn usw.), oder die infolge äußeren Zwanges, gefährlicher Drohungen oder aus anderen Gründen der Willensfreiheit beraubt waren.«

Österreichischer Entwurf: »Eine Handlung ist nicht strafbar, wenn derjenige, der sie begangen hat, zu dieser Zeit sich in einem Zustande von Bewußtlosigkeit oder Hemmung oder Störung der Geistestätigkeit befand, welcher es ihm unmöglich machte, seinen Willen frei zu bestimmen, oder das Strafbare seiner Handlung einzusehen.«

Das ital. Gesetz lautet: »Nicht strafbar ist derjenige, der bei Begehung der Handlung sich in einem derartigen krankhaften Zustande der Geistestätigkeit befand, daß ihm das Bewußtsein seiner Handlungen oder die Fähigkeit, anders zu handeln, fehlte.«

Der russische Entwurf: »Straffrei ist, wer infolge fehlerhafter Entwickelung des Geistes oder infolge Bewußtlosigkeit oder krankhafter Störung der Geistesnerven im Augenblick der Begehung das Wesen oder die Bedeutung der Tat nicht erfassen, oder seine Handlungen nicht beherrschen konnte.

Die Gesetze von Basel und Zug:

»Eine strafbare Handlung ist nicht vorhanden, wenn der Täter zurzeit der Begehung nicht die freie Willensbestimmung, oder die zum Bewußtsein der Straftat nötige Urteilskraft besaß.

Thurgau: »Die Zurechnung wird ausgeschlossen durch jeden Zustand, in welchem beim Handelnden das Bewußtsein der Strafbarkeit der Handlung oder die Fähigkeit der Selbstbestimmung fehlte.«

Art. 27 des schweizerischen Bundesstrafgesetzes verlangt lediglich einen Zustand, in dem der Handelnde ohne eigenes Verschulden der Urteilskraft oder der Willensfreiheit beraubt ist. Ebenso ungefähr Schaffhausen.

§ 51 des Deutschen Str. G. B. lautet:

»Eine strafbare Handlung ist nicht vorhanden, wenn der Täter zurzeit der Begehung der Handlung sich in einem Zustande von Bewußtlosigkeit oder krankhafter Störung der Geistestätigkeit befand, durch welchen seine freie Willensbestimmung ausgeschlossen war.«

Ganz gleichlautend § 37 des Gesetzes von Solothurn.

Inzwischen ist von vielen Irrenärzten weitergehend nachdrücklich verlangt worden, daß die Handlungen Geisteskranker in ihrer Gesamtheit wegen Unzurechnungsfähigkeit straffrei sein sollten, und dieser Ansicht haben sich das genfische Gesetz von 1874 in Art. 52 und kürzlich der schweizerische Entwurf angeschlossen.

Dieser sagt in Art. 8:

Wer zur Zeit der Tat geisteskrank oder blödsinnig oder bewußtlos war, ist nicht strafbar.

War die geistige Gesundheit oder das Bewußtsein des Täters nur beeinträchtigt oder war er geistig mangelhaft entwickelt, so mildert der Richter die Strafe unbeschränkt. (Art. 37 a. E.)

Diese Bestimmung, die den Beifall sämtlicher Schweizer Irrenärzte gefunden hat, wird im großen ganzen auch von der zur Prüfung des Entwurfs eingesetzten Kommission gebilligt [1]) und u. a. von Professor v. Lilienthal in seiner Rezension des Entwurfs empfohlen.[2])

Die gegenwärtige Kommission hat sich dieser Regelung nicht anschließen können. Durch sie wird, wie leicht einzusehen ist, die ganze Frage der Unzurechnungsfähigkeit zu einer medizinischen gemacht, die ganz dem Arzte vorgelegt und von ihm beantwortet wird. Bei dieser Beantwortung wird der Arzt keine Rücksicht auf die Handlung, die den Gegenstand der Strafsache bildet, und auf ihr Verhältnis zum Geisteszustand des Beschuldigten zu nehmen haben, sondern sich nur um den Geisteszustand im allgemeinen, vom medizinischen Standpunkt aus gesehen, kümmern. Muß er als geisteskrank bezeichnet werden, so ist er unzurechnungsfähig, auch wenn sich keine Verbindung zwischen der Geisteskrankheit und der Hand-

---

Im wesentlichen stimmt hiermit auch das englische Recht überein, das auf folgende Weise in Stephens Digest of Criminal Law wiedergegeben wird.

»No act is a crime, if the person who does it is at the time when it is done prevented either by defective mental power or by any disease affecting his mind: a. from knowing the nature and quality of his act; or b. from knowing that the act is wrong; or c. from controlling his conduct, unless the absence of power of control has been produced by his own default.«

Das kanadische Gesetz von 1892 Sec. 11 lautet:

»1. Niemand soll wegen einer Handlung bestraft werden, wenn er zurzeit ihrer Begehung in so hohem Grade an Geistesschwäche oder Geisteskrankheit litt, daß er außer stande war, die Natur oder Art der Handlung zu verstehen, oder ihre Widerrechtlichkeit zu erkennen.

2. Eine Person, die an besonderen Wahnvorstellungen leidet, sonst aber gesund ist, soll nicht als geisteskrank straffrei sein, außer wenn die Wahnvorstellungen sie zu Annahmen verleitet haben, die, wenn sie zutreffend gewesen wären, ihre Handlung rechtmäßig erscheinen ließen oder sie entschuldigen würden.«

§ 21 des Strafgesetzes von New York entspricht ungefähr dem 1. Absatz des obigen kanadischen Gesetzes.

[1]) »Verhandlungen der Expertenkommission«, Bern 1894, S. 89ff,

[2]) »Zeitschrift für ges. Strafrechtsw«, XV, S. 275.

lung nachweisen läßt. Auch der schweizerische Entwurf gibt indessen zu, daß die Grenze zwischen geistiger Gesundheit und Krankheit keine feste ist, und daß es daher einen Zwischenzustand gibt, wo diese unmerklich in einander übergehen; auch er sieht deshalb nicht jede noch so schwache Störung der seelischen Funktionen als Geisteskrankheit an, die die Zurechnungsfähigkeit ausschließt.

Die Frage, wo die die Zurechnungsfähigkeit ausschließende Geisteskrankheit anfängt, wird völlig dem Arzt zur Entscheidung nach medizinischen Gesichtspunkten in Übereinstimmung mit dem medizinischen Sprachgebrauch überlassen, ohne daß auf das Verhältnis zwischen der Geisteskrankheit und der Handlung, deren Strafbarkeit in Frage steht, Rücksicht genommen wird.[1])

Es ist klar, daß, wenn sich diese Ordnung überhaupt irgendwie verteidigen läßt, hierzu ihr wissenschaftlicher Ausgangspunkt dienen muß, nach dem ein jeder Grad von geistiger Störung gleichmäßig seinen Einfluß über das ganze geistige Leben ausübt. Im entgegengesetzten Falle kommt man nämlich unabweisbar zu der Konsequenz, daß diese Störung in einzelnen Richtungen einen Grad erreicht haben kann, daß eine die Zurechnungsfähigkeit ausschließende Geisteskrankheit für vorliegend erachtet werden muß, während sie in anderen Richtungen wieder nur als Beeinträchtigung der geistigen Funktionen charakterisiert werden kann, die nicht mehr als eine Herabminderung der strafrechtlichen Verantwortlichkeit bewirken kann. Nun kann allerdings gesagt werden, daß die Psychiatrie darin einig ist, daß kein Teil der Gehirntätigkeit angegriffen sein kann, ohne daß das Ganze darunter leidet. Daß dieses Leiden aber ein gleichmäßiges sein sollte, ist so wenig eine erwiesene Tatsache, daß viel eher das Gegenteil als solche bezeichnet werden kann. Das Vorhandensein von mehr oder weniger unwiderstehlichen perversen Neigungen und Trieben in dieser oder jener Richtung wird in der psychiatrischen Wissenschaft allgemein angenommen,[2]) und hieraus ist zu erkennen, daß die geistigen Funktionen in einzelnen Richtungen so schwer angegriffen sein können, daß mit voller Berechtigung von Geistes-

---

[1]) In einem Briefe an ein Mitglied der Kommission sagt ein Irrenarzt, daß die Ärzte die Schwachsinnigen (Halbidioten) zu den Geisteskranken rechnen, während auch er nicht finden könne, daß sie unbedingt von strafrechtlicher Verantwortung frei sein sollen.

[2]) S. Hoffmann, Lehrb. d. ger. Med., 5. Aufl., Wien und Leipzig 1891, S. 897, wo auch Maudsley, Krafft-Ebing, Schüle und Legrand du Saule für dieselbe Auffassung zitiert werden. S. auch S. 880, wo es heißt, daß »einzelne in elf Dingen erhaben und im zwölften Idioten sind«. Besonders interessant ist die von Stephen in »History of the Crim. Law« II, S. 127—187 gegebene kritische Darstellung sowohl der Auffassung der gerichtlichen Mediziner als der englischen Juristen. S. auch Dr. med. Näcke: Die neueren Erscheinungen auf kriminal-anthropologischem Gebiete in der Zeitschr. f. d. g. Strafrechtsw. XIV, S. 337ff., Rosenfeld: Der dritte internationale Kriminal-Anthropologen-Kongreß, ibid. XIII, S. 199ff.

krankheit gesprochen werden kann, während in anderen Richtungen die Störung nur so schwach ist, daß eine solche Bezeichnung nicht zulässig wäre.

Dieses Resultat scheint auch unbestreitbar am meisten der in der Wissenschaft herrschenden Ansicht zu entsprechen, die die Ursache einer jeden Geisteskrankheit in einer Störung des Gehirns und Zentralnervenapparates sieht, da diese doch aus verschiedenen Teilen mit, soweit ersichtlich, verschiedenen Funktionen[1]) bestehen.

Ist dem so, so scheint es unbestreitbar, daß die Beantwortung der Frage der Unzurechnungsfähigkeit infolge Geisteskrankheit nicht von der Frage des Verhältnisses der vorgefundenen geistigen Störung zu der betreffenden Handlung getrennt werden kann. Wer z. B. an einem periodisch wiederkehrenden Trieb, sich Damenschuhe zuzueignen, leidet, ist gewiß, wenn dieser Trieb als unwiderstehlich sich herausstellt, wegen dieser Handlungen nicht zu bestrafen, selbst, wenn er sonst keine merkbaren Kennzeichen einer Anormalität an sich trägt; und wenn sein Trieb für so gefährlich befunden werden sollte, daß eine strenge Maßregel angezeigt erscheint, so ist er durch Unterbringung in einer Irrenanstalt unschädlich zu machen. Aber in allen anderen Beziehungen ist er wie jeder andere und jedenfalls als zurechnungsfähig und für seine Handlungen verantwortlich zu behandeln. Ebenso wie Geisteskranke viele vernünftige Handlungen auf dieselbe Weise und aus demselben Grunde wie normale Menschen vornehmen können, ebenso werden sie sich auch aus denselben Gründen, die vor Eintritt der Geisteskrankheit sie bewogen, den Gesetzen zu trotzen, zu Verbrechen bestimmen lassen; und hierin wird man bei weitem nicht eine Betätigung der Geisteskrankheit zu sehen brauchen, sondern es wird vielmehr als Beweis dafür dienen können, daß der Betreffende auf diesem Gebiete seine frühere Auffassung davon, welche Ziele erstrebenswert sind, und seine frühere Fähigkeit zur Auffindung der geeigneten Mittel zur Förderung seiner Tätigkeit, mit anderen Worten also, dieselbe Vernunft bewahrt hat, in deren Besitz er sich vorher befand. Es ist deshalb kein Grund zu der Annahme vorhanden, daß er außerhalb der Grenzen dieses besonderen Triebes mehr unter einem unwiderstehlichen inneren Zwang handelt, als mancher andere, und daß er deshalb für eine Strafdrohung unzugänglich sei, wenn es sich um die Verübung eines

---

[1]) Hoffmann, Lehrb. d. ger. Med., S. 881: Das Vorkommen eines solchen scheinbar isolierten Defektes wird uns verständlich, wenn wir folgendes erwägen: Erstens, daß, worauf inbesondere die Ergebnisse neuester Forschungen hinweisen (s. die Lehre von der Aphasie, die psychomotorischen Zentren Hitzigs und Frichs, die Arbeiten von Charcot und von Ferrier usw.), den einzelnen psychischen Funktionen wahrscheinlich bestimmte Hirnteile entsprechen, deren isolierte Erkrankung oder Entwicklungshemmung daher möglich ist, wenn wir auch über den Sitz des moralischen Sinnes oder des »Hemmungsapparates für das Begehrungsvermögen« vorläufig kaum Vermutungen haben.

Verbrechens handelt, das nicht in nachweisbarem Zusammenhange mit diesem Triebe steht. Man kann vielleicht annehmen, daß seine Zurechnungsfähigkeit auch in anderen Richtungen herabgesetzt ist; aber wenn geminderte Zurechnungsfähigkeit nicht im allgemeinen als Straffreiheitsgrund anerkannt wird, so darf sie auch hier nicht soweit führen. Würde man hier den Grundsatz befolgen: alles oder gar nichts, so würde die Folge sein, daß man aus einer Person, die vielleicht bloß in einer einzelnen Beziehung an einer unschuldigen Perversität leidet, eine Person macht, die von keiner Strafe erreicht werden kann und die deshalb als gefährlicher Geisteskranker unschädlich gemacht werden muß. Oder man würde, um dieses auffallende Resultat zu vermeiden, sich weigern, derartigen Zuständen einen Einfluß auf die Frage der Zurechnungsfähigkeit beizumessen, und man würde Handlungen bestrafen, die offenbar unter einem psychischen Zwang ausgeführt worden sind, demgegenüber eine Strafdrohung keine Rolle spielen konnte. Man wird allerdings zugeben können, daß der schweizerische Entwurf hier den Stachel entfernt, indem er einerseits in solchen Fällen dem Richter ein unbegrenztes Recht gibt, die Strafe herabzusetzen, andererseits die Anwendung von Sicherheitsmaßregeln, wie gegenüber Unzurechnungsfähigen, zuläßt. In dieser Beziehung zeigt aber der vorliegende Entwurf keine geringere Elastizität (§ 39 und 56), so daß der schweizerische jedenfalls keine größere praktische Zweckmäßigkeit gegenüber einer geringeren theoretischen Haltbarkeit und gegenüber der Verletzung des Rechtsbewußtseins in die Wagschale werfen kann, die immer dadurch hervorgerufen werden wird, daß überhaupt in derartigen Fällen, wo die Unzurechnungsfähigkeit der Handlung offenbar ist, auf Strafe erkannt wird.

Es dürfte um so mehr Grund vorhanden sein, an der im § 44 vorgeschlagenen Regelung festzuhalten, als die andere in einzelnen Fällen geradezu Resultate hervorrufen kann, die höchst auffällig und bedenklich sind. Ob z. B. derjenige, der einen Mord begangen hat, lebenslänglich in eine Strafanstalt oder in ein Irrenhaus eingesperrt wird, kann vielleicht an und für sich ziemlich gleichgültig sein. Letzterenfalls hängt aber die lebenslängliche Dauer der Einsperrung davon ab, daß er auch bis an sein Lebensende fortfährt, ein gefährlicher Geisteskranker zu sein. Konstatieren die Ärzte einige Tage nach seiner Einsperrung seine Heilung, so muß er in Freiheit gesetzt werden.[1]) Ist aber nun in Wirklichkeit der Mord keine Folge der

---

[1]) Wie leicht dies eintreten kann, darüber siehe u. a. Prof. med. Ballet im Bulletin de la Commission Pénitentiaire Internationale 6ième livraison 1895: »D'autre part, la durée de la séquestration, quand elle a lieu, est subordonnée à l'avis du médicin traitant, qui reste juge de l'opportunité de la sortie, comme le relevait mélancoliquement Ambroise Tardieu, pour peu qu'il s'agisse d'une de ces folies à rémissions plus ou moins complètes, les aliénés les plus dangereux pourront être remis en liberté et la societé ne sera pas protégée contre retour de leurs deplorables entraînements«.

Geisteskrankheit, so entgeht er auf diese Weise nicht bloß der Strafe und dem, was als ihr Äquivalent angesehen werden könnte, sondern man läßt eine Person auf die Gesellschaft los, deren Gefährlichkeit die gleiche geblieben ist, da sie ja nicht auf seinem veränderten geistigen Zustande beruhte.[2]) Es kann deshalb nicht in Abrede gestellt werden, daß es in vielen Fällen von Wichtigkeit sein kann, überall Strafe anzuwenden, wo dies möglich ist und sich nicht dabei zu beruhigen, daß es für die Gesellschaft ungefähr gleichgültig sein könne, ob man den Betreffenden als strafwürdig oder als geisteskrank behandelt. Eine Ordnung, die die Strafbarkeit davon abhängen läßt, ob der Täter an einer krankhaften Störung der Geistesfähigkeiten leidet, sowie davon, ob diese Störung einen solchen Grad erreicht hat, daß er vom medizinischen Standpunkt aus als Krankheit bezeichnet werden muß, eine Ordnung, die ferner diese so willkürliche, vom Ermessen abhängige Entscheidung bald dem einen, bald dem anderen Arzte überläßt, so daß jeder Gedanke an eine Einheitlichkeit aufgegeben werden muß, eine Ordnung, die ferner dazu führt, daß ungefährliche Personen als gefährliche Geisteskranke eingesperrt werden müssen, weil man sie, indem man sie straffrei macht, als gefährlich kennzeichnet und dazu, daß schwere und gefährliche Verbrecher frei umherlaufen dürfen, weil sie infolge eines krankhaften Triebes, an dem sie zur Zeit der Begehung litten und der vielleicht in gar keinem Zusammenhange mit dem Verbrechen steht, der Strafe und der Einsperrung deshalb entgehen, weil sie unmittelbar nach der Begehung von ihrem Krankheitszustande befreit wurden, — eine solche Ordnung ist nach unserer Auffassung in keiner Beziehung gegenüber der jetzt in den Gesetzen allgemein gebräuchlichen ein Fortschritt, die die Straflosigkeit von der konkreten Fähigkeit des Täters, seine Handlungen zu verstehen und zu beherrschen, abhängen läßt und die so der Geisteskrankheit nur die Bedeutung beimißt, die ihr in dieser Beziehung als Ursache von Mängeln zukommt.

Wenn man bedenkt, wie wenig einig in Wirklichkeit sich selbst die Sachverständigen über Geisteskrankheiten sind, indem einige sogar dazu neigen, alle Verbrechen auf solche zurückzuführen, darf man jedenfalls nicht in weiterem Maße, als dies gerade erforderlich ist, die Geisteskrankheit an sich als Straffreiheitsgrund aufstellen.[1])

---

[2]) Daß Geisteskranke unabhängig von ihrer Krankheit von den gewöhnlichen menschlichen Leidenschaften bewegt werden können, wird auch von Dr. Maudsley ausgesprochen (Responsibility in Mental Disease, London 1881, S. 198): »To say of such an one that he has no power of control, or to say of him that he has the same power of control as a sane person, would be equally untrue. To be strictly just we must admit some measure of responsibility in some cases, though not the full measure of a sane responsibility in any case«. So auch Bucknill und Tuke, Manual of psychological Medicine, London 1874, S. 673 und 683. (Beide zitiert von Stephen S. 175 und 178.)

[1]) In früheren italienischen Entwürfen war ebenfalls neben den übrigen »stato de follia« besonders als ein allgemeiner Grund der Unzurechnungsfähig-

Auf der anderen Seite übt eine Gesetzesbestimmung, die verlangt, daß die Geisteskrankheit auf die betreffende Handlung von Einfluß gewesen ist, keine bedenkliche Einschränkung der Bedeutung aus, die im gegebenen Falle einer konstatierten Geisteskrankheit zukommen dürfte, denn, wie auch die Motive zum deutschen und zum holländischen Strafgesetz hervorheben:[1])

Ist das das Resultat, zu dem die Wissenschaft kommt, daß Geisteskrankheiten niemals in dem Sinne als partielle bezeichnet werden dürfen, daß sie nur in einzelnen Richtungen den Gebrauch der Vernunft und die Freiheit des Willens aufheben, so wird der zur Straffreiheit nötige Kausalnexus zwischen der Geisteskrankheit und irgendeiner verbrecherischen Handlung stets festgestellt werden können. Indem man einen solchen Kausalnexus verlangt, läuft man auf der einen Seite keine Gefahr, Unrecht zu tun, auf der anderen vermeidet man es, einer wissenschaftlichen Lehre, die zum mindesten als auch in Fachkreisen sehr umstritten angesehen werden kann, eine Art gesetzlicher Sanktion zu geben. So ist es bezeichnend, daß das sächsische Landesmedizinalkollegium in einer anläßlich des deutschen Strafgesetzentwurfes abgegebenen Erklärung gerade vorschlägt, daß die Fähigkeit der Selbstbestimmung dann als ausgeschlossen angesehen werden soll, wenn entweder

a) diejenige geistige Fähigkeit, die notwendig ist, um Recht von Unrecht zu unterscheiden, fehlt oder
b) die Handlung in bewußtlosem Zustande oder unter einer Geisteskrankheit verübt ist, die entweder im allgemeinen oder in der besonderen Richtung, die bei der Handlung in Betracht kommt, den Gebrauch der Vernunft ausgeschlossen hat,

sowie, daß auch die medizinische Fakultät in Leipzig in ihrer Erklärung darauf besonderes Gewicht legt, daß das Verhältnis zu der inkriminierten Handlung hervorgehoben wird.[2])

Einen von dem schweizerischen Entwurf etwas verschiedenen Weg hat das holländische Gesetz eingeschlagen, indem es in Art. 37 ausführt: »Nicht strafbar ist derjenige, der eine Handlung verübt, die ihm auf Grund der zurückgebliebenen Entwicklung oder einer

---

keit genannt, aber dies wurde im letzten Entwurf u. a. deswegen weggelassen, weil man fürchtete, daß darunter alle möglichen Geisteszustände, die als »follia« bezeichnet werden können, gerechnet werden könnten. Das dänische Gesetz erklärt für straffrei die Wahnsinnigen und die, die auf Grund mangelhafter Entwicklung Störungen oder Schwächungen der Verstandeskraft sich nicht der Strafbarkeit der Handlung bewußt waren, aber hier ist der Ausdruck »Wahnsinnige« jedenfalls in der engeren Bedeutung der anderen älteren Gesetze zu nehmen.

[1]) »Entwurf eines Strafgesetzbuchs für den Norddeutschen Bund«, Berlin 1870. »Motive« S. 55. »Geschiedenis van het Wetboek van Strafrecht«, 1881, I, S. 345.

[2]) »Entwurf eines Strafgesetzbuchs für den Norddeutschen Bund«, »Motive« S. 55.

krankhaften Störung seiner geistigen Fähigkeiten nicht zugerechnet werden kann.[1])

Wie man sieht, überläßt es das Gesetz hier völlig der Rechtsanwendung, zu entscheiden, wann Unzurechnungsfähigkeit auf Grund von Geisteskrankheit oder ähnlichen Zuständen eintritt. Insofern ist diese Fassung gewiß der neulich behandelten vorzuziehen, als nach ihr nicht überall da, wo der Arzt Geisteskrankheit als vorhanden erklärt, das Gericht gezwungen ist, Unzurechnungsfähigkeit anzunehmen, aber auf der anderen Seite öffnet sie doch durch ihre Unbestimmtheit einer derartigen Praxis Tür und Tor. Wo die Begriffe so unbestimmt sind wie auf diesem Gebiete, und wo so verschiedene Meinungen einander gegenüberstehen, darf das Gesetz, falls es nicht Gefahr laufen will, daß auf Grund derselben Gesetzesvorschrift die verschiedenartigsten Entscheidungen gefällt werden, es nicht unterlassen, das zu präzisieren, was sich, ohne einem berechtigten Interesse zu nahe zu treten, präzisieren läßt.

Der Entwurf hält, wie man sieht, so im Prinzipe die Ordnung fest, die auch sonst in der neueren Gesetzgebung die gewöhnliche ist. Bezüglich der näheren Durchführung weichen aber auch diese vielfach von einander ab, und der Entwurf stimmt wieder mit keinem derselben ganz überein. Er spricht, wie man sieht, überhaupt nicht besonders von Geisteskrankheit als einer Ursache der Unzurechnungsfähigkeit. Ebenso wie Zwang und Gefahr mit aufgeführt sind, so fallen unter die Schwächungen der Geisteskräfte auch vorübergehende Zustände, die nicht als Geisteskrankheit bezeichnet werden können, wie Betrunkenheit, hypnotischer Schlaf usw. Ebenso wie das englische Recht hält es daran fest, daß ein geistiger Zustand, der bewirkt, daß man keinen Begriff vom Wesen seiner Handlungen hat, von Strafe befreit, auch wenn man ihre Rechtswidrigkeit völlig einsieht. Wer z. B. einem Schlafenden den Kopf abhaut, um seine Verwunderung zu sehen, wenn er aufwacht und seinen Kopf nicht

---

[1]) Das Gesetz ist hier vom Entwurf abgewichen, der ausdrücklich hervorhob, daß die Geistesstörung zu der konkreten Handlung im ursächlichen Verhältnis stehen müsse: »Buiten staat is ten aanzien van dat feit zijnen vil te bepalen.«

In derselben Richtung wie das holländische Gesetz geht auch jetzt das von Neuchatel in Art. 70:

Il n'y a pas délit lorsque l'auteur était en état de démence, ou qu'il était, sans sa faute, en état d'irresponsabilité intellectuelle au moment de l'action.

Besonders wenig begründet scheint die Forderung zu sein »ohne Schuld«.

Von von Liszt wird vorgeschlagen:

Zur Schuld wird nicht zugerechnet eine Handlung, bei deren Begehung der Täter sich in einem die Zurechnungsfähigkeit ausschließenden Zustande der Bewußtlosigkeit oder Verwirrung der Sinne, der krankhaften Hemmung oder Störung der Geistestätigkeit befand.

findet, kann sehr wohl einsehen, daß er damit eine strafbare Handlung begeht, aber man wird ihn doch nicht zur Bestrafung geeignet finden.[1])

Selbst wenn der Geisteskranke das Wesen seiner Handlung versteht, befreit ihn der Entwurf von Strafe, wenn er auf Grund seiner Geisteskrankheit doch nicht ihren rechtswidrigen Charakter erkennen kann Es ist wohl alle Veranlassung vorhanden, diesen Ausdruck so weit wie möglich zu nehmen. Eine Person, die Gesichte und Offenbarungen hat und infolgedessen bei Verübung eines Mordes auf unmittelbaren göttlichen Befehl zu handeln glaubt, muß jedenfalls als unzurechnungsfähig straffrei sein; dasselbe darf dagegen jedenfalls nicht der Fall sein, wenn jemand, durch allgemeinen religiösen Fanatismus verblendet, dieselbe Untat begangen hat. Geisteskranke, die ein in erster Linie träumendes Dasein führen, werden ebenfalls als unzurechnungsfähig anzusehen sein, da sie keine Auffassung von der Realität ihrer Handlungen und folglich auch nicht von deren Rechtswidrigkeit haben.

Daß die mangelnde Fähigkeit, Herr seiner Handlungen zu sein, ein Straffreiheitsgrund sein soll, und zwar ohne Rücksicht auf die Ursache dieses Mangels, scheint an sich klar; und wenn einzelne Gesetze dieses nicht voll anerkennen, sondern verlangen, daß die fehlende Fähigkeit ihre Ursache in einer krankhaften Störung der Geistestätigkeit oder ähnlichem haben soll, so ist der Grund hierfür allein in der Furcht vor Mißbrauch zu suchen, den der Satz, so allgemein ausgesprochen, möglicherweise zur Folge haben könnte. Geleitet durch diese Betrachtung, hat der Entwurf auch hervorheben zu sollen geglaubt, daß das Gericht immer eine nachweisbare geeignete Ursache für das Nichtvorhandensein der Fähigkeit, sich zu beherrschen, verlangen soll, also: entweder Geisteskrankheit, Schwachsinn, äußeren Zwang, Gefahr oder »einen besonderen Seelenzustand«, wie der durch hypnotische Suggestion hervorgerufene. Der Entwurf will verhindern, daß man aus dem Benehmen des Angeklagten an sich den Schluß ziehen könnte, daß er seiner selbst nicht mächtig war, während er in Wirklichkeit, vielleicht mit der Absicht, dadurch die Aussichten auf eine Freisprechung zu erhöhen, seiner Leidenschaft freien Lauf ließ.

Bezüglich der Frage, was alles unter Zwangshandlungen fällt, bei denen die strafrechtliche Verantwortung ausgeschlossen sein soll, würde sich der Übersichtlichkeit halber empfehlen, die Aufmerksamkeit auf diejenigen, die für die Beurteilung ihrer Zurechnungsfähigkeit namentlich Aufmerksamkeit verdienen, zu lenken, nämlich die Personen, die an sog. Moral insanity leiden. Zu den Zwangshandlungen muß man nämlich auch diejenigen Handlungen rechnen, die zwar an sich nicht unwiderstehlich, es doch im gegebenen Augenblick sein können, weil die Gegenvorstellung, die bei einem normalen

[1]) Siehe Stephen: »History of Criminal Law« II, S. 166.

Individuum regelmäßig entsteht, sich bei dem Geisteskranken überhaupt nicht einstellt, so daß der Trieb der alleinig bestimmende Faktor für den Willen ist und bleibt. Er ist nur für die Einwirkung der am nächsten liegenden Vorstellungen zugänglich. Wird er z. B. infolge einer wirklichen oder vermeintlichen Kränkung von Rachegier befallen, tauchen die Vorstellungen von den Folgen ihrer Befriedigung nicht vor seinem Bewußtsein auf. Diese werden also keinen Einfluß ausüben können, und er bleibt daher das blinde Werkzeug seines unmittelbaren Triebes. Dies wird ihn aber indessen nicht daran hindern, Zeit, Ort und Mittel schlau und mit voller Überlegung zu wählen. Die Vorstellung von Umständen, die hindernd der Kühlung seiner Rache in den Weg treten, wird nämlich auch vor das Bewußtsein eines solchen treten und ihn von der Ausführung seines Planes abhalten können, solange keine Aussichten auf einen Erfolg vorhanden sind. Auf diese Weise erhält die Handlung das Aussehen einer auf normale Weise zustande gekommenen, während in Wirklichkeit doch eine kränkliche Störung der Funktionen des Gehirns die Entstehung oder wenigstens die freie Entfaltung von Gegenvorstellungen verhindert hat, die notwendig ist, wenn der Wille sich nicht von dem ersten besten Antrieb bestimmen lassen soll (vgl. Stephen: History of Criminal Law).

Namentlich von Psychiatern ist gegen die Bestimmungen des Entwurfs und anderer Gesetze über Unzurechnungsfähigkeit der Vorwurf erhoben worden, sie bewegten sich zu sehr auf metaphysischem Gebiet. Namentlich hatte man hierbei die Ausdrücke Geisteskräfte und Willensfreiheit (»seiner selbst nicht mächtig«) im Auge. Selbstverständlich ist dies, wie auch von andern so oft nachgewiesen, ein Mißverständnis. Wenn das Strafgesetz hier, wie an vielen anderen Orten, Unterschiede auf Begriffe, wie Willensfreiheit, Zwang oder ähnliche, aufbauen zu müssen glaubt, so wird hiermit keine Stellung zu den Lehren des Determinismus und des Indeterminismus genommen, sondern diese Ausdrücke werden in ihrer gewöhnlichen landläufigen Bedeutung gebraucht. Auch der Determinist muß einen Wesensunterschied zwischen dem normalen und dem beispielsweise durch unwiderstehlichen äußeren Zwang oder durch Suggestion bestimmten Willen anerkennen und daraus Unterschiede für die strafrechtliche Behandlung ableiten, solange er überhaupt die Berechtigung anerkennt, eine strafrechtliche Verantwortung aufzustellen. Noch verfehlter ist es, aus dem Ausdruck »Geisteskräfte« oder ähnlichen Ausdrücken die metaphysische Behauptung ableiten zu wollen, daß es einen immateriellen Geist gibt. Ebensowenig, wie man durch Anwendung des Ausdrucks »Körperverletzungen« die Auffassung, daß die körperlichen Erscheinungen materielle und nicht bloß die Wirkung unkörperlicher Kraftzentren sind, gesetzlich sanktioniert hat, ebensowenig ist der Ausdruck »Geisteskräfte« etwas anderes als eine Bezeichnung für einen Komplex von Erscheinungen, deren Vorhandensein zu leugnen Psychologen und Psychiater doch die letzten sein sollten.[1])

Es herrscht nun vielfach Unklarheit bezüglich des Verhältnisses zwischen dem Gericht und dem Arzt, der als Sachverständiger sich über den Geisteszustand des Angeklagten aussprechen soll. Man wird regelmäßig finden, daß der Arzt ohne weiteres mit einem Gutachten über die strafrechtliche Zurechnungsfähigkeit des Angeklagten endet, indem die Zurechnungsfähigkeit gewissermaßen als ein naturbestimmter Begriff angesehen wird, der von jeder menschlichen Gesetzgebung unabhängig ist. Unter dem geltenden Gesetz läßt sich dies übrigens auch verteidigen, sofern man es dahin auslegt, daß unter seine Begriffe »Tolle und Wahnsinnige« alle diejenigen fallen, die als geisteskrank bezeichnet werden können, und daß in diesem Sinne Geisteskrankheit und Unzurechnungsfähigkeit ebenso zusammenfallen, wie nach dem schweizerischen Entwurf.[2])

---

[1]) Einen interessanten Beweis dafür, wie wenig man derartige Begriffsbestimmungen entbehren kann, gibt Prof. von Lilienthals Kritik des schweizerischen Entwurfs (Zeitschr. f. d. g. Strafrechtsw., XV, S. 275). Der Verfasser ist zunächst mit dem Entwurf darüber einig, daß man nicht von Willensfreiheit reden soll.

»Darüber sollte man nachgerade einig geworden sein, daß Willensfreiheit oder Unfreiheit nicht eine Frage des Wissens ist, sondern der religiösen oder metaphysischen Überzeugung.«

Einige Zeilen weiter unten billigt er indessen auch, daß der Entwurf nicht besonders Trunkenheit und Taubstummheit behandelt hat.

»Denn nicht Trunkenheit oder Taubstummheit als solche beeinflussen die Zurechnungsfähigkeit, sondern nur, wenn sie durch ihre Wirkungen die normale Bestimmbarkeit durch Motive verwandelt haben.«

Selbstverständlich ist es jedoch gerade diese normale Bestimmbarkeit durch Motive, die das Gesetz mit dem Ausdruck »Willensfreiheit« bezeichnet.

[2]) Wie bereits erwähnt, ist das geltende Gesetz jedoch schwerlich so aufzufassen. Mit »Tollen und Wahnsinnigen« waren jedenfalls nur solche Personen gemeint, die durch ihr Benehmen jedermann ihren anormalen Geisteszustand verrieten. Wenn man nun die Unzurechnungsfähigkeit infolge Geisteskrankheit bedeutend erweitert, so geschieht dies nicht etwa auf Grund einer positiven Gesetzesvorschrift, sondern weil man hier wie überall, wo es sich um Straffreiheitsgründe handelt, sich für berechtigt ansehen konnte, das Gesetz als unvollständig zu betrachten und es daher zu ergänzen (Schweigaard, III. Aufl., I, S. 340). Die Frage, in wie weit diese Ausdehnung erfolgen soll, gehört natürlich zur Kompetenz der Gerichte; wenn ein Arzt erklärt hat, daß dieser oder jener geisteskrank und also unzurechnungsfähig sei, so ist dies eine Erklärung, deren Annahme das Gericht verweigern sollte, sofern es nicht der Ansicht ist, daß der medizinische Begriff der Geisteskrankheit und der juristische der Zurechnungsfähigkeit sich decken.

In Wirklichkeit scheint indessen wenig Zweifel darüber herrschen zu können, daß eine auf diesem Gebiet etwa zulässige Ergänzung der gesetzlichen Straffreiheitsgründe keineswegs so weit gehen darf, daß ein jeder »Geisteskranke« für unzurechnungsfähig und straffrei erklärt wird. Schon der Umstand, daß dies ein Standpunkt ist, zu dem sich bisher auch nicht die Gesetze anderer Länder bekannt haben, dürfte voll ausreichen, um zu zeigen, daß dies keineswegs eine so natürliche Rechtsform ist, als daß man sie sogar ohne gesetzliche

Nach dem vorliegenden Entwurf ist die Sachlage jedenfalls eine andere. Die Frage, wer infolge von Schwächung der Geisteskräfte usw. nicht bestraft werden kann, ist eine Rechtsfrage, die, wie alle Rechtsfragen, zur Zuständigkeit des Gerichts gehört. Die Aufgabe des Arztes ist es nur, den Geisteszustand des Angeklagten, namentlich wo Geisteskrankheit in Frage kommt, zu untersuchen und dem Gericht diejenige Darstellung zu geben, die erforderlich ist, um es instand zu setzen, zu entscheiden, ob ein die Strafbarkeit ausschließender Umstand vorliegt.[1])

Um dies auch äußerlich zum Ausdruck zu bringen, vermeidet der Entwurf den Ausdruck »Zurechnungsfähigkeit« und spricht nur von »Strafbarkeit«.

§ 45.

Der erste Teil dieses Paragraphen spricht wohl kaum etwas anderes aus, als was auch bei Stillschweigen des Gesetzes ange-

---

Grundlage aufstellen könnte. Das Weitgehendteste, zu dem man überhaupt kommen kann, wenn man die Natur der Sache zur Ergänzung des Gesetzes heranzieht, sind die Sätze, über die so ziemlich allgemeine Einigkeit herrscht: daß nämlich Geistesstörungen, die den Handelnden der Fähigkeit berauben, die Beschaffenheit seiner Handlungen zu verstehen oder ihnen gegenüber seinen Willen zu beherrschen, in jedem Fall Straffreiheit bewirken müssen.

[1]) Namentlich ist es Sache des Arztes, sich darüber auszusprechen, ob eine kränkliche Störung der Funktionen des Gehirns vorliegt, aber es werden dann auch keineswegs Schlüsse hiervon auf das Verstandes- und Willensleben seiner Forschung entzogen sein, wenn er auch nicht hierbei die entscheidende Stimme hat, wie dies der Fall ist, wenn es sich darum handelt, ob Geisteskrankheit vorliegt, so auch Hoffmann, l. c., S. 955, wo es, nachdem er die deutsche Lehre behandelt hat, wonach der Arzt allein sich darüber auszusprechen hat, ob Geisteskrankheit vorliegt oder nicht, heißt:

»Dagegen heißt es im Motivenbericht zum § 56 des österreichischen Strafgesetzentwurfes: Der Ausdruck Unzurechnungsfähigkeit wurde im Gesetze mit Absicht vermieden und dadurch die Unzuträglichkeiten beseitigt, daß der Gerichtsarzt gefragt wird, ob jemand zur Zeit der Verübung einer Tat zurechnungsfähig war oder nicht. Die Zurechnungsfähigkeit ist nämlich ein rein juristischer Begriff; der Arzt hat darüber nichts auszusagen, sondern nur zu erklären, ob der Angeklagte zur Zeit der Verübung der Tat derart geisteskrank war, daß er seinen Willen frei zu bestimmen oder das Strafbare seiner Handlung nicht einzusehen vermochte. Diese Anschauung ist unstreitig die richtigere. Die Einmischung des Arztes in die Fällung des Schlußurteils, ob die Handlung des Angeklagten zur Schuld und Strafe zuzurechnen sei oder nicht, das ist es, was der Jurist vermieden wissen will und was stets und mit Recht perhorresziert worden ist; die Erörterung jedoch, ob und welchen Einfluß eine krankhafte Störung respektive Hemmung der Geistestätigkeit auf die Einsicht und Willensbestimmung im allgemeinen, sowie insbesondere bezüglich der betreffenden Handlung ausgeübt habe, fällt zweifellos noch in das Bereich ärztlicher Beurteilung, und dieselbe ist erfahrungsgemäß nicht bloß den Richtern und Geschworenen erwünscht, sondern geradezu unvermeidlich, außerdem auch deshalb ohne Beeinträchtigung des richterlichen Wirkungskreises tunlich, weil ja schließlich doch weder die Richter, noch die Geschworenen an das Gutachten des Arztes gebunden sind, sondern nach ihrer eigenen Überzeugung ihr Urteil abzugeben haben.«

nommen würde; er dürfte indessen trotzdem in das Gesetzbuch aufzunehmen sein, da die wörtliche Auslegung von § 44 eigentlich den entgegengesetzten Schluß zuläßt.

Gegen diese Bestimmung hat man eingewendet, daß sie ohne praktische Bedeutung sei. Dies gilt aber zum mindesten nicht bezüglich der Unterlassungen, die ebenfalls unter den Begriff »Handlungen« fallen.

Wenn hier der Zustand als vorübergehend bezeichnet wird, so ist damit wohl kaum eine positive Begrenzung von Bedeutung zum Ausdruck gebracht. In einen dauernden Zustand der in § 44 genannten Art wird sich wohl kaum jemand freiwillig versetzen, und sollte dies trotzdem vorkommen, so schließt die Strafbarkeit sich von selbst aus. Der eigentliche Grund, weshalb ein vorübergehender Zustand verlangt wird, liegt indessen nicht in diesem Passus des Paragraphen, sondern in dem andern, indem man der Ansicht war, daß derjenige, der wirklich geisteskrank geworden ist, nicht wegen der in diesem Zustande begangenen Handlung deshalb zu bestrafen sei, weil die Geisteskrankheit als selbstverschuldet zu betrachten ist und ihm also insoweit Fahrlässigkeit zur Last gelegt werden kann. Die Bestimmung ist nur auf selbstverschuldete Trunkenheit, freiwillige Hypnose und dergl. anwendbar gedacht.

Wie man sieht, hat der Entwurf so weder die selbst verschuldete noch die vorsätzlich herbeigeführte Trunkenheit in eine Klasse für sich eingereiht.[1]

Es ist indessen zu bemerken, daß § 44 nur von Zuständen handelt, die die Willensfreiheit oder die Fähigkeit, Recht von Unrecht zu unterscheiden, völlig aufheben, was nur selten bei Trunkenheit der Fall sein wird. Wo dies wirklich der Fall ist, wäre es unserer Ansicht nach sowohl unnütz als ungerecht, zu bestrafen, wie wenn die Handlung in normalem Zustande begangen worden wäre. Es ist die Trunkenheit selbst, gegen die man sich wenden muß. Daß Leute sich in diesen ebenso entwürdigenden wie für die Mitmenschen gefährlichen Zustand versetzen, soll der Staat nicht dulden;

---

[1]) Dasselbe ist auch bezüglich der vollständigen Trunkenheit bei den meisten fremden Gesetzen der Fall. In Solothurn (Art. 37) und Freiburg (Art. 57) ist nach dem Wortlaut des Gesetzes nicht einmal völlige Trunkenheit, die man sich unverschuldet zugezogen hat, Straffreiheitsgrund, in Freiburg aber doch Strafmilderungsgrund. Trunkenheit, in die man sich freiwillig oder fahrlässig versetzt hat, ist, selbst wenn sie vollständig ist, kein Straffreiheitsgrund in St. Gallen (Art. 23). Italien (Art. 48), New York (§ 22) und England (Stephen, Digest Art. 29). Unser Gesetz verlangt bekanntlich, damit die Bewußtlosigkeit Straffreiheit bewirken kann, daß der Betreffende sich »ohne eigene Schuld« in sie versetzt hat, dies wird aber doch nur dahin verstanden, daß andernfalls Strafe wegen fahrlässiger Begehung eintreten kann, wo die Fahrlässigkeit strafbar ist. Auch das schwedische und neuchatelsche Gesetz drücken sich auf diese Weise aus. Das tessinsche Gesetz (Art. 48) sagt ausdrücklich, daß völlige Trunkenheit zwar Vorsatz, nicht aber Fahrlässigkeit ausschließt.

läßt man die volle Strafe des Gesetzes denjenigen treffen, der das Unglück hatte, in der Trunkenheit Unheil anzustiften, so erreicht man damit nur, einen Menschen unglücklich zu machen, ohne im geringsten die Rechtssicherheit zu vermehren. In einem besonderen Gesetzentwurf (über Landstreicherei, Trunkenheit und Zwangsarbeitsanstalten) hat die Kommission bereits Maßregeln sowohl gegen Trinker im allgemeinen als auch gegen gefährliche Trunkenbolde im besonderen vorgeschlagen. Um so weniger Veranlassung hat sie daher, hier der Trunkenheit eine Sonderstellung einzuräumen.

Über geminderte Zurechnungsfähigkeit handelt der § 56.

Von Kindern verübte strafbare Handlungen.

Es wird angenommen, daß, wie dies schon in dem eingebrachten Gesetzesvorschlag, betreffend vernachlässigte Kinder, beabsichtigt ist, die niederste Altersgrenze der Strafbarkeit, die zurzeit zehn Jahre beträgt, bedeutend in die Höhe gesetzt werden kann und muß. Auch schon früher ist dieses angeregt worden (Sth. Forh. 1872 indst. O. Nr. 94, S. 236 und Do. 1872, Dok. Nr. 41), ohne jedoch zu einem Resultat zu führen.

Eine höhere Altersgrenze haben das deutsche und das ungarische Gesetz (12 Jahre), der österreichische Entwurf (12 Jahre) und mehrere Schweizer Kantone (so Neuchatel, Solothurn, Zürich und Appenzell), alle 12 Jahre. Von noch größerem Interesse ist es, daß einzelne Länder noch weiter gehen zu können geglaubt haben, namentlich was die besonders schweren Verbrechen anbelangt. So läßt das Strafgesetz St. Gallens von 1885 die Strafbarkeit erst mit dem 16. Jahre eintreten, ausgenommen bei den schwersten Verbrechen, wo das Alter von 12 Jahren die Grenze bildet. Auch das schwedische Strafgesetz von 1864 hat dieselbe Anordnung, nur daß hier das Alter von 15 und 14 Jahren an Stelle dessen von 16 und 12 Jahren tritt. Das letztere Gesetz ist lange genug in Geltung gewesen, um beurteilen zu können, ob seine Regeln sich halten lassen, aber für eine Veränderung ist in Schweden jedenfalls keine Stimmung vorhanden. Ein Beweis in entgegengesetzter Richtung scheint darin zu liegen, daß das finnländische Gesetz die schwedische Regelung angenommen und sogar das Alter von 15 Jahren als unbedingte Grenze festgesetzt hat[1].)

---

[1]) Professor Hagströmer in Upsala äußert sich hierüber: »Dieses sehen wir bei weitem nicht als einen Mangel an. Selten wird angenommen werden können, daß jemand hier im Norden vor Vollendung des 15. Jahres diejenige Entwicklung erreicht hat, die die Voraussetzung für eine wirklich kriminelle Verantwortung bildet (Untersuchungen des »unterdåniga forslag till Strafflag för Storfurstendömmet Finland, Upsala 1884).

Ebenso Almquist auf dem Penitententiärkongreß in Stockholm (nordische Sektion). In Sachsen, Braunschweig und Hamburg betrug die Grenze früher 14 Jahre; und Streng: »Studien über Strafvollzug und Gefängniswesen«,

In Dänemark ist jetzt die kriminelle Altersgrenze auf das 15. Jahr festgesetzt in der Denkschrift der Kommission für die Staatsaufsicht bei der Kindererziehung (Kopenhagen 1895). Der schweizerische Entwurf von Stoos schlägt das Alter von 14 Jahren vor und läßt auch Straffreiheit für Personen zwischen 14 und 18 Jahren zu, wenn sie auf derselben sittlichen und intellektuellen Entwickelungsstufe stehen, wie Kinder unter 14 Jahren.

Die Kommission nimmt also an, wie dies auch im Gesetzentwurf, betreffend die vernachlässigten Kinder, ausgeführt ist, daß die Strafbarkeit bei dem Alter von 14 Jahren eintreten soll. Allerdings hat das Justizkomitee des Storthings 1895 vorgeschlagen, die Grenze auf das 15. Jahr hinaufzusetzen. Zurzeit ist dieses aber in der Rücksicht auf die im übrigen bestehende Strafgesetzgebung begründet, eine Rücksicht, die gegenüber dem neuen Strafgesetzentwurf wenig Bedeutung hat. Es läßt sich indessen nicht bestreiten, daß die Meinungen, auch abgesehen von diesem Grund, geteilt sein können, und daß das endgültige Resultat sein kann, daß die Grenze ganz bis auf das Alter von 15 Jahren erhöht wird. Vorläufig hält man es jedoch für das vorsichtigste, bei dem Alter von 14 Jahren stehen zu bleiben.

Es wird besonderes Gewicht auf den Umstand gelegt, daß, jemehr die kriminelle Altersgrenze hier erhöht wird, um so größer auch die Notwendigkeit sein wird, verhältnismäßig ältere Individuen in Zwangserziehungsanstalten unterzubringen, wo man sie je nach den Umständen beträchtliche Zeit über das Kindheitsalter hinaus behalten wird. Die Aufgabe dieser Anstalten wird unbestreitbar um so schwieriger, je älter und vertrauter mit den verschiedensten Verbrechen die Zöglinge, die ihr zugeführt werden, sind. Insbesondere dann, wenn sie nicht hinreichend in der Lage sind, die älteren von den jüngeren, die verdorbenen von den weniger verdorbenen zu sondern. Unsere Anstalten sind zum großen Teil erst noch ins Leben zu rufen, und man darf nicht dadurch, daß man gleich von Anfang an zu große Anforderungen an sie stellt, Gefahr laufen, daß sie ihre Aufgabe nicht bewältigen können.

Es kann auch nicht in Abrede gestellt werden, daß auch Personen unter 15 Jahren so ernste Verbrechen begehen können, daß es anstößig erscheinen könnte, falls nur die Unterbringung für einige wenige Jahre in einer Zwangserziehungsanstalt die Folge sein sollte, und der Charakter der Zwangserziehungsanstalt würde verfälscht werden, wenn sie als Strafanstalt benutzt würde. Mehr Gewicht muß man indessen darauf legen, daß auch bei verschiedenen kleineren

---

S. 164ff. sowie 129, spricht sich dafür aus, daß man sie in Deutschland so weit erhöhen solle. Ebenso Krohne: »Lehrbuch der Gefängniskunde«, S. 275. Siehe im übrigen Getz: »Entwurf zu einem Gesetz betr. sittlich verkommene und vernachlässigte Kinder«, Christiania 1892, S. 1—5, und die dort angeführten Resolutionen des Penitentiärkongresses in St. Petersburg 1890, der internationalen kriminalistischen Vereinigung und anderer.

Versehen, wie z. B. straßenpolizeilicher Natur, die Strafe auch gegenüber Personen, die jünger als 15 Jahre sind, das wirksamste Mittel zu sein scheint.

Schon beim Alter von 14 Jahren haben die meisten die Schule verlassen, so daß man zu deren Disziplin seine Zuflucht nicht nehmen kann und, was die Familie anlangt, so ist diese oft wenig dazu geeignet, etwas auszurichten, wobei noch besonders hervorgehoben werden muß, daß man die körperliche Züchtigung, namentlich gegenüber Mädchen, in dem betreffenden Alter ungern in Erwägung zieht, selbst wenn die Strafe durch die Eltern vollzogen werden soll. Unterbringung in einer Anstalt ist andererseits eine allzu radikale Maßregel, um überhaupt, abgesehen von ernsteren Fällen, angewendet zu werden, und die Folge davon ist, daß man oft gegenüber Kindern im Alter zwischen 14 und 15 Jahren ziemlich ratlos sein wird, wenn man daran festhält, daß die gewöhnlichen Strafen auf sie unanwendbar sein sollen. Nicht unbeträchtlich wird die Stellung erleichtert, wenn die Möglichkeit geschaffen wird, auch auf sie namentlich Geldstrafe anzuwenden. In den breiteren Schichten der Bevölkerung beginnt um dieses Alter gewöhnlich die Erwerbstätigkeit, und, wenn die Kinder zu Geldstrafen verurteilt werden, so wird dies eine Strafe sein, die gleichzeitig mäßig ist, ohne Schwierigkeit vollzogen werden kann und wirksam empfunden werden wird. Allerdings schließt auch das geltende Gesetz die Anwendung von Geldstrafen auf Kinder unter 15 Jahren aus und erklärt sie für straffrei bei Versehen, die nur mit dieser Strafe bedroht sind. Daß dies indessen als ein Mangel empfunden worden ist, geht schon daraus hervor, daß man durch Auslegung[1]) Bestimmungen in den Polizeiverordnungen aufrecht zu erhalten versucht hat, nach denen in Fällen, in denen Erwachsene zu Geldstrafen verurteilt werden, Kinder mit Rutenzüchtigungen bestraft werden können. Die ihnen im Strafgesetz zugesagte Befreiung von Geldstrafen ist so für seine Inhaber ein Privilegium von zweifelhaftem Werte geworden, und allen Teilen wäre am besten damit gedient, wenn es aufgegeben werden würde.

Wenn so das kriminelle Alter erhöht wird, so muß man auf der andern Seite die in unserem wie in den meisten fremden Gesetzen aufgenommene Bedingung aufgeben: »daß das Kind die verbrecherische Beschaffenheit seiner Handlung eingesehen haben« oder, wie der französische Kunstausdruck lautet, »avec discernement« gehandelt haben muß. Was hierunter zu verstehen ist, wird immer unklar bleiben.

Es ist auch nicht notwendig, eine solche Bestimmung oder eine Regel wie die des schweizerischen Entwurfs aufzunehmen, die nicht nur auf die intellektuelle, sondern auch auf die moralische Entwick-

---

[1]) Vgl. auch z. B. die Anordnungen für Christiania, § 87, für Bergen, § 97.

lung Gewicht legt, da eine besonders mangelhafte Entwicklung in der einen wie in der anderen Richtung, wie auch im § 44 des Entwurfs ausgesprochen, kriminelle Unzurechnungsfähigkeit bewirken wird, und dies ohne Rücksicht auf das Alter, in dem sie vorkommt, und daß sie häufiger bei Kindern wie bei Erwachsenen vorkommt, braucht das Gesetz nicht auszusprechen. Siehe im übrigen den erwähnten Vorschlag zum Gesetz, betreffend vernachlässigte Kinder, sowie die Vorarbeiten in dem Entwurf von Getz zum Gesetz, betreffend die Behandlung der sittlich verkommenen und verwahrlosten Kinder, mit Motiven (1892), Entwurf der Strafrechtskommission zum Strafgesetz über die Zwangserziehung (1892), Verhandlungen des Kongresses des norwegischen Kriminalistenvereins (1892).[1]

Gründe, welche die Rechtswidrigkeit der Handlung ausschließen.

§ 47 Notstand. Unser geltendes Strafgesetzbuch hat, wie die meisten anderen, sich nicht die Aufgabe gestellt, im allgemeinen diejenigen Umstände festzustellen, die strafausschließend wirken, weil sie die Rechtswidrigkeit selbst ausschließen. Die rechtswidrige Handlung ist immer wenigstens die stillschweigende Voraussetzung der Strafbarkeit, was aber rechtswidrig ist und was nicht, darüber zu entscheiden, ist nach der systematisch korrekten Ordnung Sache nicht des Strafgesetzes, sondern der übrigen Teile des Rechtssystems. So hat es z. B. es für überflüssig erachtet, auszusprechen, daß die Ausübung der Hauszucht keine Körperverletzung ist, und noch weniger hat es nähere Vorschriften darüber gegeben, in welchen Fällen die Hauszucht zulässig ist. Auch findet sich keine Bestimmung darin über die Grenzen der erlaubten Selbsthilfe, oder in welchen Fällen eine private Festnahme erfolgen kann, und dies, obgleich in dem Recht zur Festnahme und zur Selbsthilfe unter Umständen ein Recht zur Vornahme von Handlungen liegen kann, die sonst als Körperverletzungen zu bezeichnen wären. Nicht einmal auf die Frage, in welchen Fällen Einwilligung oder Befehle die Rechtswidrigkeit aufheben, hat es sich eingelassen; auch hier hat es die betreffenden Regeln als vorhanden vorausgesetzt, obgleich bekanntlich auch die übrige Gesetzgebung hierüber keine positive Vorschrift enthält.

Es ist daher eine Ausnahme von der Regel, und, im Grunde genommen, auch von dem, was an sich korrekt wäre, wenn das Strafgesetz sich darauf eingelassen hat, die Grenzen des Rechtes der Notwehr zu bestimmen, und dasselbe kann auch bezüglich des »Not-

[1] Ein Auszug dieser Arbeiten und der königlichen Propositionen über dasselbe Gebiet sowie der Vorschlag des Justizkomitees von 1895 findet sich in den 1895 vom Justizministerium herausgegebenen »Aktenstücken, betreffend den Entwurf zu einem Gesetz über die Behandlung verwahrloster Kinder«.

rechtes« (nödret) gesagt werden. Auch bei diesen Ausnahmen hat es indessen nur die überall übliche Methode befolgt, und es ist deshalb guter Grund zu der Annahme vorhanden, daß wir hier nicht einer zufälligen Willkür gegenüberstehen, sondern daß die Regelung durch wichtige Rücksichten geboten war, und diese Vermutung bekräftigt sich, wie man leicht sehen wird, völlig bei näherer Untersuchung.

Die Versuchung könnte an sich groß sein, die Frage des Einflusses des Notstandes auf die Rechtswidrigkeit von sich zu schieben; denn sie gehört zweifellos zu den schwierigsten der juristischen Wissenschaft und der Gesetzgebung, aber gerade derselbe Grund bewirkt, daß das Gesetz nicht ohne eine positive Lösung an ihr vorbeigehen darf. Nur ein flüchtiger Blick auf die Behandlung, welche dieses Gebiet zu verschiedenen Zeiten in den verschiedenen Ländern gefunden hat, wird zeigen, daß man hier wenig oder keine sichere Führung durch allgemein anerkannte Rechtsgrundsätze finden wird, und daß deshalb das Schweigen des positiven Gesetzes widersprechende Entscheidungen und Verwirrung heraufbeschwören wird. Unter diesen Umständen ist es entscheidend, daß sich in der übrigen Gesetzgebung nicht die nötigen Regeln über dieses Gebiet finden. Es wird daher unabweisliche Pflicht des Strafgesetzes, dies ins reine zu bringen. Bevor man die Strafdrohungen aufstellt, müssen die erforderlichen Regeln über die Voraussetzungen der Strafen gegeben werden, und ist dies noch nicht geschehen, so muß es jetzt geschehen, und zwar im Strafgesetze selbst.

Wir wollen zunächst vom Notstande im allgemeinen handeln und so vorläufig die besonderen Regeln außer Betracht lassen, die mit Recht gegenüber dem, der sich einen rechtswidrigen Angriff zuschulden kommen läßt, den es zurückzuweisen gilt (Notwehrrecht), zur Anwendung kommen.

Fast in den Gesetzen und Gesetzentwürfen aller Länder wird der Notstand behandelt und ihm ein Einfluß auf die Strafbarkeit beigemessen, aber die Art und die Ausdehnung, in der dies geschieht, ist sehr verschieden.

Der erste und wesentlichste Unterschied beruht darauf, daß der Notstand an einzelnen Orten lediglich als ein Umstand behandelt wird, der die Zurechnungsfähigkeit oder die Strafschuld aufhebt oder vermindert, ohne daß deshalb die Rechtswidrigkeit aufgehoben zu sein brauchte, während er an anderen Orten zugleich mehr oder minder als ein Rechtfertigungsgrund anerkannt wird. Zu der ersten Klasse werden folgende Länder zu zählen sein: Deutschland, Frankreich, Holland, sowie ungefähr alle Schweizer Kantone, Belgien, Italien, Finnland, New York, England und gewiß auch Schweden, obgleich das Gesetz dieses Landes keine ausdrückliche Erwähnung enthält, sowie der kroatische und der schweizerische Entwurf. Zu der anderen müssen gezählt werden: Norwegen, Dänemark und der österreichische, der spanische und der russische Entwurf. Aber auch der Unterschied zwischen den Gesetzen, die demselben System angehören, ist groß.

So ist, wie gesagt, der Notstand im schwedischen Gesetz gar nicht genannt, in anderen, dem französischen, belgischen, genfischen, holländischen, sowie in dem französischen Entwurf und anderen findet sich nur die Bestimmung, daß Handlungen, die unter einem unwiderstehlichen Zwang oder einer unwiderstehlichen äußeren Gewalt begangen worden sind, nicht zugerechnet werden können. Im deutschen Gesetz dagegen wird der Notstand weitläufiger behandelt, indem § 52 vorschreibt, daß eine strafbare Handlung dann nicht vorhanden ist, wenn der Täter durch unwiderstehliche Gewalt oder durch eine Drohung, welche mit einer gegenwärtigen, auf andere Weise nicht abwendbaren Gefahr für Leib oder Leben seiner selbst oder eines Angehörigen verbunden war, zu der Handlung genötigt worden ist.

Als Angehörige im Sinne dieses Strafgesetzes sind anzusehen Verwandte und Verschwägerte auf- und absteigender Linie, Adoptiv- und Pflegeeltern und -Kinder, Ehegatten, Geschwister und deren Ehegatten und Verlobte.

§ 54 dehnt diese Regel auch auf einen jeden anderen »unverschuldeten«, auf andere Weise nicht zu beseitigenden Notstand aus. Die Bestimmung des deutschen Gesetzes ist in das ungarische übergegangen und ähnliche Bestimmungen finden sich in den Gesetzen von Solothurn, Thurgau, Basel, Zürich und Schwyz, und sie ist auch im kroatischen Entwurf aufgenommen. Das newyorkische Gesetz enthält eine Bestimmung, die ungefähr der deutschen entspricht, aber sie läßt die Drohung nicht bloß gegen den Täter selbst oder seine Angehörigen zu. Das geltende englische Recht wird von Stephen folgendermaßen wiedergegeben: »Eine Handlung, die, wenn sie freiwillig begangen wäre, einen Mann zum Teilnehmer eines Verbrechens (principal in the second degree and an aider and abettor in a crime) machen würde, kann straffrei bleiben, wenn das Verbrechen von mehreren gemeinsam verübt und die Handlung nur begangen ist, weil der Täter im Augenblick der Begehung seitens der übrigen durch Drohungen, daß sie ihn töten oder ihm beträchtlichen Schaden zufügen würden, falls er sich weigere, zur Ausführung getrieben worden ist; Drohungen, Schaden zuzufügen, die sich auf die Zukunft beziehen, oder Befehl seitens anderer Personen als dem Ehegatten des Schuldigen entschuldigen kein Verbrechen« (Art. 31). »Eine Handlung, die sonst ein Verbrechen sein würde, kann entschuldigt werden, wenn der Angeklagte nachweisen kann, daß sie nur deshalb geschah, um Folgen zu vermeiden, die auf andere Weise nicht zu vermeiden waren und die, falls sie eingetroffen wären, ihm oder anderen Personen, deren Schutz ihm oblag, einen unvermeidlichen und nicht wieder gut zu machenden Schaden zugefügt haben würden, sowie daß nichts weiter geschehen ist, als was vernünftigerweise im Augenblick nötig war, und daß das zugefügte Übel nicht außer Verhältnis zu dem vermiedenen Übel stand. Wie weit dieses Prinzip geht, ist ungewiß. Es erstreckt sich jedenfalls nicht soweit, daß es schiffbrüchige Seeleute umfaßt, die einen aus ihrer Mitte töten, um ihn zu verzehren« (Art. 32). Bezüglich verheirateter Frauen gibt es eine besondere Präsumtion des Zwanges, wenn sie in Gegenwart ihres Mannes Diebstahl, Hehlerei begehen oder falsches Geld ausgeben, und dieser Zwang entschuldigt ihre Handlungen; ein Gegenbeweis ist jedoch zulässig. Wie weit diese Regel auch bei anderen Verbrechen Geltung hat, ist zweifelhaft; sicher ist, daß sie nicht bei Mord, Hoch- und Landesverrat Anwendung findet (Art. 30).

Im englischen Entwurf ist indessen die Regel bedeutend verändert, indem dort nicht Notstand im allgemeinen, sondern nur Zwang behandelt ist, von dem es heißt: »Zwang durch Drohungen mit augenblicklichem Tod oder bedeutendem körperlichen Schaden, die von einer Person ausgeht, die bei der Begehung des Verbrechens zugegen ist, soll eine Entschuldigung bei Verbrechen bilden, ausgenommen bei Hochverrat, Mord, Seeraub und dem gleichgestellten Verbrechen, Mordversuch, Mithilfe bei Notzucht, gewaltsamer Abtreibung, Raub, schwerer Körperverletzung und Brandstiftung, vorausgesetzt, daß die bedrohte Person glaubt, daß die Drohung zur Ausführung gebracht werde, und zugleich vorausgesetzt, daß sie nicht Mitglied einer Verbrecherbande und als solches Gegenstand des erwähnten Zwanges ist.

»Es soll in Zukunft keine Präsumtion gelten, daß eine Ehefrau, die in Gegenwart ihres Ehemannes ein Verbrechen begeht, unter seinem Zwange handelt.«

Der schweizerische Entwurf, der in seiner ersten Form (1893) nur verlangte, daß eine Handlung je nach den Umständen entschuldbar sein solle, lautet in seiner jetzigen Fassung folgendermaßen (Art. 16):

»Wer eine als Verbrechen bedrohte Tat begeht, um Leben, Leib, Freiheit, Ehre, Vermögen oder ein anderes Gut für sich oder einen anderen aus einer unmittelbaren, nicht anders abwendbaren Gefahr zu erretten, ist nicht strafbar, wenn er einer Pflicht oder dem Triebe der Selbsterhaltung gehorchte oder wenn das gerettete Gut ungleich wichtiger ist als das aufgeopferte. Im übrigen kann der Richter die Strafe unbeschränkt mildern« (Art. 37 a. E.).

Von den Ländern, die ein wirkliches Notrecht anerkennen, haben Norwegen und Dänemark ungefähr gleichlautende Bestimmungen, indem sie dieses auf Eingriffe in die Vermögensrechte eines andern zum Schutze von Leben oder Gesundheit seiner selbst oder anderer einschränken. Der spanische Entwurf dagegen spricht aus: »Berechtigt ist die Handlung, durch die man, um ein Übel zu vermeiden, das Eigentum eines andern beschädigt, jedoch mit der Maßgabe, daß das Gericht darüber zu befinden hat, ob eine offenbar unnötige Überschreitung stattgefunden hat.« Und was schließlich den russischen und den österreichischen Entwurf betrifft, so haben sie sowohl die eine als auch die andere Begrenzung dieser Gesetze aufgegeben und verlangen lediglich Verhältnismäßigkeit. So sagt der russische Entwurf: »Als nichtverbrecherisch gilt die Handlung, die begangen wird, um das eigene oder das Leben anderer vor einer auf andere Weise unabwendbaren Gefahr zu retten.«

Unter den gleichen Bedingungen wird eine Handlung für nichtverbrecherisch angesehen, die begangen wird, um Gesundheit, Freiheit, geschlechtliche Ehre oder andere persönliche oder vermögensrechtliche Güter zu retten, wenn der Täter hinreichenden Grund hatte, den von ihm verursachten Schaden als unbedeutend im Verhältnis zu dem geretteten Gut anzusehen.

Die Bestimmungen dieses Artikels finden keine Anwendung, wenn die Vermeidung der Gefahr selbst eine unter Strafe verbotene Handlung war« (§ 42).

Im wesentlichen stimmt hiermit § 58 des österreichischen Entwurfes überein, der jedoch Handlungen ausschließt, die begangen werden, um einer strafrechtlichen Verfolgung zu entgehen.[1])

Etwas anders in der Fassung, aber im Gedanken ziemlich übereinstimmend ist das finnländische Gesetz (Kap. 3, § 10), wenn auch dessen Ausdrücke so gewählt scheinen, um einen jeden Gedanken an ein wirkliches Notrecht auszuschließen: »Hat jemand, um Leben oder Eigentum seiner selbst oder einer andern Person aus dringender Gefahr zu retten, eine mit Strafe bedrohte Handlung begangen, und war dies die einzige Rettung, so prüfe das Gericht nach Sachlage und Umständen, ob der Täter wegen dieser Handlung straffrei sein soll oder die volle Strafe oder eine nach Abs. 1, § 2, herabgesetzte Strafe verdient.« Diese Regel enthält eine bedeutende Änderung gegenüber dem ursprünglichen Entwurf, der zunächst mit dem spanischen Entwurf übereinstimmte.

Nach unserer Ansicht ist es die erste und unabweisbarste Forderung, daß das Gesetz keine besondere Vorschrift aufnimmt, durch die das Vorhandensein eines Notrechts direkt in Abrede gestellt wird. Eine derartige Inabredestellung schlägt sowohl der Moral als dem gesunden Menschenverstande ins Gesicht. Zu lehren, daß es eine rechtswidrige Handlung ist, zum Schutze des Lebens oder zwecks Löschung einer Feuersbrunst fremdes Eigentum zu beschädigen oder auch nur vorübergehend zu benutzen, daß dies aber doch unter Umständen als so entschuldbar angesehen werden könne, daß man von

---

[1]) »Auf Handlungen, welche jemand in einem auf andere Weise nicht zu beseitigenden Notstande begangen hat, um eine unmittelbar bevorstehende unverhältnismäßige Beschädigung an Leib, Freiheit oder Vermögen von sich oder anderen abzuwenden, findet das Strafgesetz keine Anwendung.

Eine strafbare Handlung, welche zur Abwendung der strafrechtlichen Verfolgung begangen wird, ist als im Notstande begangen nicht zu behandeln.«

Strafe befreit sei, heißt die Dinge auf den Kopf stellen, und die Sache wird noch schlimmer, wenn man, wie das deutsche und andere Gesetze, noch die Willkür hinzufügt, bestimmte Personen aufzuzählen, zu deren Schutz solche, ja irgendwelche beliebigen rechtswidrigen strafrechtlichen Handlungen begangen werden können, während, wenn es sich um Personen handelt, die außerhalb dieses Kreises stehen, auch nicht die geringste Abänderung in den allgemeinen Regeln über Strafschuld zugestanden wird. Die Vorschrift des deutschen Gesetzes hat denn auch zu der Lehre geführt, daß das Gesetz hier nicht erschöpfend sei, aber auch abgesehen davon, daß auch die Regel, die es positiv ausspricht, als zu weit gehend in der Gewährung von Straffreiheit unzweckmäßig ist, hat es auch unbedingt die Regel, die es nicht ausspricht, in eine mißlichere Stellung gebracht, und es ist überhaupt für die Frage des Notrechtes eher irreführend als wegweisend.

Will man sich nicht dem gleichen Schicksal aussetzen, so muß man eins von zwei Dingen wählen: entweder muß das Gesetz gänzlich über die strafrechtliche Bedeutung des Notstandes schweigen, oder sie muß ausdrücklich, wenn auch nicht die Rechtmäßigkeit, so doch die Straflosigkeit von in Notstand begangenen Handlungen in dem vollen Umfange anerkennen, in dem dieser die Straffreiheit begründen soll. Das Strafgesetz braucht sich nicht darüber auszusprechen, wie weit die Straffreiheit daraus folgt, daß die Zurechnungsfähigkeit aufgehoben, oder daraus, daß die Rechtswidrigkeit weggefallen ist, aber die Straffreiheit, die ausdrücklich zugesagt wird, darf jedenfalls nicht bloß diejenige sein, die aus der Unzurechnungsfähigkeit folgt, während diejenige, die von der Rechtmäßigkeit hergeleitet wird, obgleich auch sie anerkannt werden soll, mit Schweigen übergangen wird. Gänzlich über die Bedeutung des Notstandes zu schweigen, ist indessen theoretisch wenig haltbar, wenn man einerseits das Recht der Notwehr behandelt, und befriedigt andererseits auch nicht das praktische Bedürfnis, das, wie bereits ausgeführt, auf diesem schwierigen und umstrittenen Gebiet eine ausdrückliche Gesetzesvorschrift verlangt.

Soll die Frage Gegenstand einer positiven Regelung sein, so muß weiter verlangt werden, daß diese von jeder Willkür befreit wird. Die Betrachtung, die sonst auf vielen Gebieten zutrifft, daß nämlich eine bestimmte, wenn auch willkürliche Regel besser ist als eine unbestimmte und in der Schwebe befindliche, gilt nicht, wenn es sich darum handelt, etwas zum Verbrechen zu stempeln. Man kann nicht aus Bequemlichkeit an sich tadellose Handlungen zu strafbaren machen, wenn es sich auch umgekehrt bis zu einem gewissen Grade verteidigen läßt, aus diesem Grunde die Bestrafungen Strafwürdiger zu unterlassen. Unserer gegenwärtigen Regelung wird indessen in mehreren Beziehungen der Vorwurf der Willkür gemacht. Es ist willkürlich, daß man in keinem Fall andere Eingriffe als solche in Vermögensgüter machen kann, und es ist willkürlich, daß auch solche Eingriffe nicht zugestanden werden, wenn es sich nicht um die Rettung von Leib oder Leben, sondern von Vermögensgütern, z. B. darum handelt, eine Feuersbrunst zu löschen oder eine Überschwemmung in Fällen zu verhindern, wo diese keine Gefahr für Personen mit sich bringen.[1])

Schließlich ist es auch willkürlich, daß Vermögensgüter bedingungslos der Rettung von Leben oder Gesundheit geopfert werden. In vielen Fällen wird es für eine Pflicht angesehen, Leben und Gesundheit aufs Spiel zu setzen, um wichtige Vermögensgüter zu retten, und hierzu paßt die Vorschrift des Gesetzes nur schlecht. Es gibt auch Fälle, wo es offenbar erlaubt, ja Pflicht sein muß, zur Rettung des Lebens eines anderen zu töten, wofür die Perforation der schlagendste Beweis ist.

Schließlich ist noch die Ordnung zu erörtern, die der russische und österreichische Entwurf und das finnländische Gesetz (bis zu einem gewissen Grade auch der schweizerische Entwurf) angenommen haben. Auch diese weichen indessen wieder erheblich voneinander ab. Während die beiden ersteren selbst als entscheidendes Kriterium die »Verhältnismäßigkeit« aufstellen, im übrigen aber dem Gerichte es ganz überlassen, diese zu beurteilen, geht der finnländische noch einen Schritt weiter, indem er in Wirklichkeit nur ausspricht, daß das Gesetz den Notstand als Strafausschließungsgrund anerkennt ohne eine Vorschrift bezüglich der ins Ermessen gestellten Entscheidung des Gerichtes darüber zu geben, wie weit ein solcher im einzelnen Falle vorgelegen hat. Für die Wahl zwischen diesen beiden Methoden scheint die Beantwortung der Frage wesentlich zu sein, ob es möglich ist, ohne Willkür so bestimmte Bedingungen aufzustellen, wie jene ersten Entwürfe es tun, denn ohne Zwang darf jedenfalls der Gesetzgeber so wichtige Entscheidungen wie die in Rede stehenden nicht der Gesetzeshandhabung überlassen. Nach unserer Ansicht kann kein wesentliches Bedenken dagegen geltend gemacht werden, den Grundsatz auszusprechen, daß das drohende Übel im Verhältnis zu dem zugefügten besonders groß sein muß. Wo

---

[1]) Das Gesetz vom 20. Juli 1893 über Strandung und Wracke macht es in § 5 zur Pflicht, wenn es sich um die Rettung von Menschenleben handelt, eine jede Verfügung über sein Eigentum zu dulden, die der, der die Bergungen leitet, für notwendig hält. Nach § 2 sollen jedoch auch Private »nach bestem Ermessen und Können« handeln, nicht bloß um den Schiffbrüchigen Hilfe zu leisten, sondern auch, um die Bergung von Gütern zu bewirken. Die Weigerung, zu einem solchen Zwecke z. B. sein Boot zur Verfügung zu stellen, muß wenigstens je nach den Umständen eine rechtswidrige Handlung sein, der gegenüber man, wenn wie hier Gefahr im Verzuge ist, sich selbst wird Recht schaffen können. Wenig entspricht dem auf der anderen Seite, daß dem Eigentümer in § 5 Erstattung des etwaigen Schadens zugesagt wird, während er, wenn er z. B. gemäß § 2 selbst versucht hat, Güter zu retten und dabei Schaden leidet, wenigstens keine gesetzliche Garantie für eine Schadloshaltung hat.

dieses nicht der Fall ist, darf man nie auf der Basis des Notstandes Straffreiheit zusagen; selbst wenn das drohende Übel der Tod ist, kann dies nicht dazu berechtigen, andere zu töten, ja nicht einmal, sie zu verstümmeln oder ihnen anderen bedeutenden Schaden zuzufügen. In dieser Beziehung können wir also keinesfalls dem russischen Entwurfe beitreten, sondern müssen uns vielmehr dem Gedanken des englischen anschließen. Es erscheint ganz grundlos, wie der russische Entwurf dies tut, demjenigen Straffreiheit zu gewähren, der, um das Leben eines Dritten zu retten, einen oder vielleicht mehrere andere des Lebens beraubt, aber auch wenn es sich um das eigene Leben des Betreffenden handelt, so sollte es außer Zweifel sein, daß er nicht, um dieses zu retten, z. B. eine ganze Familie durch Feuer zugrunde gehen lassen darf.[1])

Etwas anderes ist es, daß derjenige, der selbst von einem derartigen Übel wie der Tod bedroht wird, unter Umständen wegen Unzurechnungsfähigkeit freigesprochen werden kann. Dies ist eine Seite der Sache, die uns hier nichts angeht, da dies nach den gewöhnlichen Regeln über Zurechnungsfähigkeit zu beurteilen ist und wir hier keine Veranlassung haben, besondere Regeln hierüber aufzustellen.

Der Staat verlangt in vielen Fällen, daß seine Bürger dem Tod ins Auge schauen sollen, ohne deshalb die Selbstbeherrschung zu verlieren, und es erscheint wenig angebracht, im bürgerlichen Strafgesetz das als einen unbedingten Straffreiheitsgrund anzuerkennen, was nach dem militärischen eine mit dem Tod bedrohte Feigheit wäre.

Auf der anderen Seite besteht keine Gefahr, daß man zu milde ist, wenn man verlangt, daß der abgewehrte Schaden im Verhältnis zu dem zugefügten besonders groß sein müsse. Bei der Beurteilung hiervon würden die Gerichte gerade darauf Rücksicht nehmen, ob eine gesunde Betrachtung dazu führen mußte, jenen zuzufügen und diesen abzuwehren. Da das Verhältnis zwischen dem im Notstande zugefügten und dem drohenden Schaden immer danach beurteilt werden muß, wie sich die Sache für den Handelnden zur Zeit der

---

[1]) In der strafrechtlichen Literatur ist des öfteren der Fall behandelt worden, daß mehrere Schiffbrüchige einen aus ihrer Mitte töten, um dem Hungertode zu entgehen (Mignonettefall, siehe Simonsen: Zeitschr. f. d. ges. Strafrechtsw. V, S. 367; vgl. S. 650 Stephen: A Digest of the criminal law of England, 4. Auflage, S. 24). In einem solchen vor ein paar Jahren vorgekommenen Fall auf einem norwegischen Schiffe (Thekla) wurde überhaupt keine Anklage erhoben, und dies fand jedenfalls allgemeine Billigung. Diese Entscheidung steht jedenfalls auch nicht im Widerspruch mit der Vorschrift des Entwurfs bezüglich der Verhältnismäßigkeit. Wenn aller menschlichen Voraussicht nach der Tod sowohl bei dem Getöteten als auch bei den übrigen im Verlaufe weniger Stunden eingetreten wäre, falls die Tötung nicht vorgenommen worden wäre, so wird der verursachte Schaden — die Abkürzung des Todeskampfes eines einzelnen um wenige Stunden — sich gewiß als unbedeutend im Verhältnis zu dem Erreichten darstellen: der Rettung aller übrigen.

Handlung darstellte, so folgt es von selbst, daß die im § 42, Abs. 3 aufgestellte Regel, wonach dem Irrtum über die Größe eines Schadens keine Bedeutung zukommt, hier nicht gilt.

Wenn gegen die Aufstellung der Verhältnismäßigkeit als Prinzip geltend gemacht worden ist, daß eine Abmessung des Wertes der verschiedenen Rechtsgüter nicht stattfinden könne (Stoos in »Verhandlungen über das schweizerische Strafrecht« S. 163), so kann dies keineswegs zugegeben werden. Die Aufnahme der Verhältnismäßigkeit in den letzten schweizerischen Entwurf als eines der Straffreiheitsgründe zeigt auch, daß diese Behauptung sich nicht hat halten lassen. Das ganze Strafgesetz, das ja die verschiedenen Rechtsgüter mit verschieden großen Strafen schützt, ist ein Beweis des Gegenteils. Gewiß kann zwischen verschiedenartigen Rechtsgütern und oft auch zwischen gleichartigen keine genaue Abwägung stattfinden, aber dies ist auch nach dem Entwurf nicht nötig, da dieser einen besonders großen Unterschied verlangt. Selbst wenn es einzelne Rechtsgüter gibt, die als unbedingt inkomparabel anerkannt werden müssen, so bewirkt dies nur, daß bei ihrer Verletzung ein Notstand nicht geltend gemacht werden kann, nicht aber die Notwendigkeit, die Verhältnismäßigkeit als einen allgemeinen Bestimmungsgrund aufzugeben.

Hinsichtlich des selbstverschuldeten Notstandes verhalten sich die Gesetze etwas verschieden.

Der englische Entwurf spricht ausdrücklich aus, daß es den Zwang, dem man sich selbst durch Eintritt in eine Verbrecherbande unterworfen hat, nicht als Strafausschließungsgrund anerkennt. Der jetzt vorliegende österreichische Entwurf hat andererseits die früher aufgestellte Forderung, daß die Not eine unverschuldete sein müsse, aufgegeben. Offenbar ging dies auch zu weit.

Daß jemand durch eigene Schuld, namentlich durch ein eigenes Verbrechen, andere in Notstand gebracht hat, kann nicht in Betracht kommen und wohl auch nicht, daß der andere, den man zu retten sucht, durch ein eigenes Verbrechen in diese Lage geraten ist. Nur da, wo der Handelnde sich auf solche Weise selbst in Notstand versetzt hat, kann es angezeigt erscheinen, ihm die Straffreiheit zu entziegen. Aber auch dies wird nicht immer gerechtfertigt sein, indem viel von dem mehr oder minder natürlichen Kausalverhältnis abhängen muß, das zwischen dem Verbrechen und dem Notstand steht. Unter diesen Umständen scheint es am richtigsten, wenn das Gesetz sich nicht bestimmt über diese Seite der Sache ausspricht, sondern sie den Gerichten zur Beurteilung der konkreten Umstände überweist.

Zu § 48, Notwehr.

Nicht weniger schwierig und bestritten als die übrigen Umstände, die die Strafe ausschließen, ist die Stellung des Rechtes der Notwehr. Darüber, daß bis zu einem gewissen Grade die Strafe ausgeschlossen sein muß, weil die sonst strafbare Handlung zur Abwehr eines rechtswidrigen Angriffs vorgenommen ist, sowie darüber, daß es sich hier nicht bloß um einen Umstand handelt, der die Strafbarkeit ausschließt, sondern jedenfalls teilweise auch der Handlung ihren unrechtmäßigen Charakter nimmt, sind sich gewiß alle einig. Man hat immer und überall denjenigen, gegen den ein mörderischer Überfall sich richtet, für berechtigt angesehen, sich hiergegen mit einem jeden zu seiner Verfügung stehenden Mittel zu wehren, ja, hierbei den Angreifer zu töten.

Aber schon beinahe hiermit hört die Übereinstimmung auf. Während man namentlich in älteren Zeiten glaubte, das Recht der Notwehr allen möglichen Beschränkungen unterwerfen zu müssen, die namentlich an die Betrachtung sich anlehnten, daß eine gewisse Verhältnismäßigkeit zwischen dem Übel, das abgewehrt, und dem, das zur Abwehr benutzt wird, sowie zwischen diesem und der Schuld des Angreifers bestehen müsse, haben in der neueren Zeit Theorie und Gesetze mehr zu der Betrachtung geneigt, daß die einzige Bedingung für das Recht der Notwehr der objektiv widerrechtliche Angriff ist und daß dieser zur Anwendung eines jeden Mittels berechtigt, das zu seiner Abwehr erforderlich ist.[1])

---

[1]) So sagt das deutsche Gesetz in aller Breite: »Notwehr ist diejenige Verteidigung, welche erforderlich ist, um einen gegenwärtigen, rechtswidrigen Angriff von sich oder einem andern abzuwenden.« Hiermit stimmen die Gesetze von Basel, Zug und Solothurn sowie der österreichische Entwurf überein. Eine Reihe anderer Länder zählt allerdings die Rechtsgüter, zu deren Beschützung Notwehr erlaubt ist, auf, aber es wird zum mindesten teilweise zweifelhaft sein, ob alle in diese Aufzählung Aufnahme gefunden haben. So sagt das Gesetz von Zürich:

»Wer, um sich oder andere gegen einen rechtswidrigen Angriff zu schützen, der gegen die Person, den Besitz oder das Eigentum unternommen wird, oder um sich dem widerrechtlichen Eindringen in eine Wohnung oder ein Besitztum zu widersetzen, oder um sich der Person des Angreifers zu versichern, oder um die seinem Besitze widerrechtlich entzogenen Sachen wieder zu erhalten, gegen den Angreifer sofort eine sonst mit Strafe bedrohte Handlung begeht, ist straflos, insofern er hierbei die Grenzen der Verteidigung nicht überschritten hat.«

Ungefähr ebensoweit scheinen die Gesetze von Bern, Appenzell, St. Gallen sowie das finnländische Gesetz zu gehen. Artikel 73 des Gesetzes von Neuchatel lautet:

»Es ist keine strafbare Handlung, wenn jemand für sich oder andere Notwehr ausübt. Die Notwehr ist auf die Anwendung solcher Mittel beschränkt, die erforderlich sind, um die Person, die Wohnung oder das Eigentum des Angegriffenen gegen einen unmittelbar drohenden rechtswidrigen Angriff zu beschützen.«

Der spanische Entwurf sagt: »Berechtigt ist eine Handlung, die erforderlich oder berechtigt ist, um einen rechtswidrigen Angriff zu verhindern oder abzuschlagen, der sich gegen die Person, die Ehre oder das Eigentum des Täters oder einer anderen Person richtet.« Und das russische Gesetz: »Als nicht verbrecherisch wird die Handlung angesehen, die in Notwehr vorgenommen ist, d. h. von jemand, der sich oder einen anderen gegen einen rechtswidrigen An-

Während man in einigen, namentlich älteren Gesetzen diejenigen Rechtsgüter, zu deren Schutz man sogar so weit gehen kann, den Angreifer des Lebens zu berauben, aufgezählt findet, gestatten andere die Notwehr, und zwar jeden Grad derselben, zur Beschützung jedes beliebigen Rechtsgutes, der Ehre, des Eigentums usw., ebenso-

---

griff auf persönliche oder Vermögensgüter verteidigt.« Zu dieser Klasse muß auch das geltende norwegische Gesetz gezählt werden. Wie man sehen wird, ist es jedenfalls zum Teil zweifelhaft, ob die Notwehr gegen Verbalinjurien und gegen Kränkungen des Besitzstandes (Selbsthilfe) und andere unbedeutende Versehen, z. B. unberechtigtes Eindringen in ein Haus usw., erlaubt ist. Aber dies ist gewiß von verschwindend praktischer Bedeutung, und man begeht deshalb keinen großen Fehler, wenn man das in den Gesetzen oder Gesetzentwürfen dieser Länder aufgestellte Notwehrrecht als unbegrenzt bezeichnet. Zweifelhaft ist es, ob der spanische Entwurf nicht so zu verstehen ist, daß die Verteidigung sich entweder als notwendig darstellen muß, oder im entgegengesetzten Fall eine besondere gesetzliche Grundlage dafür gegeben wird; dann würde er nicht hierher zu zählen sein. Dagegen müssen wohl das ungarische Gesetz und der kroatische Entwurf zu der oben erwähnten Klasse gerechnet werden, indem sie als beschützte Objekte nennen »Person und Vermögen«, ebenso der französische Entwurf, der eine jede Handlung für straffrei erklärt, lorsque le prévenu était en état de légitime défense.

In eine andere Klasse sind dagegen diejenigen Gesetze zu stellen, die das Recht der Notwehr mehr oder minder auf den Fall eines Angriffs gegen eine Person beschränken. Hierher gehört das dänische Recht: »Handlungen, welche durch Notwehr geboten sind, bleiben straflos, wenn und soweit sie notwendig waren, um einem gegenwärtigen oder drohenden rechtswidrigen Angriff gegen die Person des Täters oder einen anderen, gegen seine Ehre oder sein Gut zu widerstehen, oder einen solchen von ihm abzuwehren. Doch soll es nur zur Verteidigung des Lebens, der Gesundheit oder des Wohlergehens erlaubt sein, solche Verteidigungsmittel anzuwenden, durch welche das Leben des Angreifers einer offenbaren Gefahr ausgesetzt wird.« Ebenso das schwedische: »Wird man von einem anderen mit Gewalt oder Drohungen, die eine dringende Gefahr enthalten, überfallen, so soll man das Recht der Notwehr haben und für den Schaden unverantwortlich sein, den man zur Abwehr der Gefahr verursacht. Das Recht der Notwehr soll auch dann zustehen, wenn jemand zur Nachtzeit einen Einbruch begeht oder sonst sich ungesetzlich in die Räumlichkeiten, Haus oder Hof oder das Fahrzeug eines anderen eindrängt, oder sich, gleichgültig, ob es Nacht oder Tag ist, gegen den zur Wehr setzt, der das Seine beschützen oder auf der Stelle wiedernehmen will.« Die schwedische Vorschrift stimmt am nächsten überein mit der französischen (Code Pénal, Art. 328 und 329), wenn sie auch etwas weiter geht und namentlich insofern verschieden ist, als die Notwehr als ein allgemeiner Strafausschließungsgrund angesehen wird, während die französische die Notwehr nur bei Tötung und Körperverletzung als solchen aufstellt. Dem französischen Vorbilde ist man ebenfalls in Belgien gefolgt.

Das holländische Gesetz lautet: »Nicht strafbar ist derjenige, der eine zur notwendigen Verteidigung der Person (lijf), der Ehre oder des Vermögens, seiner selbst oder einer anderen Person gegen einen gegenwärtigen Angriff erforderliche Handlung vornimmt.« Dies ist eine Veränderung gegenüber dem Entwurf, in dem »erforderlich zur notwendigen Verteidigung« an Stelle von »notwendig zur Verteidigung« gesetzt ist. Der Grund hierfür soll der sein, daß man es dem Richter hat überlassen wollen, zu beurteilen, wie weit im einzelnen Falle so starke Gründe für die Verteidigung vorhanden waren, daß durch sie der zugefügte Schaden gerechtfertigt wird. Folgende Auslassung

gut wie des Lebens und Wohlbefindens. Während man an einzelnen Orten einen bewußt rechtswidrigen oder sogar verbrecherischen Angriff verlangt, begnügt man sich wenigstens nach der Ansicht einiger Gesetzesausleger damit, daß der Angriff ohne rechtlichen Grund erfolgt ist, gibt also das unbegrenzte Recht der Notwehr, auch gegen

---

Oppenhoffs zur Auslegung des preußischen Rechts ist anzuführen: »Der Wert des durch den rechtswidrigen Angriff bedrohten Rechtes ist an und für sich nicht entscheidend für die Erlaubtheit der Notwehr; insbesondere hängt diese nicht davon ab, daß jenes unersetzlich oder bedeutender sein muß als dasjenige, welches der Angegriffene durch seine Notwehrhandlung verletzt. Der Tatrichter hat indessen zu beurteilen, ob in Fällen, in denen das eigene bedrohte Recht von einer wesentlich geringeren Bedeutung war als das durch die Notwehr verletzte, die Notwehrhandlung als notwendig anzusehen ist. Nichts hindert, allein wegen eines solchen Mißverhältnisses, diese Frage zu verneinen.

Und es wird behauptet, daß das holländische Gesetz auf dieselbe Weise zu verstehen sei (Smidt: Gesch. van het Wetboek van Strafrecht I, S. 377 ff. Es wird bemerkt, daß der Paragraph in der die »Zeitschr. f. d. ges. Strafrechtswesen« begleitenden Übersetzung wohl kaum richtig wiedergegeben ist). Artikel 15 des schweizerischen Entwurfs lautet: »Wer einen rechtswidrigen Angriff in einer den Umständen angemessenen Weise von sich oder einem anderen abwehrt, übt das Recht der Notwehr aus.«

Eine besondere Stellung nimmt England ein, da man dort keine Gesetzesbestimmung zur Richtschnur gehabt hat und die Gerichte nur in sehr beschränktem Umfange das Notwehrrecht anerkannt haben. Nach Stephen: Digest of Crim. Law, Art. 198, 199, 200, verhält sich die Sache folgendermaßen: Die Zufügung von Tod oder Körperverletzungen ist nicht strafbar, wenn es zur Unterdrückung eines allgemeinen und gefährlichen Aufstandes geschieht, oder um Landesverrat, Mord oder andere grobe Verbrechen zu verhindern, oder um einen Schwerverbrecher zu ergreifen oder ihn an der Flucht zu hindern, oder zur Verteidigung seiner selbst oder anderer gegen einen persönlichen Angriff, wenn man entweder mit dem Tode oder einem bedeutenden Schaden bedroht wird, oder in seinem eigenen Haus oder bei der Ausführung einer gesetzlichen Pflicht oder der rechtmäßigen Ausübung von Pflicht oder Gewalt angegriffen wird. Indessen muß man, wenn möglich, fliehen, statt zu töten oder eine schwere Körperverletzung zuzufügen, und wenn zwei in eine Schlägerei verwickelt sind, so muß der eine, ehe er Notwehr gegen den anderen anwenden darf, versuchen, sich der Schlägerei zu entziehen.

In dem vorliegenden englischen Entwurf gehen diese Regeln noch mehr ins einzelne und sind zum Teil geändert. Namentlich scheint die Verpflichtung, die Flucht zu ergreifen, aufgegeben zu sein, aber zur Verteidigung gegen einen persönlichen Angriff sind Mittel nicht erlaubt, die den Tod oder eine schwere körperliche Schädigung des Angreifers mit sich führen würden, wenn man nicht selbst Veranlassung hat, solches zu befürchten, und bezüglich der Verteidigung des Eigentums werden ungefähr dieselben Regeln aufgestellt als in Schweden, d. h. es wird entweder ein nächtlicher Einbruch oder ähnliches oder gewaltsames Vorgehen oder gewaltsamer Widerstand auf seiten des Verbrechers verlangt.

Eigentümlich ist die Regel des newyorkischen Gesetzes, welches lautet: »Eine Handlung ist nicht strafbar, wenn sie begangen worden ist, um sich oder einen anderen, dem man zu helfen verpflichtet war, vor einer sonst nicht zu umgehenden und nicht wieder gut zu machenden persönlichen Kränkung zu schützen . . .«

Auch im früheren württembergischen Gesetz wurde bei Angriffen auf das Eigentum verlangt, daß der Schaden nicht wieder gut zu machen sei.

den, der irrtümlich sich vollkommen im Recht zu befinden glaubt, sowie gegen Wahnsinnige und Tiere. Während manche überhaupt gegenüber der Obrigkeit ein Notwehrrecht in Abrede stellen, wenigstens wenn diese in gutem Glauben handelt, machen andere auch hier keine Ausnahme von ihrer allgemeinen Regel, sondern sehen nur darauf, wie weit sie objektiv rechtmäßig gehandelt hat oder nicht. Ferner herrscht Streit darüber, ob einem das Recht der Notwehr nicht bloß zur direkten Abwehr eines Angriffes, sondern auch insoweit zusteht, daß man auf der Stelle das einem Geraubte zurücknehmen oder die Ergreifung des Verbrechers versuchen darf, ob man dazu verpflichtet ist, eher die Flucht zu ergreifen als zu töten usw.

Wenn auch das unbegrenzte Recht der Notwehr namentlich in der neueren Zeit besonders Anhänger gefunden hat, so läßt sich doch keineswegs behaupten, daß es den Sieg davongetragen oder auch nur solche Fortschritte gemacht hat, die einen unbedingten Sieg in Aussicht stellen. Nicht bloß so neue Gesetze wie das schwedische, das dänische, das belgische, das newyorkische und das genfische haben mit großen Einschränkungen an dem Notwehrrecht zur Beschützung des Eigentumes festgehalten, sondern dasselbe ist auch der Fall bei Gesetzen und Gesetzesvorschlägen neuesten Datums, wie das holländische, kanadische und italienische Gesetz, der schweizerische und der englische Entwurf. Auch nicht auf dem vierten nordischen Juristenkongreß, wo die Frage behandelt wurde, scheint die Stimmung dafür gewesen zu sein, völlig die Einschränkungen aufzugeben, die jetzt in unseren Nachbarländern aufgestellt sind.[1])

Ein wichtiges Argument dafür, in das neue Gesetz das unbedingte Notwehrrecht aufzunehmen, scheint der Umstand zu sein, daß dieses eigentlich schon jetzt die Auffassung unseres Rechtes ist, und daß die Erfahrung nicht gezeigt zu haben scheint, daß ein Bedenken damit verbunden ist. Hierzu ist indessen zu bemerken, daß die schon in Schweigaards Kommentar angedeutete Vermutung, daß die Praxis nicht dazu neigen würde, das Gesetz nach den Buchstaben auszulegen, sich im vollsten Maße bewährt hat. Der höchste Gerichtshof scheint das Gesetz so verstanden zu haben, wie wenn es sagen würde, daß immer die Verhältnismäßigkeit zwischen dem Schaden, mit dem man bedroht wird, und dem, der zu seiner Abwehr zugefügt wird, vorhanden sein müsse. Zur Abwehr gegen »trockene Hiebe« hat dasselbe es nicht für zulässig erklärt, den Angreifer zu töten, ja nicht einmal ihn einer Lebensgefahr auszusetzen, und unter dem Begriff der »trockenen Hiebe« hat es auch die wiederholten Angriffe eines halbbetrunkenen, starken und brutalen

[1]) S. die Verhandlungen des 4. nordischen Juristenkongresses über das von Prof. Hagströmer aufgestellte Diskussionsthema: »Über das Recht zur Notwehr«, S. 42 ff.

Mannes auf eine Person, die sich nicht wehren konnte und deren Kleider zerrissen und deren Gesicht blutig geschlagen wurde, verstanden.[1]) Muß auch diese Gesetzesanwendung als mit dem Gesetz nicht übereinstimmend und an sich verwerflich mißbilligt werden, so muß doch zugegeben werden, daß das Recht der Notwehr als Folge derselben, praktisch genommen, recht eingeschränkt gewesen ist und daß man deshalb sich nicht auf eine Erfahrung bezüglich unseres in der entgegengesetzten Richtung ebensoweit gehenden Gesetzes berufen kann.

Dieses Verhältnis zwischen Gesetz und Auslegung legt es aus verschiedenen Gründen nahe, die Sache einer genauen Erwägung zu unterziehen, daß das Gesetz seinem Wortlaute nach Handlungen für straffrei erklärt, die die Gerichte nicht ungestraft lassen zu können glauben, ist an sich sehr unerwünscht, und sollte eine Wiederholung der geltenden Regel dazu führen, so spricht schon dieses sehr dafür, sie fallen zu lassen. Hiermit ist indessen schon ein anderer, ebenso wichtiger Grund, ein unbegrenztes Notwehrrecht nicht anzuerkennen, angedeutet, nämlich der, daß ein solches zweifellos der allgemeinen Rechtsauffassung widerstreben würde, die es für verdammenswert ansehen muß, zum Schutze eines jeden beliebigen, selbst des unbedeutendsten Rechts gegen den unschuldigsten Angriff zu jedem Mittel zu greifen, wenn es nur feststeht, daß es das einzig wirksame ist.

Die Verteidiger der entgegengesetzten Ansicht berufen sich darauf, daß das Recht niemals verpflichtet ist, dem Unrecht zu weichen. Wir sind geneigt, diesen Satz zu unterschreiben, wenn er so aufgefaßt wird, daß dem Unrecht nicht erlaubt werden kann, sich im Vertrauen auf den Schutz des Staates durchzutrotzen, daß mit anderen Worten das unbegrenzte Recht der Notwehr doch nur gegenüber einem Angreifer gegeben ist, der sich selbst der Rechtswidrigkeit seiner Handlung bewußt ist und der zugleich weiß, daß der Angegriffene ein jedes gesetzliche Mittel zur Verteidigung seines Rechtes anwenden wird. Daß aber ein ethisches Bedürfnis vorliegen sollte, das Recht unbedingt aufrecht zu erhalten, kann keineswegs eingesehen werden, und in Wirklichkeit haben wohl selbst die eifrigsten Anhänger dieser Ansicht nicht die äußersten Konsequenzen gezogen. Selbst die Forderung, daß ein gewaltsames Mittel nicht benutzt werden darf, wenn ein schwächeres ausreicht, wird nämlich schon ein teilweises Zurückweichen des Rechtes gegenüber dem Unrecht in sich schließen können; denn offenbar wird oft das mildere Mittel mit größerer Mühe als das andere verbunden sein, ohne daß im gegebenen Fall Grund genug vorhanden ist, auf die Vorschrift zu verzichten, daß nur das mildere benutzt werden darf.

---

[1]) Rechtsztschr. (Retstid.) 1874, S. 320; demgegenüber vgl. Urteil des höchsten Gerichtshofes, Rechtztschr. 1875, S. 629.

Ebensowenig kann von einer praktischen Notwendigkeit die Rede sein. Im Gegenteil werden weitergehende Mittel, abgesehen von dringenden Fällen, so außerordentlich selten angewendet, daß ihre Erlaubtheit ein Faktor sein wird, den kein Verbrecher mit in Rechnung ziehen wird und der deshalb in Wirklichkeit nur dem einen oder anderen extravaganten Individuum zugute kommen wird, das sich nichts daraus macht, sich über alle Rücksichten hinwegzusetzen, die andere zu nehmen pflegen. Im übrigen muß daran erinnert werden, was gewöhnlich nicht beachtet wird, daß das Notwehrrecht nicht bloß das Recht des Privatmannes auf Selbsthilfe ist, wo Schutz und Beistand der öffentlichen Gewalt nicht erhalten werden können, sondern zugleich auch die Grundlage und die Regeln dafür enthält, was dieser selbst zur Abwehr von Verbrechen tun kann. Niemand wird indessen zugeben, daß der Polizist, dem seitens einer halbbetrunkenen Person, die er verhaften soll, gewaltsamer Widerstand geleistet wird, oder die Obrigkeit, die einen Auflauf unterdrücken soll, einwandfrei wären, wenn sie ohne Rücksicht auf die Interessen, die auf dem Spiele stehen, lediglich nach dem Grundsatz handeln würden, daß das zur Unterdrückung einer strafbaren Handlung ein jedes Mittel erlaubt sei, wenn es nur notwendig ist, d. h., wenn es das einzige auf der Stelle wirkende ist. Aber dieser Satz wird eigentlich implicite ausgesprochen, wenn das unbegrenzte Recht der Notwehr anerkannt wird.

Ferner muß auch bemerkt werden, daß ebensogut wie die öffentlichen Behörden das Recht der Notwehr gegen den einzelnen haben, dieses auch umgekehrt diesen gegen jene zusteht. Dies wird, wenn das unbegrenzte Recht der Notwehr anerkannt wird, dazu führen, daß der, den die Polizei verhaften will, straffrei den betreffenden Beamten töten kann, sofern auf dessen Seite ein Fehler vorhanden ist, der die Festnahme rechtswidrig macht, selbst wenn der Beamte in gutem Glauben handelt.[1])

Will man dies vermeiden, so muß hier eine besondere Regel aufgestellt werden, so wie dies im § 106 des Militärstrafgesetzes geschehen ist. Ebenso unglücklich und verletzend sind die Konsequenzen, zu denen eine derartige Regelung des Rechtes der Notwehr bei der Selbsthilfe führt. Solange dieses noch gegen den Dieb erlaubt ist, kann der Eigentümer ihn, wenn nötig, töten. Im selben Augenblick aber, wo dessen Erlaubtheit aufhört, darf der Dieb zur

---

[1]) Einzelne deutsche Verfasser, so Binding, »Handb. des deutsch. Strafr.« I, S. 743, lehren sogar, daß die objektive Rechtswidrigkeit genügt, selbst wenn der Angreifer durchaus pflichtgemäß handelt. Einen Polizeibeamten, der in Ausübung seines Amtes und optima fide einen verbrecherischen Haftbefehl vollzieht, z. B. einen solchen, in dem vorsätzlich ein falscher Name geschrieben ist, kann man also, wenn nötig, totschlagen, um der Freiheitsberaubung zu entgehen. Selbstverständlich muß auch ihm demgegenüber dasselbe volle Notwehrrecht zustehen.

Verteidigung seines Besitzes den Eigentümer totschlagen. Da nun die Grenzen der zulässigen Selbsthilfe äußerst unbestimmt sind, ist es sehr wahrscheinlich, daß beide in gutem Glauben das Notwehrrecht gleichzeitig ausüben werden.

Am besten wird das unbedingte Recht der Notwehr wohl durch die Schwierigkeit begründet, eine brauchbare, in Gesetzesform zu kleidende Grenze zu finden. In Wirklichkeit werden alle bestimmt formulierten Einschränkungen mehr oder minder willkürlich sein, ohne deshalb an Unzweideutigkeit zu gewinnen, und dies fällt hier um so mehr ins Gewicht, als diese Materie eine derjenigen ist, die sich am allerwenigsten zur Regelung durch positive und weitläufige Vorschriften eignet, die der Angegriffene entweder doch nicht kennen oder von denen er im Augenblick der Tat keine klare Erinnerung haben wird. Diese Betrachtung kann, so gewichtig sie auch ist, doch unserer Ansicht nach keineswegs zur Begründung des hier prinzipiell verworfenen unbedingten Notwehrrechtes ausreichen, sondern nur dazu führen, daß das Gesetz es aufgibt, selbst die richtigen Grenzen festzusetzen, und dies im einzelnen Fall dem Gerichte überläßt. In Wirklichkeit wird derjenige, der zur Verteidigung seines Rechtes in gutem Glauben einen anderen tötet, stets nach dem in ihm lebendigen Rechtsbewußtsein handeln. Dieses Rechtsgefühl muß daher auch sein eigener Richter sein.

Das Resultat, zu dem wir auf diese Weise kommen, stimmt im wesentlichen mit dem neuen holländischen Gesetz überein. Wir finden eine jede bestimmte Begrenzung im Gesetz selbst ebenso unhaltbar wie die unbedingte Anerkennung des Rechtes der Notwehr. Wir finden es unrichtig, wie dies durch Gesetzesauslegung in Widerspruch mit dem Gesetze selbst geschehen ist, die Hand desjenigen zu entwaffnen, der einem frechen Eingriff in ein verhältnismäßig unbedeutendes Recht ausgesetzt ist, der aber im Vertrauen darauf begangen wurde, daß der Gebrauch des einzigen zur Abwehr dienlichen Mittels verboten sei. Und wir halten es für ebenso unrichtig, sobald der Angriff gegen eine gewisse Art von Rechtsgütern oder gegen Rechtsgüter von einer bestimmten Bedeutung sich richtet, unbedingt die Anwendung der äußersten Mittel selbst gegen den zuzulassen, der nur aus Fahrlässigkeit handelt. Spricht man z. B. aus, daß ein rechtswidriger Angriff auf die Person, Leib oder Leben, oder die Freiheit zu einer jeden Art von Notwehr berechtigt, so müßte eine solche natürlich auch gegen den Privatmann zulässig sein, der einen Verbrecher festzunehmen sucht, wo die private Festnahme nicht erlaubt ist, gleichviel, ob er in Kenntnis seiner Nichtberechtigung oder aus Fahrlässigkeit handelt, ja vielleicht sogar, wenn ihm eine solche nicht einmal zur Last gelegt werden kann. Außerdem muß bemerkt werden, daß man, wenn erst das Notwehrrecht in einer gewissen Ausdehnung anerkannt ist, nicht umhin kann, auch denjenigen freizusprechen, der in dem irrtümlichen Glauben gehandelt hat, Gegenstand eines rechtswidrigen Angriffes der bestimmten Art zu sein, wie unbegründet es auch sein mag, daß er im gegebenen Falle sich der äußersten Mittel des Rechtes bediente.

Gegen die hier verteidigte Behandlungsweise des Rechtes der Notwehr wird jedenfalls eingewendet werden können, daß sie die Grenzen des Rechtes unsicher machen und bewirken wird, daß der Ausfall von dem individuellen Gutdünken des Richters abhängen wird. Es ist indessen unmöglich, eine Regelung zu verwerfen, weil sie in einzelnen Fällen zu weniger zufriedenstellenden Ergebnissen führen kann, wenn die anderen Regelungen, die gewählt werden könnten, so beschaffen sind, daß mit Gewißheit vorauszusehen ist, daß sie recht oft zu unerfreulichen Resultaten führen müssen. An sich spricht die Wahrscheinlichkeit dafür, daß der Angegriffene bei dieser Regelung ruhiger so wird handeln können, wie es ihm am richtigsten erscheint, als bei einer, die ihm im einzelnen Fall vorschreibt, was er tun darf und was nicht. Und gegenüber dem unbegrenzten Notwehrrecht hat sie auch noch dem Angegriffenen gegenüber den Vorteil, daß sie nicht mehr verspricht als sie hält.[1])

Es wird auch hier angenommen, wie dies bei der Behandlung des Notstandes tunlich ist, daß das Gesetz selbst die Ausgangspunkte für die Beurteilung, die Hauptgesichtspunkte, unter denen die Sache betrachtet werden soll, angibt. Der Entwurf nennt daher neben der Rücksichtnahme auf das Verhältnis zwischen dem zugefügten und dem abgewehrten Übel und der Gefährlichkeit des Angriffs, die Schuld des Angreifers und das angegriffene Rechtsgut. Hieraus folgt, daß gegen einen vorsätzlichen verbrecherischen Angriff ein weitergehendes Notwehrrecht gegeben wird als gegen einen bloß fahrlässigen, desgleichen ein weitergehendes gegen Raub oder gewaltsamen Diebstahl als gegen einen gewöhnlichen Diebstahl. Der Entwurf gibt hierdurch zu erkennen, daß er die Auffassung nicht billigt, daß je-

---

[1]) Die hier vorgeschlagene Ordnung, die mit dem Entwurf von Getz übereinstimmt, hat auch volle Billigung bei Prof. Lammasch gefunden, der sie als den Sieg der ethischen Prinzipien über die abstrakt logischen Konsequenzen der herrschenden juristischen Theorie und der »Totschlägermoral«, wozu diese führt, bezeichnet (Zeitschr. f. d. g. Strafrechtsw., XIV, Seite 508).

Auch der schweizerische Entwurf hat sich derselben Auffassung angeschlossen (s. Anm. S. 135). Durch die Vorschrift, daß die Verteidigung auf eine den Umständen nach angemessene Weise erfolgen müsse, sollte zu erkennen gegeben werden, daß das Mittel zur Erreichung des Zieles nicht bloß nicht unnötig hart sein dürfe, sondern daß auch zwischen dem Mittel und dem Zweck eine entsprechende Verhältnismäßigkeit bestehen müsse. Gegen die Anwendung der Ausdrucksweise dieses Entwurfs spricht indessen, daß dieser einer Auslegung begegnen kann, die in viel weiterem Grad als der von uns angenommene das Recht der Notwehr wird einschränken können, die auch dadurch in die Frage, wie weit man gehen darf, eine Unsicherheit bringen würde, die den Vorsichtigen, der vor allem eine Kollision mit dem Strafrecht vermeiden will, zwingen würde, sich sogar weit von der Grenze entfernt zu halten, die das Gesetz aufgestellt hat und lieber alle möglichen Übergriffe zu erdulden.

mand frech mit Verbrechen darauf losgehen könne im Vertrauen, daß der Angegriffene das einzige Mittel, das zu seiner Verfügung steht, nicht benutzen könne, weil es zu radikal sein würde.[1])

Der Entwurf hat ebenso wie der schweizerische es unterlassen, die Bedingungen aufzunehmen, daß der Angriff schon angefangen haben oder unmittelbar bevorstehend sein muß. Die notwendige Begrenzung liegt darin, daß die Notwehrhandlung nicht weiter gehen darf, als sie sich für den Betreffenden zur Abwehr des Angriffes als erforderlich darstellte, eine Frage, die regelmäßig verschieden wird beantwortet werden müssen, je nachdem der Angriff mehr oder minder drohend war. Es kann indessen nicht in Abrede gestellt werden, daß Fälle vorkommen können, in denen die Notwehr auch gegenüber mehr zukünftigen Angriffen gestattet werden muß, wie z. B., wenn ein Schiffsführer in Erfahrung gebracht hat, daß die Mannschaft sich verabredet hat, ihn zu ermorden, wenn das Schiff in einigen Tagen an einen bestimmten, besonders dazu geeigneten Platz gekommen sein wird.

Der Entwurf nennt als Gegenstand des Angriffes die »Person oder Vermögensrechte«, unter welche auch das Recht auf die Wohnung fällt, so daß die Notwehr auch gegen den gestattet wird, der rechtswidrig eindringt, ein Fall, der in verschiedenen Ländern besonders erwähnt ist (s. so § 7, Kap. 3 des finnländischen Gesetzes). Dagegen ist Notwehr nicht zugestanden gegen bloße Verletzungen der Ehre und auch nicht gegen unerlaubte Selbsthilfe.

An sich ist es auch klar, daß die Regeln der Notwehr auch auf den Anwendung finden, der bei Ausübung der erlaubten Selbsthilfe oder bei einer Festnahme usw. auf Widerstand stößt, sofern dieser weiter geht als die bloße Defensive. Anders verhält sich dagegen die Sache im entgegengesetzten Fall sowie dann, wenn der andere Teil, statt Widerstand zu leisten, sein Heil in der Flucht sucht. § 8 unseres geltenden Gesetzes stellt durchweg ungesetzlichen Widerstand dem rechtswidrigen Angriff gleich, woraus folgt,

---

[1]) Auch in anderen Beziehungen muß die Schuld des Angreifers wesentlich in Betracht kommen; hat z. B. der Angegriffene selbst durch ungebührliches Benehmen den Angriff hervorgerufen, ja ist er vielleicht selbst zuerst der Angreifer, der indessen unterliegt und nun obendrein eine ordentliche Tracht Prügel kriegt, so wird das ihm zustehende Maß von Notwehr ganz anders zu beurteilen sein, als wenn er selbst an der ihm widerfahrenen Behandlung keine Schuld trägt. Für diese Rücksichten, die im anglikanischen Recht sogar besondere Gesetzesbestimmungen hervorgerufen haben (s. so das kanadische Gesetz von 1892, Sekt. 46) hat das absolute Recht der Notwehr, so, wie es z. B. in Deutschland gilt, kein Auge. Durch die Forderung, daß die Notwehrhandlung, um strafbar zu sein, für unbedingt ungehörig erachtet werden muß, hat der Entwurf indessen dafür Sorge getragen, daß kein normaler Mensch, der wirklich in gutem Glauben, so wie er es vor seinem eigenen Gewissen verantworten zu können glaubt, gehandelt hat, einer Anklage und Verurteilung ausgesetzt werden kann.

daß man auch zur Überwindung eines solchen Widerstandes berechtigt sein muß, wenn nötig, jedes beliebige Mittel zu benutzen. Auf der anderen Seite muß hieraus abgeleitet werden, daß dies nicht erlaubt ist, um sich der Person des flüchtenden Diebes zu sichern, während es, was die Wiedererhaltung des Gestohlenen anbelangt, davon abhängen muß, ob der Angriff schon als beendet angesehen werden kann, was jedenfalls erst dann wird angenommen werden können, wenn der Dieb in den ruhigen Besitz der Sache gelangt ist.[1])

Wenn daher verschiedene Gesetze, z. B. die von Zürich und St. Gallen, ausdrücklich die gesetzliche Selbsthilfe als mit der Notwehr gleichgestellt erwähnen, so muß dies für überflüssig erachtet werden. Auch scheint es nicht nötig, den § 8 des geltenden Gesetzes aufzunehmen. Ein Bedürfnis, im allgemeinen gegen einen rein passiven Widerstand das Recht zu geben, etwas anderes als seine bloße körperliche Übermacht anzuwenden, ist jedenfalls nicht vorhanden, und die Anwendung solcher Gewalt bedarf keiner besonderen Grundlage. Unter besonderen Verhältnissen kann wohl auch der passive Widerstand einen gewissen Grad von Gefahr mit sich führen, man wird aber da zu den Regeln über Notstand seine Zuflucht nehmen können. Es muß aber im übrigen bemerkt werden, daß sowohl ein Angriff auf die Vermögensrechte wie auf die Person in einem passiven Verhalten bestehen und ein solches folglich unmittelbar unter die Hauptregel fallen kann. Wer z. B., um eine Rettung zu verhindern, rechtswidrig so sitzen bleibt, daß die Öffnung, die zur Rettung nötig ist, versperrt wird, macht sich gewiß eines rechtswidrigen Angriffs schuldig.

Dagegen ist es gewiß eine Frage, für die eine gesetzliche Lösung wünschenswert wäre, wie weit man berechtigt ist, ein beliebiges Mittel anzuwenden, um der Person des flüchtenden Verbrechers habhaft zu werden. Die Gesetze von Zürich und St. Gallen behandeln dies völlig als Fälle der Notwehr. Das schwedische Gesetz bestimmt bezüglich entweichender Gefangener, daß solche Gewalt angewendet werden darf, die zur Verhinderung der Flucht erforderlich ist, und hiermit stimmt das finnländische Recht überein. Hieraus folgt, daß so weit gehende Mittel nicht gegen den gebraucht werden dürfen, der überhaupt noch nicht ergriffen worden ist. Umständlich ist die Frage im englischen Entwurf behandelt, der darüber folgende Vorschriften gibt: »Sec. 43. Ein jeder öffentliche Beamte, der mit oder ohne richterlichen Befehl gesetzlich jemanden wegen eines Verbrechens, wegen dessen nach diesem Gesetz eine Ergreifung auch ohne Befehl stattfinden kann, festzunehmen sucht, sowie jeder, der ihm in gesetzlicher Weise hierbei hilft, ist, wenn der Festzunehmende, um sich der Festnahme zu entziehen, die Flucht ergreift, berechtigt,

---

[1]) So ist die Frage auch von Schweigaard beantwortet (Komm. IV. Aufl. S. 347), vgl. Rechtszeitschr. 1851, S. 612.

jede Gewalt anzuwenden, die erforderlich ist, sein Entlaufen zu verhindern, soweit dies nicht auf zweckmäßige Weise durch weniger gewaltsame Mittel erreicht werden kann.«

Sec. 44 wiederholt dieselben Regeln für den Fall, daß Privatpersonen die Festnahme versuchen, jedoch mit der wesentlichen Einschränkung, daß die angewendeten Mittel nicht darauf berechnet oder dazu geeignet sein dürfen, den Tod oder eine schwere Körperverletzung zu verursachen. Und Sec. 45 dehnt die letztere Regel auf alle Fälle der Ergreifung wegen geringerer Delikte aus. Schließlich ermächtigt Sec. 46 jeden, der auf gesetzliche Weise jemand, ohne daß ein Haftbefehl erforderlich ist, ergriffen hat, diejenigen Mittel anzuwenden, die erforderlich sind, um seine Flucht zu verhindern. Und Sec. 47 spricht aus, daß dasselbe bei anderen Delikten gilt, jedoch mit der Maßgabe, daß das Mittel nicht dazu geeignet sein darf, den Tod oder eine schwere Körperverletzung herbeizuführen.

In den meisten Ländern ist dagegen diese Frage nicht Gegenstand gesetzlicher Bestimmungen geworden und so dem Ermessen des Gerichtes überlassen. In Deutschland wird allgemein angenommen, daß man auf den Flüchtenden schießen darf, aber allerdings nicht in der Absicht, ihn zu töten, was ja auch an sich eine Überschreitung des zur Erreichung des Zweckes Nötigen sein würde. Vielleicht würde man auch bei uns die Frage auf ungefähr dieselbe Art lösen. Indessen haben diejenigen, denen die Ergreifung von Verbrechern und Flüchtlingen obliegt, ein berechtigtes Interesse daran, zu wissen, was sie zur Erreichung dieses Zweckes tun können und dürfen, um nicht zur Verantwortung gezogen zu werden, selbst wenn sie weiter als zu billigen gegangen sind, wenn dies in gutem Glauben geschehen ist. Dies soll durch Absatz 3 des § 48 erreicht werden. Zwar unter großen Zweifeln, haben wir doch geglaubt, wie in Schweden und im finnländischen Entwurf geschehen, das Recht der Notwehr nur gegenüber solchen Personen geben zu sollen, die nach einer gesetzlichen Festnahme entlaufen. Es ist also nicht erlaubt, auf einen Verbrecher zu schießen, der flüchtet, ohne ergriffen worden zu sein, möge man ihn auch für noch so gefährlich halten.

Wohl nach der übereinstimmenden Regel aller Länder berechtigt die rechtswidrige Unterlassung an und für sich nicht zur Notwehr, wohl aber dann, wenn die Unterlassung sich als Glied einer positiven Handlung darstellt, wenn z. B. der, der einen anderen eingesperrt hat, sich weigert, wieder aufzuschließen. Im übrigen ist die rechtswidrige Unterlassung allein nach den Regeln über den Notstand zu beurteilen Dies wird allerdings bisweilen zu unerwünschten Resultaten führen können, selbst wenn diese Regeln in der hier beabsichtigten Weise aufgestellt werden. Auf einzelnen Gebieten gibt es auch positive Vorschriften, die eine Annäherung an die Vorschriften bezüglich der Notwehr enthalten, ohne jedoch die Unterlassung der Handlung gleichzustellen. Dies trifft z. B. auf § 101 des Seegesetzes zu, der lautet: »Wenn das Schiff sich in Gefahr befindet, oder Meuterei unter der Mannschaft ausbricht, oder wenn im übrigen zwingende Gründe es verlangen, so ist es erlaubt, ein jedes zur Herstellung der Ordnung und des Gehorsams erforderliche Mittel zu benutzen.« Dasselbe ist wohl die Absicht des § 125 des Militärstrafgesetzes. Der Entwurf hat auf dem Standpunkt des geltenden Rechtes stehen bleiben zu sollen geglaubt.

Der Entwurf hat sich dem holländischen Gesetze bezüglich der Strafbarkeit der Überschreitung der Notwehr angeschlossen. Er ist in dieser Beziehung weit milder als das geltende Recht. Er verlangt nicht, daß man sich nicht hat besinnen können, sondern erklärt es für ausreichend, daß man dies nicht getan hat, und er berücksichtigt nicht blos Not und Gefahr, sondern überhaupt Gemütsbewegungen, z. B. Zorn, die je nach der Naturanlage den Angreifer befallen können. Er ist der Ansicht, daß es am nächsten liegt, daß der Angreifer, der doch durch seine rechtswidrige Handlung die Überschreitungen des anderen hervorgerufen hat, die Folgen hiervon trägt, und daß es anstößig ist, wenn das letzte Resultat eines unrechtmäßigen Angriffs das sein sollte, daß der Angegriffene bestraft wird, trotzdem er nur eine geistige Veranlagug gezeigt hat, die für den gefährlich ist, der sein Recht kränkt, nicht aber für den, der sich selbst an die Gesetze hält und ihn in Frieden läßt. Man hat sich um so mehr veranlaßt gesehen, die Grenzen der Straffreiheit so weit auszudehnen, wie dies geschehen ist, als die Beurteilung davon, wie weit eine Überschreitung vorliegt, zu den allerschwierigsten Fragen gehört, und es ist daher aller Grnnd vorhanden, Irrtümern bei der Verurteilung vorzubeugen durch eine möglichste Erweiterung des Rahmens der Straffreiheit.

Wird jemand, der die Grenzen überschritten hat, für strafbar befunden, so ist es zulässig, nach § 56 die Strafe unter das gesetzliche Mindestmaß herabzusetzen. Diese Bestimmung tritt an die Stelle des ersten Satzes des § 9, Kap. 7 des geltenden Gesetzes, insofern dieser so zu verstehen ist, daß der Richter berechtigt ist, in Fällen, wo Vorsatz vorliegt, zu der auf die fahrlässige Verübung festgesetzten Strafe zu verurteilen. Es ist leicht einzusehen, daß die gegenwärtige Regelung, die den Richter bei Totschlag in Abschätzung eines reinen Gradunterschiedes zwingt, entweder bei Strafarbeit von drei Jahren stehen zu bleiben oder gleich auf Strafarbeit von über neun Jahren zu erkennen, wenig rationell ist.

Die Aufnahme einer Regel darüber, daß Handlungen, die auf Grundlage des Gesetzes oder eines gesetzmäßigen Befehles ausgeführt werden, nicht als Verbrechen strafbar sind, dürfte sich erübrigen, trotzdem es Gesetze gibt, die eine solche ausdrücklich aussprechen. S. so das belgische und genfische Gesetz, ebenso das holländische.

Dagegen kann es wünschenswert erscheinen, eine ausdrückliche Bestimmung darüber zu haben, wie weit ein ungesetzlicher Befehl den Gehorchenden gegen eine strafrechtliche Verantwortung schützen kann. Solche Bestimmungen finden sich in einzelnen allgemeinen Strafgesetzen, s. so das holländische und die Gesetze der Kantone Obwalden, Luzern und Thurgau sowie den russischen Entwurf,[1]) aber sie kommen häufiger nur in den Militärstrafgesetzen vor.

Es erscheint indessen schwierig, eine für alle Fälle passende Regel zu geben, und es wird deshalb für am richtigsten gehalten, diese Frage, wie dies bisher geschehen und auch in den meisten fremden Ländern der Fall ist, der Theorie und Praxis zu überlassen. Es ist nur zu bemerken, daß der, der infolge eines erteilten Befehls sich über die Rechtswidrigkeit seiner Handlung im Irrtum befindet, jedenfalls nach § 57 des Entwurfs eine Strafherabsetzung wird erhalten können. Artikel 17 des schweizerischen Entwurfs verspricht immer Personen, die eine strafbare Handlung auf Befehl eines Vorgesetzten begehen, eine derartige Herabsetzung, und Artikel 187 gewährt gewissen Untergebenen, die auf Befehl Vorgesetzter

---

[1]) Holländisches Gesetz, Art. 43: »Ein widerrechtlicher Befehl hebt nicht die Strafbarkeit auf, außer wenn der Untergebene in gutem Glauben denselben für berechtigt angesehen hat und die Befolgung desselben zu seinen Dienstobliegenheiten gehört.«

Gesetz von Obwalden, Art. 33: »Der bloße Befehl, eine strafbare Handlung auszuführen, bewirkt nicht die Straffreiheit des Täters. Ist jedoch dem Täter der Befehl in gehöriger Form vom Vorgesetzten erteilt worden und ist die befohlene Handlung nur als Mißbrauch oder Überschreitung der Amtsgewalt des Befehlenden oder als Verletzung seiner Dienstpflichten strafbar, so ist nur der Befehlende und nicht der Gehorchende verantwortlich.« Ebenso ungefähr Luzern und Thurgau.

Russischer Entwurf, Art. 40: »Als nicht verbrecherisch ist die Handlung anzusehen, die in Gemäßheit eines Gesetzes oder eines dienstlichen Befehles ausgeführt wird, sofern der Befehl von der zuständigen Stelle und unter Beobachtung der hierfür bestehenden Vorschriften erteilt worden ist und nicht eine offenbare verbrecherische Handlung befohlen wurde.«

Hiermit stimmt ungefähr § 47 des dänischen Militärstrafgesetzes und § 47 des deutschen überein, während § 55 des norwegischen in der Verantwortlichmachung noch weiter und, wie es uns scheinen will, zu weit geht.

Stephen gibt das englische Recht folgendermaßen wieder (l. c. Art. 202): »In allen Fällen, wo Gewalt gegen eine Person angewendet wird, ist sowohl der, der den Befehl hierzu erteilt, als auch der, der den Befehl ausführt, verantwortlich, und keiner von ihnen ist dadurch gerechtfertigt, daß er in Ausübung eines Befehles gehandelt hat, den er von militärischen oder zivilen Vorgesetzten erhielt; jedoch ist die Tatsache, daß er einem solchen Befehl gehorchte, und daß dieser Befehl formell gesetzlich war, in allen Fällen von Wichtigkeit bezüglich der Frage, ob er in gutem Glauben und aus verständigen Gründen annehmen konnte, daß Umstände vorlagen, die ihn berechtigt haben würden auch ohne Befehl, so wie er getan, zu handeln, oder die seinen Vorgesetzten berechtigen konnten, einen derartigen Befehl zu erteilen.

Versehen begehen, Straffreiheit, wenn sie nicht gegen ein besonderes Gesetz oder Verbot der Polizei handeln; es wird indessen angenommen, daß in Fällen, in denen man nicht zum Gehorsam verpflichtet ist, eine Herabsetzung der Strafe genügt, wenn man sich zum Gehorsam für verpflichtet hielt und sich insoweit bezüglich der Rechtswidrigkeit der Handlung im Irrtum befand.

Auch die Frage, wie weit das Einverständnis des Beschädigten die Rechtswidrigkeit und folglich die Strafbarkeit ausschließt, kann bisweilen zu Zweifeln Veranlassung geben. Diese werden indessen überall, wo dies nötig ist, am besten durch die Definitionen der einzelnen Verbrechen gelöst und sich im übrigen auch durch die Regeln bezüglich der Anklageerhebung entscheiden lassen, indem die Schlußfolgerung nahe liegt, daß da, wo die öffentliche Anklage nicht unbedingt ist, ein Einverständnis von Bedeutung sein muß. Wo es nötig erscheint, etwas besonderes über das Einverständnis auszusprechen, geschieht dies leichter im speziellen Teil. Vgl. so § 235.

IV. Kapitel.

Versuch.

Zu § 49.

Was den Anfangspunkt des strafbaren Versuches anbelangt, so behält der Entwurf die Regel des geltenden Rechts bei, indem er zwischen vorbereitenden Handlungen und solchen Handlungen unterscheidet, die einen Anfang der Ausführung des Verbrechens enthalten. Er befindet sich hierin in Übereinstimmung mit so ziemlich allen neueren Gesetzen, indem Dänemark, soweit bekannt, das einzige Land ist, wo eine jede Handlung, »deren Zweck es ist, die Vollendung eines Verbrechens zu fördern oder herbeizuführen«, für strafbar erklärt ist.

Man ist hierbei davon ausgegangen, daß es sich in der Regel nicht verteidigen läßt, die Strafbarkeit eintreten zu lassen, so lange der verbrecherische Wille nicht in einer Weise hervorgetreten ist, die zu der Annahme berechtigt, daß er die zur Ausführung des Verbrechens erforderliche Stärke und Bestimmtheit besitzt, und es vielleicht sich nur um Schritte handelt, die für den Fall getan werden, daß man vielleicht später sich zur Begehung des Verbrechens entschließen sollte. Gewiß gibt es viele vorbereitende Handlungen, die so deutlich auf verbrecherische Pläne hinweisen und gleichzeitig von einer so entschieden verbrecherischen Gesinnung zeugen, daß der Betreffende nicht straflos bleiben darf, selbst wenn er noch keinen bestimmten verbrecherischen Entschluß gefaßt haben sollte.

Aber man nimmt an, daß man in solchen Fällen besser auf dem bisher eingeschlagenen Weg bleibt, d. h. sie besonders als delicta sui generis mit Strafe bedroht.[1])

Eine andere Sache ist es natürlich, daß die Durchführung dieses Grundsatzes im Gesetz als mangelhaft betrachtet werden und Lücken darbieten kann, die auszufüllen wären.

Gegen den vorgeschlagenen Gesetzestext liegt es nahe, den Einwand zu erheben, daß er der wünschenswerten Bestimmtheit ermangele. Daß eine scharfe Grenze zwischen ausführenden und vorbereitenden Handlungen sich nicht ziehen läßt, wird von allen anerkannt, aber einige meinen doch, daß ein den Handlungen selbst innewohnender Unterschied vorhanden sei, während andere — unserer Meinung nach unbedingt mit Recht — behaupten, daß man bei der Entscheidung der Frage, ob die Ausführung angefangen hat oder ob eine bloße Vorbereitung vorliege, die verbrecherische Tätigkeit in ihrer Gesamtheit und ihre einzelnen Akte in ihrem inneren Zusammenhange unter sich betrachten müsse, und daß das Entscheidende alsdann sei, ob sich hierbei ein bestimmter verbrecherischer Vorsatz durch Handlungen, die unzweideutig auf ein verbrecherisches Ziel deuten, zu erkennen gegeben hat. Wenn nun schon die Grenze an sich unter allen Umständen unbestimmt und willkürlich ist, so versteht es sich, daß die Gefahr besteht, daß sie in der Praxis noch verschiedener und unbestimmter gezogen wird, je nachdem die eine oder die andere dieser Auffassungen zugrunde gelegt wird, und es liegt daher die Frage nahe, ob das Gesetz nicht besser daran täte, selbst ausdrücklich auszuprechen, von welcher Ansicht es ausgegangen ist.[2])

Indessen scheinen überwiegende Bedenken vorzuliegen, in diesem Punkt eine solche Veränderung in diesem Rechtszustand vorzunehmen, der auch mehr und mehr mit dem Rechte anderer Länder übereinstimmt. Dies scheint zu zeigen, daß, praktisch genommen, kein Bedürfnis vorhanden sein kann, eine andere Ausdrucksweise zu wählen, und man muß wohl auch sagen, daß dies durch unsere eigene Erfahrung bestätigt wird.[3])

[1]) S. z. B. §§ 94, 104, 140, 159, 160, 161, 174, 175, 177, 185, 186, 187, 269, 273, 304, 356, 359, 362, 368, 369, 370, 372 und 433. Von ähnlicher Beschaffenheit ist die große Anzahl von Handlungen, bei denen jemand bestraft wird, weil er Rechtsgüter einer Gefahr ausgesetzt hat.

[2]) Lassen, Strafbarkeit des Versuchs, Seite 78 und namentlich Seite 89-91.

[3]) Der in der Rechtszeitschrift von 1880, S. 641 ff. behandelte Fall scheint allerdings als ein Beweis für das Gegenteil angeführt werden zu können. In einem späteren Urteil vom 6. Sept. 1890 (Rechtszeitschr. v. 1890, S. 674) hat das höchste Gericht indessen den Begriff des Versuches recht weit ausgedehnt, indem eine Person, die die Absicht hatte, ein Haus mit Dynamit in die Luft zu sprengen, des Versuches schuldig erklärt wurde, obgleich sie noch nicht begonnen hatte, das Dynamit zurechtzulegen.

Für bestritten wie die Frage des Anfangspunktes des strafbaren Versuches muß auch die Frage gehalten werden, ob die Versuchshandlungen an sich als gefährlich angesehen werden und deshalb verlangt werden muß, daß taugliche Mittel verwendet worden sind, und daß er sich gegen ein Objekt gerichtet hat, gegen das ein Verbrechen wie das beabsichtigte begangen werden kann. Einige Gesetze beantworten ausdrücklich die Frage zugunsten der Strafbarkeit,[1]) andere im entgegengesetzten Sinne,[2]) während wieder andere, und das sind die meisten, keine ausdrückliche Bestimmung enthalten.[3])

Auch dieses Stillschweigen bedeutet indessen nicht überall dasselbe; während an einigen Orten hiermit beabsichtigt war, die Entscheidung der Wissenschaft zu überlassen, war man an anderen Orten der Ansicht, daß die Entscheidung implizite in der Definition liegt, die man dem Versuch als einem Anfang der Ausführung des Verbrechens gegeben hat. Hierdurch sollte zu erkennen gegeben werden, daß Handlungen vorgenommen sein müßten, die wenigstens kausal hätten werden können, die als ein Glied in die Kausalitätsreihe sich hätten einfügen lassen, die zur Vollendung des Verbrechens geführt haben würde.

Die verschiedene Bedeutung, die in dem Unterlassen eines ausdrücklichen Ausspruchs gefunden wird, enthält für das Gesetz eine Mahnung, einen solchen aufzunehmen. An sich erscheint es schon als unrichtig, die Frage der Wissenschaft zu überlassen, die doch, richtig genommen, nur antworten kann, daß beide Arten der Regelung zulässig sind,[4]) und daß es der Gesetzgebung überlassen werden muß, die zweckmäßigste zu wählen.

---

[1]) So das norwegische, dänische, sankt gallische, argauische und das frühere sächsische sowie das Gesetz von New York, der spanische und englische Entwurf. Die früheren thüringischen, hessischen und braunschweigischen Gesetze gehen einen Mittelweg, worüber das nähere unten S. 149, Anm. 2. Ebenso der russische und der schweizerische Entwurf, sowie mehrere schweizerische Kantonalgesetze.

[2]) So das italienische Gesetz: »Atti esteriori idonei«.

[3]) So die Gesetze von Holland, Deutschland, Ungarn, Bern, Zürich, Appenzell, Genf, Frankreich und Belgien, der österreichische und der kroatische Entwurf.

[4]) Gewiß wird von manchen Seiten behauptet, daß der Versuch, der keine objektive Gefahr mit sich führt, nicht unter das Recht gehöre, sondern sich nur in der Sphäre des Moralgesetzes bewege, aber hierdurch würde überhaupt jeder strafbare Versuch aufhören, denn in Wirklichkeit ist die objektive Gefahr stets eine Fiktion.

»Gefahr« bedeutet die Wahrscheinlichkeit, die für das menschliche Auge dafür vorhanden ist, daß das Gefürchtete eintreten werde, und sie beruht nur auf der mangelhaften Kenntnis der verschiedenen Bedingungen, von denen das Resultat abhängt. Für den, der nicht die Tragweite eines Gewehrschusses kennt, ist eine Gefahr vorhanden bei einem Schuß auf 1000 Meter, während es für den, der weiß, daß die Kugel nur 100 Meter weit reicht, absolut ungefährlich ist, selbst wenn der Abstand nur 101 Meter beträgt. Siehe namentlich Lammasch: »Das Moment der obj. Gefährlichkeit usw.«

Versteht man »den Anfang der Ausführung des Verbrechens« auf die Weise, daß etwas angefangen sein muß, das objektiv geeignet ist, die beabsichtigte Rechtsverletzung zu fördern, so schließt man damit Strafe aus, nicht bloß beim Versuch mit den sog. absolut untauglichen Mitteln oder gegen absolut untaugliche Objekte, sondern auch wo Mittel und Objekt nur relativ untauglich sind. Man kann deshalb, so wie auch zurzeit in einzelnen Ländern angenommen wird, nicht wegen versuchten Diebstahls [1]) bestraft werden, wenn man in diebischer Absicht die Hand in die leere Tasche eines anderen steckt, nicht wegen Mordversuchs, wenn man auf eine etwas zu weite Entfernung schießt oder eine zu schwache Dosis Gift anwendet.

Ja man könnte noch weiter gehen und behaupten, daß ein strafbarer Versuch überhaupt nicht vorkommen könnte, außer wo die Kausalität der Versuchshandlung durch konkurrierende, in entgegengesetzter Richtung wirkende Umstände neutralisiert wird, so nicht, wenn man auf eine Person schießt, ohne zu treffen, weil man nicht richtig gezielt hat; denn ein in falscher Richtung abgegebener Schuß ist doch an sich gänzlich ungeeignet, als Glied in eine den Tod bewirkende Kausalitätsreihe eingefügt zu werden.

Nach unserer Ansicht ist kein Grund vorhanden, die Strafbarkeit des Versuchs wegen Untauglichkeit des Mittels oder Objekts weiter einzuschränken, als daß man bei der sog. absoluten, im Gegensatz zu der sog. relativen Untauglichkeit, Straffreiheit eintreten läßt. Indessen kann es nicht leicht in Abrede gestellt werden, daß auch diese Einschränkung der Strafbarkeit zu Folgen führen kann, die jedenfalls teilweise wenig zweckmäßig sind. Wenn man auch sich damit einverstanden erklären kann, daß der straffrei bleibt, der einen anderen mit Hilfe von Zucker zu töten versucht, so scheint dies doch alles andere als begründet bei dem, der durch eine Verwechselung Zucker statt Arsenik nimmt, und ebensowenig zweckmäßig wird es sein, den für straffrei zu erklären, der im Dunkeln auf einen Baumstumpf schießt, den er für einen Menschen hält, den er verfolgt, oder auf einen Hut, den er herausschauen sieht und für den Kopf hält.

Man wird deshalb wohl mit dem schweizerischen Entwurf und einigen älteren deutschen Gesetzen [2]) als strafbaren Versuch die Fälle

---

[1]) So in England (Stephen: Digest Art. 49 [9]). In dem englischen Entwurf Sec. 74 heißt es dagegen:

»Wer in dem irrtümlichen Glauben, daß ein tatsächlicher Zustand bestehe, eine Handlung vornimmt oder unterläßt, deren Vornahme oder Unterlassung der Versuch einer strafbaren Handlung wäre, wenn ein solcher tatsächlicher Zustand bestehen würde, ist wegen Versuchs strafbar, obgleich die Ausführung des Verbrechens auf die beabsichtigte Weise wegen Nichtvorhandenseins des tatsächlichen Zustandes im Augenblick der Handlung oder Unterlassung unmöglich war.«

[2]) Nach den Gesetzen der Thüringischen Staaten wurde bestraft, wer »ein zur Begehung eines Verbrechens taugliches Mittel anzuwenden glaubte, statt dessen aber infolge eines Irrtums, einer Verwechslung oder eines anderen zufälligen Umstandes ein untaugliches zur Anwendung brachte.

beibehalten müssen, wo ein untaugliches Mittel oder ein untaugliches Objekt durch einen Irrtum an Stelle eines tauglichen Mittels oder eines tauglichen Objektes gewählt worden sind. Was das Objekt anbelangt, so würde dies jedenfalls der gänzlichen Aufrechterhaltung der Strafbarkeit gleichkommen, da es schwer einzusehen ist, wie ein für das Verbrechen untaugliches Objekt anders gewählt werden könnte als durch einen Irrtum, indem es mit einem geeigneten verwechselt wird. Was dagegen das Mittel anbelangt, so trifft es wohl auch zu, daß ein absolut untaugliches Mittel nur auf Grund eines Irrtums gewählt werden kann, aber dieser Irrtum braucht nicht darin zu bestehen, daß das Mittel mit einem anderen verwechselt wird, sondern es kann dem irrtümlich gewählten eine Kausalwirkung beigelegt werden, die es nicht hat. Z. B. es wird Zucker statt Gift benutzt, indem der Betreffende glaubt, daß Zucker wie Gift wirkt. Es muß allerdings zugegeben werden, daß die Grenze zwischen diesen Fällen keine scharfe ist. Wohin gehört z. B. ein Giftstoff, der in einem Nahrungsmittel gereicht wird, das seinerseits Stoffe enthält, die die Wirkung des Stoffes neutralisieren? Von noch größerer Bedeutung ist es, daß man schwerlich eine brauchbare Grenze zwischen den absolut und den nur relativ untauglichen Mitteln finden kann, falls man nicht die ersteren so einschränken will, daß sie jegliches praktische Interesse verlieren. Man hat regelmäßig Zucker als Beispiel eines dazu absolut untauglichen Mittels angeführt, Leute zu töten. Indessen weiß ein jeder, daß nicht jedes beliebige Quantum Zucker unter beliebigen Verhältnissen ohne Gefahr genossen werden kann. Wer einem Zuckerkranken, dem der Genuß von Zucker verboten ist, diesen Stoff unter dem Vorgeben in das Essen mischt, daß die Süßigkeit mit Hilfe von Saccharin bewirkt ist, wird sich jedenfalls des Mordversuches mit einem recht tauglichen Mittel schuldig machen.

Schon diese Gründe sprechen unserer Ansicht nach dagegen, eine derartige Sonderung aufzustellen, wie dies u. a. der schweizerische Entwurf getan hat. Dies um so mehr, als man jedenfalls nicht in Abrede stellen kann, daß die Straffreiheit bisweilen sehr verletzend wirken könnte. Man braucht z. B. nur den Fall zu setzen, daß jemand irrtümlich Arsenik statt Zucker nimmt und so wirklich das von ihm ausersehene Opfer tötet, wäre es in diesem Falle ge-

---

Dagegen liegt kein strafbarer Versuch vor, wenn infolge von Unverstand oder Aberglauben ein unter allen Umständen untaugliches Mittel angewendet worden ist.«

Ebenso lautete ungefähr das hessische und braunschweigische Gesetz. Der russische Entwurf sagt Straflosigkeit zu, wenn der Versuch gegen ein nicht vorhandenes oder untaugliches Objekt, oder mittels eines untauglichen, infolge grober Unwissenheit oder rohen Aberglaubens gewählten Mittels begangen wird. Desgleichen das Gesetz von Schwyz, wenn zum Versuch ein absolut untaugliches aus Unverstand gewähltes Mittel benutzt wird.

rechtfertigt, ihn nur wegen fahrlässigen Totschlages zu bestrafen? Dies würde doch die Folge sein, aber eine Folge, die niemand anerkennen wollte. Oder man denke sich den Fall, daß eine Person gedungen worden ist, um ein Haus in die Luft zu sprengen, die dann unter demselben eine Tonne ungefährlichen Glyzerins anbringt, das sie für hochgradig explosiv ansieht, indem sie dessen Eigenschaften mit denen des Nitroglyzerins verwechselt.

Um so weniger dürfte eine Veranlassung vorliegen, in dieser Beziehung eine Einschränkung der Strafbarkeit eintreten zu lassen, als hierdurch nicht bloß eine Veränderung des bisher bei uns geltenden Rechts herbeigeführt würde, sondern auch in Deutschland durch die in der letzten Zeit vom deutschen höchsten Gerichtshof erlassenen Urteile anerkannt ist, daß auch dort der Versuch mit untauglichen Mitteln oder am untauglichen Objekt strafbar ist (Rechtsprechung des Reichsgerichts in Strafsachen, I, 819, II, 56) und man auch in England vorgeschlagen hat, diese dem dortigen Recht widerstreitende Regel eiezuführen.

Eine Gefahr durch diese Ausdehnung der Strafbarkeit dürfte wohl nicht entstehen. Ist kein objektiver Verdachtsgrund vorhanden, so wird die Untersuchung wohl schwerlich eingeleitet werden können. Allerdings ist die Selbstanzeige oder die Anzeige Mitschuldiger denkbar, aber man wird infolge der Möglichkeit, bei Versuch die Strafe herabzusetzen und von der Verfolgung abzusehen, wie dies nach unserer Gesetzgebung zulässig ist, nicht zu befürchten haben, daß an sich ganz untaugliche Versuchshandlungen, deren Zweck nur durch die Selbstangabe der Schuldigen entdeckt worden ist, Gegenstand einer Strafverfolgung sein werden.[1])

Bezüglich der Ausdrucksweise erscheint es indessen zweckmäßig, eine Änderung vorzunehmen. Es kann, wie oben gezeigt, jedenfalls Zweifeln unterliegen, ob nicht Ausdrücke, wie: »Handlungen, die einen Anfang der Ausführung des Verbrechens enthalten« oder »durch die die Ausführung des Verbrechens begonnen worden ist« oder dergleichen als eine Begrenzung enthaltend aufgefaßt werden können, was jedenfalls bei der Fragestellung an die Geschworenen unzweckmäßig sein dürfte. Der Entwurf hat deshalb die, wie wir glauben, richtigere Ausdrucksweise gewählt: Handlungen, durch die der Täter die Ausführung des Verbrechens zu beginnen beabsichtigte,[2])

---

[1]) S. Lammasch, Der Norwegische Strafgesetzentw. in der Zeitschr. f. d. ges. Strafr. XIV, S. 510—511, wo die Regelung des Entwurfs völlig gebilligt wird.

[2]) Hiermit stmimt die Definition des § 39 des Gesetzes von New York überein: »Eine Handlung, die in der Absicht begangen worden ist, ein Verbrechen zu verüben, und die auf die Ausführung desselben gerichtet war, ohne dieselbe herbeizuführen, ist als Versuch der Verübung des Verbrechens anzusehen«.

So ist auch die Bestimmung des deutschen Gesetzes von verschiedenen deutschen Gerichtshöfen ausgelegt worden (Lammasch, Das Moment der obj. Gefährlichkeit, S. 40).

und er will damit zeigen, daß die Frage nicht davon abhängt, ob die Handlung an und für sich tauglich war, sondern nur davon, ob der Betreffende sie für tauglich ansah. Auf der anderen Seite wird selbstverständlich alsdann eine Bestimmung wie die in § 4, Kap. 3 des geltenden Gesetzes enthaltene überflüssig sein.[1])

Die vorgeschlagene Grenze für die Strafbarkeit des Versuchs mit Rücksicht auf die Unbedeutenheit des Verbrechens stimmt ungefähr mit dem jetzigen Recht überein. Manche Gesetze gehen etwas weiter in der Gewährung von Straffreiheit, indem sie nur für die schwersten Verbrechen die unbedingte Strafbarkeit des Versuches festsetzen und im übrigen die Entscheidung besonderen Vorschriften für die einzelnen Verbrechen überlassen.

Zu § 50.

Rücktritt vom Versuch.

§ 50 ist teilweise nur die Wiedergabe des geltenden Rechtes (Kap. 3, § 5). Man hat die Worte weggelassen »und nicht infolge äußerer Hindernisse oder anderer äußerer Umstände«, da man der Meinung war, daß das Entscheidende schon durch die Worte zum Ausdruck gebracht sei: »aus eigenem freien Willen«. Zufällige Umstände, die keine Hindernisse sind, dürften wohl schwerlich die Annahme hindern, daß der Betreffende aus freiem Willen zurückgetreten ist. Bei jedem Versuch werden regelmäßig Umstände vorkommen, die die eine oder andere unvorhergesehene Schwierigkeit mit sich führen, und sollte schon dieser Umstand ausreichen, um dem Verbrecher die in Aussicht gestellte Straffreiheit zu nehmen, so dürfte es überhaupt schwer sein, auf sie zu rechnen, aber hierdurch würde der Zweck der Bestimmung vereitelt. Andere Gesetze, z. B. das deutsche, sagen geradezu, daß Straffreiheit eintritt, wenn der Täter zurückgetreten ist, »ohne daß er an der Ausführung durch Umstände gehindert worden ist, welche von seinem Willen unabhängig

[1]) Zur vollen Übersicht darüber, in welcher Ausdehnung nach dem Obenstehenden der Versuch strafbar ist, müssen wir die Aufmerksamkeit auf die Einschränkung lenken, die darin liegt, daß an sich äußerlich rechtmäßige regelrechte Handlungen stets für nicht strafbar angesehen werden müssen, selbst wenn sie in der Absicht vorgenommen werden, einen Schaden zu verursachen, und selbst dann nicht, wenn der Schaden wirklich eintritt (Gooß: »Das dänische Strafrecht« II, S. 66; Lassen: »Strafbarkeit des Versuchs«, S. 10; Getz: »Die sogenannte Teilnahme«, S. 32; v. Bar: »Kausalzusammenhang«, S. 16). Innerhalb dieser Grenzen werden so auch Mittel, die keineswegs absolut untauglich sind, verwendet werden können. Ein Arzt unterwirft z. B. einen Patienten, an dessen augenblicklichem Tod er ein Interesse hat, einer gefährlichen Operation, die an sich völlig angebracht, wenn nicht geradezu geboten ist, die er aber doch nicht ausgeführt haben würde, wenn er dabei nicht die Hoffnung gehabt hätte, den Patienten schnell zu beseitigen. Solche Handlungen sind daher ohne Rücksicht auf die Absicht nicht rechtswidrig, und niemand kann daher in ihnen den Anfang der Ausführung eines Verbrechens sehen.

waren«. Dies erscheint uns indessen als in der entgegengesetzten Richtung zu weit gegangen. So wird z. B. die Entdeckung eines angefangenen Einbruchdiebstahls nicht immer ein Hindernis für dessen Ausführung bilden, wenn aber der Dieb trotzdem, von Furcht befallen, flüchtet, ohne etwas mitzunehmen, so sollte er doch hierdurch nicht Straffreiheit erworben haben.[1])

Der Paragraph bestimmt indessen auch, daß Straffreiheit auch dann erworben wird, wenn der Betreffende »den Eintritt des zur Vollendung des Verbrechens gehörigen Erfolges abwendet, bevor er weiß, daß seine verbrecherische Tätigkeit entdeckt worden ist«. Indem er auch den Rücktritt vom vollendeten Versuch zuläßt, stimmt er mit den Gesetzen und Gesetzesentwürfen der meisten fremden Länder überein,[2]) während nach unserem geltenden Recht dieser Straffreiheitsgrund nur in einem einzelnen Fall anerkannt worden ist. Es scheint indessen außer Zweifel, daß hier nicht bloß eine gewisse Billigkeit, sondern auch in hervorragendem Maße Klugheitsrücksichten für die Straffreiheit sprechen. Der Verbrecher wird oft, nicht ohne sich der Gefahr der Entdeckung auszusetzen, gegen die er sich sonst geschützt glaubt, eingreifen und den Eintritt der Folge verhindern können, und wenn man deshalb ihm im gemeinsamen Interesse der Gesellschaft einen Ansporn hierzu geben will, so ist es die einzig verständige Maßregel, ihm Straffreiheit zuzusagen.

In Wirklichkeit hat auch derjenige, der so durch positive Handlungen den Umschwung in seinen Gedanken kundgibt, größeren Anspruch darauf, als reumütig angesehen zu werden, als der, der nur einen unvollendeten Versuch aufgibt.

In den meisten fremden Gesetzen wird verlangt, daß die Tätigkeit, die die Straffreiheit begründet, stattgefunden haben muß, ehe das Verbrechen entdeckt worden ist. Selbst wenn der Verbrecher hiervon nichts weiß, entfällt also nach diesen die Straffreiheit. Die Kommission glaubt deshalb etwas weiter gehen zu sollen, indem sie vorschlägt, daß der Schuldige, selbst wenn das Verbrechen objektiv betrachtet, entdeckt ist, sich doch Straffreiheit erwirbt, wenn er aus freiem Willen die Folgen seiner Handlung abwehrt, ohne zu wissen, daß seine verbrecherische Tätigkeit entdeckt worden ist. Daß nicht der Verbrecher, der die Folgen des Verbrechens erst dann abwehrt, wenn er weiß, daß die verbrecherische Tätigkeit entdeckt worden ist, straffrei wird, hat seinen wesentlichen Grund darin, daß er

---

[1]) S. Schwarzes Kom., S. 130, wo für diesen Fall Straffreiheit angenommen wird; Berner, Grundsätze, § 17.

[2]) Deutsches Gesetz § 46, 2: Der Versuch als solcher bleibt straflos, wenn der Täter zu einer Zeit, zu welcher die Handlung noch nicht entdeckt war, den Eintritt des zur Vollendung des Verbrechens oder Vergehens gehörigen Erfolges durch eigene Tätigkeit abgewendet hat. Ebenso der österreichische Entwurf (§ 50) und das ungarische und finnländische Gesetz.

meistens wenig Hoffnung haben wird, zu entkommen, und daß er deshalb aus allen anderen Gründen als dem der Reue Anlaß hat, Straffreiheit zu erstreben.

Wo Versuchshandlungen oder vorbereitende Handlungen als vollendet betrachtet werden, ohne Rücksicht darauf, ob der beabsichtigte Schaden eingetreten ist, wird der Rücktritt keine Straffreiheit bewirken können, sondern nur eine Strafherabsetzung nach § 59. Wo dagegen nur die Strafe des Versuchs derjenigen des vollendeten Verbrechens gleichgestellt ist (§ 100, 148 u. a.), gilt § 50 in vollem Maße.

Der Entwurf hält an der geltenden Vorschrift fest, wonach es sich hier um Gründe handelt, die einen bereits entstandenen Strafanspruch aufheben. Nach dem Recht verschiedener Länder wird ein Strafanspruch überhaupt nicht als entstanden betrachtet, wenn das Verbrechen nach dem eigenen Entschluß des Täters nicht vollendet wird. So sagt das holländische Gesetz: »Der Versuch eines Verbrechens ist strafbar, wenn der Entschluß des Täters durch den Anfang der Ausführung in die Erscheinung getreten ist, und die Ausführung nur wegen Umständen, die von seinem Willen unabhängig waren, nicht zur Vollendung gelangt ist«.

Und das italienische Gesetz: »Wer in der Absicht, ein Verbrechen zu begehen, die Ausführung desselben mit dazu geeigneten Mitteln beginnt, aber aus Gründen, die von seinem Willen unabhängig sind, nicht alles das vollendet hat, was zu Vollendung des Verbrechens erforderlich ist, wird . . . . . bestraft«.

Derselben Ausdrucksweise bedienen sich ungefähr der Code Pénal, das belgische und das genfische Gesetz. Welche Art dieser Regelungen gewählt wird, ist wegen der Schwurgerichte nicht von geringer Bedeutung. Es scheint indessen außer Zweifel, daß diese Ordnung, die ebenso wie unsere jetzige die an sich korrekteste ist, auch in praktischer Beziehung als die zweckmäßigste wird empfohlen werden können.

Zu § 51.

Strafe des Versuchs.

Der Entwurf sieht es für zweifellos an, daß die Regel des geltenden Rechtes, wonach der Versuch milder als das vollendete Verbrechen bestraft wird, aufrecht erhalten werden muß. Diese ist auch in den meisten fremden Ländern angenommen, indem die entgegengesetzte des Code Pénal teils außerhalb Frankreichs keinen Eingang gefunden hat, teils wieder aufgegeben worden ist. Der schweizerische Entwurf, der nach französischem Muster zwischen dem unvollendeten und dem mißglückten Verbrechen unterscheidet, gewährt auch bei dieser letzteren Art des Versuchs Strafherabsetzung, wenn auch bloß fakultativ. Dagegen weicht unser Entwurf vom Gesetz von 1842 insofern ab, als er sich nicht darauf einläßt, das Maß der Herabsetzung näher zu bestimmen, und auch die Regel nicht wiederholt, daß die Strafe danach zu bestimmen ist, ob der Versuch in größerem oder geringerem Maße sich der Vollendung genähert hat. Soweit diese Regel so zu verstehen ist, daß ein jeder vollendete Versuch strenger zu bestrafen ist als der unvollendete, müßte eine Ausnahme bezüglich der ganz ungefährlichen Versuche gemacht werden, d. h. der Versuche mit ganz untauglichen Mitteln oder an ganz untauglichen Objekten, wie dies auch z. B. der spanische Entwurf getan hat. Aber selbst abgesehen hiervon ist es wohl am ratsamsten, die Bestimmungen wegzulassen. In einem der früheren österreichischen Regierungsentwürfe fand sich eine ähnliche Bestimmung, die aber im Reichsratsausschuß mit folgender Begründung gestrichen wurde: »Der vorliegende Entwurf unterscheidet sich vom bestehenden Gesetz u. a. auch dadurch, daß er es vermeidet, eine Aufzählung strafschärfender und strafmildernder Gründe zu geben. Diese Änderung hat die volle Billigung des Ausschusses gefunden, weil doch schließlich das vernünftige Ermessen des Richters das entscheidende sein muß, und eine Aufzählung strafschärfender und strafmildernder Umstände leicht zu einer mechanischen geistlosen Addition und Subtraktion führt. Befolgt man indessen dieses System, so muß es auch durchgehend angewendet werden und es ist nicht angängig, nur in einem, zwei, drei Fällen dem Richter den Bescheid zu erteilen, daß er je nach den Umständen die Strafe innerhalb des gesetzlichen Rahmens herabzusetzen habe. So ist z. B. der junge Verbrecher bei einem gewissen Alter straffrei, während bei einem höheren eine mildere Strafe anzuwenden ist, aber hier wird dem Richter nichts darüber gesagt, daß er ihn bei der Strafausmessung um so milder davon kommen lassen soll, je näher er dem Alter steht, in welchem er gänzlich straffrei oder doch einer niedrigen Strafe unterworfen ist«.

Diese Gründe treffen unserer Ansicht nach auch bei uns zu.

Damit, daß der Versuch milder als das vollendete Verbrechen bestraft wird, wird ausgesprochen, daß lebenslängliche Freiheitsstrafe auf zeitlich bestimmte herabzusetzen ist. Darüber hinaus das Gesetz die Höchststrafe des Versuchs bestimmen zu lassen, erscheint überflüssig und auch insofern weniger richtig, als dadurch der Unterschied in der Behandlungsweise vergrößert wird, der die Folge der bisweilen willkürlichen Bestimmungen des Gesetzes darüber ist, was zur Vollendung des Verbrechens erforderlich ist. Auch in vielen anderen Ländern ist die Frage auf dieselbe Weise im wesentlichen dem vernünftigen Ermessen des Gerichts überlassen, so in Deutschland und Ungarn. Was die Mindeststrafe anbelangt, so ist diese auch bei uns ganz unbestimmt, ohne daß sich daraus Mißbräuche ergeben zu haben scheinen.

Der letzte Absatz des Paragraphen läßt die volle Strafe bei der sog. aberratio ictus eintreten, wo man z. B. mit Dynamit einen Menschen töten wollte, aber statt dessen ein Wohnhaus vernichtet. Weiter bestimmt dieser Absatz die Strafe für die Fälle, wo der Versuch eine unbeabsichtigte Folge gehabt hat, die, wenn sie durch ein vollendetes Verbrechen hervorgerufen wäre, Strafverschärfung zur Folge gehabt haben würde. Lebenslängliche Gefängnisstrafe wegen vorsätzlichen vollendeten Verbrechens nach § 231 kann in Fällen zur Anwendung gebracht werden, wo eine Person eine andere in der Absicht angreift, bedeutenden Schaden zu verursachen, diese aber, um dem Angriff zu entgehen, unwillkürlich zur Seite springt, ins Wasser stürzt und ertrinkt. Ebenso wegen Versuchs der Notzucht mit tödlichem Ausgang.

V. Kapitel.

Gründe, welche die Strafe herabsetzen oder erhöhen.

Der Entwurf sieht, entsprechend den meisten neueren Gesetzen, davon ab, die allgemeinen Strafausmessungsgründe aufzuzählen, d. h. solche Umstände, die für die Strafausmessung innerhalb des gewöhnlichen gesetzlichen Strafrahmens von Einfluß sind. Es läßt sich bei einer derartigen Aufrechnung schwer vermeiden, nur Selbstverständliches oder zu wenig oder zu viel zu sagen.

Dagegen muß das Gesetz natürlich selbst die Gründe bestimmen, die bewirken können, daß die Strafe unter das gesetzlich bestimmte Maß herabgesetzt oder über dasselbe erhöht wird, sofern man überhaupt will, daß es Fälle gibt, in denen von diesem abgegangen werden kann.

Zu §§ 52 bis 54.

Hinsichtlich der §§ 52 bis 54 über die sog. bedingte Verurteilung wird auf das Gesetz vom 2. Mai 1894 verwiesen, das im wesentlichen hier Aufnahme gefunden hat, sowie auf die demselben zugrunde liegenden Materialien: Verhandlungen des I. Kongresses des norwegischen Kriminalisten-Vereins, Christiania 1893, S. 140ff. und Oth. Prp. Nr. 31, 1893, Indst. O. Nr. 117 für 1893 u. a.

Von tatsächlichen Veränderungen ist nur anzuführen, daß der Entwurf, da er Geldstrafen neben Gefängnis zuläßt, während nach geltendem Recht Geldstrafen und Strafarbeit nicht gleichzeitig zur Anwendung gebracht werden kann, die besondere Regel in § 3 des Gesetzes hat fallen lassen, wonach stets auf eine Gesamtstrafe zu erkennen ist, wenn die ausgesetzte Strafe eine Geldstrafe ist, und wegen des zuletzt zur Aburteilung gelangten Verbrechens Strafarbeit zur Anwendung kommen sollte. Auch in diesem Fall läßt der Entwurf es von den besonderen Umständen abhängen, ob die ausgesetzte Strafe zu vollziehen ist.

Im übrigen geht die Behandlung etwas zu sehr ins einzelne, indem das geltende Gesetz mit allzu großer Ängstlichkeit die Bedingungen für die Anwendungen des Instituts gehäuft zu haben scheint.

Zu § 55.

Dieser Paragraph behandelt den Herabsetzungsgrund, der in der Jugend des Verbrechers liegt. Man hat in Anbetracht der Möglichkeit, die die vorhergehenden Paragraphen zur bedingten Verurteilung und in Anknüpfung daran eine Warnung zu erteilen, geben, es für überflüssig erachtet, eine Änderung der Strafart zuzulassen, oder eine besondere Warnung an Stelle der Strafe treten zu lassen. Man ist auch beim Alter von 18 Jahren stehen geblieben, wie das geltende Gesetz in Erwägung dessen, daß die Mindeststrafen des Gesetzes niedrige sind.[1])

An sich würde es sich, wo die Freiheitsstrafe an jungen Leuten vollzogen werden soll, nicht empfehlen, diese zu kurz sein zu lassen.

Zu § 56.

Verminderte Zurechnungsfähigkeit.

Eine verminderte Zurechnungsfähigkeit ist allgemein in neueren Gesetzen und Gesetzentwürfen anerkannt.[2])

---

[1]) Fremde Gesetze gehen nicht selten weiter: so die Gesetze von Zürich, Zug und St. Gallen (19 Jahre), die von Schaffhausen, Freiburg, Tessin, Solothurn, Neuchâtel und Ungarn (20 Jahre bei Todesstrafe und lebenslänglicher Freiheitsstrafe) Italien und Portugal (21 Jahre), das Gesetz des Kantons Wallis (23 Jahre). — Von vorliegenden Entwürfen stimmen der österreichische und der kroatische mit dem ungarischen Gesetz überein. Der russische hält am Alter von 21 Jahren fest. Der schweizerische an dem von 18.

[2]) S. d. Motive zum Deutschen Gesetz: Erörterungen . . . . aus dem Gebiete der gerichtlichen Medizin VIII, wo eine Bestimmung über verminderte Zurechnungsfähigkeit empfohlen wird.

Das deutsche Gesetz enthält indessen in seinem allgemeinen Teil überhaupt keine Regeln über mildernde Umstände, sondern läßt im speziellen regelmäßig eine Strafmilderung wegen solcher zu, ohne indessen näher zu bestimmen, worin sie bestehen können. Da das holländische, ebenso wie das englische und das newyorkische Gesetz überhaupt keine Mindeststrafen aufstellen, bedürfen sie keiner mildenden Umstände. Dagegen enthält das ungarische Gesetz in dieser Richtung eine allgemeine Regel (§ 92). Ebenso der schweizerische Entwurf (Art. 36) und der spanische Entwurf (Art. 33) und das Gesetz von Tessin (Art. 53).

Besonders wird die verminderte Zurechnungsfähigkeit genannt im Gesetz von St. Gallen Art. 40, Thurgau Art. 42, Graubünden § 50², Neuchâtel Art. 70², Wallis Art. 86, Luzern Art. 52, Obwalden Art. 28³, Bern 43², Glarus Art. 29, Tessin Art. 47, Zug Art. 26², Schwyz Art. 33, Appenzell § 41, Dänemark § 39, Schweden Kap. 5, § 6, Italien Art. 47.

Darüber zu streiten, ob dieses ein korrekter Ausdruck ist, ist ein unnützer Streit um Worte. Die Frage ist, ob man eine Herabsetzung der Strafe will, weil die Handlung unter Umständen begangen ist, die die moralische Schuld geringer erscheinen lassen und zeigen, daß nur anormale Zustände bewirkt haben, daß der Schuldige für die Rechtssicherheit gefährlich geworden ist. Was insbesondere die Überschreitung der Notwehr anbelangt, so haben wir, wie manche andere Länder, vielleicht schon jetzt eine solche Regel.[1])

Was den berechtigten Zorn im allgemeinen betrifft, so haben wir hiervon jedenfalls bei Körperverletzungen und Ehrenkränkungen einen weitgehenden Gebrauch gemacht, indem wir die Herabsetzung der Strafe zulassen, wenn der Verletzte selbst durch ungebührliches Benehmen Anlaß zu der strafbaren Handlung gegeben hat. Es ist klar, daß diese Rücksicht dieselbe Berechtigung, z. B. bei Sachbeschädigung und bei Totschlag, haben muß. Es handelt sich hier nicht bloß um einen, den Verbrecher entschuldigenden Umstand, sondern auch um einen solchen, auf Grund dessen der Verletzte nicht denselben Anspruch auf Rechtsschutz hat wie gewöhnlich. Auch die meisten fremden Gesetze teilen diese Auffassung.[2])

Es könnte in Frage kommen, eine Ausnahme bei selbstverschuldeter Trunkenheit aufzustellen. Indessen ist die Regel so gefaßt, daß die Gerichte auch, ohne daß das Gesetz dies ausdrücklich ausspricht, diese außer Betracht lassen können.[3])

§ 57.

Rechtsirrtum.

Darüber, welche Bedeutung dem Rechtsirrtum zukommt, herrscht großer Streit; und fast ebenso bestritten ist es, welche Bedeutung ihm jetzt nach den Gesetzen verschiedener Länder beizumessen ist, indem

---

[1]) St. Gallen Art. 26² und 40, Zürich Art. 49, Appenzell § 40, Dänemark § 40, Schweden Kap. 5, § 9.

Wir sagen »vielleicht«, weil die Auslegung der hier erwähnten Bestimmung nicht ganz ohne Zweifel ist, Hagströmer, Recht der Notwehr, S. 15.

Thurgau Art. 27, Waadt Art. 57, Neuchâtel Art. 73⁴, Wallis 95², Bern Art. 54, Glarus 31, Freiburg Art. 66.

[2]) Vgl. deutsches Gesetz § 213, ungarisches § 281, beide bei Totschlag. Desgleichen Schweden Kap. 14, § 2, Dänemark § 187, Obwalden 73, Bern 125, Zug 69, Schaffhausen 149, Zürich §§ 125 und 129, Appenzell § 80, österreichischer Entwurf § 217. Allgemeine Bestimmungen in Graubünden Art. 50, 3, St. Gallen Art. 40, im österreichischen Entwurf § 66, im schweizerischen Entwurf, Art. 37, im spanischen Entwurf Art. 33, 5. Code Pénal und nach ihm das belgische und das genfische Gesetz stellen als excuses legales bei Totschlag und Körperverletzung den verbrecherischen Angriff auf die Person, nächtlichen Einbruch u. a. auf.

[3]) Vgl. St. Gallen § 23, New York § 22. Das italienische Gesetz Art. 48, setzt die Strafe auch bei Trunkenheit herab. S. im übrigen auch das zu § 45 Bemerkte.

diese sich entweder überhaupt nicht oder nur in einzelnen Beziehungen hierüber aussprechen. Namentlich erklärt eine Reihe von Gesetzen, daß Unkenntnis der Bestimmungen des Strafgesetzes oder der Strafbarkeit nicht von Strafe befreien (s. die Gesetze von Dänemark, Ungarn und der italienische, der ungarische und der kroatische Entwurf, sowie andere). Dies ist indessen gerade derjenige Teil der Frage, der an sich am wenigsten zweifelhaft ist und sicherlich auch ohne ausdrückliche Gesetzesbestimmung überall auf dieselbe Weise beantwortet werden würde. Eine Handlung kann sehr wohl rechtswidrig sein ohne strafbar zu sein, aber um strafen zu können, muß es jedenfalls immer genügen, daß die Rechtswidrigkeit immer dem Handelnden bekannt ist, ohne daß deswegen verlangt zu werden braucht, daß er auch die Strafbarkeit kennt. Gerade weil die Bedrohung einer rechtswidrigen Handlung mit Strafe etwas nicht im geringen Grade Willkürliches ist, würde der Beweis dafür, daß die Strafbarkeit bekannt war, keineswegs sich von selbst darbieten, sondern oft mit großen Schwierigkeiten verknüpft sein können. Auf der anderen Seite unternimmt derjenige, der bewußt rechtswidrig handelt, stets etwas, was er hätte unterlassen sollen, und man kann ihn deshalb berechtigterweise den Schaden tragen lassen, wenn die Folgen schlimmer werden als vorhergesehen. Es kann auch nicht behauptet werden, daß die Strafdrohung hier wirkungslos sei. Man wird zum mindesten Grund haben, zu fürchten, daß das Rechtswidrige auch strafbar sei, und diese Furcht wird, wenn die Strafe ohne Rücksicht auf die Kenntnis eintritt, dazu führen können, daß man sich entweder ohne weiteres der Handlung enthält oder sich vorher genaue Kenntnis ihrer strafrechtlichen Seite verschafft.

Begründeter Zweifel entsteht daher erst, wo die Unkenntnis die Rechtswidrigkeit selbst betrifft. Hier können jedenfalls von systematischer Seite die besten Gründe für die Auffassung angeführt werden, daß die Unkenntnis oder der Irrtum dem Verbrechen seinen vorsätzlichen Charakter nehmen, so daß höchstens nur wegen Fahrlässigkeit bestraft werden kann, und dies natürlich nur, wo auch die fahrlässige Handlung mit Strafe bedroht ist. Dies kommt auch darin zum Ausdruck, daß, wenn die Unkenntnis der Rechtswidrigkeit nicht berücksichtigt werden soll, dieses regelmäßig nicht damit begründet wird, daß diese an sich irrelevant sei, sondern mit Hilfe einer Präsumtion, daß sie nicht vorhanden sei, daß Recht und Gesetz vielmehr stets bekannt sind.

Es ist indessen unzweifelhaft, daß Rechtsirrtum vorkommen kann und diese Präsumtion bedeutet deshalb in Wirklichkeit nichts anderes, als daß man sich aus praktischen Rücksichten über das, was man für grundsätzlich richtig hält, hinwegsetzt.

Es muß auch gewiß zugegeben werden, daß es in vielen Beziehungen bedenklich sein würde, ohne weiteres die Unkenntnis der Rechtswidrigkeit strafausschließend wirken zu lassen. Auch hier gilt zum Teil, was bei der Strafbarkeit zutrifft, wenn auch in weit engeren Grenzen, daß der Betreffende oft zum mindesten Veranlassung gehabt haben kann, über die Rechtmäßigkeit seiner Handlung im Zweifel zu sein und deswegen sich vorzusehen, ehe er handelte. So weiß jedermann, daß es z. B. bezüglich der Aufführung und Errichtung von Gebäuden, der Behandlung gefährlicher Stoffe usw. eine ganze Reihe polizeilicher Bestimmungen gibt, deren Übertretung mit Strafe bedroht ist, und bezüglich derer man gewiß alle Veranlassung finden wird, sie kennen zu lernen, wenn die Strafe ohne Rücksicht auf die Kenntnis eintritt, im entgegengesetzten Fall aber sich die größtmöglichste Unkenntnis hierüber zu bewahren. Hierzu kommt, daß es viele Handlungen gibt, gegenüber denen eine Bestimmung, daß Unkenntnis der Rechtswidrigkeit entschuldigt, Zweifel hervorrufen und zu allzu großer Milde führen könnte. Die Rechtswidrigkeit der Verschwendungen eines Schuldners, durch die die Gläubiger geschädigt werden, tritt so nur durch ihre Strafbarkeit zutage. Soll deshalb der, der die Strafbarkeit nicht kennt, sich auch auf Unkenntnis der Rechtswidrigkeit berufen können und so frei ausgehen? [1])

Auf der anderen Seite wird nicht in Abrede gestellt werden können, daß es Fälle gibt, in denen die Unkenntnis der Rechtswidrigkeit vorhanden sein kann, ohne daß den Handelnden eine Schuld trifft und wo sie deshalb strafausschließend wirken muß. Es ist indessen untunlich, im Gesetz allgemeine Regeln zur Unterscheidung zwischen den verschiedenen Fällen zu geben, und man hat deshalb geglaubt, daß es dem praktischen Bedürfnis am meisten entspricht, eine Regel wie die des § 57 aufzustellen, durch die es dem Ermessen anheimgegeben wird, die Strafe unbegrenzt herabzusetzen und so in ganz entschuldbaren Fällen auf eine Strafe zu erkennen, die in erster Linie eine Warnung vor einer Wiederholung enthält, nachdem man inzwischen besser unterrichtet worden ist. Durch diese Bestimmung wird dann gleichzeitig erreicht, daß das Gesetz selbst die Zweifel löst, die sich sonst auf diesem Gebiete immer hinsichtlich der strafausschließenden Bedeutung des Rechtsirrtums geltend machen müssen. [2])

Die im Entwurf angenommene Regelung wird auf diese Weise auch die Auslegung ausschließen, daß bei den Bestimmungen des speziellen Teiles, bei denen das Wort »rechtswidrig« hinzugesetzt

---

[1]) S. hier überhaupt die Ausführungen in Getz »vorläufiger Entwurf zum allgemeinen Teil des Strafgesetzes«, S. 74—76.

[2]) Art. 12 des schweizerischen Entwurfs: Irrt der Täter über eine Tatsache, so wird sie ihm nicht zum Vorsatz zugerechnet.

Handelt der Täter in dem Glauben, er mache sich keines Verbrechens schuldig, so kann er milder bestraft werden (Art. 37).

Der Unterschied liegt, wie man sieht, darin, daß der schweizerische Entwurf insofern weitergeht, als er auch die Unkenntnis lediglich der Strafbarkeit als mildernden Umstand ansieht.

ist, das Bewußtsein der Rechtswidrigkeit verlangt wird, aber sonst nicht.[1]) Daß das Wort »rechtswidrig« Bestimmungen des speziellen Teiles beigefügt ist, bedeutet nichts anderes, als daß Strafe nur in den Fällen soll angewendet werden können, wo die Handlung nach der im übrigen bestehenden bürgerlichen Gesetzgebung rechtswidrig ist. Würde man nämlich in diesen Bestimmungen das Wort »rechtswidrig« weglassen, so könnte die Auslegung geltend gemacht werden, daß alle Handlungen der betreffenden Art zu strafen seien, mit anderen Worten, daß das Strafgesetz sie alle, indem es sie für strafbar erklärt, auch für rechtswidrig erklärt, da ja die Rechtswidrigkeit einer Handlung nicht schärfer zum Ausdruck gebracht werden kann, als daß man sie mit Strafe bedroht. Oder es würde auch, falls man durchgehend nichts darüber erwähnte, wie weit die Handlung rechtswidrig sein muß, die Schlußfolgerung nahe liegen, daß man überall die Rechtswidrigkeit als in der außerhalb des Strafgesetzes liegenden Gesetzgebung begründet ansehe, was namentlich bezüglich einer Reihe von Bestimmungen des III. Teiles nicht zutrifft. (S. so §§ 340, 352, 364, 369 u. a.)

Zu § 58.

Das Zusammenwirken mehrerer.[2])

In § 58 ist alles das zusammengefaßt, was der Entwurf bezüglich des namentlich in älteren Gesetzen so umständlich behandelten Gebietes, Teilnahme an Verbrechen, auszusprechen für notwendig und zweckmäßig erachtet.

Auf den ersten Blick wird es den Anschein haben, daß der Entwurf hier sich ziemlich rücksichtslos sowohl in theoretischer wie in praktischer Beziehung gegenüber der älteren Gesetzgebung verhält, aber es wird leicht sein, sich davon zu überzeugen, daß dieses mehr Schein als Wirklichkeit ist.

Als die praktische Seite der Frage kann namentlich der Einfluß der Bestimmungen auf die Strafausmessung betrachtet werden; bezüglich dieser ist der Unterschied zwischen dem Entwurf und dem geltenden Recht zunächst der, daß dieses durch Aufstellung feiner Sonderungen den Richter zu binden sucht, während der Entwurf es seinem freien Ermessen überläßt, diejenigen Grundsätze durchzuführen, bezüglich derer sie, wie man annehmen kann, beide einig sind. Hierdurch dürfte der Entwurf gegenüber dem Gesetz einen doppelten Vorzug haben, indem das System des letzteren einerseits zu Schwierigkeiten führt, mit denen man sich namentlich beim Schwurgerichts-

[1]) Eine Reihe von Kommentatoren hat diese Auslegung gegenüber dem deutschen Strafgesetz in Anwendung gebracht.

[2]) Vgl. Getz: Über die sog. Teilnahme, in der Rechtszeitschrift 1876 und »Der Einfluß der neueren strafrechtlichen Anschauungen auf die gesetzgeberische Behandlung des Versuchs und der Teilnahme« in Mitteilungen der intern. krim. Vereinigung, V, S. 348—363.

verfahren nicht unnötigerweise belasten soll, und es andererseits sich in zum Teil recht äußerlichen Unterschieden ohne jegliche Bedeutung für die Strafschuld vertängt. So gewährt es Personen, die in einem Abhängigkeitsverhältnis zum Täter stehen, eine bedeutende Strafherabsetzung, wenn ihr Verhalten als Beihilfe zur Verübung des Verbrechens bezeichnet werden kann; muß aber die betreffende abhängige Person selbst als Täter betrachtet werden, so ist keine solche Rücksicht zu nehmen; wenn z. B. ein Vater seinen Sohn auf einen Einbruchsdiebstahl mitnimmt, so soll bei letzterem die Strafe nicht herabgesetzt werden können, wenn der Vater ihn in das Gebäude eindringen und die Objekte an sich nehmen läßt, während im umgekehrten Fall die Strafe von Strafarbeit über drei Jahren auf Geldstrafe herabgesetzt werden kann. Das Gesetz vom 29. Juni 1889 hat gewiß die obligatorische Strafherabsetzung für die voraufgehende Teilnahme beseitigt; aber es scheint nichts Wesentliches dagegen eingewendet werden zu können, daß man je nach den Umständen sogar die Strafe des im streng technischen Sinn eigentlichen Täters herabsetzen läßt, wenn die Hauptschuld den Anstifter trifft. In manchen besonderen Verhältnissen ist die Richtigkeit hiervon schon so sehr anerkannt, daß man nur diesen straft und jenen sogar gänzlich straffrei läßt, z. B. beim gesetzwidrigen Handel, der von einem Angestellten im Auftrage des Geschäftsherrn ausgeübt wird. Auch sonst liegt diese Beurteilung der Strafschuld so nahe, daß man nicht selten den Anstifter als Täter und diesen als Teilnehmer behandelt sieht, nur weil es gerechter scheint, daß die vom Gesetz für den Täter bestimmte Strafe nur den ersteren trifft. S. so § 136 des Zollgesetzes, der den, welcher durch einen andern Schmuggel treiben läßt, als Haupttäter und den andern als Teilnehmer erklärt.

Die Möglichkeit, die der Entwurf bezüglich der Strafherabsetzung gewährt, ist auch insofern von der des geltenden Rechts verschieden, als der Entwurf kein Minimum für die Strafherabsetzung kennt und unter gewissen Umständen die Strafe sogar ganz in Wegfall kommen kann. Was die voraufgehende Teilnahme betrifft, so ist der Unterschied, praktisch genommen, nicht einmal so groß, da nach dem geltenden Recht geradezu Strafarbeit von sechs Jahren auf eine Geldstrafe von acht Kronen herabgesetzt werden kann. Aber auch in anderen Fällen scheint eine so weit gehende Strafherabsetzung ohne Bedenken zu sein. Auch nach dem geltenden Gesetz ist beim Versuch keine Mindeststrafe vorausgesetzt, ohne daß hieraus schädliche Folgen entstanden wären.

Das Ergebnis, das der Entwurf bezüglich der Strafausmessung durch seine Regelung erreicht, und das in Wirklichkeit von dem bei uns wenigstens grundsätzlich anerkannten wenig verschieden ist, stimmt noch mehr mit dem in den meisten neueren Gesetzen und Gesetzentwürfen festgelegten überein. So ist nach dem deutschen, sowie nach den Gesetzen von St. Gallen, Solothurn, Appenzell, Zürich und Ungarn, sowie nach dem schweizerischen Entwurf die voraufgehende Beihilfe in erster Linie nur ein fakultativer Herabsetzungsgrund und der russische Entwurf spricht geradezu aus: »Die Teilnehmer unterliegen der für die von ihnen begangene Handlung festgesetzten Strafe; doch wird die Strafe für Personen, die nur eine unbedeutende Hilfe geleistet haben, in Übereinstimmung mit § 53 herabgesetzt« (§ 47).

Von anderen, namentlich älteren Gesetzen befolgen die einen den Grundsatz, alle am Verbrechen Beteiligten gleich zu bestrafen, während andere denen, die voraufgehende Beihilfe geleistet haben, eine unbedingte, gesetzlich bestimmte Herabsetzung gewähren, so daß sie sozusagen zwei Extreme darstellen, zwischen denen man in der späteren Zeit mehr und mehr einen Mittelweg gehen zu sollen geglaubt hat.[1])

In fast allen anderen Gesetzen, mit Ausnahme des dänischen, schwedischen und einigen schweizerischen Gesetzen, ist der Begriff des Komplottes längst aufgegeben, wenn er überhaupt aufgestellt war. Da dies auch schon bei uns durch das Gesetz von 1889 geschehen ist, so bedarf dieser Punkt hier keiner weiteren Erörterung.

Aus dem bisher Ausgeführten dürfte hervorgehen, daß die im Entwurf angenommene Regelung in ihren praktischen Ergebnissen nichts wesentlich Neues einführt, das dem widerstreiten könnte, was bisher für richtig angesehen worden ist. Eine andere Frage ist es, ob sie auf einer haltbaren theoretischen Voraussetzung beruht, indem sie, wie man leicht sieht, nicht darauf ausgeht festzusetzen, daß diejenigen Formen der verbrecherischen Tätigkeit, die als Teilnahme bezeichnet werden, strafbar sein sollen, ebenso wie die, durch die man Täter wird, sondern einfach voraussetzt, daß sowohl jene wie diese Art der Verursachung des mit Strafe Bedrohten unter die betreffende Strafvorschrift fällt.

Es kann jedenfalls angenommen werden, daß manchen der jetzt geltenden Gesetze die Voraussetzung zugrunde liegt, daß die speziellen Strafdrohungen an und für sich nur eine oder einzelne der verschiedenen Arten, auf welche die strafbare Rechtsverletzung verübt werden kann und namentlich »die unmittelbare Ausführung« trifft. Diese Voraussetzung weist der Entwurf als unrichtig zurück, und daß er dies tut, hat eine mehr als bloß theoretische Bedeutung. Wäre

---

[1]) Von älteren Gesetzen, die auf dem Standpunkt stehen, jede Art der Teilnahme mit der vollen Strenge des Gesetzes zu treffen, können hervorgehoben werden, der Code Pénal und das englische Recht, mit dem auch das neue Gesetz von New York sowie der englische, österreichische und französische Entwurf übereinstimmen. Eine bestimmte Herabsetzung gewähren andererseits das schwedische, dänische und belgische Gesetz, sowie unter anderen die Gesetze der Kantone Bern, Neuchâtel und Genf, und dieses Prinzip ist auch in dem holländischen, italienischen und finnländischen Gesetz, sowie in dem kroatischen und spanischen Entwurf befolgt, welch letzterer jedoch von der Strafherabsetzung diejenigen ausnimmt, die einen notwendigen Beistand geleistet haben.

sie nämlich richtig, so würde nach den meisten Strafgesetzen eine ganze Reihe von Handlungen, über deren Strafwürdigkeit niemand im Zweifel ist, straflos bleiben. Wäre z. B. nach unserem geltenden Gesetz die spezielle Strafdrohung nur gegen die unmittelbaren Verursacher der Rechtsverletzung, d. h. diejenigen gerichtet, die ohne einen Zwischenmann verursachen, so müßten alle diejenigen, die wegen Alters, Unwissenheit oder Geisteskrankheit unzurechnungsfähige Zwischenmänner benützen, frei ausgehen, da sie weder zu einem Verbrechen angestiftet, noch bei der Ausführung eines solchen Beistand geleistet haben. Und wo dem Zwischenmann nur Fahrlässigkeit zur Last gelegt werden könnte, würde auch der, der ihn vorsätzlich zu dieser Fahrlässigkeit verleitete, um die Rechtsverletzung hervorzurufen, nur wegen Anstiftung zu einem fahrlässigen Verbrechen bestraft werden, und es würde schließlich der, der durch grobe Fahrlässigkeit die leicht zu entschuldigende Fahrlässigkeit eines andern hervorrief, ohne jegliche Verantwortung sein. Aber keine dieser Folgerungen darf man anerkennen und tut es auch nicht in Wirklichkeit; und ist dies der Fall, so folgt daraus auch, daß die speziellen Strafdrohungen nicht zu eng aufgefaßt werden dürfen. Wer eine Person, die annimmt, sein Gewehr sei nicht geladen, dazu verleitet, auf jemand zu schießen, wird geradezu nach den Bestimmungen des Strafgesetzes im speziellen Teil über Mord bestraft; wer einen Vater, der selbst von der Verwandtschaft nichts weiß, dazu verleitet, mit seiner Tochter den Beischlaf zu vollziehen, wird ebenso wegen Blutschande usw. bestraft. Es dürfte deshalb auch kein Zweifel herrschen, daß dasselbe bezüglich dessen gelten müßte, der gänzlich zurechnungsfähige Zwischenmänner benutzt, falls das Gesetz nichts Gegenteiliges bestimmen würde, und daß das Gesetz deshalb nicht besondere Bestimmungen aufzunehmen braucht, um ihre Strafbarkeit zu sichern. Wenn man auf diesem Gebiete versucht hat, etwas Entgegengesetztes zu verteidigen, so hat man sich besonders dabei darauf gestützt, daß der nach den allgemeinen Regeln erforderliche Kausalnexus nicht vorhanden ist, wenn zwischen dem Handelnden und dem Erfolg eine völlig verantwortliche Person als unmittelbarer Täter eingeschoben wird. Die Unrichtigkeit, die Freiheit des menschlichen Willens mit der strafrechtlichen Verantwortlichkeit in Verbindung zu setzen und jene von dieser abhängig zu machen, ist indessen einleuchtend; und ebenso einleuchtend ist es, daß eine derartige Willensfreiheit für den strafrechtlichen Kausalnexus keinen Einfluß hat, für den doch nicht verlangt wird, daß der Erfolg notwendig eintreten muß, sondern nur, daß sein Eintreten durch die in Rede stehende Handlung gefördert oder erleichtert worden ist.[1])

---

[1]) Auch in anderen Ländern hat sich die Wissenschaft jetzt mehr und mehr von der Lehre von der Teilnahme abgewendet. Sie wird so verworfen von dem Verfasser des russischen Entwurfs Prof. Foinitzky, von Prof. v. Liszt,

Hiernach muß es als gegeben angesehen werden, daß besondere Bestimmungen über die Strafbarkeit derer, die nicht unmittelbar selbst die Rechtsverletzung ausführen, überflüssig sind, gleichviel, ob der Zwischenmann selbst strafrechtlich zurechnungsfähig ist oder nicht. Es gibt aber noch wichtigere Gründe als den der Überflüssigkeit, die dafür sprechen, die Aufnahme derartiger Bestimmungen zu unterlassen.

Es ist nämlich eine Erfahrungstatsache, von der bisher noch keine Ausnahme nachgewiesen werden kann, daß die Regeln, die über dieses Gebiet in die Gesetze Aufnahme gefunden haben, an vielen handgreiflichen und bedenklichen Fehlern leiden, und es scheint demnach überhaupt mit außerordentlichen Schwierigkeiten verbunden zu sein, hier den Gedanken in eine Form zu kleiden, die weder zu viel noch zu wenig ausdrückt. Trotz aller Verschiedenheit untereinander — und diese ist, wie wir unten sehen werden, sehr erheblich — stimmen alle Gesetze in der Ausdrucksweise überein, als ob es für die Verantwortlichkeit der mittelbaren Verursacher (Anstifter und Beihelfer) entscheidend sein müsse, daß eine verbrecherische Handlung von dem unmittelbaren Verursacher (dem Täter) begangen worden ist — eine Handlung, zu der jene vorsätzlich oder wissentlich verleitet, angereizt oder Beistand geleistet haben.[1])

Eine derartige Regelung würde indessen die größten Ungereimtheiten enthalten. Wer zu einem Versuch mit untauglichen Mitteln oder gegen ein untaugliches Objekt in Kenntnis der Untauglichkeit angestiftet hätte, wäre alsdann trotzdem so zu bestrafen, als ob er wirklich sich des Versuchs schuldig gemacht hätte, — wer zu einem Diebstahl an sich selbst angestiftet, so, als ob er selbst gestohlen hätte usw. Dies ist natürlich nicht der Wille des Gesetzes; und die in mehreren Gesetzen, z. B. dem unsrigen, enthaltene Bestimmung, wonach der Anstifter straffrei ist, wenn er die Vollendung des Verbrechens verhindert, zeigt auch, daß es ganz gegen den Sinn des Gesetzes wäre, die Anstiftung zu einem Versuch der obengenannten Art so zu bestrafen, als ob der Anstifter selbst sich des Versuches schuldig gemacht hätte. Schweigt das Gesetz über diesen Punkt, so ist kein Zweifel darüber, wie die Frage zu lösen ist. Ebensowenig wie der, welcher einen strafrechtlich Unzurechnungsfähigen dazu verleitet, eine Handlung vorzunehmen, die für ihn sich als Versuch einer an sich strafbaren Rechtsverletzung darstellt, die es aber für den Anstifter nicht ist, als des Versuches schuldig angesehen werden wird, ebensowenig könnte man darüber im Zweifel sein, daß dasselbe auch

Lammasch, v. Lilienthal, Zürcher, Seuffert und Dr. R. Gram, und in dem englischen Parlament hat Attorney General sie als eine Spitzfindigkeit bezeichnet. S. Getz in Mitteilungen d. krim. Vereinigung, S. 438.

[1]) Diese Auffassung ist in Wirklichkeit auch beim deutschen Reichsgericht die herrschende geworden, s. Kries in der Zeitschr. f. d. ges. Strafrechtswissenschaft VII, S. 521 ff.

der Fall sein müßte, wenn der Verleitete strafrechtlich zurechnungsfähig wäre. Viel Streit hat die Lehre von der Teilnahme auch darüber hervorgerufen, welche Bedeutung für die Mitwirkenden persönliche Eigenschaften oder Verhältnisse, die für den Einzelnen von Einfluß auf die Strafe sind, haben. Das deutsche Gesetz (§ 50) hat, ebenso wie verschiedene andere Gesetze ausdrücklich bestimmt, daß, »wenn das Gesetz die Strafbarkeit einer Handlung nach den persönlichen Eigenschaften oder Verhältnissen desjenigen, welcher dieselbe begangen hat, erhöht oder vermindert, so sind diese besonderen Tatumstände nur demjenigen Teilnehmer (Mittäter, Anstifter, Gehilfe) zuzurechnen, bei welchem sie vorliegen«. Dagegen enthält es keine entsprechende Regel bezüglich der persönlichen Verhältnisse oder Eigenschaften, welche die Strafe ausschließen oder bedingen. Ist der unmittelbare Täter straffrei, z. B. wegen Geisteskrankheit, so wird, wie bereits erwähnt, der Teilnehmer selbst als (mittelbarer) Täter angesehen. Wird dagegen zum Tatbestand des Verbrechens ein Täter in einer bestimmten Stellung, z. B. ein öffentlicher Beamter oder ein Vorgesetzter, vorausgesetzt, so lehrt man, daß auch ein jeder anderer als Teilnehmer bestraft werden kann, was selbstverständlich nur schlecht mit dem Grundsatz des § 50 des Gesetzes stimmt. Nach Art. 65 des italienischen Gesetzes fallen auch persönliche Verhältnisse oder Eigenschaften, die die Strafbarkeit erhöhen, den hiermit bekannten Teilnehmern zur Last, wenn sie dazu gedient haben, die Ausführung des Verbrechens zu erleichtern; eine jedenfalls recht schwierige Scheidung. § 4, Kap. 5 des finnländischen Gesetzes und Art. 50 des holländischen bestimmen, daß ein persönliches Verhältnis, welches die Strafbarkeit ausschließt, vermindert oder erhöht, nur für den Täter, Anstifter oder Mithelfer in Betracht kommt, der in diesem Verhältnis steht, woraus hervorzugehen scheint, daß diese Gesetze, entgegen der allgemeinen Lehre, annehmen, daß eine Teilnahme auch bei Handlungen stattfinden kann, die für den Täter selbst straffrei sind. Andere Gesetze wiederum enthalten keine Regel bezüglich dieser Frage, was jedoch gewiß ebensowenig dazu beiträgt, die Sache klarer zu machen, wenn sie im übrigen eine Scheidung zwischen Teilnehmer und Täter treffen.

Der Hauptgrund dieses Streites ist zweifellos der, daß das Gesetz durch die Aufstellung seines Teilnahmebegriffes die Dinge aus ihrem natürlichen Zusammenhange gerissen hat, indem es seine sog. Teilnehmer zum Verbrechen eines anderen in Beziehung gesetzt hat, statt zu der von ihnen selbst beabsichtigten Rechtsverletzung. Niemand bezweifelt, daß der, welcher mit Überlegung das uneheliche Kind eines andern tötet, des Mordes nach § 14,2 unseres Gesetzes schuldig ist. Ebensowenig könnte jemand, abgesehen von den Teilnahmeregeln, bezweifeln, daß der, welcher den Tod des Kindes dadurch verursacht, daß er die Mutter zur Ausführung der Tötung verleitet, auf dieselbe Weise zu bestrafen wäre, oder daß der Täter des Kindesmordes schuldig sein kann, während das Verbrechen des Anstifters gemeiner Mord ist. Auch wird man nicht bezweifeln können, daß der, welcher mit Überlegung einen anderen dazu verleitet, in einem Anfall von Zorn jemand zu töten, des Mordes schuldig wäre, während der unmittelbare Täter nur wegen vorsätzlichen Totschlages bestraft werden kann.

Dasselbe gilt auch bezüglich der Frage, gegen wen die Strafdrohung überhaupt sich richtet. Die Regeln des Gesetzes über die Teilnahme führen meistens, buchstäblich ausgelegt, dazu, daß jeder als Anstifter oder Mithelfer strafbar sein kann, obgleich er nach den speziellen Strafvorschriften nicht Täter sein kann. Hierdurch wird indessen nur ein neues verwirrendes Moment in ein oft an sich schon dunkles Thema gebracht und zuguterletzt muß doch anerkannt werden, daß es jedenfalls in vielen Fällen nicht die Absicht gewesen sein kann, daß die Teilnahme strafbar sein soll, daß mit anderen Worten die Ausdrucksweise des Gesetzes im Kapitel über die Teilnahme auch insoweit unkorrekt ist. Dies gilt z. B. bezüglich der sog. notwendigen Teilnahme. Es gilt indessen auch in vielen Fällen, wo das Gesetz einen Täter mit besonderen Eigenschaften voraussetzt. Wenn des Gesetz z. B. den Vater mit Strafe bedroht, der seine Tochter zu einem leichtfertigen Lebenswandel verführt, so wird es außer Frage sein, daß ein Fremder, dessen Überredungsgabe der Vater benutzt, nicht strafbar ist, da er doch Täter sein müßte, in welcher Eigenschaft er indessen nach dem Gesetz straffrei ist. Was für einen Sinn sollte es aber haben, daß er dann strafbar sein sollte, wenn er dem Vater einen geringeren Beistand leisten würde, der bewirkte, daß sein Verhältnis als Teilnahme aufgefaßt werden könnte.

Auch in einer anderen Beziehung bringt diese künstliche Konstruktion Verwirrung in Dinge, die an sich keineswegs verwickelt sind. Man hat darüber gestritten, wie weit der Anstifter und die übrigen Teilnehmer für die ganze Handlung des Täters verantwortlich zu machen seien, selbst wenn sie über das hinausgegangen ist, worin ihr Wille übereinstimmte, z. B. für einen Mord, wenn der Dieb, nachdem er beim Eigentümer Widerstand findet, diesen tötet. Es kann möglich sein, daß man sich nicht auf eine so drakonische Regel hat einlassen wollen und einzelne Gesetze weisen sie auch ausdrücklich zurück. Das deutsche Gesetz spricht so aus, daß die Strafe des Anstifters nach demjenigen Gesetze festzusetzen ist, welches auf die Handlung Anwendung findet, zu welcher er wissentlich angestiftet hat, und das holländische Gesetz sagt bezüglich des Anstifters, daß ihm nur die Handlungen zugerechnet werden, die er vorsätzlich hervorgerufen hat sowie deren Folgen. Das kanadische Gesetz (Sek. 62, 2) macht ihn dagegen auch verantwortlich für das, was er als wahrscheinliche Folge hätte voraussehen müssen. Diese Bestimmungen sind schon wenig zufriedenstellend, wo, wie es die Voraussetzung bei ihnen ist, der Täter etwas mehr als vorausgesehen verübt hat, aber sie versagen gänzlich, wo er überhaupt gar nicht das, sondern etwas anderes begangen hat, wo z. B. der, dem man, damit er stehle, in ein Haus hineingeholfen hat, gar nicht stiehlt oder überhaupt gar nicht daran denkt, sondern mordet. Nach der Lehre von der Teilnahme würde hier der Gehilfe gänzlich frei, außer, wenn er wegen fahrlässiger Tötung bestraft werden könnte, was einige zudem, als juristisch unmöglich, nicht zulassen wollen.[1])

Denn wenn der Diebstahl weder vollendet noch versucht ist, kann er nicht wegen Beihilfe zu diesem bestraft werden, und da seine Beihilfe zum Mord keine vorsätzliche gewesen ist, so hat er sich auch bezüglich dieses keiner strafbaren Teilnahme schuldig gemacht.

Verlassen wir dagegen die Anschauungsweise der Lehre von der Teilnahme, und stellen wir uns auf dieselbe Basis, auf der auch die Gesetze selbst stehen, sobald es sich nicht um einen zurechnungsfähigen Menschen handelt, dessen man sich als Mittelmann bedient hat, sondern um einen Verrückten oder ein Kind unter dem straffähigen Alter, so löst sich die Frage von selbst. Es ist dann klar, daß derjenige, der in der Absicht, einen Diebstahl zu verursachen, sich den Zutritt zu einem Hause verschafft hat, des vollendeten Diebstahlsversuchs schuldig ist, da er alles getan hatte, was von seiner Seite als notwendig oder tunlich angesehen wurde, damit der Diebstahl vor sich gehen könne. Ob es ein Tier, ein unzurechnungsfähiger Mensch oder ein Mensch ist, für den die Aneignung ebenfalls strafbar ist, dessen man sich als Werkzeug bedient hat, ist, wenn man die Lehre von der Teilnahme aufgibt, gleichgültig. Alle Fragen, die in dem letzten Falle entstehen, entstehen in gleicher Weise auch bei den anderen Fällen, und sie werden alle auf dieselbe Art gelöst.

Was andere, namentlich neuere Gesetze und Gesetzentwürfe betrifft, so kann man sagen, daß auch diese zum mindesten immer mehr und mehr dazu neigen, die Auffassung aufzugeben, die namentlich in dem deutschen Gesetz und der deutschen Doktrin ihren prägnanten Ausdruck gefunden hat.

Der hier vorgeschlagenen Regelung steht am nächsten das Gesetz des Kantons Schwyz vom 20. Mai 1881; § 40 desselben lautet:

»Wo das Verbrechen durch das Zusammenwirken mehrerer zustande gekommen oder versucht worden ist, sind diejenigen, welche den leitenden Gedanken gegeben, den Entschluß, die Tat oder den Erfolg am entschiedensten bewirkt haben, schärfer zu bestrafen als die übrigen Mitschuldigen.

Einer Bestrafung in Maß und Art nach Ermessen des Richters unterliegt der Begünstiger oder derjenige, welcher nur in ganz untergeordneter Weise mitgewirkt hat.«

---

[1]) Schaffhausen § 57 enthält jedoch eine ausdrückliche Bestimmung, daß hier wegen Fahrlässigkeit bestraft werden kann.

Das holländische Gesetz lautet: Als Täter (daders) werden bei einer strafbaren Handlung bestraft 1. diejenigen, welche sie ausgeführt haben oder haben ausführen lassen oder gemeinsam mit anderen sie ausgeführt haben, 2. diejenigen, welche durch Geschenke, Versprechen, Mißbrauch des Ansehens, Gewalt, Drohungen oder Herbeiführung eines Irrtums vorsätzlich die Handlung bewirkt haben.

Ebenso der spanische Entwurf:

Son autores de los delitos ó faltas:

1. Los que toman parte directa en la ejecucion de las acciones ú omissiones que constituyen el delito ó falta,
2. Los que fuerzan á otros á ejecutarlas,
3. Los que inducen etc.
4. Los que cooperan . . . por algun acto sin el cual no hubieran podido efectuarse.

Ebenso das Gesetz von Zürich: Wenn hinsichtlich der Verübung einer strafbaren Handlung mehrere Personen zusammengewirkt haben, so trifft die Urheber (Täter und Anstifter) die volle Strafe des Verbrechens.

Die übrigen Teilnehmer am Verbrechen werden je nach dem Grade der Teilnahme mit einer geringeren Strafe belegt.

Die Gesetze der Kantone Glarus, Obwalden, Graubünden, Zug, Thurgau, Appenzell a. Rh. sowie St. Gallen stimmen in wesentlichen mit dem von Zürich überein.

Das belgische Gesetz wiederum steht am nächsten dem spanischen Entwurf:

Seront punis comme auteurs d'un crime ou d'un délit:

Ceux qui l'auront exécuté etc.

Ceux qui, par un fait quelconque, auront prêté pour l'exécution une aide telle que, sans leur assistance, le crime ou le délit n'eût pu être commis.

Ceux qui, par dons etc. . . . auront directement provoqué à ce crime ou à ce délit.

Ceux qui, soit par des discours tenus dans des réunions etc.

Das englische Recht macht, ebenso wie das französische, keinen Unterschied bezüglich der Strafbarkeit, behält aber trotzdem einen Unterschied in der Benennung bei zwischen principals in the first und in the second degree und accessories. Der Entwurf will indessen ». . . put an end to the nice distinctions between accessories before the fact and principals in the second degree« und schlägt deshalb folgende Bestimmung vor:

»Every one is a party to and guilty of an indictable offence who:

a) actually commits the offence or does or omits any act the doing or omission of which forms part of the offence; or
b) aids or abets any persons in the actual commission of the offence or in any such act or ommission as aforesaid; or

c) directly or indirectly counsels or procures any persons to commit the offence or to do or omit any such act as aforesaid.«

Ungefähr stimmt hiermit überein das Gesetz von New York, das geradezu alle Teilnehmer als principals bezeichnet.

Der russische Entwurf sagt: »Wenn ein Verbrechen oder der Versuch oder eine Vorbereitung eines solchen von mehreren Personen nach gegenseitiger Übereinkunft ausgeführt ist, heißen alle diese Personen Teilnehmer und werden als solche bestraft:

1. diejenigen, welche unmittelbar an der Ausführung teilgenommen haben,
2. diejenigen, welche ausdrücklich andere zur Teilnahme an der Handlung verleitet haben,
3. diejenigen, welche zur Ausführung desselben durch Rat usw. Hilfe geleistet haben.

Die Teilnehmer unterliegen den im Gesetz für das Verbrechen angedrohten Strafen, jedoch wird die Strafe für diejenigen Personen, welche nur eine unbedeutende Hilfe zu der Ausführung der verbrecherischen Handlung geleistet, haben in der in Art. 53 bestimmten Weise herabsetzt.«

Der schweizerische Entwurf sagt: »Der Anstifter, der den Täter zu dem Verbrechen vorsätzlich bestimmt hat, ist wie der Täter strafbar. Der Gehilfe, der zu dem Verbrechen eines andern vorsätzlich Hilfe leistet, kann milder bestraft werden (Art. 37).

Diese Bestimmung gilt auch für Verbrechen, die durch das Mittel der Presse begangen werden.«

Es sind indessen noch eine Reihe von Einwendungen gegen die Regel des Entwurfs denkbar, deren Wert erst untersucht werden muß, ehe dieselbe endgültig festgelegt wird. In erster Linie die Folgen, welche derselbe im Hinblick auf den Versuch mit sich bringt. Wie schon oben erwähnt, muß es als gegeben betrachtet werden, daß die hier vertretene Auffassung dazu führt, den sog. Anstifter oder Gehilfen wegen Versuchs bestrafen zu können, selbst wenn der sog. Täter noch keinen Versuch begangen hat, während das jetzt befolgte System zu dem entgegengesetzten Ergebnis führt. Betrachtet man nämlich die Handlung, durch die ein jeder einzelne zum Eintritt der Rechtsverletzung mitgewirkt hat, als ein eigenes Verbrechen für seine Person, so hat natürlich der Anstifter dessen Ausführung begonnen, wenn er versucht hat, einen anderen dazu zu bestimmen, unmittelbar die die Rechtsverletzung verursachende Handlung vorzunehmen, und er ist des vollendeten Versuches schuldig, wenn seine anstiftende Tätigkeit mit Erfolg beendet ist, d. h. wenn er in dem anderen den verbrecherischen Entschluß hervorgebracht hat. Es kann daher in dieser Beziehung nichts anderes gelten, als was man auch annehmen müßte, wenn z. B. eine Person zu dem Entschluß verleitet hat, die Pistole auf die eigene Brust zu setzen, indem sie ihr den Glauben beigebracht hat, die Kugel werde an den Kleidern abprallen, oder wenn ein Hypnotiseur dem Hypnotisierten den Befehl erteilt hat, in einigen Tagen einem Zeitgenossen eine Ohrfeige zu geben.

Es ist indessen eine Frage, ob man die auf diese Weise hervorgerufene Ausdehnung der Strafbarkeit für zweckmäßig ansehen kann. Hierzu ist in erster Linie zu bemerken, daß diese Ausdehnung jedenfalls gegenüber unserem geltenden Recht und auch gegenüber vielen fremden Gesetzen nicht so bedeutend ist, wie man nach dem Obengesagten annehmen könnte. Denn auch jetzt strafen wir ebenso wie Zürich, Bern und Schweden und mehrere andere Gesetze die erfolgreiche Anstiftung, selbst wenn der Täter keinen Versuch ausgeführt hat, wenn nur nicht der Anstifter selbst den Versuch verhindert hat, was wiederum nichts anderes ist als die Anwendung der Regeln der Versuchslehre über den Rücktritt vom Versuch. Die Ausdehnung erstreckt sich so nur auf den mißglückten oder noch nicht vollendeten Versuch der Anstiftung und Beihilfe, die dem Verbrechen vorausgehen. Wie weit nun eine derartig versuchte Anstiftung unbedingt straffrei sein soll, ist zum mindesten sehr zweifelhaft. In der deutschen Strafgesetznovelle vom 26. Februar 1876 und dem belgischen Gesetz vom 7. Juli 1875 ist dieselbe Regel auch bezüglich der Anstiftung zu größeren Verbrechen aufgenommen, wenn sie auch auf solche Aufforderungen begrenzt ist, die schriftlich oder unter dem Anerbieten von Vorteilen erfolgt ist.[1]) Und das dänische Gesetz geht noch einen Schritt weiter indem es im allgemeinen auch die versuchte Anstiftung mit Strafe bedroht, wie aus dessen § 52 hervorgeht: »Eine verhältnismäßig mildere Strafe tritt ein, wenn es dem Anstifter nicht gelungen ist, in dem andern den Entschluß, das Verbrechen zu begehen, hervorzurufen«. Dasselbe gilt auch nach § 31 des Gesetzes von Solothurn und nach dem österreichischen und englischen Recht; Stephen, Digest, Art. 47. Der schweizerische Entwurf Art. 14 hat eine ähnliche Vorschrift, beschränkt sich aber auf die mit Zuchthaus bedrohten Verbrechen. Endlich sind ungefähr überall öffentliche Aufforderungen zu Verbrechen strafbar. In Wirklichkeit gibt es jetzt eine ganze Reihe von kriminalistischen Schriftstellern, welche die Regelung, nach der auch die erfolglose Anstiftung strafbar ist, für die sowohl theoretisch richtigste als auch praktisch gangbarste erklären.[2])

---

[1]) Wer einen anderen zur Begehung eines Verbrechens oder zur Teilnahme an einem Verbrechen auffordert oder wer eine solche Aufforderung annimmt, wird usw.

Es wird jedoch das lediglich mündlich ausgedrückte Auffordern oder Erbieten sowie die Annahme eines solchen nur dann bestraft, wenn die Aufforderung oder das Erbieten an die Gewährung von Vorteilen irgend welcher Art geknüpft worden ist.

[2]) Hälschner, System I, S. 358ff., v. Buri, Teiln., S. 56ff., Bauer, Abh. I, S. 430, v. Buri in »Blätter f. die Rechtspfl.«, 1876, S. 208, J. Forsmann, Teilnahme, S. 165ff., wo es heißt: »Ich kann in der Hauptsache nur den Worten

Allerdings ist in letzterer Beziehung eingewendet worden, daß es hier zu sehr an einer sicheren Grundlage fehlen könne, indem bloße Worte, selbst wenn sie wirklich ausgesprochen sind, leicht mißverstanden, unrichtig ausgelegt oder entstellt werden könnten, weshalb auch das deutsche und das belgische Gesetz verlangen, daß der Beweis der Anstiftung entweder durch Schriftlichkeit erbracht oder dieselbe an etwas mehr Materielles, wie Versprechen von Vorteilen, geknüpft sein müsse. Hierauf ist indessen zu antworten, daß in dieser Beziehung die Lage genau dieselbe ist, auch nachdem der Täter gehandelt hat, während man doch da es nicht weiter für nötig oder zweckmäßig gefunden hat, die Verantwortung des Anstifters einzuschränken. Der Unterschied ist nur der, daß, während man, wo noch keine derartige Handlung stattgefunden hat, sich so ziemlich sicher darauf verlassen kann, daß eine Anklage gegen den Anstifter nur auf Grund klarer Beweise erhoben werden wird, das Verhältnis im entgegengesetzten Fall ein ganz anderes sein wird.

Die vorgeschlagene Regelung bringt es weiter mit sich, daß auch die voraufgehende Beihilfe wird bestraft werden können, obgleich das Verbrechen noch nicht versucht ist, daß z. B. der, welcher einem anderen zu einem beabsichtigten Mord Gift verschafft, sich eines strafbaren Mordversuches schuldig macht. Auch hierfür finden sich Beispiele in geltenden Gesetzen, indem nämlich § 50 des dänischen Gesetzes zeigt, daß dies in Dänemark wenigstens dann der Fall ist, wenn das Verbrechen von dem sog. Täter bereits beschlossen war, als die Beihilfehandlung geleistet wurde. Praktisch genommen wird auch nach der hier verteidigten Regelung nicht die Rede davon sein, weiterzugehen. Diejenigen Fälle, wo Beihilfehandlungen vorliegen werden, die die Bedingungen eines strafbaren Versuchs erfüllen, obgleich der, dem der Beistand geleistet wird, noch keinen verbrecherischen Entschluß gefaßt hat, werden so selten sein, daß sie außer Betracht gelassen werden können. Unser geltendes Strafgesetz ist übrigens auch in einem einzelnen Fall sehr weit darin gegangen, die Beihilfehandlungen mit Strafe zu belegen, indem nach § 8, Kap. 19 derjenige, welcher für einen andern, der die Absicht hat, zu stehlen, falsche Schlüssel anfertigt, mit Gefängnis bestraft wird. Es wird wohl niemals die Rede davon sein, hier Beihilfehandlungen zu

---

Wächters beistimmen« (Allg. Gerichtsz. f. d. Königr. Sachsen, S. 1): »Für ihn (Anstifter) ist daher die Anstiftungshandlung ein Anfang der Ausführung des von ihm beschlossenen Verbrechens, er beginnt dadurch die wirkliche Ausführung seiner verbrecherischen Absicht, und deshalb fällt seine Tätigkeit unter die Kategorie des Versuchs des von ihm beabsichtigten Verbrechens, selbst dann, wenn dieser Versuch erfolglos ist; es ist eben ein Versuch, dessen Gelingen durch äußere, vom Willen des Versuchenden unabhängige Umstände gehindert worden ist.«

So auch Zachariä, Die Lehre vom Versuch, S. 37, Lassen, Bedingungen für die Strafbarkeit des Versuchs, S. 116, und Örsted im »Ark. for Retsv.« III, S. 227.

kleineren Verbrechen oder von einer weniger ausgeprägten gesetzwidrigen Beschaffenheit zu bestrafen, selbst wenn ihre Strafbarkeit grundsätzlich anerkannt wird, und insofern kann man sagen, daß hier nur von der Durchführung einer Regel die Rede ist, die schon jetzt in unserer Gesetzgebung in einem der praktischsten Fälle anerkannt ist.

Wie aus dem oben Ausgeführten zu ersehen ist, entstehen bei der jetzt gebräuchlichen Ordnung überall, wo entweder die Natur der Sache oder die Vorschrift des Gesetzes es mit sich führen, daß die verbotene Handlung nicht in gleicher Weise von jedem Beliebigen ausgeführt werden kann, Zweifel darüber, gegen wen die Strafdrohung sich richtet. Soll dies vermieden werden, so muß man einen neuen Weg einschlagen: Man muß in den speziellen Bestimmungen selbst aussprechen, was das Gesetz in Wirklichkeit will. Dieser Forderung genügt der Entwurf auf die Weise, daß er bei den Strafvorschriften im speziellen Teil, bei denen nicht bloß der unmittelbare Täter oder Mittäter bestraft werden soll, die Worte aufnimmt »mitwirken zu« oder »Mitwirkung«. Hierdurch werden verschiedene Vorteile erreicht. Vor allem wird dies bei der Fragestellung im Schwurgerichtsverfahren eine große Erleichterung sein, da die Frage, ob der Teilnehmer sich der strafbaren Handlung selbst schuldig gemacht hat, oft gekünstelt lauten wird. Aber ferner wird diese Regelung — und hierauf legt die Kommission besonderes Gewicht — aus dem Grund von großer Bedeutung sein, weil das Gesetz in jedem einzelnen Fall bestimmt, ob andere, als der unmittelbare Verursacher der Rechtsverletzung, gestraft werden sollen. Hierdurch wird die schwierige Frage gelöst, wie weit die Strafdrohung gegen alle und einen jeden oder nur gegen Personen in bestimmten Stellungen mit bestimmten Eigenschaften gerichtet sind. So bei Verbrechen im öffentlichen Dienst, Verrat von anvertrauten Geheimnissen, Untreue, Verlassen jemandes, für den man zu sorgen verpflichtet ist, in hilflosem Zustand, Mißhandlung von Kindern seitens der Eltern, Vertragsbruch, Konkursdelikte und betrügerisches Verhalten bei Schuldverhältnissen, sowie bei verschiedenen Sittlichkeitsdelikten. Wie weit z. B. die Teilnahme an einem Verbrechen nach § 24, Kap. 18 bestraft wird — ob z. B. eine Frau, die sich mit einem Manne verheiratet, wissend, daß sie dadurch seine Ehe mit einer von ihm unter Versprechen der Ehe geschwängerten Frau hindert, nach diesem Paragraph zu strafen ist — ist eine Frage, die nach dem geltenden Gesetz Sache der Auslegung ist, während im § 210 des Entwurfs entschieden ist, daß nur der Mann bestraft wird.[1])

Davon, Bestimmungen über Komplott in den allgemeinen Teil aufzunehmen, kann keine Rede sein. Dagegen hat der Entwurf teils das bloße Eingehen einer Verbindung mit der Absicht, gewisse Ver-

---

[1]) S. überhaupt Mitteilungen der intern. krim. Vereinigung V, S. 358—360.

brechen oder gewisse Arten von Verbrechen zu verüben, mit Strafe bedroht (s. die §§ 94, 104, 159, 269), teils hat er es bei einzelnen Verbrechen als strafschärfenden Umstand angesehen, wenn sie von mehreren zusammen begangen worden sind, die eine derartige Verbindung eingegangen haben (s. die §§ 259^{1}, 268^{3}).

Des weiteren ist vorgeschlagen, die Gründung oder Teilnahme an einem Vereine, dessen Zweck die Verübung oder die Aufforderung zu strafbaren Handlungen ist, als Versehen zu bestrafen (§ 330).

Durch die Fassung des § 58 des Entwurfs ist § 5, Kap. 5 überflüssig geworden. In den im § 5, Kap. 5 genannten Fällen wird stets nach diesem Paragraphen den erwähnten Personen Strafherabsetzung gewährt werden können.

Die negative Teilnahme, die in § 8, Kap. 5 behandelt wird, hat der Entwurf teils in § 40, Abs. 3, teils im speziellen Teil berücksichtigt, indem § 218 den mit Strafe bedroht, welcher ein unter seiner Fürsorge oder seiner Gewalt stehendes Kind unter 16 Jahren auf eine für dessen Gesundheit, Sittlichkeit oder Rechtschaffenheit verderbliche Weise verwendet oder solche Verwendung zuläßt. Und § 380 straft denjenigen, welcher unter Mißbrauch seiner Gewalt oder Vernachlässigung seiner pflichtgemäßen Fürsorge eine ihm untergebene oder zu seinem Hausstand gehörige Person einem Verhältnis aussetzt, das offenbar für Sittlichkeit oder Rechtschaffenheit gefährlich ist.

Im selben Zusammenhang kann auch § 381 genannt werden, welcher die Verwendung von Kindern zu Beschäftigungen, die für deren Gesundheit oder Sittlichkeit gefährlich sind, mit Strafe bedroht, sowie § 389, der dem § 12, Kap. 14 des geltenden Gesetzes entspricht.

In den allgemeinen Teil eine Bestimmung über die nachfolgende Teilnahme aufzunehmen, würde gegen die Auffassung des Entwurfs von der Teilnahme sein; die in § 9, Kap. 5 aufgeführten verschiedenen Handlungen, die größtenteils nur gezwungen als Teilnahme bezeichnet werden können, sind deshalb als delicta sui generis im speziellen Teil genannt.

§ 132 bestraft so denjenigen, welcher bewirkt oder dazu mitwirkt, daß eine Person durch die Flucht, oder indem sie verborgen gehalten oder für einen anderen ausgegeben wird, der Verfolgung zu entziehen gesucht wird, oder welcher durch Vernichtung von Beweisen oder auf andere Weise einer Untersuchung in einer Strafsache entgegen zu arbeiten sucht. § 320 straft denjenigen, welcher dem Schuldigen nach der Begehung eines Verbrechens Beistand leistet, um ihm einen durch das Verbrechen beabsichtigten Vorteil zu sichern.

Bestimmungen, die dem § 10, Kap. 5 entsprechen, finden sich in § 132, Abs. 3 und § 319.

Die Regelung des Entwurfs befindet sich hier in Übereinstimmung mit den meisten neueren Gesetzen und Gesetzentwürfen.

Auch die Frage, wie weit das Anerbieten, ein Verbrechen zu verüben oder bei der Verübung Hilfe zu leisten, mit Strafe zu bedrohen ist, wie dies z. B. in dem deutschen und belgischen sowie, wenn auch unter anderen Bedingungen, im holländischen Gesetz (Art. 134) geschehen ist, ist daher auch dem speziellen Teil zu überlassen. Es muß überhaupt daran festgehalten werden, daß es sich hier nach der richtigen Auffassung um selbständige Verbrechen, nicht um allgemeine Regeln über die Strafbarkeit handelt. Nach der richtigen, systematischen Ordnung haben aber die Verbrechen selbst ihren Platz im speziellen Teil. Dies geschieht auch in vielen der obengenannten Fälle nicht bloß nach den fremden, sondern auch nach unserem eigenen Gesetz. Z. B. bei Gefangenenbefreiung, Anstiftung zum Desertieren, Unterlassen der Anmeldung oder Verhinderung gewisser größerer schwerer Verbrechen, Hilfeleistung zu einem vorläufig nur geplanten Diebstahl durch Anfertigung neuer Schlüssel usw.

Der Entwurf hat als allgemeine Regel nur das öffentliche Anerbieten, eine strafbare Handlung auszuführen oder bei der Ausführung Beistand zu leisten, mit Strafe bedroht (§ 140), während er als delicta sui generis eine ganze Reihe von Handlungen mit Strafe bedroht, die leicht als Beihilfe zu Verbrechen aufgefaßt werden können, auch wenn es nicht bewiesen werden könnte, daß dies die Absicht bei ihrer Vornahme war (s. z. B. die §§ 356, 367, 368, 369, 370).

Was die Mitwirkung mehrerer bei Polizeiübertretungen betrifft, so enthalten zum Teil z. Zt. unsere speziellen Gesetze ausdrücklich besondere Regeln bezüglich der Verantwortlichkeit (s. z. B. das Gesetz über die Schonzeit für Wale vom 19. Juni 1880, § 2 vgl. Gesetz vom 14. Juni 1890), teils werden solche aus den Bestimmungen selbst abgeleitet. Diese besonderen Regeln gehen überhaupt in der Richtung, daß die Strafe nicht sämtliche Teilnehmer an der strafbaren Handlung trifft, sondern im allgemeinen nur den Vorgesetzten oder den, in dessen unmittelbaren Interesse sie vor allem ausgeführt wird, z. B. bei gesetzwidrigem Handel usw. bloß den Geschäftsherrn, dagegen aber nicht seine Angestellten, obgleich diese nach den allgemeinen Regeln oft Täter wären, sowie die Käufer. Vgl. das bei § 40 hierüber Ausgeführte.

§ 58 des Entwurfs hat indessen geglaubt, ausdrücklich die Möglichkeit eröffnen zu sollen, bei Versehen und anderen ganz geringfügigen Delikten in jedem Falle den weniger schuldigen Teilnehmer straffrei zu lassen. Es wird angenommen, daß es oft schwierig ist, die Frage der Strafbarkeit nach abstrakten Regeln zu beantworten, und daß es auch in derartigen Fällen keine bedenkliche Willkür ist, die Entscheidung dem Ermessen des Gerichtes zu überlassen. Hierdurch werden besondere Regeln überflüssig gemacht, also auch eine solche, wie sie Art. 14 des italienischen Entwurfs von 1883 enthält,[1]) der sich sonst jedenfalls zur Aufnahme empfehlen würde.

Im übrigen wird bemerkt, daß eine Reihe von Paragraphen über Versehen, die namentlich von Übertretung von mit besonderen Stellungen verbundenen Pflichten oder dgl. handeln, so abgefaßt sind, daß die Verantwortung nur den Inhaber der Stellung allein oder zugleich den unmittelbaren Täter trifft. S. so die §§ 327, 332, 334, 335, 344, 353, 354, 359—365, 370, 374, 375, 377, 380, 381, 386, 388, 389, 414—417, 419—421, 423, 428—431, 433, 434.

Bei der Auslegung dieser Paragraphen muß man sich von jeder Abhängigkeit vom Sprachgebrauch der Lehre von der Teilnahme freimachen. Wenn so § 359 von »Feilhalten« spricht, erstreckt sich dies in Übereinstimmung mit dem allgemeinen Sprachgebrauch in erster Linie auf den Kaufmann selbst, welcher die Ware feilhalten läßt, dann aber auch auf den Angestellten, der unmittelbar feilhält, wenn er dies selbständig tut. Ebenso ist in § 370 Anbringer in erster Reihe der Fabrikant, welcher das Anbringen veranlaßt usw. Bezüglich der Verantwortung in diesen Fällen siehe § 40, Abs. 2 und 3, Motive, S. 59—61.

Wegen der besonderen Art der Teilnahme bei durch Druckschrift begangenen Delikten wird auf die Motive zu den Kapiteln 32 und 42 verwiesen.

Zu § 59.

Nach einigen speziellen Bestimmungen im Gesetz von 1842 ist auch jetzt die Verhinderung des Schadens ein Grund, die Strafe herabzusetzen, s. so § 4, Kap. 12 und § 5, Kap. 23 sowie § 21,

---

[1]) »Wenn ein Versehen (contravenzione) von einer Person begangen wird, die unter der Gewalt, dem Befehl oder der Aufsicht eines andern steht, wenn auch nur vorübergehend infolge von Familienverhältnissen, oder zur Erziehung, Beaufsichtigung oder Ausführung von Arbeiten, so kommen folgende Regeln zur Anwendung:

1. Die Strafe trifft nur die Person, welche die Gewalt, die Leitung oder Aufsicht hat, wenn das Versehen auf ihren Befehl ausgeführt ist oder Dinge betrifft, die sie nach Gesetz oder anderen Vorschriften wahrzunehmen verpflichtet ist.
2. Die Strafe trifft zugleich den Untergebenen, wenn dieser in dem in Nr. 1 erwähnten Fall das Versehen begeht, trotz des ausdrücklichen Verbotes der betreffenden öffentlichen Behörde.«

Nr. 3 handelt von Fällen, wo beide verantwortlich sind.

Der schweizerische Entwurf (Art. 187) lautet: »Übertritt ein Familiengenosse, Dienstbote, Arbeiter oder Lehrling eine Vorschrift auf Anordnung oder Befehl des Familienvorstandes, Dienstherrn, Arbeitsherrn oder des Hausherrn, so wird dieser bestraft und der Täter nur, wenn er einer besonderen Weisung der Polizei zuwidergehandelt hat.«

Art. 52 des holländischen Gesetzes enthält dagegen die etwas absonderliche Regel, daß bei Versehen nur der Täter, dagegen nicht der Teilnehmer, also auch nicht der anstiftende Vorgesetzte bestraft wird.

Kap. 24 oder sogar ein Grund für völlige Straffreiheit § 28, Kap. 21. Einige andere Länder gehen hier zum Teil noch viel weiter, namentlich Österreich, wo seit 1803 der Grundsatz herrschend war, daß bei Diebstahl und Unterschlagung anvertrauten Gutes völliger Ersatz die Strafbarkeit aufheben konnte. Der österreichische Entwurf hatte ursprünglich diese Regel sogar in erweiterter Form, hat sie aber in seiner letzten Fassung aufgegeben.[1])

In Anbetracht des etwas mehr als gewöhnlich diskretionären Ermessens, welches bei uns das Strafprozeßgesetz der Anklagebehörde läßt, von der Erhebung der Klage abzusehen, kann jedenfalls eine derartige Regel hier nicht als Bedürfnis anerkannt werden. Wir haben indessen geglaubt, die Regeln verallgemeinern zu sollen, daß die Reue, welche sich durch die Tat äußert, ein besonderer Strafherabsetzungsgrund ist, und hierin stimmt der Entwurf auch mit mehreren fremden Gesetzen und Gesetzentwürfen überein, s. so St. Gallen, Art. 40c, Dänemark, § 60, Zug, § 33, Tessin, § 53, 3, Graubünden, § 50, 8 und Basel, § 36. Entsprechend mehreren dieser Gesetze führt der Entwurf auch freiwillige Selbstanzeige auf. Da die Herabsetzung nur fakultativ ist, ist es selbstverständlich, daß sie dann nicht zur Anwendung gebracht wird, wenn jemand das Verbrechen verübt hat, um bestraft zu werden, oder wenn andere Umstände der Anzeige ihren regelmäßigen Charakter nehmen.

Auch der schweizerische Entwurf, Art. 36, läßt die Strafherabsetzung zu, wenn der Verbrecher aufrichtige Reue an den Tag gelegt hat; da dies indessen hauptsächlich auf eine der in diesem Paragraphen genannten Arten geschehen wird, so ist der Unterschied kaum besonders groß.

Zu § 60.

Dieser Paragraph entspricht dem schon in 6—2 des Strafgesetzes enthaltenen und stimmt im wesentlichen damit überein, was in den Gesetzen so gut wie aller Länder bestimmt ist. Durch die Fassung des Paragraphen hat man andeuten wollen, daß das Urteil die Angabe der Strafe enthalten muß, auf welche, ohne Berücksichtigung der Untersuchungshaft, erkannt worden wäre.

Zu § 61.

§ 61 entspricht dem § 21, Kap. 6 des geltenden Gesetzes. Es besteht indessen der Unterschied, daß der Entwurf verlangt, daß die Verbüßung der Strafe zum mindesten begonnen haben muß, während das derzeitige Gesetz sich mit der Verurteilung begnügt. Der Grund hierfür ist in die Augen fallend, indem es nicht so sehr

[1]) Vgl. Lammasch: »Diebstahl und Beleidigung«, Wien 1893, S. 34—42, wo kräftig dagegen Stellung genommen wird, und die Motive zum Entwurf des Reichsratsausschusses, S. 13.

das Urteil, sondern die Strafe ist, von der zu erwarten steht, daß sie eine Veränderung in der Denkungsart und Handlungsweise des Verbrechers bewirkt. Mit dem Entwurf stimmen auch mehrere fremde Gesetze überein, so das deutsche, ferner die Gesetze von Bern, Solothurn, Oberwalden und St. Gallen und der schweizerische Entwurf, während einzelne Gesetze, wie das italienische, das schwedische und finnländische sogar soweit gehen, unbedingt zu verlangen, daß die Strafe voll verbüßt sein muß.

Ferner hat man angenommen, daß bei Verbrechen die Frist von zehn Jahren zweckmäßigerweise auf sechs herabgesetzt werden kann, indem man sich nicht als gewohnheitsmäßiger Verbrecher enthüllt, wenn zwischen den Verurteilungen eine so lange Zeit wie 6 Jahre liegt. Weiter geht man auch an wenig andern Orten; der schweizerische Entwurf sieht fünf Jahre vor und ebenso der österreichische (s. §§ 252, 272 u. 278). Bei Versehen, bezüglich derer man nur in einzelnen speziellen Gesetzen Bestimmungen über die Rückfallsstrafe hat, wird die Festsetzung der Frist auf zwei Jahre für zweckmäßig erachtet.

Die Kommission hat dem Gericht die Möglichkeit gegeben, auch im Ausland verbüßte Strafen den Rückfall begründen zu lassen. Vgl. Art. 39 des schweizerischen Entwurfs und die Verhandlungen auf der ersten deutschen Landesversammlung des intern. krim. Vereins.[1])

Nach dem Entwurf werden auch Verurteilungen wegen Versuchs und Beihilfe zu strafbaren Handlungen den Rückfall begründen. Daß eine Regelung, wie die unseres geltenden Gesetzes hinsichtlich der Teilnahme (Kap. 6, § 22) nicht beibehalten werden kann, folgt schon aus der Regelung der »Teilnahme« im Entwurf; es scheint aber am richtigsten, auch den Versuch, die Rückfallsstrafe begründen zu lassen, da auch bei diesem ein bestimmter verbrecherischer Wille zutage tritt. Die weiten Strafrahmen des Entwurfs bewirken auf der andern Seite, daß dies unbedenklich geschehen kann.

Zu §§ 62—64.

Zusammentreffen von Verbrechen.

Man ist sich ungefähr überall jetzt darüber einig, daß man nicht immer, wenn dieselbe Person wegen Verübung mehrerer Verbrechen verurteilt werden soll, für jedes derselben eine so strenge Strafe anzuwenden hat, wie dies der Fall wäre, wenn es sich nur um ein einzelnes Verbrechen handeln würde. Dieser Grundsatz

---

[1]) S. A. Ehrenswärd »Über die Wirkung ausländischer Strafurteile«, Lund 1895, S. 142ff. Auch auf dem Penitentiärkongreß wurde eine Resolution dahin gefaßt, ausländischen Urteilen Bedeutung beizumessen. S. hierzu u. a. Alimenas Bericht in »Bulletin de la Commission Pénitentiaire internationale« V, 1895, S. 43.

kommt nicht bloß da, wo die Strafe des einen Verbrechens tatsächlich die anderer ausschließt, wie dies bei der Todesstrafe oder lebenslänglicher Freiheitsstrafe der Fall ist, sondern auch beim Zusammentreffen mehrerer Verbrechen, von denen jedes einzelne eine zeitlich bestimmte Freiheitsstrafe mit sich führt.

Auch unser geltendes Gesetz hat sich dieser Regelung angeschlossen; in der Durchführung leidet es aber an mehreren wesentlichen Mängeln.

Was mehrere Verbrechen betrifft, die nicht durch eine Handlung verübt sind, stellt es die Regel auf, daß sämtliche ohne Rücksicht bestraft werden, jedoch mit der wesentlichen Einschränkung, daß die Strafe zusammen nicht eine gewisse Grenze übersteigen dürfe. So dürfen mehrere Gefängnisstrafen zusammen nicht das für jede einzelne Gefängnisstrafe bestimmte Höchstmaß übersteigen (resp. 30, 120 oder 240 Tage nach der Art der Gefängnisstrafe). Mehrere Verbrechen, von denen ein jedes für sich mit Strafarbeit von sechs Monaten bis zu drei Jahren bestraft werden kann, können dagegen zusammen mit Strafarbeit bis zu sechs Jahren bestraft werden, mehrere Verbrechen, von denen ein einzelnes mit Strafarbeit von 12 bis 15 Jahren bestraft werden kann, können zusammen mit Strafarbeit bis zu 18 Jahren, aber auch nicht höher bestraft werden, selbst wenn jedes einzelne der mehreren Verbrechen mit Strafarbeit von 15 Jahren zu bestrafen wäre.

An sich erscheint es klar, daß das hier befolgte System an inneren Widersprüchen leidet. Ist es richtig, die einzelnen Verbrechen alle ohne Rücksicht zu bestrafen, so kann man keine gewisse Grenze ziehen, wo dies plötzlich aufhört, richtig zu sein und es für richtig anzusehen ist, überhaupt nicht zu bestrafen. Am wenigsten läßt es sich verteidigen, daß diese Grenze bei den verschiedenen Graden der Strafe so höchst verschieden gezogen ist. Bei der Gefängnisstrafe wird die Grenze überaus leicht erreicht werden können, bei Strafarbeit im fünften Grad wird dies in der Regel eher eine Ausnahme sein, bei den höheren Strafen wiederum wird es sich meistens nicht umgehen lassen, sie zu erreichen. Sowohl in theoretischer wie in rein praktischer Beziehung muß es als höchst auffallend und unzweckmäßig betrachtet werden, daß das Gesetz bei vielen Verbrechen von vornherein diese für ihre Arme als unerreichbar erklärt. Wenn dieses auch geduldet werden muß wo es sich nicht vermeiden läßt, nämlich da, wo schon die größte dem Gesetz bekannte Strafe verwirkt ist, so ist es doch nicht ohne Notwendigkeit geschehen zu lassen. Indessen wird sich nach dem System unseres Gesetzes der Verbrecher sehr oft sagen können, daß er nun die absolute Grenze der Strafbarkeit erreicht habe und insoweit in Zukunft soviel sündigen könne als er wolle, vorausgesetzt, daß er darauf Acht gibt, kein Verbrechen zu begehen, das größer ist als eines der bisher begangenen.

Das System unseres Gesetzes ist auch an den meisten Orten aufgegeben worden. Statt auf alle Strafen ganz zu erkennen, bis eine gewisse Grenze erreicht ist, ist man im allgemeinen dazu übergegangen, für alle Verbrechen eine Strafe zu verhängen, so daß das Maximum der Strafe, auf die erkannt werden kann, erhöht ist, es im übrigen aber Sache des Ermessens ist, eine passende Strafausmessung zu finden. Man wird dann niemals durch eine bloße Rechnung finden können, daß das Maximum erreicht ist und die späteren Verbrechen straffrei bleiben müssen, und man vermeidet die Willkür, die darin liegt, bald die volle Strafe aller Verbrechen zu addieren, bald einzelnen von ihnen überhaupt keine Bedeutung beizulegen.

Bei dieser Regelung vermeidet man auch eine andere Schwierigkeit, über die unser geltendes Gesetz strauchelt. Es hat nämlich erkannt, daß sein System in mehreren Fällen zu streng ist, und hat deshalb eine Reihe von Ausnahmen aufgestellt. Nach § 11, Kap. 6 des Strafgesetzes sind mehrere vollendete oder versuchte Verbrechen, der in den Kapiteln 19, 20 oder 21 oder in § 14 und 15 des Kap. 22 erwähnten Art, nur mit der Strafe zu belegen, die auf das gröbste der Verbrechen Anwendung findet, so daß alle übrigen nur als strafschärfende Umstände zu betrachten sind.

Diese Ausnahmen sind indessen höchst willkürlich. So wird man sich vergebens fragen, weshalb bei Fälschungen nach Kap. 11 eine andere Regelung gelten soll, wie bei solchen nach Kap. 21, oder weshalb zwei Fälle des Raubes anders beurteilt werden sollen als ein Raub und eine Erpressung nach 16—12, welch letzteres Verbrechen nur bezüglich des Grades der angewandten Gewalt oder der Stärke der Drohung von jenem verschieden sein kann. Teilweise können diese Willkürlichkeiten wohl, wenn auch nicht gänzlich beseitigt, so doch vermindert werden. Aber in einem wesentlichen Grad liegen sie doch im System selbst und zeugen von seiner Schiefheit. Es ist klar, daß, wenn es grundsätzlich richtig ist, alle Verbrechen vollauf zu bestrafen, sich nicht eine Reihe von Verbrechensarten aufzählen läßt, bei denen es richtig sein soll, alle Verbrechen mit Ausnahme des gröbsten mehr oder minder beiseite zu setzen.

Die Ausnahmen leiden indessen auch an einem anderen Fehler, indem sie von dem einen Extrem der Regel in das andere fallen. Es scheint so doch zweifelhaft, ob nicht eine beliebige Anzahl von Diebstählen oder dgl. die Strafe über das für den einzelnen Diebstahl gesetzte Maximum sollte hinaufbringen können. Im übrigen kann andererseits auch bemerkt werden, daß wenigstens eine strenge Befolgung des Wortlautes des Gesetzes zu einem, dem beabsichtigten entgegengesetzten Resultat führen kann, daß nämlich z. B. mehrere Diebstähle mit Strafarbeit zu bestrafen sind, weil § 11, Kap. 6 zur Anwendung kommt, während die Strafe nach § 12 in Verbindung mit § 16 in Höhe von 30 Tagen bei Wasser und Brot hätte sein müssen.

Diese Steine des Anstoßes werden vermieden, wenn man das jetzt in den Gesetzen gewöhnliche Prinzip der vereinigten Abstrafung mehrerer Verbrechen aufnimmt, das dahin geht, daß nur auf die wegen des größten Verbrechens verwirkten Strafe erkannt wird, jedoch so, daß diese mehr oder minder erhöht werden kann. [1])

Dies ist nämlich so elastisch, daß die Notwendigkeit Ausnahmen, wie die obenerwähnten zu machen, vermieden wird. Das Gericht wird deshalb bei Anwendung der allgemeinen Regel diejenigen Rücksichten nehmen können, die für den Gesetzgeber leitend gewesen sind, und es wird sie in den Fällen nehmen können, wo sie in concreto vorhanden sind, während eine allgemeine Gesetzesvorschrift sowohl zu weit als auch zu eng sein muß.

Auch eine andere Reihe von Betrachtungen führt zu demselben Ergebnis.

Die Sonderung zwischen einer Einheit und einer Mehrheit von Verbrechen ist bekanntlich z. T. recht dunkel und Gegenstand vielen Streites. Dies hängt indessen z. T. damit zusammen, daß die Kategorien an sich nicht scharf abgegrenzt sind, sondern vielmehr, soweit die Gesetzgebung nicht positiv mehr oder minder willkürliche Grenzen gezogen hat, ineinander überfließen. So bei der Entscheidung, ob ein oder mehrere Diebstähle vorliegen. Bekanntlich ist die Mehrheit der Objekte keineswegs für die Mehrheit der Diebstähle entscheidend, wenn sie zur selben Zeit entwendet worden sind. Aber eine absolute Identität der Zeit ist auch nicht erforderlich; es genügt, wenn die Aneignung nach und nach bei derselben Gelegenheit erfolgt, aber dies ist auch wieder ein sehr elastischer Begriff. Man wird hier auch darauf Rücksicht nehmen müssen, auf was sich ein und derselbe Vorfall erstreckte, ohne daß dies doch andererseits wieder als entscheidend angesehen werden kann, da man ja auch gleichzeitig den Vorsatz haben kann, mehrere Verbrechen zu begehen, und es ja zudem höchst sonderbar wäre, wenn auf diese Weise der, welcher von vornherein einen besonders weitgehenden verbrecherischen Vorsatz hatte, aus diesem Grunde Anspruch auf eine viel gnädigere Behandlung haben sollte, als der, der es nur, weil er einmal um das andere der Versuchung unterlag, es ebenso weit getrieben hat. Desgleichen kommt die Einheit des Ortes in Betracht, ohne daß indessen auch hierauf entscheidendes Gewicht

---

[1]) Von neueren Gesetzen und Gesetzentwürfen haben wohl nur das finnländische Gesetz und der spanische Entwurf noch das System unseres Gesetzes.

Reine Absorption findet statt nach dem französischen und dem genfischen Recht, ausgenommen bei contraventions, ebenso in Zug und nach dem österreichischen Entwurf; sie ist aber, was Realkonkurrenz anbelangt, im allgemeinen aufgegeben, so auch in dem neuen französischen Entwurf.

gelegt werden kann. Die ganze Scheidung wird daher Sache des Ermessens, das sich zunächst auf den durch die sämtlichen Umstände hervorgerufenen Gesamteindruck gründen wird. Es ist indessen wenig zweckmäßig, daß die Strafausmessung höchst verschieden ausfallen muß, je nachdem das Verhältnis eine Linie auf der einen oder anderen Seite der Grenze liegt. Ein Beispiel wird dies klarmachen können. Wie weit mehrere Handlungen vorliegen, wenn jemand durch eine Handlung mehrere Menschen tötet, ist zum Teil bestritten. Jedenfalls soll nach § 11, Kap. 6 des Strafgesetzes nur wegen eines Totschlags bestraft werden. Wenn man dagegen bei derselben Gelegenheit und infolge desselben Entschlusses, aber nacheinander mehrere tötet, so handelt es sich unbedingt um mehrere Verbrechen, und nicht bloß um eines, wie dies der Fall sein würde, wenn man dieselbe Betrachtungsweise wie bei Vermögenseingriffen befolgte; es ist aber leicht anzusehen, wie unzweckmäßig es sein muß, auf eine unvergleichlich strengere Weise zu bestrafen, weil der Verbrecher kein Mittel besessen hat, auf ein Mal seine ganze Absicht zu realisieren, und es deshalb hat stückweise tun müssen.

Es ließen sich natürlich noch viele derartige Beispiele anführen, aber wir wollen uns hier darauf beschränken, einige Bemerkungen über die fortgesetzten Delikte folgen zu lassen. Die meisten Delikte, z. B. Diebstahl, können wie bereits erwähnt, in einer fortgesetzten Tätigkeit bestehen, von der jeder einzelne Teil allein schon dasselbe Verbrechen ausmacht wie die ganze Tätigkeit. Unter fortgesetzten Delikten im eigentlichen Sinne sind jedoch solche zu verstehen, die in keinem Fall mehr als ein Delikt sein können, mag die Verbindung der einzelnen Teil so lose sein wie sie wolle, also auch wenn weder die Einheit der Zeit, des Ortes oder des Vorsatzes vorhanden ist. Als ein solches wird z. B. die eheliche Untreue betrachtet, bei der es wohl nicht einmal in Betracht kommt, wer der andere Teilnehmer am Verbrechen ist, während man bei Blutschande annehmen wird, daß ebensoviele Verbrechen vorliegen als Personen vorhanden sind, zu denen man in einem derartigen Verhältnis gestanden hat. Unter allen Umständen ist auch hier der Begriff zu vag und und willkürlich, um sich als Grundlage für einen großen Unterschied in der Größe der Strafe zu eignen, und es zeigt sich in Wirklichkeit auch, daß er ganz unannehmbar ist, daß notwendigerweise ein greifbarer Unterschied in der Strafschuld vorhanden sein muß, je nachdem eine Reihe verbrecherischer Handlungen ein Verbrechen (fortgesetztes) oder eine Reihe von Verbrechen ausmachen.

Hiernach läßt es sich nicht in Abrede stellen, daß überwiegende Gründe dafür sprechen, nicht unbedingt eine schärfende Wirkung mit dem oft formellen Umstand zu verbinden, daß eine Mehrheit verbrecherischer Handlungen vorliegt, sondern auch hier zuzulassen, daß nur die für das größte Verbrechen bestimmte Strafe Anwendung findet, was auch, wie erwähnt, der in fast allen neueren Gesetzen und Gesetzentwürfen angenommene Grundsatz ist.

Diese pflegen indessen den Unterschied zwischen ideeller (mehrere Verbrechen in einer Handlung) und reeller Konkurrenz (mehrere Verbrechen in mehreren Handlungen) zu machen, daß sie nur bei der letzteren die Anwendung einer über das für das schwerste Verbrechen gesetzlich bestimmte Strafmaß hinausgehenden Strafe gestatten, nicht aber bei der ersteren.[1])

Es scheint indessen auch Grund vorhanden zu sein, auch bei Idealkonkurrenz eine derartige Erhöhung zuzulassen. In vielen Fällen ist dieses schon jetzt in Wirklichkeit der Fall auf Grund spezieller Gesetzesvorschriften. Wenig konsequent scheint es auch zu sein, daß das Gesetz oft eine Schärfung der für die vorsätzlichen Verbrechen bestimmten Strafen eintreten läßt, wenn dadurch eine unbeabsichtigte Folge verursacht ist, oder daß es bei dem einzelnen Verbrechen Rücksicht auf die Größe des Schadens nimmt (z. B. bei § 18c, Kap. 23), dies aber bei mehreren durch dieselbe Handlung begangenen Verbrechen nicht zuläßt, z. B. wenn man durch einen Schlag Gegenstände vernichtet und Personen beschädigt hat. Es läßt sich auch nicht in Abrede stellen, daß Blutschande, Notzucht oder Bigamie, die durch eine Handlung verübt sind, sich ebensogut zu einer über das gewöhnliche Strafmaximum hinausgehenden Strafe eignen, wie die meisten obengenannten Kombinationen.

Gegen die Gleichstellung des Entwurfs von idealer und realer Konkurrenz sind Bedenken geltend gemacht von v. Liszt in der in der »Zeitschr. f. Rechtsw.« von 1889 enthaltenen Kritik S. 391. Das System ist jedoch von den meisten schweizerischen Gesetzen angenommen, nämlich in Thurgau, Waadt, Graubünden, Aargau, Wallis, Schaffhausen, Glarus, Zürich, Appenzell, Schwyz und St. Gallen sowie nach dem schweizerischen Bundesstrafgesetz. Auch der neue schweizerische Entwurf hält an dieser Regelung fest.[2])

---

[1]) S. so Ungarn, §§ 95—100, wonach bei Realkonkurrenz eine Erhöhung von ein, zwei und fünf Jahren, je nach der Größe des Verbrechens eintreten kann. Ferner den russischen Entwurf, §§ 55 und 56, wonach bei Realkonkurrenz die Geldstrafe verdoppelt und die Freiheitsstrafe um sechs Monate bzw. ein Jahr erhöht werden, bei gewohnheitsmäßigen Verbrechen die Strafe aber bis zum Maximum der betreffenden Strafart steigen oder um bestimmte Zeiträume bis zu fünf Jahren erhöht werden kann; Art. 57 u. 58 des holländischen Gesetzes, nach denen die Strafe um ein Drittel erhöht werden kann; § 74 des deutsches Gesetzes, der nur bestimmt, daß das Maß der Gesamtstrafe kleiner sein muß, als der Betrag der verwirkten Einzelstrafen zusammen; Art. 67ff. des italienischen Gesetzes enthalten ziemlich verwickelte Regeln. Freiburg läßt Erhöhungen um ein Drittel zu, Solothurn und Basel um das Doppelte, Dänemark und Bern um die Hälfte, der spanische Entwurf bis zum dreifachen Betrage.

[2]) Hat er mehrere Freiheitsstrafen verwirkt, so wird er zu der Strafe des schwersten Verbrechens verurteilt; das höchste Maß dieser Strafe kann um die Hälfte erhöht werden.

Nach unserer Ansicht muß es auch unbedingt anerkannt werden, daß der Umstand, daß eine verbrecherische Handlung gleichzeitig ein anderes Rechtsgut als das, worüber die betreffende Strafbestimmung handelt, verletzt, ein schärfender Umstand ist, auf den in der Strafbestimmung keine Rücksicht genommen sein wird, und der deshalb eine Schärfung über den Rahmen derselben hinaus zu bewirken geeignet sein muß.

Verschieden von dem hier behandelten Fall ist der, daß eine Handlung sich zwar unter verschiedenen Strafvorschriften subsummieren läßt, von denen aber nur eine zur Anwendung kommt, indem sie die andern ausschließt. Es wäre zu wünschen gewesen, daß das Gesetz selbst die oft recht zweifelhaften Fragen, die hier regelmäßig entstehen, hätte lösen können. Dies ist indessen eine Aufgabe, die, soweit bekannt, kein Gesetz versucht hat und die auch mit so großen Schwierigkeiten verbunden zu sein scheint, daß sie wenig Aussicht hat, mit Erfolg gelöst werden zu können. Der Entwurf hat deshalb geglaubt, durchgehends die richtige Lösung der Auslegung überlassen zu sollen und er hat sich deshalb auch nicht wie das geltende Gesetz darauf eingelassen, ausdrücklich auszusprechen, daß die Anwendung der Strafbestimmungen davon abhängt, daß der Verurteilte nicht unter eine strengere Strafvorschrift fällt. Hierdurch wird regelmäßig eine positive Lösung nur bei leichteren Fällen erreicht werden, die einer solchen nicht bedürfen, und selbst bei diesen wird die konsequente Durchführung schwierig sein. Zudem ist eine Bestimmung mit dem oben angeführten Wortlaut, streng genommen, nicht korrekt, indem es nur einzelne bestimmte andere Strafvorschriften sind, auf welche jene Anwendung ausschließende Wirkung hat, während stets andere gedacht werden können, mit denen eine Idealkonkurrenz stattfinden kann. In einzelnen Fällen, wo der Entwurf eine positive Aussprache für nötig erachtet hat, hat er deshalb auch nur bestimmte Paragraphen genannt. (S. so § 185.)

Der Entwurf handelt ebenso wie der italienische nur von einzelnen bestimmten Strafen, namentlich den Freiheitsstrafen. Hierdurch entsteht indessen keine wirkliche Nichtübereinstimmung mit dem, was jetzt wohl bei uns als auch anderswo rechtens ist, sondern nur eine verschiedene Fassung, die es wieder erübrigt, verschiedene Ausnahmen zu machen.

Wie weit eine ähnliche Regel, wie bezüglich der Freiheitsstrafen auch auf Geldstrafen anzuwenden sei, darüber herrscht wenig Übereinstimmung. Unser Gesetz läßt sie bekanntlich bei idealer Konkurrenz gänzlich fortfallen, und bei realer in vollem Maße aussprechen, außer in Verbindung mit Strafarbeit oder Todesstrafe. Daß dieses System nicht für den Entwurf paßt, bedarf keines Hinweises.

§ 64 entspricht § 17, Kap. 6. Der Grundsatz des deutschen Gesetzes (§ 79), daß diese Vorschrift nur zur Anwendung kommt, wenn die früher erkannte Strafe noch nicht völlig verbüßt ist, ist nicht der gewöhnliche (s. so Holland 63 und italienisches Gesetz 76 [1]) und er scheint auch nicht begründet zu sein.

Der Entwurf sagt »soweit möglich«. Lautete das frühere Urteil auf Haft, das spätere auf Gefängnis, so kann, wenn ein Teil der zuerst verhängten Strafe verbüßt ist, natürlich keine vollständige Umwandlung in Gefängnis stattfinden.

Es wird für unnötig erachtet, besonders auszusprechen, daß die Regel des § 64 in jedem Fall zur Anwendung kommt, auch wenn juristisch keine Möglichkeit bestand, in einer Sache eine Entscheidung zu fällen. Die Worte des Gesetzes geben keinen Anlaß zu einer anderen Auslegung, die außerdem dem Gedanken des § 478 des Str.Pr.G. widersprechen würde.

Zu § 65.

Unbestimmte Strafurteile.[2])

In älteren Zeiten, wo die Strafen überhaupt weit strenger waren als jetzt, indem schwerer Verbrechen und sogar gewöhnlicher Diebstahl im Rückfall regelmäßig mit dem Tode, lebenslänglicher Strafarbeit oder mit anderen Strafen, die in ihrer Wirkung dem gleichkamen, bestraft wurden, war es offenbar, daß man, wenn nichts anderes, so doch ein nachahmenswertes Ziel erreichte: nämlich, daß die gefährlichen, unverbesserlichen Verbrecher, die die wiedergewonnene Freiheit nur früher oder später, im allgemeinen aber recht bald, zur Begehung neuer Verbrechen benutzt haben würden, unschädlich gemacht wurden.[3])

---

[1]) Noch weiter geht das Gesetz von Zürich, das in § 69 die Regel auch anwendet, wenn das Verbrechen nach dem Urteil, aber vor Beginn der Strafverbüßung begangen ist. S. auch Art. 76 des italienischen Gesetzes.

[2]) Vgl. die Verhandlungen des Kriminalisten-Vereins 1893/1894.

[3]) Betrachtet man z. B. Christian V. Lov, das doch keineswegs zu den strengsten gehört, so findet man mit Todesstrafe bedroht u. a. Totschlag, Versuch desselben, Verführung von drei oder mehreren unbescholtenen Frauen, Blutschande, Notzucht, Raub, Falschmünzerei und Mordbrennerei, und mit Strafarbeit auf Lebenszeit oder unbestimmte Zeit Zufügung bedeutenden Schadens, geringen Diebstahl zum viertenmal und schweren Diebstahl zum zweitenmal, während ein jeder schwere Diebstahl oder zum drittenmal begangener geringer Diebstahl die Einbrennung des Diebszeichens auf die Stirn zur Folge hatte. Zigeuner, welche herumliefen und Leute betrogen oder bestahlen, sollten nach 3—22—3 des Gesetzbuches teils ohne weiteres, teils, falls sie nicht sofort das Reich verließen, mit dem Tode bestraft werden, und im übrigen wurde das Vagabundieren hier wie in anderen Ländern durch eine besonders rigorose Gesetzgebung bekämpft, deren Grundgedanke war, daß alle Personen der gewöhnlichen Volksklassen verpflichtet seien, einen festen Dienst zu nehmen.

Durch die im Laufe der letzten Jahrhunderte stattgefundene Milderung der Strafen ist nach und nach in dieser Beziehung eine handgreifliche Veränderung eingetreten. Es ist sowohl bei uns als anderswo nunmehr rechtens, daß die Gerichte wegen Verbrechen, die früher die Todesstrafe mit sich führten, nur auf zeitlich bestimmte Strafarbeit, die selten 12—15 Jahre übersteigen wird, erkennen können. Zudem kann die Strafe regelmäßig in solchen Fällen herabgesetzt, ja oft statt auf Jahre auf Monate erkannt werden. Der Zweck dieses weiten Spielraumes, der hierdurch bei der Strafausmessung dem Ermessen der Gerichte gelassen wurde, war jedenfalls der, daß besondere Rücksicht auf die Unverbesserlichkeit des Verbrechers sowie auf den mehr oder minder gefährlichen Charakter, den seine verbrecherische Handlung etwa zeigte, genommen werden sollte. Das Ergebnis hiervon ist indessen an den meisten Orten und so auch bei uns gewesen, daß diese Rücksichten wenig in Betracht gekommen sind, und daß infolge hiervon verurteilte Personen, bezüglich derer mit Sicherheit behauptet werden kann, daß ihre Freiheit eine ständige Gefahr für das Leben, die Gesundheit, die Ehre und das Eigentum ihrer Mitmenschen enthält, doch höchstens nach einigen Jahren wieder auf diese losgelassen werden. Die Statistik zeigt auch unter den Gesamtzahlen der Verurteilten eine stetig steigende Zahl Rückfälliger,[1]) und nichts ist gewöhnlicher als von der Begehung schwerer Verbrechen durch Personen zu hören, die früher unter Verhältnissen bestraft worden sind, die sie als eine ständige Gefahr für die Gesellschaft erscheinen lassen mußten.

Natürlich mußte dieser Zustand die allgemeine Aufmerksamkeit auf sich ziehen und es haben lebhafte Erörterungen darüber stattgefunden,[2]) auf welche Weise diesem jetzt so hervortretenden Übel abgeholfen werden könne.

Namentlich hat man stark hervorgehoben, daß, wenn das Strafensystem der Jetztzeit sich gegenüber einer so großen Zahl von Individuen als unwirksam zur Abhaltung von fortgesetzten Verbrechen gezeigt hat, der Grund hierfür darin zu suchen ist, daß eine große Menge von Verbrechern entweder infolge von erblicher Entartung oder infolge der Entwicklung, die sie durch eine längere Zeit ihres

---

[1]) S. so von Hamel in Mitt. der intern. krim. Verein. III, S. 295 ff. und S. 323, sowie Verhandlungen des deutschen Reichstags II, Session 1892—1893, Nr. 173, S. 39.

[2]) S. so Actes du congrès pén. de St. Petersbourg 1892, I, S. 329—357, III, S. 416—601; Intern. krim. Vereinigung, Schweiz. Landesgruppe, Bern 1891, S. 58 ff., do. Deutsche Landesgruppe, Berlin 1890, S. 66 ff.; Mitteilungen I, S. 165; II, S. 64, 95 ff.; III, S. 295—305; Congrès d'anthropologie crim. à Bruxelles 1892, v. Hamel, Des mesures appliquables aux incorrigibles, v. Liszt in Zeitschrift für ges. Strafrechtsw. III, S. 39, IX, S. 484, X, S. 52; Medem, ibid. VII, S. 159; Max Sternau, ibid. XIII, S. 17—83; Wahlberg, Rapport presenté au congrès de Stockholm; Prins, Criminalité & répression; Schwarze, Die Freiheitsstrafe; Mittelstädt, Gegen die Freiheitsstrafen u. a.

Lebens haben nehmen können, unverbesserlich geworden ist; und im Anschluß hieran hat man die Forderung aufgestellt, daß diese Unverbesserlichen unschädlich zu machen seien — wenn nicht, woran einzelne festhalten, dadurch, daß man sie des Lebens beraubt, so doch durch lebenslängliche Einsperrung oder Deportation nach fernen Plätzen.

Wir wollen keineswegs in Abrede stellen, daß die über die Unverbesserlichkeit und ihre Ursachen angestellten Untersuchungen und Betrachtungen ihren großen Wert besitzen, ebenso wie sie bedeutendes wissenschaftliches Interesse darbieten. Nichtsdestoweniger müssen wir aber zunächst den Standpunkt derer teilen, die ihnen für die praktische Kriminalpolitik keine besondere Bedeutung beimessen können.

Daß die große Anzahl Rückfälliger eine unbedingte Unverbesserlichkeit bezeugt, dürfte eine etwas übereilte Schlußfolgerung sein. Zweifellos gibt es Individuen, deren angeborene oder erworbene antisoziale Eigenschaften unausrottbar sind, aber weit größer dürfte die Zahl derjenigen sein, die immer wieder rückfällig werden, weil in Wirklichkeit nicht das für ihre Besserung getan wird, was, ideell betrachtet, getan werden könnte. Bald werden die angewendeten Strafen und die Gefängnisbehandlung, bald die Personen, denen diese anvertraut ist, bald die Verhältnisse, in die der Strafgefangene nach seiner Entlassung gebracht wird, bewirken, daß die Arbeit für seine Besserung vergebliche Mühe gewesen ist. In der Tat sind, wenn auch die Bestrebungen der neueren Zeit darauf ausgegangen sind, der Gefangenenbehandlung einen erziehenden Charakter zu geben, diese doch keineswegs durchgeführt, und noch weniger wird man behaupten können, daß das praktisch Durchführbare in den meisten Fällen nicht weit hinter den ideellen Anforderungen zurücksteht. Es dürfte deshalb auch, richtig betrachtet, keine Enttäuschung sein, wenn ein großer Teil der Strafgefangenen das Gefängnis als ebenso großer Feind der Gesellschaft verläßt wie bei Antritt der Strafe. Wenn auch erheblich mehr als früher wirklich gebessert werden, so müßte doch der Einfluß hiervon auf die Kriminalität bei weitem dadurch wieder aufgehoben werden, daß jetzt auch, wie erwähnt, eine viel größere Zahl Unverbesserlicher ständig wieder losgelassen wird, und daß zudem für diese die Strafdrohung infolge der großen Milderung, die sie erfahren hat, viel weniger abschreckend ist als früher.

Auf der anderen Seite muß es indessen auch für die Gesetzgebung eine Sache von jedenfalls nur sekundärer Bedeutung werden, ob die Individuen, die einen eingewurzelten verbrecherischen Hang zeigen, wirklich im eigentlichen Sinn unverbesserlich sind oder nicht.[1])

---

[1]) Vgl. Sichart, Congrès pén. de St. Petersbourg III, S. 422.

Was zunächst alle diejenigen anbelangt, die gewiß ständig gegen die Gesetze der Gesellschaft verstoßen, ohne deshalb als wirklich gefährlich bezeichnet werden zu können, weil die Vergehen, zu deren Begehung sie einen Hang zeigen, von verhältnismäßig geringerer Bedeutung sind, so dürfte dies kaum zu einer verschiedenen Behandlungsweise führen, ob man diesen Hang als aus ihrem ganzen physiologischen Zustand entsprungen betrachtet, so daß er sich nur durch eine Neugeburt entfernen ließe oder nicht. Man kann doch, selbst wenn es sich um Unverbesserliche handelt, ihnen weder einen Freibrief zu sündigen geben, weil die Strafe ebensowenig wie die Strafdrohung etwas helfen wird, noch kann man zur Unschädlichmachung aller derartiger Individuen schreiten. Eine derartige Unschädlichmachung, eine Freiheitsberaubung auf Lebenszeit oder doch auf unbestimmte Zeit könnte hier leicht eine Kur werden, ärger als das Übel selbst. Es war gerade ein Fehler des älteren Systems, daß es dem Rückfall eine allzu unbarmherzig strafschärfende Wirkung beimaß, so daß z. B. sogar eine Person, die im großen und ganzen sich redlich ernährte, falls sie sich im Laufe der Jahre einige Male auf unbedeutenden Eigentumsverletzungen ertappen ließ, als Gefangener auf Lebenszeit enden mußte. Selbst wenn man hier die Einschränkung machen würde, daß dieses in Zukunft nur für die wirklich Unverbesserlichen gelten solle, so würde die Regelung deswegen nicht zweckmäßiger werden; sie würde der Gesellschaft unverhältnismäßig große Kosten auferlegen und gleichzeitig auch ungerecht gegen das Individuum selbst sein, da es doch immer eine schwierige Sache ist, die Verbesserlichen von den Unverbesserlichen zu scheiden, zumal man ja vom moralischen Standpunkt aus eher behaupten kann, daß die Unverbesserlichen, da sie sich den Unzurechnungsfähigen nähern, die am wenigsten Schuldigen sind. Alles was hier gesagt werden kann ist jedenfalls, daß man gegenüber solchen, die ihre Unverbesserlichkeit gezeigt haben, bei derartigen leichteren, mehr gelegentlich begangenen Delikten, kurze aber geschärfte Strafen bei Verbrechen, die zwar nicht eigentlich gefährlich sind, aber doch gewerbsmäßig betrieben werden, längere Strafen anzuwenden hat, deren Zweck es mehr ist, die Gesellschaft für eine beträchtliche Zeit zu befreien, als auf den Verbrecher einzuwirken, während bei denjenigen, auf deren moralische Besserung mehr Aussicht vorhanden ist, längere Strafen von erziehendem Charakter anzuwenden sind.[1])

Aber diese Sonderung wird nach unserer Ansicht nicht in gesetzliche Bestimmungen formuliert werden können, sondern muß der Rechtsanwendung überlassen werden, der deshalb beide Arten von Strafen zur freien Wahl gestellt werden.

---

[1]) Vgl. Sichart, l. c. III, S. 422.

Was sodann diejenigen betrifft, deren Verbrechen für die Gesellschaft wirklich gefährliche, eingewurzelte Neigungen zeigen, zu denen man Giftmörder, Mordbrenner, Dynamitarden, grobe Sittlichkeitsverbrecher, Räuber und Einbruchsdiebe oder dgl. von unbezwinglicher Passion und Profession rechnen kann, so ist, wenn man sie wieder auf die Gesellschaft losläßt, wenig Hoffnung auf ihre Verbesserlichkeit vorhanden, wenn sie nicht in Wirklichkeit schon gebessert worden sind. Vom Standpunkt der Gesellschaft sprechen dieselben Gründe für ihre Unschädlichmachung solange ihre Gefährlichkeit andauert, ohne Rücksicht auf den Grund dieser Andauer. Und da man in keinem Fall bei Erlaß des Urteiles sicher wissen kann, ob die Besserung überhaupt eintreten wird, und noch weniger, wann dies der Fall sein wird, so sprechen in der Tat gleich starke Gründe für die dauernde Unschädlichmachung sämtlicher derartiger, für die Gesellschaft in hohem Grade gefährlicher Individuen, ohne Rücksicht auf die größere oder geringere Möglichkeit einer Besserung. Sicherlich hat, wenn später wirklich eine Besserung eintritt, die Loslassung wieder nach Verbüßung einer angemessenen Strafzeit zu erfolgen; aber die Möglichkeit dieser Besserung muß man selbst bei Individuen stets vor Augen haben, die nach menschlichen Ermessen die Hoffnungslosesten erscheinen, und sie muß in jedem Fall zu demselben Ergebnis führen. Ist deshalb in dem Fall eine Verurteilung auf Lebensdauer oder auf unbestimmte Zeit zu empfehlen, so muß dies auch für den andern gelten. Der Anspruch der Gesellschaft ist, wie hervorgehoben, derselbe, und was die Rücksicht auf das Individuum anbelangt, falls eine solche hier überhaupt in Betracht kommen kann, so muß wiederholt werden, was oben schon ausgesprochen ist, daß die Unverbesserlichsten doch keineswegs immer als die moralisch Schuldigsten betrachtet werden können.

Erst wenn man zur Regelung des Strafvollzugs gelangt, wird die Unterscheidung zwischen denen, bei denen Aussicht auf Besserung vorhanden ist und den ganz Hoffnungslosen mehr in den Vordergrund treten können, da man wenig Veranlassung hat, besondere Aufwendungen für die moralische Erziehung dieser letzteren zu machen. Während die ersteren jedenfalls das gewöhnliche hierauf berechnete Regime durchzugehen haben, wird es sich rechtfertigen lassen, jene hoffnungslosen Individuen unmittelbar oder zum mindesten recht bald in eine Anstalt übergehen zu lassen, die keinen weiteren Zweck hat, als ständige Arbeit unter strenger Aufsicht.

Indem wir so davon ausgehen, daß eine weitere Erörterung der Frage der Unverbesserlichkeit nicht vonnöten ist, da die Notwendigkeit oder Angemessenheit von Maßregeln zur Unschädlichmachung besonders gefährlicher Verbrecher nicht hiervon abhängt, so wollen wir dazu übergehen, uns kurz darüber auszusprechen, wie weit derartige Maßregeln überhaupt erforderlich erscheinen und worin sie am richtigsten bestehen können.

Offenbar würde das Erfordernis besonderer Maßregeln wegfallen, wenn man zu der früheren Strenge bei groben Verbrechen und namentlich bei Rückfall im allgemeinen zurückkehren oder sich ihr nähern würde.[1])

Offenbar kann man indessen dieses System schwerlich wählen, ohne sich der Gefahr auszusetzen, eine ganze Reihe recht unschuldiger und entschuldbarer Fälle unbillig und unnötig hart zu behandeln. Gerade wegen der unverhältnismäßigen Strenge ist es im Laufe dieses Jahrhunderts von allen Gesetzgebungen mehr oder minder verlassen, indem namentlich das Mindestmaß der Strafe stetig herabgesetzt worden ist, um hierdurch die Gerichte instand zu setzen, die Beschaffenheit der einzelnen Fälle zu berücksichtigen.

Daß indessen diese große Freiheit der Gerichte nicht bestehen kann, ohne daß hierbei eine starke Neigung sich geltend macht, durchweg sich dem Minimum der Strafe zu nähern, ist indessen eine Erfahrung, die man überall gemacht zu haben scheint. Allerdings darf man in dieser Beziehung wenig Gewicht auf die statistischen Angaben legen, welche zeigen, daß die größere Zahl der strafbaren Handlungen Strafen nach sich ziehen, die weit unter dem Durchschnitt der Strafsätze stehen, da dieses seinen wesentlichen Grund in der an sich erfreulichen Tatsache hat, daß von der Gesamtzahl strafbarer Handlungen die meisten verhältnismäßig gering sind. Eine mehr konkrete Untersuchung wird indessen nur die Auffassung bestärken können, daß die Gerichte selbst bei schweren und gefährlichen Verbrechen sich nur ungern dem Strafmaximum nähern. Und dies ist auch leicht erklärlich. Selten oder nie wird man während der Verhandlung den Angeklagten so kennen lernen, daß kein Zweifel darüber bestehen kann, wie weit die größte Strenge am Platze ist. Beim Richter wird im einzelnen Fall die Berücksichtigung der

---

[1]) Diesen Weg hat das französische Rezidivistgesetz von 1885 eingeschlagen. Nach diesem sollen nämlich nach Verbüßung der Strafe folgende Klassen von Verbrechern stets auf Lebenszeit deportiert werden: ein jeder, der im Laufe von zehn Jahren, die Strafverbüßungszeit nicht mitgerechnet,

1. zweimal zu Strafarbeit über fünf Jahren verurteilt ist, oder
2. einmal hierzu und zweimal zu mehr als zweijähriger Gefängnisstrafe wegen eines gröberen Deliktes (Crime) oder zu mehr als dreimonatlicher wegen Diebstahls, Betrugs, Unterschlagung, öffentlicher Unanständigkeit, Kuppelei, Landstreicherei oder Bettels, oder
3. viermal wegen eines derartigen unter 2. genannten Verbrechens zu einer mehr als dreimonatlichen Gefängnisstrafe oder
4. siebenmal zur Gefängnisstrafe überhaupt, namentlich wegen solcher Delikte, die oben genannt sind, jedoch mindestens zweimal zu mehr als drei Monaten.

Die Deportation ist ausgeschlossen bei Personen unter 21 Jahren, die indessen in diesem Fall in einer Besserungsanstalt untergebracht werden, und auch bei Personen über 60 Jahren, denen aber verboten werden kann, an bestimmten Orten zu wohnen.

Jedenfalls kann die Nachahmung dieser Regelung in Ländern, die die Möglichkeit der Deportation nicht haben, nicht in Frage kommen.

moralischen Schuld, die oft gerade bei Gewohnheitsverbrechern oder den infolge erblicher Entartung verbrecherischen Individuen recht gering erscheinen muß, sich stark geltend machen.

Diese Rücksicht übt eine mildernde Wirkung aus; die Beschützung der Gesellschaft kommt demgegenüber nur schwer in Betracht. Daß dies so sein soll, ist im Gesetz nicht ausgesprochen und auch die Strafensysteme sind nicht danach eingerichtet; namentlich findet sich nicht der Grundsatz in den Gesetzgebungen aufgestellt, daß besonders lange Strafen nicht mit dem Zweck vor Augen eingerichtet sein sollen, dem Verurteilten als ein Übel zu erscheinen, sondern nur die Gesellschaft gegen ihn zu beschützen.[1]) Und ebensowenig gibt es eine Vorschrift oder Einrichtung, die die Erlassung dieser Strafen sichert, sobald der besondere Grund derselben wegfällt oder es sich herausstellt, daß er überhaupt nicht vorhanden gewesen ist. Läßt man diese Verhältnisse unverändert, so wäre es wohl umsonst, eine wesentlich größere Strenge als bisher gegenüber groben und gefährlichen Verbrechern zu erwarten, selbst wenn sie sich noch so hartnäckig zeigen. Eine Schärfung der Strafmaxima bei Rückfall gegenüber den jetzt bei uns geltenden hat jedenfalls teilweise seine volle Berechtigung, und sie wird auch im Entwurf vorgeschlagen. Aber man täuscht sich sicherlich, wenn man annimmt, daß von der Möglichkeit einer solchen Strafschärfung erheblicher Gebrauch gemacht werden und sie dazu führen wird, daß das Strafniveau, wenigstens für die gröberen Fälle, so gehoben wird, daß eine Hilfe darin erblickt werden kann. Der Weg, auf den die Gesetzgebung hier angewiesen ist, muß deshalb ein anderer sein. Sie muß die besonders gefährlichen Verbrecher zu einer besonderen Klasse zusammenstellen und es offen aussprechen, daß man gegenüber diesen besondere Maßregeln trifft, die von der Erwägung diktiert sind, daß die Beschützung der Gesellschaft, die man sonst wesentlich durch die Strafdrohung zu erreichen sucht, hier durch physische Unschädlichmachung zu erfolgen hat. Dagegen, daß diese Unschädlichmachung als Strafe bezeichnet wird, läßt sich nichts einwenden. Aber ihr besonderer Charakter bringt es mit sich, daß sie in gewissen Beziehungen anders als die gewöhnlichen Strafen eingerichtet sein, und daß sie deshalb auch ihr eigenes Gepräge haben muß; es muß im Urteil unzweideutig ausgesprochen werden, daß hier eine Strafe der besonderen Art vorliegt.

Diese Betrachtung liegt dem § 65 des Entwurfs zugrunde, der indessen nur einen Teil der Regeln enthält, die auf diesem Gebiete beabsichtigt sind; die übrigen wird man im Gesetz über den Strafvollzug zu suchen haben.

Der Paragraph verlangt stets eine in den individuellen Umständen begründete besondere Gefahr, indem bei der Festsetzung

---

[1]) Vgl. Lammasch in Zeitschr. f. ges. Strafrechtsw. IX, S. 434.

der gewöhnlichen Strafen durch das Gesetz schon hinreichend Rücksicht auf die Gefahr genommen sein wird, die ein jedes Verbrechen seiner Art nach mit sich führt. Worin diese besondere Gefahr zu suchen ist, ist eine Frage, deren nähere Beantwortung den Gerichten überlassen werden muß; der Entwurf hat, um einer Übereilung vorzubeugen, die Forderung aufgestellt, daß das Gericht und die Geschworenen sich hierüber einig sein müssen, wodurch implicite ausgesprochen ist, daß die Frage nur vor dem Geschworenengericht aufgeworfen werden kann. Der Paragraph läßt dem Gericht bezüglich der Entscheidung große Freiheit, indem er nicht einmal eine frühere Verurteilung verlangt, sondern nur, daß der Angeklagte wenigstens zwei Verbrechen [1]) der in dem Paragraphen genannten Art begangen hat, die also beide in dem Prozesse den Gegenstand der Aburteilung bilden können.

Man hat nämlich geglaubt, nicht außer acht lassen zu dürfen, daß gerade die gefährlichsten Individuen oft diejenigen sind, die es am besten verstehen, lange Zeit hindurch sich jeder Verfolgung zu entziehen, sowie daß schon ganz wenige Verbrechen unter besonderen Umständen einen verbrecherischen Hang und eine verbrecherische Anlage, eine Bosheit des Charakters, offenbaren können, die vollauf berechtigten, das betreffende Individuum als den unversöhnlichen Feind der Gesellschaft anzusehen. [2])

---

[1]) Flere (mehrere) bedeutet hier wie überall im Entwurf »zwei oder mehr«.

[2]) In diesem Punkte geht der Entwurf weiter als die sonst aufgestellten Erfordernisse, die im großen und ganzen an den Rückfall anknüpfen, zumeist sogar an den öfters wiederholten Rückfall. Vgl. von Hamels Bericht (Mitt. der intern. krim. Verein. III, S. 299), wo ausgesprochen wird, daß es sicherlich Verbrechercharaktere einer solchen Beschaffenheit gibt, daß sogar die erste Wiederholung zu vermeiden ist. »Aber das sind Ausnahmen. Im allgemeinen können wir unser System für Rückfällige einrichten. Wenn die Gesetzgeber gegen diese ihre Maßregeln getroffen haben, so können dieselben auch leicht gegen die andern abgemessen werden.« Wir glauben indessen nicht, daß bei uns Grund vorhanden ist, beim Rückfall stehen zu bleiben. In Wirklichkeit würde die ausgedehntere Verwendung der Einrichtung sogar eine Garantie für den Verbrecher gegen unbillige Härte sein. In allen Fällen, wo auch der Entwurf die lebenslängliche Freiheitsstrafe zuläßt, wird auf diese leichter erkannt werden, wenn das Gericht genötigt ist, zu ihr seine Zuflucht zu nehmen, falls die erforderliche Rücksicht auf die Beschützung der Gesellschaft genommen werden soll,

Der schweizerische Entwurf, der von allen europäischen Gesetzgebungsversuchen der einzige ist, der bisher den Gedanken aufgenommen hat, enthält in § 41 eine Bestimmung darüber, daß wenn jemand wegen Verbrechen gegen Leib und Leben, Vermögenseingriffe, Verbrechen gegen das öffentliche Vertrauen, Sittlichkeitsverbrechen oder gemeingefährlicher Verbrechen mindestens zehn Freiheitsstrafen erlitten und innerhalb drei Jahre nach Verbüßung der letzten Strafe von neuem eines dieser Verbrechen begeht, das Gericht ihn, falls es annimmt, daß er abermals rückfällig sein wird, abgesehen von der Verurteilung zu der wegen des Verbrechens verwirkten Strafe, an ein für die ganze Schweiz gemeinsames Kollegium verweisen kann, das nach eingehender Untersuchung seine Unterbringung in eine besondere Anstalt für die Dauer von mindestens

Hinsichtlich der Art der Verbrechen, die dazu berechtigen, den Betreffenden zu einem besonders gefährlichen Verbrecher zu stempeln, wird es wohl kaum auf Widerspruch stoßen, wenn hier die Paragraphen des Gesetzes, die von Mordbrennerei, Zerstörung durch Dynamit u. dgl., von Vergiftungen, Ausbreitung gefährlicher Epidemien, Münzdelikten, Notzucht, Unzucht mit Kindern, Kuppelei, Kinderraub, schwerer Körperverletzung, Totschlag, Mord und gewerbsmäßiger Abtreibung, Raub und Vernichtung bedeutender Wertobjekte handeln, mit aufgeführt sind. Man wird auch kaum bestreiten, daß die Klasse der schweren Diebe zu denen gehört, die unschädlich zu machen die Gesellschaft alle Veranlassung hat. Man kennt bei uns Diebstypen wie Gjest Baardsen und Ole Höiland, und jeden Tag kann man von jenen internationalen Diebsbanden lesen, die kaum das Gefängnis verlassen haben, ehe sie wieder ihre Tätigkeit beginnen, die oft wirkliches Unglück anstiften und zum mindesten jede Sicherheit und jedes Vertrauen in geschäftlichen Verhältnissen untergraben. Dagegen wird man vielleicht der Ansicht sein, daß der Entwurf auf dem Gebiete der Sittlichkeitsdelikte etwas weit gegangen ist, besonders, wenn sogar Verführung Unmündiger oder durch hinterlistiges Verhalten hier mit aufgezählt sind (§ 197 und 198). Wenn man indessen sieht, wie einzelne aus der Verführung einen Sport machen, den sie mit wahrer Passion betreiben, so muß man zugeben, daß auch dieses Vergehen einen besonders bösartigen Charakter annehmen kann, so daß es aus einem Laster, das sich meistens mehr zur moralischen Verurteilung als zur strafrechtlichen Behandlung eignet, zu einem empörenden Verbrechen und einem gesellschaftlichen Unglück wird. Christian V. Lov, das doch im übrigen auf diesem Gebiet keineswegs streng war, bestimmte nichtsdestoweniger, daß »wer schamlos die eine unbescholtene Jungfrau oder Witwe nach der andern oder drei oder noch mehr geschändet hat«, nicht bloß wie gewöhnlich, sondern »entweder am Leben oder auf andere Weise mit den höchsten Strafen bestraft werden solle, anderen zum abschreckenden Beispiel«. Der Entwurf ist weit entfernt davon, zu den drakonischen Bestimmungen dieses Gesetzbuches zurückzukehren, aber es verdient doch hervorgehoben zu werden, daß ein richtiger Gedanke wenigstens teilweise demselben zugrunde liegt. Wenn der Entwurf auch die Bigamie mit aufführt, so geschieht dies aus einer ähnlichen Erwägung, und besonders infolge der Erfahrung, die zeigt, wie auch dieses Verbrechen von einzelnen gewerbs- und sportmäßig betrieben wird, das oft wieder ein Mittel zu Plünderungen, Betrug oder anderen Verbrechen abgibt.

---

zehn, höchstens zwanzig Jahren anordnen kann. Nach Ablauf von fünf Jahren kann der, welcher zum ersten Male auf diese Weise eingesperrt wird, losgelassen werden, wenn zwei Drittel der Strafzeit abgelaufen sind und es anzunehmen ist, daß er kein Verbrechen mehr begehen wird. — Wegen dieser Bestimmungen vgl. Norwegische Rechtszeitschrift für 1895, S. 322.

Im übrigen muß bei der Beurteilung dieser Frage erstens daran erinnert werden, daß es sehr viel von der Art des Verbrechens abhängt, welchen Umfang die verbrecherische Tätigkeit gehabt haben muß, um sagen zu können, daß sie den Verbrecher zu einem besonders gefährlichen Individuum stempelt.

Das Gesetz verlangt zwar als Minimum zwei Verbrechen; wenn aber bei den größten Verbrechen zwei für ausreichend angesehen werden müssen, wird ein vernünftiges Gericht in andern Fällen eine ganz andere Fabrikmäßigkeit der verbrecherischen Tätigkeit verlangen. Und ferner ist zu bemerken, was gleich hier unten näher ausgeführt werden soll, daß es nicht der Gedanke des Gesetzes ist, daß selbst die Unschädlichmachung, die auf Grund der Erklärung des Gerichtes über die besondere Gefährlichkeit des Verbrechers eintreten kann, absolut und außer Verhältnis zu der Art des verübten Verbrechens sein soll.

Die Folge davon, daß der Angeklagte als ein besonders gefährlicher Verbrecher erklärt wird, ist, daß der gewöhnliche Strafrahmen des Gesetzes nur als Mindestmaß der Strafzeit, der er unterworfen werden soll, gilt. Das Gericht wird daher innerhalb dieser Grenzen das Mindestmaß in Übereinstimmung mit den allgemeinen Regeln über die Strafausmessung festsetzen können. Wenn diese Zeit abgelaufen ist, wird man indessen auf Grund der abgegebenen Erklärung die Möglichkeit haben, ihn nach folgenden näheren Regeln, die im Gesetz über den Strafvollzug gegeben werden sollen, zurückzubehalten.

Findet man bei einer näheren Untersuchung, die in gewissen Zwischenräumen zu wiederholen ist, daß es noch nicht zu verantworten ist, den Gefangenen der menschlichen Gesellschaft als einen freien Mann zurückzugeben, so wird man von dieser Möglichkeit Gebrauch zu machen haben. Jedoch wird die Zeit, auf die die Strafe ausgedehnt werden kann, zu begrenzen sein, und die Kommission schlägt vor, die Zeit, für die der Verurteilte über die festgesetzte Strafzeit hinaus im Gefängnis zurückbehalten werden kann, auf das Dreidoppelte der Strafzeit, in keinem Falle jedoch auf länger als 15 Jahre über dieselbe hinaus festzusetzen. Den Bedürfnissen der Gesellschaft dürfte hiermit genügt sein. Personen, die in hohem Grade gefährliche Verbrechen verübt haben, werden schon zu einer so hohen Mindeststrafe verurteilt sein, daß die Zulage der dreifachen Zeit oder von 15 Jahren regelmäßig bewirken wird, daß sie erst als Greise wieder losgelassen zu werden brauchen. Bei kleineren Verbrechen (z. B. § 197 in Verbindung mit § 62) wird jedenfalls das Dreifache nicht über 2 Jahre 3 Monate betragen; die ganze Strafzeit beläuft sich indessen auf drei Jahre, und es ist anzunehmen, daß hiermit viel erreicht werden kann.[1])

---

[1]) Darüber, daß die Freiheitsberaubung nicht endgültig sein soll, sondern daß jedenfalls die Möglichkeit einer Entlassung auf Probe gegeben sein muß;

Jedenfalls kann man die Einwendung machen, daß, wenn man die Theorie von den Unverbesserlichen anerkannt, es unlogisch ist, bezüglich dieser überhaupt eine andere Begrenzung als den Tod aufzustellen. Hierauf ist indessen zu antworten, daß man doch in jedem Fall sich darüber klar sein muß, daß die menschlichen Entscheidungen nicht unfehlbar sind und daß es, soviel Unverbesserliche es auch geben mag, doch wünschenswert ist, soweit möglich alle unnötige Strenge bei ihrer Behandlung zu vermeiden. In der Tat wird man auch regelmäßig annehmen können, daß die Gefährlichkeit selbst des gefährlichsten Individuums bedeutend herabgemindert sein wird, wenn es als Greis in die Gesellschaft zurückkehrt. Wenn auch die Neigungen durchaus schlechte sind, so wird doch der Greis, wie die Erfahrung lehrt, und namentlich Ammitzböll in seinem Bericht an den St. Petersburger Kongreß gesagt hat, selten mit denselben Mitteln fortfahren, die er als Jüngling angewendet hat, und schon dies wird die Gefährlichkeit bedeutend vermindern. Gegenüber dem Individuum selbst darf es auch nicht außer Betracht gelassen werden, daß man die Hoffnung nicht aufgeben darf. Allerdings kann ein jeder sich Hoffnungen machen, durch gute Aufführung die Beendigung der Strafzeit zu erreichen, aber die Erfahrung wird leicht den beladenen, schwachen Charakteren zeigen können, daß diese Bedingung schwerer ist, als daß sie sie erfüllen könnten, und nicht selten wird der Gefangene mehr oder minder große Veranlassung haben, sich durch die getroffene Entscheidung vergewaltigt zu fühlen, so gewissenhaft sie auch sein mag. Es hat deshalb seine Bedeutung und Berechtigung, daß man immer einen Zeitpunkt, wenn auch in weiter Ferne, sehen kann, wo die Entlassung sicher ist.

Was die Behandlung anbelangt, so werden, wie schon erwähnt, die Hoffnungslosen, die sich, nach allem zu schließen, doch nicht beeinflussen lassen, von Anfang an in gemeinsamen Anstalten unterzubringen sein, deren Zweck es in erster Linie ist, Verbrechen zu verhindern, und aus der Arbeitskraft des Gefangenen den größtmöglichen Nutzen zu ziehen, ohne ihm unnötige Übel aufzuerlegen,

In Fällen, wo der Charakter des Gefangenen zu Zweifeln Anlaß gibt, wird es sich jedenfalls empfehlen, ihn von Anfang an einige Zeit in einer Zelle unterzubringen, um ihn näher zu beobachten. Andere zu unbestimmter Strafzeit Verurteilte, die sich nicht von vornherein als hoffnungslos zeigen, werden dagegen die Strafe auf die gewöhnliche Weise zu verbüßen haben, bis das bestimmte Mindestmaß abgelaufen ist.

---

sind sich ungefähr alle einig. Die erste deutsche Landesversammlung der intern. krim. Verein, beschloß so einstimmig, daß eine derartige Entlassung nach fünf Jahren möglich sein solle. Dagegen ist, soviel wie wir wissen, der Vorschlag einer absoluten zeitlichen Begrenzung anderswo nur im schweizerischen Entwurf gemacht.

Zeigt es sich, daß man sie auch fernerhin am besten in Gewahrsam behält, so werden sie am zweckmäßigsten in dieselbe Anstalt überzuführen sein, wie diejenigen, die von vornherein als unverbesserlich angesehen worden sind. Im übrigen wird auch hier der Übergang zur Freiheit möglichst durch Zwischenstadien und namentlich durch bedingte Entlassung zu vermitteln sein.

Wie man sieht, sind hier eine Reihe von wichtigen Entscheidungen zu treffen, die das Urteil dem Strafvollzug überläßt. Es ist deshalb auch eine wichtige Frage, wie diese zu treffen sind, und von welcher öffentlichen Behörde. Ohne hier auf Einzelheiten einzugehen, wollen wir nur sagen, daß wir es für am zweckmäßigsten halten, wenn die Entscheidung in die Hand eines Kollegiums gelegt wird, das aus Gefängnismännern und Richtern sowie Vertretern der Anklagebehörde besteht. Ein besonderer formeller Prozeß wird vor diesem Kollegium nicht stattzufinden haben, indessen dürfte das Gesetz für Formalien zu sorgen haben, die eine gehörige Aufklärung der Fragen sichern.[1])

Man wird vielleicht gegen diese Regelung einwenden, daß sie ungerecht gegen den Verbrecher ist, indem ihm ein Übel zugefügt wird, das zu seiner Strafschuld außer Verhältnis steht. Indem diese ja grade nach dem Entwurf ihren Ausdruck in dem vom Gericht festgesetzten Mindestmaß finden wird, wird so alles, was darüber hinausgeht, zu einem ethisch unberechtigten Plus.

Hierauf ist indessen zu antworten, daß die Gesellschaft doch für berechtigt angesehen werden muß, auch zu präventiven Zwecken Freiheitseinschränkungen vorzunehmen und insoweit Maßregeln zu verhängen, die stets als Übel empfunden werden dürften. Unsere Gesetzgebung enthält bekanntlich, wie die meisten anderen, diese Maßregel gegenüber Geisteskranken. In Wirklichkeit wird man oft mit größerer Sicherheit voraussagen können, daß Personen, welche, ohne zu diesen gerechnet werden zu können, empörende Missetaten verübt haben, eher bei gegebener Gelegenheit sich solcher wieder schuldig machen werden, als daß ein Geisteskranker mit gefährlichen Neigungen in Wirklichkeit auch ein Unglück verursachen wird. Es erscheint daher wenig gerechtfertigt, daß dieser Umstand, zudem ihm seine Handlungen im vollen Maße zugerechnet werden können, ein Grund sein soll, gelinder gegen ihn aufzutreten als gegen den Geisteskranken. Man muß sich jedenfalls vor Betretung des gefährlichen Weges hüten, gegenüber zurechnungsfähigen Individuen die bloße Offenbarung gefährlicher verbrecherischer Neigungen, die noch zu nichts geführt haben, als hinreichenden Grund zu präventivem

---

[1]) Vgl. v. Liszt: Zeitschr. f. ges. Strafrechtw. IX, S. 493, Stooß (I. schweiz. Landesgruppe, S. 28). v. Hamel (Mitteilungen der intern. krim. Verein. III, S. 304) ist dagegen dafür, daß auch hier eine völlig richterliche Entscheidung zu fällen ist.

Einschreiten anzusehen. Insoweit kann behauptet werden, daß unser geltendes Gesetz, das bei bloßen Drohungen, deren Umsetzung in die Tat niemals versucht worden ist, lebenslängliche Einsperrung zuläßt, bedenklich weit gegangen ist. Ganz gewiß erweitert der Entwurf in hohem Grade das Gebiet der Prävention, aber dadurch, daß er sie auf Fälle anwendbar macht, wo sie viel mehr am Platze ist, als nach den zurzeit geltenden Bestimmungen, und gleichzeitig gestaltet er ihre Durchführung weit milder, indem er sie zeitlich begrenzt und stets die Möglichkeit einer Entlassung zuläßt, sobald angenommen werden kann, daß eine solche ohne Gefahr erfolgen kann.

Demgegenüber wird man vielleicht geltend machen, daß die fortgesetzte Freiheitsberaubung, die so einen präventiven und keinen Strafzweck verfolgt, auch nicht als Strafe bezeichnet werden dürfe. Selbstverständlich stünde nichts einer Regelung im Wege, nach der die Gerichte nicht bloß nach allgemeinen Grundsätzen Strafen verhängen, sondern zugleich auch die Verwaltungsbehörden ermächtigen würden, nach deren Verbüßung den Verurteilten im Gefängnis in Verwahrung zu behalten, eine Verwahrung, welche ebensowenig wie der Arrest, dessen Zweck es ist, den Strafvollzug zu sichern, im Gesetz als Strafe zu bezeichnen wäre. Eine derartige Regelung ist auch schon an manchen Orten bekannt, so in Deutschland, wo Müßiggänger, Landstreicher und Prostituierte nach Verbüßung der Strafe in Gemäßheit einer im Urteil gegebenen Ermächtigung für eine Zeitdauer bis zu zwei Jahren in einer Zwangsarbeitsanstalt untergebracht werden können. In der Tat wird auch daran gedacht, diese Regelung für die hier behandelten Fälle einzuführen. So bejahte die erste deutsche Landesversammlung der intern. krim. Verein. die Frage, ob das Gesetz dafür zu sorgen hätte, daß die vom Richter für unverbesserlich erklärten Verbrecher ständig in einem Arbeits- oder Irrenhaus untergebracht werden könnten.[1])

Indessen kann auf der anderen Seite keineswegs zugegeben werden, daß es unrichtig ist, die ganze Freiheitsberaubung als Strafe zu bezeichnen. Man kann doch nicht in Abrede stellen, daß eine Strafe mehr oder minder präventive Zwecke verfolgen kann; und selbst wenn dieses im gegebenen Fall das einzig Entscheidende ist, kann man nichts Wesentliches dagegen einwenden, daß man vor allem von einer Strafe redet, solange das, was in Wirklichkeit ge-

---

[1]) S. auch Prof. med. Ballets Bericht im Bulletin de la Commission Pénetentiaire Intern. 6ième livraison 1895, S. 161ff., wo bezüglich des sog. fou moral gesagt wird, daß er im allgemeinen nicht für unzurechnungsfähig anzusehen ist, daß er deshalb schlecht in eine Irrenanstalt, aber auch nicht in ein gewöhnliches Gefängnis paßt, sondern am besten in besonderen Anstalten untergebracht wird, wo Arbeitspflicht und strenge Disziplin herrscht, die aber doch von den gewöhnlichen Strafanstalten verschieden sein müssen. Grundsätzlich soll die Unterbringung eine dauernde sein, es kann aber doch teilweise eine Entlassung auf Probe versucht werden.

schieht, sich doch als ein Übel darstellt, das infolge des Verbrechens zugefügt wird.

Die Frage ist also zunächst eine solche der Zweckmäßigkeit, und man glaubt unbedingt empfehlen zu sollen, nicht durch eine Sonderung zwischen Strafe und Prävention eine Zweiteilung in der Behandlung heraufzubeschwören, die vielleicht sonst nicht nötig wäre, und leicht zu Mißhelligkeiten führen könnte.

Zurück bleibt die Frage, ob von dem hier den Gerichten gegebenen Recht auch Gebrauch gemacht werden wird, oder ob zu befürchten steht, daß dieselben Gründe, welche jetzt so oft von der Erkennung längerer Strafen abhalten, auch hier sich geltend machen werden. Nach unserer Auffassung rechtfertigt nichts eine solche Annahme. Wie man sieht, haben ja doch die Gerichte die Freiheit gehabt, sich unter dem geltenden System nicht besonders von dem Eindruck der Gefährlichkeit des Verbrechers beeinflussen zu lassen. Gerade die Bedenken, die bisher hiergegen geltend gemacht werden konnten, beseitigt der § 65, indem er gleichzeitig das als ein gesetzliches Ziel aufstellt, was früher gesetzlicher Begründungen ermangelte. Wenn daher die Gerichte — was ihnen niemand verübeln kann — auch in Zukunft mit großer Vorsicht auftreten werden, so kann doch kaum bezweifelt werden, daß sie ihre Befugnis benutzen werden, den Verurteilten stets da als besonders gefährlich zu erklären, wo sein Charakter unzweifelhaft ein solcher ist.

VI. Kapitel.

Das Aufhören der Strafbarkeit.

Tod des Verurteilten.

Zu §§ 66 und 71.

Da der Zweck der Strafe ist, dem Schuldigen ein Leiden zuzufügen, so folgt schon hieraus, daß nach dem Tod des Schuldigen kein Anlaß vorhanden sein wird, eine Strafe zu vollstrecken oder eine Strafverfolgung einzuleiten. Schon die Natur der meisten Strafen führt zu demselben Ergebnis, indem diese wie die Freiheitsstrafen und die Aberkennung öffentlicher Ämter nach dem Tode des Betreffenden nicht vollstreckt werden können. Die Vollstreckung von Geldstrafen nach dem Tode des Schuldigen wäre denkbar, aber da der Zweck derselben nicht ist, die Staatskasse zu bereichern, so ist kein Grund hierfür vorhanden. Die Kommission glaubt deshalb an dem im § 477 des Str.-Pr.-Ges. ausgesprochenen Grundsatze festhalten zu sollen, daß nicht vollstreckte Geldstrafen mit dem Tode des Verurteilten in Wegfall kommen.

Die Einziehung als Sicherheitsmaßregel behält dagegen ohne Rücksicht auf den Tod des Schuldigen ihre volle Bedeutung und Notwendigkeit, und deshalb bestimmen die §§ 68 und 71, daß dieser auf die Einziehung keinen Einfluß haben soll. Dies gilt auch bezüglich der in § 36 festgesetzten Einziehung des Gewinnes einer strafbaren Handlung oder einer Tätigkeit, da dieser vom Rechtsstandpunkt aus eine Bereicherung ist, auf die die Erben des Schuldigen ebensowenig Anspruch haben wie er.

Auch wird durch den Tod des Schuldigen die Bekanntmachung des Urteils nicht verhindert, da diese aus Rücksicht für den Verletzten erfolgt, dessen Interesse hieran gleich groß ist, ob der Schuldige lebt oder tot ist (§ 71).

Verjährung.

Präskription.

Abgesehen von England, Österreich und dem Norden ist es gemeines europäisches Recht, daß sowohl die Möglichkeit einer Anklageerhebung sowie der Vollziehung einer erkannten Strafe nach Verlauf einer längeren oder kürzeren Reihe von Jahren aufhört. So verjährt in Frankreich, das in dieser Beziehung zu den am weitestgehenden zählt, die Strafklage selbst für die allergrößten Verbrechen (crimes) in 10 Jahren, für délits in 3, für contraventions in 1 Jahr, während die erkannte Strafe nicht mehr nach 20 bzw. 5 oder 2 Jahren vollstreckt werden kann. Dasselbe gilt ungefähr für Belgien und Genf, während in Holland die Zeit für die Verjährung der größten Verbrechen in Ansehung der Strafklage und des Strafvollzugs 18 bzw. 4 Jahre beträgt, in Ungarn 20 und 25, in Deutschland 20 und 30, in Italien 20 und 30, in Zürich 25 und 25, in St. Gallen 30 und 30, Bern 20 und 20 und Solothurn 25 und 25, nach dem russischen Entwurf 15 und 30, dem spanischen 30 und 30, dem kroatischen 20 und 25, dem schweizerischen 25 und 30. In Finnland verjährt nicht die Anklageerhebung wegen Verbrechen, die mit dem Tode oder mit lebenslänglicher Strafe belegt werden können, und ebensowenig die Vollstreckung dieser Strafen selbst; im übrigen betragen die Fristen hier 20 und 30 Jahre. In Österreich kennt man dagegen nur die Verjährung der Verfolgung, nicht die der erkannten Strafe, und dieser Standpunkt ist in dem letzten Entwurf aufrecht erhalten.

Auch im Norden ist jetzt die Verjährung nicht mehr wie in den anglikanischen Ländern gänzlich unbekannt, aber sie hat doch nur eine verhältnismäßig sparsame Anwendung gefunden. Sowohl in Norwegen als in Schweden und in Dänemark kann die Strafklage überhaupt nur bei den verhältnismäßig geringen Delikten verjähren, während dafür aber auch die Verjährung hier ziemlich schnell eintritt. So kennen wir eine Verjährung von 2 resp. 5 Jahren bei Verbrechen, die alternativ mit Gefängnis oder Strafarbeit im 5. Grade bedroht sind, Schweden desgleichen eine zwei- bzw. fünfjahrige Verjährung bei Verbrechen, die mit Strafarbeit von 2 Jahren bestraft werden. In Dänemark sind nur Delikte, die mit Geldstrafe, einfachem Gefängnis oder Rutenzüchtigung bedroht sind, Gegenstand einer unbedingten zweijährigen Verjährung; sonst kann, wenn mehr als 10 Jahre verflossen sind, das Justizministerium immer beschließen, von der Anklageerhebung Abstand zu nehmen. Eine erkannte Strafe verjährt in Dänemark überhaupt nicht, aber auch in diesem Fall kann der Justizminister nach Ablauf von 10 Jahren beschließen, daß sie nicht vollstreckt werden soll. In Schweden und seit 1874 auch in Norwegen ist dagegen eine zehnjährige Präskription bei kleineren Delikten bekannt. (In Schweden bei Geldstrafen, Gefängnis und Strafarbeit bis zu 2 Jahren, in Norwegen nur bei Geldstrafen und Gefängnis.)

Noch sonderbarer wird indessen die Stellung Norwegens in dieser Sache durch die große Leichtigkeit, mit der der Lauf der Verjährung unterbrochen wird, ja selbst die erlangte Verjährung wieder in Wegfall kommen kann. Es ist eine einzigstehende Härte, wenn die Präskription einem Entwichenen überhaupt nicht oder nur innerhalb sehr enger Grenzen zugute kommt, wenn sie durch den Beginn einer Untersuchung, die sich nicht gegen den Betreffenden als Beschuldigten richtet, unterbrochen werden kann, sowie wenn die Verübung eines neuen Verbrechens nicht bloß den Lauf der Verjährung unterbrechen, sondern sogar bewirken kann, daß eine bereits eingetretene Präskription wieder verloren geht.

Die Abneigung, welche unser geltendes Recht gegenüber der Verjährung an den Tag legt, ist an sich leicht erklärlich. Daß eine Person heute von den schwersten Strafen getroffen und morgen überhaupt für kein Strafübel mehr erreichbar sein solle, ist eine Willkür, die insbesondere da, wo es sich um die wichtigsten Rechtsgüter handelt, wenig ansprechend ist. Wenigstens bei den gröbsten Verbrechen kann auch nicht behauptet werden, daß ihre Spuren immer durch die Zeit verwischt werden. Durch einen Raubmord kann der Mörder eine Bereicherung erlangt haben, deren Früchte ihm bis zu seinem Todestag zugute kommen, während die Familie des Ermordeten in eine Armut versenkt sein kann, von der sie sich nie mehr erholt.

Indessen scheint es doch klar, daß diese Betrachtungen nicht als ausschlaggebend anerkannt werden können. Namentlich was die Verjährung der Klage anlangt, so kommen hier Rücksichten auf die Gesellschaft und auf unschuldige Dritte in Betracht, die die Wagschale zu ihren Gunsten sinken machen. Eine rechtliche Untersuchung nach vielleicht einem halben Jahrhundert würde selbst bei dem schwersten Verbrechen eine Handlung ohne Nutzen sein, die eher dazu geeignet wäre, über Schuldige und Unschuldige Sorgen und Unglück zu bringen. Der Justiz würde damit eine äußerst schwierige Aufgabe gestellt, und infolge der durch den langen Zeitablauf vergrößerten Gefahr eines Fehlgriffs würde die Rechtssicherheit mehr geschädigt werden als durch die Straffreiheit des Verbrechens. Wenn es sich darum handeln würde, etwas Neues, Unbekanntes einzuführen, so wäre es begreiflich, daß man sich zum mindesten bei den schwersten Verbrechen von seinen Bedenken aufhalten ließ; aber hier handelt es sich um ein Rechtsinstitut, das in vielen Ländern und lange Zeit hindurch bekannt und in großem Umfang in Anwendung gewesen ist, das an immer mehr Orten Eingang gefunden hat und niemals dort, wo es sich eingebürgert hat, abgeschafft worden ist, so daß es jetzt geradezu als ein kosmopolitisches Rechtsinstitut aufgefaßt werden kann. Auch bei uns hat sich kein Widerwille gegen die Präskription in den Fällen gezeigt, in denen sie bei uns zulässig ist, aber es ist doch klar, daß es viel willkürlicher ist, zu sagen, daß einfacher Diebstahl in fünf Jahren verjährt, schwerer dagegen niemals, als eine durchgehende, an verschiedene Zeitfristen gebundene Präskription aller Verbrechen einzufüren. Davon, die in Dänemark angenommene Regelung einzuführen, kann keine Rede sein. Wo eine Grenze gezogen werden muß, die in jedem Falle willkürlich ausfällt, ist diese vom Gesetz selbst zu ziehen und ihre Festsetzung im einzelnen Fall nicht der Verwaltung zu überlassen. Angeblich ruht das dänische Gesetz auf dem Gedanken, daß man auch das berücksichtigen müsse, was der Schuldige in seinem späteren Leben durch sein Verhalten verdient, aber es liegt auf der Hand, daß es schwierig ist, sich auf dieses Gebiet einzulassen, und daß es nicht gerecht ist, einen Irrtum, der hier sehr leicht möglich ist, so verhängnisvolle Folgen nach sich ziehen zu lassen. Außerdem führen ja gerade die über das Zusammentreffen von Verbrechen aufgestellten Regeln dazu, daß die früheren Verbrechen geringeren, oft so gut wie gar keinen Einfluß auf die Strafe erhalten, wenn spätere Verbrechen hinzutreten. Es erscheint deshalb als ziemlich überflüssig, gerade in diesem Fall die Verfolgung der früheren Verbrechen anzustreben.

Weit schwächer sind zweifellos die Gründe, die dafür sprechen, eine Verjährung erkannter Strafen durchzuführen; eine solche ist nicht bloß bei uns, wie bereits erwähnt, nur in unbedeutenderen Fällen zugelassen, sondern man ist auch in Österreich, wo der Regierungsentwurf Regeln über Verjährung von Freiheitsstrafen enthielt, im Reichsrats-Ausschuß zu dem älteren Recht zurückgekehrt, das dieses Institut nicht kennt.

Indessen spricht auch Prof. Lammasch, der im Prinzip sehr ungünstig gegen diese Art der Verjährung[1]) gestimmt ist, sich für ihre Aufnahme bei Polizeivergehen aus, wie es ja auch offenbar

[1]) »Vorschläge zur Revision des Strafgesetzentwurfes«, Wien, 1894, S. 21, und »Das Werk des Strafgesetzausschusses«, Wien, 1893, S. 13.

nicht allein billig ist, sondern auch praktischen Rücksichten entspricht, daß Geld- und geringere Freiheitsstrafen nicht auf unendliche Zeiten in den Strafregistern figurieren. Es würde deshalb keine Rede davon sein können, die Verjährung in dem Umfang, in dem sie in unserem Recht sich findet, aufzugeben. Unter diesen Umständen ist es indessen konsequent, auch hier die Verjährung auf der ganzen Linie zuzulassen. Wenn es sich aber auch hier nicht um schwierige Untersuchungen handelt, in die leicht Unschuldige verwickelt werden können, so muß man sich doch vor Augen halten, daß es ein reiner Zufall sein wird, wenn ein Urteil, das jahrelang nicht hat vollstreckt werden können, auf einmal vollzogen werden kann, daß ferner die Rechtssicherheit nichts Nennenswertes dadurch gewinnen wird, daß der Schuldige durch die Gefahr einer Entdeckung, der er die ganze Zeit ausgesetzt gewesen ist, sowie dadurch, daß er aus dem Lande zu fliehen und in anderen Weltteilen sich einen Weg zu bahnen gezwungen worden ist, eine nicht geringe Strafe erlitten haben wird, und daß seine spätere Ergreifung und Abstrafung auf das schmerzlichste Personen treffen wird, die ihr Schicksal später in gutem Glauben mit dem seinigen verknüpft haben. Bei allen Verbrechen, die nicht einer schreienden Natur sind, muß es anerkannt werden, daß der Zeitpunkt kommen muß, wo die Strafe nicht mehr ohne Verletzung des Rechtsbewußtseins vollzogen werden kann. Auch hier trifft es völlig zu, daß ein Straffreiheitsgrund, dessen Einführung fast alle anderen Länder völlig ungefährlich gefunden haben, auch in unserem Recht enthalten sein muß; denn für den Staat kann bei der Verhängung von Strafen kein anderer Grund maßgebend sein als die Bedürfnisse der menschlichen Gesellschaft. Selbst die strengsten Strafen, sogar die lebenslänglichen, kommen nach dem Recht so gut wie aller fremden Länder nach einer gewissen Zeit in Wegfall. Die anscheinende Inkonsequenz, die hierin liegt, ist insofern auch mehr Schein als Wirklichkeit, als regelmäßig die lebenslängliche Strafe, wenn der Verbrecher sich durch seine Aufführung als hierzu würdig erweist, durch Begnadigung nachgelassen werden wird. Durch § 74 wird auch dafür gesorgt, daß Personen, die zu Hause oder im Auslande mit der Begehung von Verbrechen fortfahren, die Verjährung der Strafvollstreckung nicht zugute kommen wird. Die Zeitfristen selbst, die bei der Verjährung in Betracht kommen sollen, müssen jedenfalls willkürliche sein, und sie weichen auch in Wirklichkeit in fast allen Ländern mehr oder minder voneinander ab. An sich scheint in dieser Beziehung der spanische Entwurf (425) insofern der vollkommenste zu sein, als er in Ansehung der Verbrechen, die mit einer zeitlich bestimmten Strafe bedroht sind, bestimmt, daß die Verjährungsfrist immer 3 Jahre mehr beträgt als die längste Strafzeit, auf die erkannt werden kann. Indessen ist es für weniger zweckmäßig zu erachten, die Präskriptionsfristen so wenig verschieden zu gestalten, ohne darauf Rücksicht zu nehmen, ob es sich um eine schwerere oder leichtere Art von Freiheitsstrafe handelt, und hauptsächlich aus diesem Grunde wird es für am richtigsten gehalten, sich dem gemeinen europäischen System anzuschließen, das bestimmte Fristen in abnehmender Reihenfolge nach der abnehmenden Bedeutung der Verbrechen aufstellt.[1])

Unser geltendes Recht macht bekanntlich eine Ausnahme von seinen gewöhnlichen Verjährungsregeln, wenn es sich um Verbrechen handelt, die durch Druckschriften begangen sind (Kap. 25, § 10). Hier läßt sie in jedem Falle Verjährung eintreten, und dies sogar in der kurzen Zeit von einem Jahre. Dies stimmt auch mit dem überein, was in den meisten anderen Ländern rechtens ist, so in Frankreich, Belgien, Holland, Österreich, Deutschland, nur mit dem Unterschied, daß diese größtenteils noch weiter gegangen sind und eine Verjährung von sechs oder sogar nur drei Monaten aufgestellt haben. Das neue holländische Gesetz hat indessen dieselbe Frist wie unser geltendes Recht, und bei dieser sollte es auch sein Bewenden haben. Unserer Ansicht nach wäre es aber am richtigsten, das Privilegium der durch die Presse begangenen Verbrechen ganz fallen zu lassen.[2])

Die gewöhnliche strafrechtliche Verjährung ist im übrigen durchaus nicht in der Erwägung begründet, daß der Staat Zeit genug gehabt habe, Anklage zu erheben, sondern in Billigkeitsrücksichten gegenüber dem Verbrecher, oder in der Rücksichtnahme auf die Beweiserbringung. Die letztere kommt gerade bei Verbrechen durch Druckschriften weniger in Betracht als sonst, und, was die Billigkeit anbelangt, versteht es sich von selbst, daß eine gewisse Form der

---

[1]) Zur Vergleichung wird bemerkt: In Deutschland verjährt die Strafverfolgung in 20, 15, 10, 5 bzw. 3 Jahren und bei Übertretungen in 3 Monaten, die Strafe in 30, 20, 15, 10, 5 bzw. 2 Jahren. Nach dem finnländischen Gesetz betragen die Verjährungsfristen für die Strafverfolgung 20, 10, 5, 2 und 1 Jahr und die der Strafe 30, 20, 10 und 5 Jahre. Nach dem österreichischen, wo, wie bereits erwähnt, der letzte Entwurf nur die Verjährung der Strafverfolgung kennt, 20, 15, 10, 5, 2, 1 und 1/2 Jahr (und nach dem Regierungsentwurf für die Vollstreckung 25, 20, 15, 10, 5 und 2 Jahre). In Frankreich 10 Jahre für die Verfolgung von crimes, 3 bei délits und 1 bei contraventions, 20 Jahre für die Vollstreckung der Strafe bei crimes, 5 bei dèlits und 2 bei contraventions. Nach dem italienischen Gesetz sind die Fristen 20, 15, 10, 5, 2 und 1/2 Jahr für die Strafverfolgung und 30, 20, 10, 4 und 1 1/2 Jahre für die Strafvollstreckung.

Der schweizerische Entwurf setzt für die Verjährung der Verfolgung von Verbrechen 25, 20, 15, 12, 8 und 4 Jahre fest und ein Jahr für die von Übertretungen, für die Strafvollstreckung 30, 25, 20, 15, 10 und 5 Jahre.

[2]) S. auch Binding: »Das deutsche Strafrecht«, I, S. 846: »Wer also mündlich zum Hochverrat auffordert, gegen den verjährt die Anklage in zehn Jahren, wer dies in der frechsten Weise durch die Presse tut, der wird nach sechs Monaten unangreifbar!«

Auch der schweizerische Entwurf hat keine besondere Regel über die Verjährung von durch Druckschriften begangenen Verbrechen.

Begehung, die zudem von einer größeren Überlegung zeugt, nicht den Anspruch des Verbrechers auf Schonung vergrößern kann. Es ist zudem durchaus nicht sicher, daß eine Anklage immer innerhalb eines Jahres erhoben werden kann, wenn man den wirklich Schuldigen treffen will.

Ein System, dem selbst und der Gerechtigkeit damit gedient ist, daß eine Person, die nur ein unschuldiges Werkzeug gewesen ist, bestraft wird, wenn man die wirklich Schuldigen nicht haben kann, kann sich vielleicht mit der Frist eines Jahres begnügen, aber dieses System soll hier nicht beibehalten werden. Was die Verbrechen gegen Private betrifft, die nur auf Antrag des Verletzten oder von diesem selbst verfolgt werden können, so werden diese, wenn sie durch Druckschriften begangen sind, ebenso auch sonst von der verhältnismäßig kurzen Verjährung Nutzen ziehen, die von der Kenntnisnahme des Verletzten vom Verbrechen ab läuft, und, wo diese Kenntnis schneller erworben wird, weil das Verbrechen durch eine Druckschrift begangen ist, wird also auch dieses Moment hierdurch die Bedeutung erlangen, die ihm natürlicherweise zukommt.

Zu § 68

Diejenigen Gründe, welche gegen eine Strafverfolgung nach Ablauf einer bestimmten Zeit sprechen, treffen nicht zu, wenn es sich um ein Verfahren zur Einziehung nach §§ 35 oder 36 oder zur Aberkennung eines öffentlichen Amtes handelt. Was die Einziehung anbelangt, so folgt aus den genannten Paragraphen, daß diese nicht als Strafe zu betrachten ist, sondern als eine Sicherheitsveranstaltung oder als eine Wegnahme der durch verbrecherische Tätigkeit erworbenen Bereicherung. Was die Aberkennung eines öffentlichen Amtes anbelangt, so ist es klar, daß eine Person durch eine Handlung, die in der Zeit weit zurückliegt, sich als ungeeignet und unwürdig zur Innehabung einer öffentlichen Stellung gezeigt haben kann, wie auch die Autorität und das Ansehen, das öffentliche Beamte haben müssen, darunter leiden kann, daß sie ein Verbrechen begangen haben, auch wenn dieses in der Zeit weit zurückliegt.

Zu § 69.

Anfang der Verjährung.

Bei der Frage, von welchem Zeitpunkt ab die Verjährung der Strafverfolgung beginnen soll, muß man vor allem vor Augen haben, daß das Wesen der hier behandelten Verjährung ganz verschieden ist von dem der gewöhnlichen zivilrechtlichen Verjährung. Während das Prinzip der letzteren darin besteht, daß das Recht erlischt, wenn der Berechtigte hinreichend Zeit und Gelegenheit gehabt hat, es geltend zu machen, hat die strafrechtliche Verjährung ihren

Grund in dem Einfluß der Zeit auf die Strafschuld des Verbrechers und auf die Beweiserbringung, die dieselben bleiben, mag die Möglichkeit bestanden haben oder nicht, den Strafanspruch zur Geltung zu bringen. Aber wenn auch dem Satz: agere non valenti non currit praescriptio somit keine entscheidende Bedeutung beigemessen werden kann, so folgt daraus doch nicht, daß deswegen nicht wenigstens einige Rücksicht auf diese Seite der Sache zu nehmen wäre.

Wie unser geltendes Recht in diesem Punkte zu verstehen ist, ist nicht ganz klar, da es selbst nichts darüber ausspricht; aber die allgemeine Lehre ist jedenfalls, daß wohl der Umstand, daß die Folge noch nicht eingetreten ist, die Handlung zu einer strafbaren macht, den Beginn der Verjährung hindert, nicht aber die tatsächliche oder juristische Unmöglichkeit, die an sich strafbare Handlung zu verfolgen. So ist man sich darüber einig, daß bei privatöffentlichen Verbrechen die gewöhnliche Verjährung läuft, auch wenn der Verletzte nicht geklagt hat. Ja, selbst beim Ehebruch wird angenommen, daß die Verjährung von der Begehung des Verbrechens ab läuft, obgleich der Staat hier im Falle der Scheidung erst mit dieser ein selbständiges Anklagerecht erhält.

In anderen Ländern weichen die Regelungen einigermaßen untereinander ab. Einzelne, wie das deutsche Gesetz (§ 67) und der österreichische Entwurf (§ 66), stellen als Hauptregel auf, daß »die Verjährung mit dem Tag beginnt, an welchem die Begehung der strafbaren Handlung aufgehört hat, ohne Rücksicht auf den Zeitpunkt des eingetretenen Erfolges«. Nach dem Wortlaut soll also bei voraufgehender Teilnahme Straffreiheit erworben werden können, ehe überhaupt eine Strafschuld entstanden ist; desgleichen bei der fahrlässigen Tötung, wenn dieser Erfolg erst nach längerer Zeit eintritt. Diese Auffassung ist indessen in Deutschland auch nicht allgemein anerkannt worden, namentlich, was die Teilnahme betrifft, wogegen es als eine stillschweigende Voraussetzung angesehen wird, daß ein Strafanspruch entstanden sein muß, ehe der Lauf der Verjährung beginnen kann. In der Tat wäre es auch höchst auffallend, wenn nicht alle Teilnehmer an einem Verbrechen in ein unmittelbar nach Begehung des Verbrechens eingeleitetes Verfahren verwickelt werden könnten, einige von ihnen vielmehr frei ausgehen müßten, weil ihre Teilnahme am Verbrechen in diesem Zeitpunkt schon verjährt wäre. Dieses trifft um so mehr zu, als doch im allgemeinen derjenige, der sich einer derartigen voraufgehenden Teilnahme schuldig gemacht hat, selbst wenn er in den letzten Jahren nichts Positives zur Förderung des Verbrechens getan hat, doch zum mindesten es unterlassen haben wird, dasselbe zu verhindern, was doch in Anbetracht seines früheren Auftretens seine moralische Verpflichtung sein würde. Hiernach scheint diese Regelung wenig zweckmäßig zu sein, und es läßt sich nicht einsehen, daß irgendwelche Bedenken damit verknüpft sein sollten, die Verjährung, wie dies auch die meisten fremden Gesetze tun, bei vollendeten Verbrechen nicht vor der Vollendung anfangen zu lassen.

Der Entwurf wendet diese Regel nicht bloß hinsichtlich des Verhältnisses bei unvollendeten und vollendeten Verbrechen an, sondern er führt sie auch im allgemeinen durch. Bei einer vorsätzlichen Körperverletzung ist so jedenfalls das Verbrechen mit der Zufügung derselben vollendet, tritt aber später der Tod des Verletzten als eine Folge derselben ein, so läuft nach dem Entwurf die Verjährung der Strafverfolgung wegen Körperverletzung mit nachgefolgtem Tode erst vom Eintritte des Todes ab.

Die meisten Gesetze enthalten eine besondere Bestimmung für den Fall, daß die Einleitung des Strafverfahrens von einer anderen Frage abhängig ist, die erst in einer anderen Sache entschieden werden muß. Dies ist z. B. in Deutschland der Fall, wenn es sich um die Anklageerhebung wegen einer falschen Anzeige handelt, die zu einem noch nicht entschiedenen Verfahren gegen den fälschlich Angezeigten geführt hat. Ein ähnliches Beispiel haben wir in den §§ 31 und 32, Kap. 21 unseres Strafgesetzes, wo die Strafverfolgung davon abhängt, daß die Ehe erst durch Urteil geschieden wird. Es erscheint indessen zweckmäßiger, die Einleitung des präjudiziellen Verfahrens die Verjährung unterbrechen zu lassen, statt überhaupt die Möglichkeit einer Verjährung auszuschließen, solange jenes nicht eingeleitet und entschieden ist.

Solange die verbrecherische Tätigkeit fortgesetzt wird, kann natürlich keine Verjährung laufen. Dies ist in einzelnen Gesetzen ausdrücklich ausgesprochen, so in dem österreichischen und schweizerischen Entwurf, aber es gilt natürlich überall. Einer verbrecherischen Tätigkeit muß natürlich eine Unterlassung gleichgestellt werden, wenn diese an sich strafbar ist, indem entweder die Unterlassung selbst mit Strafe bedroht ist, oder wenn eine frühere Tätigkeit eine Pflicht zum Handeln hervorgerufen hat, z. B. wenn eine Person eine andere eingesperrt hat. Hierauf nimmt der Entwurf Bezug unter dem Ausdruck: das strafbare Verhalten. Zweifelhafter ist es dagegen, wieweit man einem durch das Verbrechen geschaffenen gesetzwidrigen Zustand Bedeutung beimessen soll, selbst wenn dieser an sich nicht mit Strafe bedroht ist. Auch hierüber enthält der österreichische Entwurf (§ 66) eine Bestimmung: »Ist durch die strafbare Handlung ein dauernder gesetzwidriger Zustand begründet worden, so läuft die Verjährung erst mit dessen Aufhören.«

Hieraus müßte folgen, daß das Verbrechen der Bigamie nicht verjährt, solange die Ehe fortgesetzt wird — eine Regel, die übrigens auch direkt im deutschen Strafgesetz § 171 ausgesprochen ist. Vgl. die ähnliche Bestimmung im schwedischen Strafgesetz § 15, Kap. 5 —, die Verbrechen des Diebstahls oder Raubes nicht, solange der Verbrecher sich in dem Besitz der gesetzwidrig erlangten Objekte befände. Eine derartige Regelung würde indessen, wenigstens teilweise, zu rigoros sein. Dafür, daß Straffreiheit nicht von demjenigen erworben werden kann, der sich rechtswidrig fremdes Eigentum angeeignet hat, in dessen Besitz es sich noch befindet, spricht verschiedenes. Es erscheint indessen wenig konsequent, hier überhaupt die Fortdauer der Strafbarkeit festzuhalten, wenn man nicht noch weitergehen und die Regel aufstellen will, daß der Verbrecher seine ganze Bereicherung abgeben muß, sei es, daß dies durch Zurückgabe der entwendeten Sache, so diese noch vorhanden ist, geschieht, sei es in Form eines Ersatzes. Dies hat auch der österreichische Entwurf bei den größeren Verbrechen getan, indem der letzte Absatz des § 66 lautet: »Bei Verbrechen tritt die Verjährung nur unter der Bedingung ein, daß der Schuldige keinen Vermögensvorteil behält, den er durch die verübte Handlung erlangt hat«.[1])

Dies ist aber ungefähr gleichbedeutend damit, auf dem Gebiete der größeren vermögensrechtlichen Verbrechen jegliche Verjährung auszuschließen. Da indessen die Verjährung ein Rechtsinstitut ist, das zum mindesten ebensosehr zum Schutze Unschuldiger wie zum Vorteil der Schuldigen ist, so wäre eine derartige Begrenzung äußerst bedenklich. Wie auch in den österreichischen Motiven hervorgehoben ist, kann man immer zu dem Angeklagten sagen, daß es seine eigene Schuld ist, wenn Anklage gegen ihn erhoben werden kann, unter der Voraussetzung, daß er schuldig ist. Bevor aber das Endurteil ergangen ist, muß man auch die Möglichkeit seiner Unschuld ins Auge fassen, und der Unschuldige hat doch keine Veranlassung gehabt, sich die Wohltat der Verjährung durch Verzicht auf eine Bereicherung zu sichern, die er niemals erlangt hat. Nach unserem geltenden Recht verjähren aber jetzt gerade die Verbrechen, auf welche diese Betrachtungen immer passen werden, und zwar in einer sehr kurzen Zeit, ohne daß man, soweit uns bekannt ist, jemals daran Anstoß genommen hat, daß diese Seite der Sache nicht berücksichtigt wird; deshalb dürfte es für überflüssig erachtet werden, in dieser Richtung durchgreifende Veränderungen in den Grundsätzen der Verjährung vorzunehmen. § 68 des Entwurfs schützt außerdem gegen die unliebsamsten Ergebnisse der Verjährung, indem dieser Paragraph neben dem Ersatzanspruch, der immer besteht, die Möglichkeit einer Einleitung eines Verfahrens zur Einziehung der durch die verbrecherische Tätigkeit erlangten Bereicherung gibt.

Indessen dürften, wie auch in Holland geschehen, in den flagrantesten Fällen einige Ausnahmen zu machen sein.

Das holländische Gesetz (Art. 71) schreibt so vor, daß bei gesetzwidriger Freiheitsberaubung die Verjährung erst von dem Zeitpunkte ab läuft, wo der Verletzte die Freiheit wieder erlangt hat

---

[1]) Obwalden, § 39 geht noch weiter: »Die Verjährung kommt nur demjenigen zustatten, der keinen Vorteil mehr in Händen und auch, insoweit es die Natur desselben zugibt, Wiedererstattung geleistet hat«.

oder gestorben ist. Dies ergibt sich zum Teil schon aus der Hauptregel, nämlich insoweit der Schuldige ihn fortdauernd in seiner Gewalt behält, aber nicht, wenn er ihn z. B. als Sklaven ins Ausland verkauft hat; ebenso wie es auch der Fall sein kann, daß die strengere für das ursprüngliche, von qualifizierten Umständen begleitete Verbrechen angedrohte Strafe verjährt sein kann, und nur die Strafe, die darauf gesetzt ist, das Opfer in seiner Gewalt zu behalten, anwendbar bleibt. In dieser Erwägung hat der Entwurf eine ähnliche Regel wie die des holländischen Gesetzes (§ 69, Abs. 3) aufnehmen zu sollen geglaubt.

Das holländische Gesetz schreibt auch bei Falschmünzerei und dgl. vor, daß die Verjährung erst mit dem Augenblick beginnt, wo die Benutzung des Gefälschten versucht wird. Da indessen in diesem Fall die Verwendung selbst nach unserem Gesetz, dessen wesentliche Aufrechterhaltung in diesem Punkt vorgeschlagen wird, ein mit schwerer Strafe bedrohtes Verbrechen ist, so kann kein Bedürfnis für eine derartige Bestimmung anerkannt werden.

Der letzte Absatz des Paragraphen ist eine Wiedergabe des § 311 des Schiffahrtsgesetzes in einer etwas geänderten Form.

Zu § 70.

Die Unterbrechung der Verjährung.

Wir kommen jetzt zu der Frage, ob und wie die Verjährung der Strafverfolgung unterbrochen werden soll. Nach unserem Recht kann dies jetzt auf zwei wesentlich verschiedene Arten geschehen, nämlich durch die Einleitung einer strafrechtlichen Verfolgung und — jedoch nur bei der fünfjährigen Verjährung — durch die Begehung neuer Verbrechen. Mit diesem letzten Unterbrechungsgrund steht unser Gesetz so ziemlich allein;[1]) nicht einmal in Schweden, wo diese Frage ungefähr wie bei uns geregelt ist, findet sich etwas Entsprechendes. Als entscheidenden Grund gegen dieselbe kann jedenfalls auch angeführt werden, daß sie den wesentlichsten Grund der Verjährung außer acht läßt, nämlich die Rücksicht auf die Beweisfragen. In einem sogar auffallenden Grad unzweckmäßig wird die Regel, wenn es, wie dies bei uns angenommen wird, genügt, daß eine (unbegründete) Untersuchung wegen eines später begangenen Verbrechens eingeleitet wird, um auch das frühere darunter einbeziehen zu können, wenn auch der Angeklagte wegen des Verbrechens, bezüglich dessen die Verjährung läuft, nicht verurteilt werden kann, wenn er von dem anderen freigesprochen wird.

---

[1]) S. doch den spanischen Entwurf, Art. 132, das österreichische Gesetz, § 229, die Gesetze von Thurgau, § 57, Graubünden, § 58², St. Gallen, § 45², Luzern, § 67, Obwalden, § 39, Bolivia, § 105.

Muß so dieser Unterbrechungsgrund verworfen werden, so kann selbstverständlich noch weniger die Rede davon sein, wie dies unser Recht tut, eine bereits vollendete Verjährung auf Grund neuer Verbrechen wieder aufheben zu lassen.

Darüber, daß der Lauf der Verjährung durch Einleitung einer Untersuchung unterbrochen wird, sind sich indessen alle im Prinzip einig, wenn sie auch in der Durchführung wesentlich voneinander abweichen. Was zunächst die Bedeutung der Unterbrechung selbst anbelangt, so herrscht hier ziemliche Uneinigkeit. Findet nämlich die Untersuchung ihr Ende ohne ein Urteil, so gibt es zwei Möglichkeiten: Man kann entweder von dem Augenblick der Unterbrechung ab eine neue Verjährung laufen lassen, so daß Straffreiheit erst eintritt, wenn von diesem Zeitpunkt ab gerechnet so lange Zeit verlaufen ist, als ursprünglich von der Vollendung des Verbrechens ab hätte ablaufen müssen. Oder man kann die früher begonnene, aber durch die Untersuchung unterbrochene Verjährung ihren Lauf fortsetzen lassen, so daß die Verjährung durch Zusammenrechnung des Zeitraumes vor und nach der Untersuchung vollendet werden kann. Die erstere Regelung ist die gewöhnliche. Die letztere ist zwar an vielen Orten verteidigt und vorgeschlagen worden, ohne indessen in der Gesetzgebung viel festen Fuß gefaßt zu haben. S. jedoch Art. 93 des italienischen Gesetzes. Nichtsdestoweniger scheint es klar zu sein, daß sie die einzig konsequente ist, die sich auch mit dem wesentlichsten Grund der Verjährung, der Rücksichtnahme auf den Einfluß der Zeit auf die Beweisfrage, in Übereinstimmung befindet.

In einzelnen Ländern ist die hier behandelte Frage auf eine von der gewöhnlichen ganz abweichende Weise angefaßt worden, indem nämlich eine gewisse Zeit nach Anfang der Untersuchung festgesetzt ist binnen deren das Urteil erlassen sein muß, so daß also auch eine Verjährung während der anstehenden Untersuchung stattfindet. Dies ist so der Fall nach dem spanischen Entwurf,[1] der auf der anderen Seite keine besonderen Bestimmungen über die Verjährung im Falle der Abbrechung der Untersuchung enthält, sowie teilweise im italienischen Gesetz, das indessen, wie bereits erwähnt, die Bestimmung daneben enthält, daß in Fällen einer Abbrechung der Untersuchung die alte Verjährung ihren Lauf fortsetzt. § 45 des schweizerischen Entwurfs bestimmt, daß unter allen Umständen das Verbrechen verjährt ist, wenn ein Zeitraum, der noch ein halbmal länger ist als die gewöhnliche Verjährungsfrist, abgelaufen ist.

---

[1]) Art. 127: »Sin embargo, empezará á correr de nuevo si, desde el dia marcado en el párrafo anterior, trascurrieren cinco años sin dictarse sentencia, en los delitos castigados con pena de muerte ó perpétua, tres años respecto à los delitos castigados con cualquier otra pena, y seis meses respecto á las faltas.«

Eine derartige Regel wird indessen, wenn die Frist lang ist, kaum eine praktische Bedeutung erlangen, wenn nicht auf Seite der verfolgenden Behörde eine besonders große Langsamkeit an den Tag gelegt worden ist, wogegen es aber passendere Mittel gibt als das, den Verbrecher straffrei zu lassen. Auf der anderen Seite erscheint es wenig zweckmäßig, die Frist so kurz zu bemessen, daß bisweilen wirklich die Zeit fehlt, die Sache zu Ende zu führen, wenn man auch zugeben kann, daß eine Untersuchung, die sich über Jahre hinaus erstreckt, obgleich der Gegenstand verhältnismäßig unbedeutend ist, das Leiden bedeutend vergrößern kann. Der Unschuldige muß indessen wünschen, daß das einmal eingeleitete Verfahren anders endet, als durch Einstellung wegen Verjährung, und der Schuldige muß sich in sein Schicksal fügen.

Wenn man auf der einen Seite nur der Einleitung einer Untersuchung oder einer Verfolgung die Wirkung beilegt, den Lauf einer Verjährung zeitweilig zu hemmen, kann man auf der anderen Seite es weniger streng nehmen bezüglich der Frage, welchen Untersuchungs- und Verfolgungshandlungen Bedeutung beizulegen ist. Unter allen Umständen muß aber verlangt werden, daß die Handlung sich als gegen den Betreffenden als Verdächtigen gerichtet zu erkennen gibt, mit anderen Worten, daß er als Beschuldigter vortritt. Dagegen wird es für unnötig erachtet, daß sie auch erwiesenermaßen zu seiner Kenntnis gelangt ist. Auch ein Haftbefehl oder eine Ladung gemäß § 154 des Strafprozeßgesetzes kann hier die Wirkung ausüben; muß aber die Verfolgung eingestellt oder auf unbestimmte Zeit ausgesetzt werden, weil der Beschuldigte nicht aufgefunden werden kann, und sie in seiner Abwesenheit sich nicht weiterführen läßt, so vollendet sich also die Verjährung, wenn die vor und nach der Untersuchung abgelaufenen Zeiträume zusammen die festgesetzte Verjährungsfrist ausmachen. [1])

[1]) Die Regeln der Gesetze und Gesetzentwürfe darüber, welche Schritte hier verlangt werden, weisen keine große Übereinstimmung auf, und sie leiden außerdem teilweise an einer Unklarheit, die bewirkt hat, daß sie in der praktischen Rechtsanwendung noch weiter auseinandergehen. Das deutsche Gesetz (§ 68) sagt: »Jede Handlung des Richters, welche wegen der begangenen Tat gegen den Täter gerichtet ist, unterbricht die Verjährung.« Das dänische Gesetz (§ 66) verlangt »Anklageerhebung«. Das schwedische lautet: »Die Anklage wird als erhoben angesehen, wenn die Ladung zur verantwortlichen Vernehmung demjenigen, der angeklagt werden soll, in gesetzmäßiger Weise bekannt gegeben ist oder er wegen der Tat verhaftet worden ist.« Das ungarische Gesetz (§ 108): »Die Verjährung wird durch Beschlüsse und Verfügungen des Gerichts unterbrochen, welche wegen des begangenen Verbrechens oder Vergehens gegen einen Täter oder einen Teilnehmer gerichtet sind.« Das holländische (§ 72): »Eine jede Verfolgungshandlung unterbricht die Verjährung, wenn sie dem Verfolgten bekannt ist, oder ihm auf die von dem Gesetz für gerichtliche Schritte vorgeschriebene Art bekannt gegeben wird.« Das italienische verlangt Haftbefehl oder Beschuldigungen oder eine andere, dem Beschuldigten auf gesetzliche Weise bekannt gemachte, von einem Gericht getroffene Maßregel,

Unser Gesetz stellt dafür, daß die Verjährung nach Hemmung der Untersuchung von neuem beginnen kann, die Bedingung auf, daß der Schuldige nicht durch eine unerlaubte Handlung hierzu beigetragen hat, jedoch mit der Maßgabe, daß eine zehnjährige Verjährung an die Stelle der zweijährigen tritt, sofern diese Handlung sich nur als ein Entweichen darstellt, oder er sich nicht hat finden lassen wollen. Eine derartige Rigorosität ist anderswo unbekannt, und sie kann auch nicht verteidigt werden, wenn man daran festhält, daß der hauptsächlichste Grund für die Verjährung die Rücksichtnahme auf die Erbringung der Beweise ist.

Zu § 72.

Verjährung der erkannten Strafe.

Über den ersten Absatz des Paragraphen ist bereits gehandelt. Es ist nur zu bemerken, daß es nur die im Paragraph genannten Strafen, Gefängnis, Haft und Geldstrafen sind, deren Vollstreckung der Verjährung unterliegt. Die Verjährung hat so keinen Einfluß auf die Einziehung oder Aberkennung öffentlicher Rechte. Was die Einziehung anbelangt, so läßt zwar unser geltendes Recht eine ausgesprochene Strafe der Konfiszierung ebenfalls verjähren, aber dies scheint weniger richtig zu sein, wenn man bedenkt, daß die Konfiszierung selten eine ganz reine Strafe ist, sondern vielmehr daneben noch andere Zwecke verfolgt, nämlich dem Verletzten Ersatz zu verschaffen, gefährliche Gegenstände zu beseitigen und dem Verbrecher die gewonnenen Vorteile wieder abzunehmen.

Zu Abs. 2 wird bemerkt, daß kein Grund vorhanden zu sein scheint, die Verjährung laufen zu lassen, wenn die Vollstreckung der erkannten Strafe wegen Verbüßung einer anderen Freiheitsstrafe im In- oder Auslande nicht vor sich gehen kann. Eine derartige

---

es läßt aber die Unterbrechung gegenüber einem Teilnehmer gegenüber allen eintreten. (Art. 93.) Das zürichsche Gesetz (§ 55) stimmt am nächsten mit dem deutschen überein. Der österreichische Entwurf (§ 67) sagt: »Jeder nach den Strafprozeßgesetzen wider Verdächtige gestattete Verfolgungs- oder Untersuchungsakt, welcher gegen den Täter (Teilnehmer) wegen der begangenen Tat gerichtet ist, unterbricht die Verjährung.« Hiermit stimmt ungefähr der kroatische Entwurf überein (§ 91). Der spanische Entwurf (§ 127) verlangt eine richterliche Handlung, die auf die Ausfindigmachung oder Bestrafung des Verdächtigen gerichtet ist. Der schweizerische Entwurf sagt nur: »Jede Verfolgungshandlung unterbricht die Verjährung« (§ 45).

Die im Entwurf gewählte Fassung macht es überflüssig, von Vorbildern zu sprechen.

Im übrigen ist der Entwurf teils weniger streng als das geltende Gesetz gegenüber dem Verdächtigen, indem es verlangt, daß die Untersuchung gegen ihn gerichtet sein muß, teils strenger, indem er nicht eine gerichtliche Untersuchung oder Anklage verlangt, sondern eine Ladung des Beschuldigten seitens der Anklagebehörde zur Vernehmung oder einen Haftbefehl die Verjährung unterbrechen läßt.

Regel würde dazu führen, daß die erkannte Strafe jede Bedeutung verlieren würde, wenn die Strafe, die verbüßt wird, länger dauert als die Verjährungsfrist.

Das richtigste scheint zu sein, die Verjährung erst von dem Zeitpunkt ab laufen zu lassen, wo die erste Strafe verbüßt ist. Eine ähnliche Vorschrift hat auch der österreichische Regierungsentwurf (§ 72).

Bei der Verurteilung zu bedingter Strafe ist es ein wesentlicher Zweck, daß der Verbrecher durch die ihm drohende Strafe dazu angetrieben werden soll, sich vom Verbrechen fern zu halten. Es wäre deshalb wenig gerechtfertigt, wenn während dieser Zeit eine Verjährung laufen würde, was sogar bei Geldstrafen unter 20 Kronen dazu führen könnte, daß die Strafe verjährt wäre, bevor die dreijährige Frist abgelaufen wäre, und der Entwurf bestimmt deshalb, daß, solange die Strafe aus diesem Grunde nicht vollstreckt wird, eine Verjährung nicht läuft.

Im übrigen beginnt der Lauf der Verjährung bei Erlaß des Urteils, ohne daß darauf Rücksicht genommen wird, daß dieses noch nicht vollstreckt werden kann, gleichviel, ob aus juristischen oder tatsächlichen Gründen. Von den im Gesetz anerkannten Gründen zu einer Aussetzung ist es nur die Geisteskrankheit, die von einer derartigen Dauer sein könnte, daß sie hier einigermaßen in Betracht kommen würde, indessen wird es gerade hier für angemessen erachtet werden, daß die Strafe in Wegfall kommt, wenn sie aus diesem Grunde nicht vor Ablauf der Verjährungsfrist hat vollstreckt werden können. Die unter anderem im holländischen Gesetz, Art. 77, und im österreichischen Regierungsentwurf, § 72, enthaltene entgegengesetzte Regel hat man deswegen für weniger begründet angesehen.

Zu § 73.

Unterbrechung der Verjährung.

Die meisten Gesetze lassen die Verjährung durch jede auf Vollstreckung der Strafe gerichtete Handlung unterbrechen. Wenn man aber überhaupt diese Art der Verjährung zuläßt, so erscheint es am richtigsten, sie nur durch die Strafvollstreckung selbst oder eine wirkliche Freiheitsberaubung unterbrechen zu lassen, die entweder sich als Anfang der Strafe selbst oder als ihre unmittelbare Vorbereitung darstellt.

Wird die Vollstreckung abgebrochen, oder entweicht der Verbrecher, oder wird er vor Beginn der Vollstreckung entlassen, so beginnt mit diesem Zeitpunkt der Lauf einer neuen Verjährung. Mit der Natur dieser Art der Verjährung scheint es am meisten übereinzustimmen, die Frist nach dem übrig bleibenden Teil der Strafe zu berechnen. Wird die Vollstreckung abgebrochen, weil eine andere Freiheitsstrafe zu verbüßen ist (s. § 21), so folgt aus

§ 72, daß die Verjährung erst zu laufen anfängt, wenn diese Strafe verbüßt ist.

Bei der Entlassung auf Probe ist es einer ihrer hauptsächlichsten Vorteile, daß die drohende Strafe einen Ansporn für den Verbrecher sein soll, ein ordentliches Leben zu führen. Mit diesem Zweck würde es wenig übereinstimmen, wenn man während dieser Zeit die Verjährung laufen ließe, und es scheint deshalb das richtigste zu sein, den Lauf der Verjährung erst mit dem Widerrufe der Entlassung beginnen zu lassen.

Zu § 74.

Unterbrechung durch neue Verbrechen.

Die Gründe, die sonst dafür sprechen, auch eine erkannte Strafe durch Verjährung wegfallen zu lassen, verlieren ihr ganzes Gewicht, wenn der Betreffende fortgefahren hat, Verbrechen zu begehen. Dies ist, wenn auch nicht in den meisten, so doch in einigen der fremden Gesetze anerkannt. So bestimmt das zürichsche: »Die Verjährung der Strafe wird unterbrochen, wenn der Verurteilte, während die Frist läuft, ein neues gleichartiges Verbrechen verübt.« Ebenso St. Gallen § 74, 2.

Und das italienische Gesetz: »La prescrizione della pena è pure interrotta se, durante il suo corso, il condannato commette un reato della stessa specie.«

Eine ähnliche Bestimmung enthalten auch Thurgan, § 57, Luzern, § 68, Obwalden, § 39, und der spanische Entwurf,[1]) die jedoch kein ebenso geartetes Verbrechen verlangen.

Es wird deshalb für wenig zweifelhaft erachtet, daß eine derartige Regel auch bei uns aufzunehmen sein wird. Nur dürfte zu verlangen sein, daß sowohl die erkannte Strafe nicht ganz unbedeutend ist, und daß das neue Verbrechen eine verhältnismäßig strenge Strafe mit sich führt. Wo die Grenze zu ziehen ist, ist natürlich Sache des Ermessens; der Entwurf ist bei sechs Monaten beziehungsweise zwei Jahren stehen geblieben. Soll die Bestimmung wirksam sein, so muß ausländischen Urteilen dieselbe Bedeutung beigemessen werden wie inländischen. Von der Begehung des neuen Verbrechens ab wird zweckmäßigerweise der Lauf einer neuen Verjährung beginnen.

Zu den §§ 75 und 76.

Wiedereinsetzung in staatsbürgerliche Rechte.

Aus § 29[2] ist zu ersehen, daß die Dauer der Aberkennung der staatsbürgerlichen Rechte 15 Jahre beträgt. Wie indessen in den

[1]) »La prescripcion de la accion para perseguir el delito y la de la accion para ejecutar la sentencia, se interrumpen, quedando sin efecto el tiempo trascurrido, respecto del reo de delito, que cometa cualquier otro delito, y respecto del reo de falta que cometa otra falta ó delito.«

Motiven zu den genannten Paragraphen ausgesprochen ist, wird oft Grund vorhanden sein können, den Betreffenden auch vor Ablauf dieser Zeit in diese wieder einzusetzen, und die Kommission war deshalb der Ansicht, die nötigen Bestimmungen in das Strafgesetz selbst aufnehmen zu sollen. (S. jetzt Gesetz über die Rehabilitierung vom 9. Juni 1883 und Verfassungsbeschluß vom 16. März 1887.)

Was die Bedingungen für die Wiedereinsetzung anbelangt, so sind diese im wesentlichen unverändert geblieben; indessen ist die kürzeste Frist, nach welcher sie nachgesucht werden kann, etwas verkürzt, nämlich auf die erkannte Strafzeit plus drei Jahre, während das Gesetz von 1883 wenigstens fünf Jahre nach Verbüßung der Strafe oder erfolgter Begnadigung verlangt. Ferner verlangt der § 75 des Entwurfes nur, daß ein zufriedenstellender Nachweis dafür erbracht wird, daß der Verurteilte seit dem Urteil einen ehrenhaften Lebenswandel geführt hat, während das Gesetz von 1883 verlangt, daß der Betreffende durch das Zeugnis zuverlässiger Personen, die Gelegenheit gehabt haben, ihn genau zu beobachten, nachweist, daß er in den letzten fünf Jahren einen einwandfreien Lebenswandel geführt hat — ein Unterschied, der jedoch mehr formell als reell ist —. Die Bestimmungen über Ersatz an den Verletzten stimmen im wesentlichen überein.

Größere Veränderungen sind indessen bezüglich der Bedingungen eingetreten, unter denen eine verurteilte Person ein Recht auf Wiedereinsetzung hat. Diese waren nach dem Gesetz von 1883 ziemlich begrenzt. Zunächst sind hier die Fristen verkürzt, indem nach dem Entwurf, wer zur Haft von jeder beliebigen Dauer oder zu Gefängnis von unter einem Jahr verurteilt ist, schon nach Ablauf von fünf Jahren einen Anspruch auf Wiedereinsetzung hat, während die am nächsten entsprechende Frist des Gesetzes von 1883 zehn Jahre betrug. Das gleiche gilt für den, der zu Gefängnis zwischen einem und fünf Jahren verurteilt ist, wenn zehn Jahre verflossen sind. Da die Dauer des Verlustes nach § 29[2] 15 Jahre beträgt, so wird nach 15 Jahren *stets* eine Wiedereinsetzung erfolgen, während auch dies nach § 4 des Gesetzes von 1883 an gewisse Bedingungen gebunden war.

Von ebensogroßer Wichtigkeit ist es, daß in den beiden angeführten Fällen die Wiedereinsetzung zugestanden werden muß, wenn nichts davon bekannt ist, daß der Betreffende sich eines unehrenhaften Lebenswandels schuldig gemacht hat, während nach dem Gesetz von 1883 auch hier der positive Beweis eines einwandfreien Lebenswandels verlangt wird.

Eine Bestimmung wie die des § 5 des Gesetzes von 1883 aufzunehmen, wird nicht für richtig gehalten, da zwischen den beiden Handlungen ein so langer Zwischenraum liegen kann, daß es unbillig wäre, die Wiedereinsetzung unbedingt zu verweigern, selbst wenn der Betreffende schon früher eine solche erlangt hatte.

Die Sonderbestimmungen, die sich in § 6 des genannten Gesetzes finden und dahin gehen, daß eine Rehabilitierung bei Verbrechen von Kindern und jungen Leuten nicht notwendig ist, sind nach dem Entwurf weniger erforderlich, da der Verlust der staatsbürgerlichen Rechte sich als Rechtsfolge nur an Urteile auf Gefängnis über ein Jahr knüpft, und eine solche selten Kinder unter 15 Jahren treffen wird. Und da nach dem Gesetz von 1883 eine Verurteilung zu Strafarbeit von sechs Monaten und darüber für Personen zwischen 15 und 18 Jahren eine solche Folge hat, so wird der Entwurf in Ansehung dieser eine Milderung enthalten.

Sowohl für Personen unter 15 und 18 Jahren als auch für sämtliche Verurteilte im großen und ganzen wird der Entwurf hinsichtlich des Wahlrechts zu Storthings-Wahlen eine wesentliche Milderung enthalten, da vorgeschlagen wird, dem § 53ª der Verfassung folgende Form zu geben:

»Das Wahlrecht geht verloren:

a) auf Grund von Verurteilung wegen strafbarer Handlungen in Gemäßheit der hierüber vorhandenen gesetzlichen Bestimmungen.«

Hierdurch ist auf § 29² des Strafgesetzes hingewiesen.

Nach dem Gesetz von 1883 wird die Frage der Rehabilitierung von der Regierung entschieden. Die Kommission ist der Ansicht, daß die Entscheidung den Gerichten zu überlassen ist, wodurch einerseits eine schnellere Erledigung erreicht wird, andererseits die Möglichkeit vorhanden sein wird, Verurteilte und Zeugen zu hören. Gleichzeitig wird auf diese Weise jeder Anschein der Parteilichkeit und der Entscheidung nach politischen Rücksichten vermieden werden.

Bezüglich der Frage, welchem Gericht die Entscheidungen zu überlassen ist, vertritt die Mehrheit der Kommission die Ansicht, daß diese dem Verhörsgericht zu übertragen und durch Rechtsmittel nach den Vorschriften des Str.Pr.G. anzufechten sein wird, während eine Minderheit, bestehend aus Quam und Oeverland, sie den Schöffengerichten zuteilen will, dessen Entscheidungen unanfechtbar sein sollen.

Da die Anklagebehörde die Sache vorzubereiten und bei dem Gerichte anzubringen hat, so wird das Interesse des Staates daran, daß eine Wiedereinsetzung nicht am unrichtigen Platz gewährt wird, hinreichend gewahrt sein.

Wenn ein Antrag abgelehnt ist, so soll der Betreffende nicht gleich wieder einen neuen stellen können, und der Entwurf bestimmt deshalb, daß ein solcher erst nach Ablauf von zwei Jahren wiederholt werden kann.

Der Entwurf enthält nichts über die Nachlassung der Strafe im Wege der Begnadigung. In dieser Beziehung kommen daher die geltenden Regeln auch weiterhin zur Anwendung.

VII. Kapitel.

Die Strafklage.

Unser geltendes Recht stellt bekanntlich zwei Arten der Strafklage auf, die private und die öffentliche, von denen die letztere wieder in zwei Klassen zerfällt, die unbedingt öffentliche und die sogenannte privat-publike. Von einem anderen Gesichtspunkt aus kann die private und die privat-publike zusammengefaßt und der unbedingt öffentlichen gegenübergestellt werden, insofern, als in den beiden ersten Fällen es vom Verletzten abhängt, ob das Verbrechen bestraft werden soll, während im letzteren sein Wunsch nicht in Betracht kommt.

Es besteht kein Zweifel darüber, daß diese Regelung auch in Zukunft beizubehalten ist; von dieser Voraussetzung geht auch die neue Str.Pr.O. aus. Aber hierdurch ist noch keineswegs die Frage entschieden, in welchem Umfange die private und die privat-publike Strafklage Anwendung finden sollen, und dies ist ein Punkt, der einer näheren Erörterung bedarf. Dieser Entwurf ist hinsichtlich der Anordnung des Stoffes insofern von dem geltenden Gesetz abgewichen, als er nicht in einem besonderen Kapitel aufführt, welche Verbrechen Gegenstand der einen, welche Gegenstand der andern oder der dritten Art der Strafklage sein sollen, sondern er nimmt bei der Behandlung der einzelnen Verbrechen im speziellen Teil Bestimmungen hierüber auf, da diese Vorgangsweise, die auch fast in allen fremden Gesetzen angewendet ist, für weit zweckmäßiger anzusehen ist. Man wird deshalb auch bei den einzelnen Verbrechensarten die besonderen Bemerkungen hinsichtlich der Regelung der Strafklage anbringen, die sich als nötig erweisen. Selbstverständlich liegen aber der Wahl der einen oder der anderen Art von Strafklage auch gewisse allgemeine Betrachtungen zugrunde, und von diesen zu handeln, dürfte hier die richtige Stelle sein.

Wir sind der Ansicht, daß sowohl die rein private als auch die privat-publike Strafklage in unserm geltenden Gesetz eine weitere Verwendung gefunden haben, als sich mit gesunden Grundsätzen vereinbaren läßt; dies wird auch dadurch bestätigt, daß fast kein anderes Land so weit geht.[1])

---

[1]) Nach dem deutschen Gesetz unterliegen der privat-publiken Strafklage (Antragsverbrechen): feindliche Handlungen gegen befreundete Staaten, Hausfriedensbruch, Ehebetrug, Ehebruch, Erschleichen des außerehelichen Beischlafs, Verführung von Mädchen unter 16 Jahren, Beleidigung, leichte Körperverletzung, Entführung, Diebstahl zwischen nahen Verwandten, geringe Diebstähle des Dienstpersonals, Betrug gegen nahe Verwandte, Vereitelung der Zwangsvollstreckung und Pfandkehr, unerlaubte Jagdausübung zum Nachteil von Angehörigen, Bruch des Briefgeheimnisses, widerrechtliche Offenbarung von Geheimnissen, teilweise Wucher, Sachbeschädigung, Nahrungsmitteldiebstahl, Futterdiebstahl. Ursprünglich war die Zahl dieser Delikte noch größer, indem auch

Betrachtet man die Gründe, welche dafür sprechen können, die Entscheidung bezüglich der Verfolgung in die Hand des Verletzten zu legen, so wird es sich sofort zeigen, daß keiner derselben da paßt, wo, wie dies im allgemeinen der Fall ist, die Person des Verletzten eine zufällige ist, indem die Absicht des Verbrechers regelmäßig nicht die ist, einer bestimmten Person Schaden zuzufügen,

---

Notzucht und ähnliches hierher gehörte, ebenso widerrechtlicher Zwang und Drohung und alle Arten unerlaubter Jagd und Fischerei sowie Wucher; dies ist durch spätere Gesetze abgeändert worden. Was die Unterscheidung zwischen privaten und privat-publiken Delikten anlangt, ist die maßgebende Vorschrift in § 416 der St.Pr.O. enthalten, wonach Beleidigungen und leichte Körperverletzungen von Amts wegen nur dann verfolgt werden, wenn ein öffentliches Interesse vorliegt.

Das holländische Gesetz zieht die Grenzen für die nicht unbedingte öffentliche Klage noch enger, und schließt dieselbe so bei Sachbeschädigung zum Nachteile Angehöriger sowie bei Vollstreckungsvereitelungen u. a. aus, Körperverletzungen unterliegen stets der öffentlichen Strafklage; im übrigen stimmt es im wesentlichen mit dem deutschen Gesetz in dessen letzter Gestalt überein, namentlich auch bezüglich des Ehebruches nach der durch Gesetz vom 15. Januar 1886 vorgenommenen Abänderung. Durch dieses Gesetz wurde andererseits auch die Bestimmung des § 248 beseitigt, wonach die Verfolgung von Unzuchtsdelikten von Vormündern im Fall der Eingehung der Ehe unterblieb.

Das zürichsche Gesetz kennt die rein private Strafklage nur bei Beleidigungen, und die privat-publike bei Notzucht u. dgl. sowie bei Erschleichung des Beischlafs, Ehebruch, Entführung, Unterschlagung anvertrauter, gefundener oder verpfändeter Gegenstände, wenn der Betreffende nicht gleichzeitig auf den Besitz verzichtet, Diebstahl und Unterschlagung sowie Betrug zwischen nahen Verwandten und Diebstahl von Nahrungsmitteln zum Genuß auf der Stelle.

Das Gesetz von St. Gallen kennt die privat-publike Klage bei Unterschlagung und widerrechtlicher Benutzung von anvertrauten oder gefundenen Sachen, bei Diebstahl und Betrug zwischen nahen Verwandten, bei betrügerischem Verhalten hinsichtlich verpfändeter Gegenstände, bei Hausfriedensbruch und Bruch des Briefgeheimnisses, bei Entführung, geringeren Körperverletzungen, die nicht mit öffentlichen Ruhestörungen verbunden sind, bei fahrlässigen Körperverletzungen, sowie zum Teil bei Körperletzungen unter Ehegatten, unerlaubter Selbsthilfe, fahrlässiger Vermögensbeschädigung und Ehebruch.

Bei Beleidigungen gegen Private ist die Klage die private.

Solothurn: Hausfriedensbruch, unerlaubte Selbsthilfe, Notzucht u. dgl., wenn das Verbrechen nicht den Tod oder eine schwere Körperverletzung bewirkt hat, Ehebruch, leichte und fahrlässige Körperverletzungen, Drohungen, Diebstahl und Betrug sowie Unterschlagung gegenüber nahen Verwandten oder der Dienstherrschaft, sowie leichte Sachbeschädigung unterliegen der privat-publiken Strafklage.

Bei Beleidigungen findet die Privatklage statt.

Appenzell A. R. läßt überall die öffentliche Klage zu, verlangt aber bei Beleidigungen den Antrag des Verletzten und im übrigen da, wo nach dem solothurnschen Gesetz die Klage die privat-publike ist, jedoch nicht bei Notzucht, Drohungen und auch nicht bei Ehebruch, wenn er einen öffentlichen Skandal hervorgerufen hat.

Ungarn: Bei Notzucht, Verführung u. dgl. kann regelmäßig die Verfolgung ex officio eintreten; in jedem Fall ist die Klage die privat-publike bei erschlichenem Beischlaf, Ehebruch, Beleidigungen gegen Private, unbedeutende Körperverletzungen, Entführung, Bruch des Briefgeheimnisses und Verrat von Geheimnissen, Hausfriedensbruch, Diebstahl und Unterschlagung gegen nahe

sondern sich auf Kosten einer beliebigen Person einen Vorteil zu verschaffen. Derartige Verbrechen sind denn auch in Wirklichkeit weit mehr gegen die menschliche Gesellschaft als gegen den einzelnen gerichtet. Der einzelne hat meistens wenig Interesse an der Bestrafung, die ihm nur Ungelegenheiten und Beschwerden bringt. Die Gesellschaft als solche dagegen hat alle Veranlassung, die verbreche-

---

Verwandte oder gegen die Dienstherrschaft, Betrug zwischen nahen Verwandten und Sachbeschädigung.

Dänemark: Selbsthilfe und Beleidigungen gegen Private unterliegen der Privatklage. Ebenso unbedeutende Körperverletzungen.

Privat-publik ist die Anklage bei Ehebruch, Verführung von Mädchen zwischen 12 und 16 Jahren und Entführung unmündiger Mädchen mit ihrer Einwilligung, leichterer Arten der schweren Körperverletzung und Freiheitsberaubung, Näscherei, namentlich von Nahrungsmitteln zum unmittelbaren Genuß, gesetzwidriger Benutzung fremden Eigentums, Unterschlagung fremden Geldes, auf dessen Besitz nicht verzichtet wird, leichtsinniges Benehmen usw. von Konkursschuldnern, Sachbeschädigung.

Eine Besonderheit des dänischen Rechts ist es, daß es bisweilen bestimmt, daß die Verfolgung von Amts wegen unterbleiben kann, wenn der Verletzte damit einverstanden ist.

Bern: Beleidigungen, Verrat von Geheimnissen, Ehebruch, Entführung-fahrlässige Körperverletzung sowie unbedeutender vorsätzlicher Hausfriedens, bruch, gesetzwidrige Selbsthilfe, Sachbeschädigung, Unterschlagung und Diebstahl zwischen nahen Verwandten, oder von Nahrungsmitteln aus Not oder zur Befriedigung einer momentanen Begierde unterliegen nicht unbedingt der Verfolgung von Amts wegen.

Schweden: Hausfriedensbruch, leichte Körperverletzungen, Zwang und Drohungen, Ehebruch, ohne daß die Scheidung daraus erfolgt oder der Ehemann als Kindesvater in Anspruch genommen wird, oder ohne daß derselbe ein anderes Verbrechen in sich schließt, erschlichene Verlobung oder Heirat, die nicht aufgehoben worden ist, unterliegen der privat-publiken Klage.

Fahrlässige Körperverletzungen, private Beleidigungen, geringe Sachbeschädigung, einzelne Arten geringen Betrugs, Unterschlagung anvertrauten Gutes, gesetzwidrige Benutzung fremden Eigentums sowie Diebstahl und ähnliche Delikte zwischen nahen Verwandten, eine Reihe von Verbrechen des Konkursschuldners, darunter leichtsinnige Unternehmen, Verschwendung usw., gesetzwidriges Holzfällen, unberechtigte Jagd und Fischerei unterliegen ausschließlich der Privatklage.

Belgien: Ehebruch und Beleidigungen werden nur auf Antrag des Verletzten verfolgt, Diebstahl und Betrug zwischen nahen Verwandten sind nicht strafbar.

Frankreich: Ehebruch wie in Belgien. Ebenso Diebstahl zwischen nahen Verwandten.

Genf: Beleidigungen gegen Private sind nur Gegenstand der Privatklage. Betrug und Diebstahl zwischen nahen Verwandten wie in Belgien.

England: Hier kann ein jeder wegen jedes beliebigen Verbrechens die Anklage erheben. »Ein Privatmann kann nicht bloß die Anklage wegen Hochverrats oder wegen aufrührerischer Verschwörung erheben, sondern A. kann die Schmähschrift des B. gegen C. verfolgen, oder die Körperverletzung gegen D., oder den Betrug gegen E., obgleich A. gar kein Interesse an der Sache hat, und C., D. und E. die Verfolgung gar nicht wollen.«

Kroatischer Entwurf: Entführung, Betrug ohne animus lucri faciendi und Untreue von privaten Bevollmächtigten gegenüber Privaten, zu denen jedoch die Aktiengesellschaften nicht zählen, Vereitelung der Zwangsvollstreckung, wider-

rischen Tendenzen zu bestrafen, wo sie sich auch zeigen, und man hindert sie in der Erfüllung ihrer Aufgabe, wenn man eine Bedingung wie die hier erwähnte aufstellt.

Wie diese Regelung die berechtigten Interessen der Gesellschaft beeinträchtigt, so kommt sie auch nicht dem Verletzten zugute, dem weit besser damit gedient wäre, wenn man eine Befugnis von ihm fernhielte, die ihn leicht dem Verdacht aussetzt, entweder als rachgierig oder als verbrecherfreundlich angesehen zu werden.

Wirft man einen Blick auf die Vermögensdelikte, deren Verfolgung das Gesetz zurzeit vom Willen des Verletzten abhängen läßt, so läßt sich die privat-publike Strafklage jedenfalls bei Näschereien rechtfertigen (§ 262). Bezüglich des Betrugs, der Unterschlagung und der Untreue ist es indessen ganz sicher, daß unser Gesetz die Anwendung dieser Art Strafklage weit über die Grenzen der Bedürfnisse der Gesellschaft hinaus zuläßt. Wenn Personen, die im Lande umherziehen und durch Lügen und Schwindeleien betrügen wen sie können, oder wenn Personen, die in mehr oder minder halbamtlichen Stellungen sich befinden, wie Vormünder und Bankdirektoren, in dieser Eigenschaft das ihnen Anvertraute unterschlagen, nicht belangt werden können, wenn keiner der Geschädigten sich für seine Person veranlaßt sieht, zu klagen, so ist dies eine Regelung, die jedenfalls nicht zur Stärkung der allgemeinen Moral beiträgt. Der Entwurf läßt des-

---

rechtliche Benutzung einer Firma oder eines Warenzeichens, Sachbeschädigung sind Gegenstand der privat-publiken Klage.

Verführung, Ehebruch, Beleidigung gegen Private, leichte Körperverletzung, Betrug, Diebstahl und Unterschlagung zwischen nahen Verwandten, Betrug gegen Pfandgläubiger u. dgl., Nachdruck, Bruch des Briefgeheimnisses sind Gegenstand der Privatklage.

Österreichischer Entwurf: Hausfriedensbruch, erschlichene Eheschließung, Entführung, Zwang und Drohung, Vermögensbeschädigung ohne den animus lucri faciendi, unberechtigte Jagd und Fischerei, Wucher, Beschädigung fremder Gegenstände, Aneignung von Dingen geringen Wertes, die vom festen Eigentum getrennt werden, wie Gras, Zweige, Moos, Torf unterliegen der privat-publiken Klage.

Die private Klage findet statt bei Ehebruch, erschlichenem Beischlaf, Beleidigungen gegen Private, leichten oder fahrlässigen Körperverletzungen, bei Diebstahl, Unterschlagung und Betrug zwischen nahen Verwandten, sowie Betrug, der lediglich darauf ausgeht, sich ein Geschenk zu erschleichen, Vereitelung der Zwangsvollstreckung, widerrechtliche Benutzung eines Warenzeichens, betrügerisches Verhalten hinsichtlich verpfändeter Gegenstände u. dgl., Bruch des Briefgeheimnisses, Zuwiderhandlung gegen die Pflicht zur Verschwiegenheit, Nachdruck, venerische Ansteckung zwischen Ehegatten, Näscherei von Nahrungsmitteln für den augenblicklichen Genuß, Verlangen von Verbrauchsgegenständen in einem Wirtshaus, ohne daß man bezahlen kann.

Spanischer Entwurf: Ehebruch, Verführung, Entführung, Verrat von Geheimnissen unterliegen der privat-publiken Klage. Vermögenseingriffe zwischen Ehegatten, Aszendenten, Deszendenten, sowie Geschwistern, die zusammen leben, sind nicht strafbar.

Beleidigungen gegen Private sind Gegenstand der privaten Klage.

halb die öffentliche Klage zu, wenn der Schuldige durch Mißbrauch des öffentlichen Vertrauens oder der Leichtgläubigkeit mehrere Personen betrogen hat, oder wenn im übrigen die Umstände die öffentliche Klage erheischen (§ 279).

Daß dagegen bei Beleidigungen die Verfolgung regelmäßig vom Willen des Beleidigten abhängt, ist wohl selbstverständlich. Was ferner leichte Körperverletzungen und Sachbeschädigungen anbelangt, so kann wohl im allgemeinen gesagt werden, daß der Staat sich nur auf Wunsch des Verletzten hier einmischen soll; Grund, von dieser Regel eine Ausnahme zu machen, ist dagegen dann vorhanden, wenn allgemeine Rücksichten die Verfolgung notwendig machen, wenn z. B. das Verbrechen offenbar keinen persönlichen Charakter trägt, sondern nur in Roheit und Zerstörungswut seinen Ursprung hat, die Person des Verletzten also etwas rein Zufälliges ist, sowie auch wenn der Verletzte aus Furcht vor Rache zurückgehalten wird, und der Verbrecher sonst grade infolge seines verbrecherischen Charakters Straffreiheit erlangen würde (vgl. die §§ 228, 229 und 291).

Schwierig ist allerdings die Frage bei Sittlichkeitsdelikten, wie Notzucht, Entführung von Frauen, Ehebruch und Verführung jugendlicher Personen. Wie wir gesehen haben, stimmen die Gesetze so ziemlich aller Länder darin überein, in den beiden letzten Fällen nicht die unbedingte öffentliche Klage zuzulassen. Hierfür lassen sich leicht triftige Gründe anführen, beruhend auf der Rücksichtnahme auf den Verletzten selbst, aber wie an anderen Orten näher ausgeführt, dürfte es doch eine Frage sein, ob nicht beim Ehebruch diese Rücksicht ihre Bedeutung verliert, wenn die Ehe nicht mehr besteht. Was Notzucht und Entführung von Frauen u. dgl. anbelangt, so enthalten die Gesetze, wie man aus der obigen Anmerkung ersehen haben wird, verschiedene Regeln; das deutsche Gesetz, welches früher hier die privat-publike Strafklage hatte, hat sich seither veranlaßt gesehen, diese bei den Notzuchtsverbrechen in die unbedingt öffentliche umzuwandeln. Nach unserer Ansicht sprechen auch die überwiegendsten Gründe für diese Art der Verfolgung. Es handelt sich hier um einen Fall der Roheit, der regelmäßig mit sinnlicher Begierde verbunden ist, die eine Gefahr nicht bloß für die einzelne Person, sondern für ein ganzes Geschlecht in sich birgt, wenigstens innerhalb gewisser Altersgrenzen. Die Gesellschaft hat deswegen ein großes Interesse daran, hier strafend einzuschreiten. Die im einzelnen Fall verletzte Person wird doch schwerlich erreichen können, daß das Vorgefallene verheimlicht wird, und sie wird deswegen sowieso sich der peinlichen Aufmerksamkeit aussetzen müssen, die eine derartige Begebenheit auf sich zieht. Meistens wird es um ihrer selbst willen wünschenswert sein, die Sache durch eine öffentliche Untersuchung klarzustellen, und man erweist ihr alles andere als einen Dienst, wenn man sie veranlaßt, der Schamhaftigkeit oder anderen Rücksichten zu weichen. Von der unbedingt öffentlichen Klage eine

Ausnahme zwecks Förderung der Eheschließung zwischen der vergewaltigten Person und dem Vergewaltiger zu machen, wird ebenfalls für unbegründet angesehen. Das Gesetz darf sich nicht zu einer Anschauung bekennen, wonach die Ehre einer Frauensperson durch eine Vergewaltigung leiden und dadurch wieder hergestellt werden könnte, daß sie sich an einen Mann fesseln läßt, der sie durch seine Handlung auf das brutalste gekränkt und sich unwürdig gezeigt hat, überhaupt noch in Freiheit zu bleiben.

Es ist oft als ein Mangel empfunden worden, daß unsere Gesetzgebung — mit Ausnahme der Verjährungsvorschrift in § 13, Kap. 7 — nicht nähere Bestimmungen über die private oder die privat-publike Strafklage enthält. Dem hat man teilweise abzuhelfen versucht durch die §§ 84, 92, 93, 94 und 95 des Str.Pr.G. Einzelne der dort behandelten Fälle gehören indessen zunächst in das Strafgesetz, wenn man nicht das System konsequent durchführt, die Vorschriften über die Verfolgung in das Strafprozeßgesetz zu verweisen.

Zu §§ 78 und 79.

In den meisten Gesetzen wird man eine Reihe von näheren Bestimmungen darüber finden, wer Verletzte, die nicht selbst handlungsfähig sind, in der hier erwähnten Beziehung vertritt, sowie darüber, bei welchem Alter das Recht, selbst aufzutreten, anfängt. So bestimmt § 65 des deutschen Gesetzes, daß der Vormund den Klageantrag stellen kann, solange der Verletzte minderjährig ist, und daß er allein zur Stellung des Antrags berechtigt ist, wenn jener wegen Geisteskrankheit oder Taubstummheit entmündigt ist. Dasselbe schreibt ungefähr der österreichische Entwurf (§ 78) sowie das ungarische (§ 113) und das holländische Gesetz (§ 64) vor; die letzteren lassen jedoch die volle Handlungsfähigkeit in den hier erwähnten Fällen mit dem 16. Jahre eintreten und geben Verwandten u. a. ein Recht, die Verfolgung zu verlangen, wenn der Vormund selbst der Schuldige ist (holländisches Gesetz), oder sie lassen in diesem Fall die unbedingte öffentliche Klage eintreten. Ebenso ungefähr § 102 des kroatischen Entwurfs, Artikel 54 St. Gallen u. a.

Etwas weiter geht dagegen hier der russische Entwurf (§ 61), indem er stets beiden Eltern die Antragsberechtigung erteilt und die unbedingt öffentliche Klage dann eintreten läßt, wenn das Verbrechen vom Vormund begangen ist.

Nach unserer Ansicht ist die Regelung, die übrigens bei Stillschweigen des Gesetzes auch die bei uns angenommene ist, daß nämlich die Entscheidung allein in der Hand des Vormundes liegt, keine befriedigende. Man hat in einer Sache, wie die hier in Frage stehende, wenig oder gar keine Garantie dafür, daß der Vormund nicht aus anderen Rücksichten, als denen, die wirklich in Betracht kommen sollten, d. h. die Rücksichtnahme auf den Unmündigen selbst, es unterläßt, einen Antrag zu stellen. Worum es sich handelt, ist, eine Garantie dafür zu schaffen, daß die Erhebung der Anklage dort unterbleibt, wo die eigenen berechtigten Interessen des Verletzten dies wünschenswert erscheinen lassen, und daß auf der anderen Seite nicht die Antragsberechtigung zu privatem Vorteil ausgenutzt wird. Hiergegen gewährt es aber keine Sicherheit, wenn die Entscheidung in die Hand eines einzelnen gelegt wird. Auch andere Gesetze lassen bisweilen Ausnahmen zu. So steht die Antragsberechtigung in Deutschland bei der Verführung von Mädchen unter 16 Jahren zugleich den beiden Eltern zu (§ 182). Bei diesen Verbrechen, wie dies in mehreren fremden Gesetzen bestimmt ist, die unbedingt öffentliche Klage dann eintreten zu lassen, wenn sie vom Vormund selbst begangen sind, wird andererseits auch nicht für richtig gehalten, da doch überwiegende Gründe dafür vorhanden sein können, keine Anklage zu erheben. Der Entwurf hält deswegen auch hier an dem diskretionären Charakter der Entscheidung fest, aber legt diese in die Hand der Amtsbehörde.

Dieselbe Befugnis, welche der Amtsbehörde beigelegt wird, wenn das Verbrechen von einem Antragsberechtigten begangen ist, gibt § 79 hier auch, wenn kein Antragsberechtigter vorhanden ist. Wenn es sich z. B. um einen vermögenslosen Knaben handelt, der weder Vormund noch Verwandte hat. Regelmäßig wird indessen hier ein Vormund zu bestellen sein. Hierzu wird auch der Fall zu rechnen sein, daß der Verletzte gestorben ist, ohne Verwandte oder Erben zu hinterlassen.

Wenn der Verletzte ein gewisses Alter erreicht hat, so scheint es angemessen zu sein, ihm selbst einigen Einfluß auf die Frage zu geben, ob Anklage zu erheben ist.

Entsprechend dem schweizerischen Entwurf (§ 2), der eine ähnliche Regel enthält, hat man die Altersgrenze auf das 16. Jahr festgesetzt; der österreichische Entwurf (§ 78) räumt nur Personen über 18 Jahren dieses Recht ein.

Daß Personen über 16 Jahren sich bei Körperverletzungen und Beleidigungen der Erhebung der Anklage widersetzen können, ist unseres Wissens eine Bestimmung, die sich im Gesetze keines anderen Landes findet.

Indessen scheint es, daß die Gründe, die in diesen Fällen hauptsächlich dazu führen, die Anklageerhebung von einem Antrag abhängig zu machen — nämlich die Erwägung, daß die Angelegenheit für den Verletzten selbst peinlich sein könnte, daß außerdem sein Verhalten dabei einer eingehenden Untersuchung ausgesetzt werden könnte, ja, daß der Grund zur Annahme einer strafbaren Handlung wesentlich geschwächt wird, wenn der im einzelnen Fall Verletzte selbst gegen die Anklageerhebung ist, — diese Gründe sind von einer so persönlichen Natur, daß die persönliche Ansicht des Verletzten nicht außer Betracht zu lassen ist, wenn er soweit zu Jahren gekommen ist, daß anzunehmen ist, er werde einigermaßen selbständig die in Betracht kommenden Verhältnisse abschätzen können. Wie in dem Fall zu verfahren ist, wenn der Verletzte stirbt, ohne einen Antrag gestellt zu haben, und ohne, daß die Frist für einen solchen abgelaufen ist, darüber enthält das geltende Gesetz nur verstreute Bestimmungen, nämlich in § 11, Kap. 17 über Beleidigungen, und in § 3, Abs. 2, Kap. 27 über Körperverletzungen und schwere Sittlichkeitsdelikte. Es wird indessen angenommen, daß das Antragsrecht bei Vermögensdelikten infolge der Natur der Sache auf die Erben übergeht, und die Regeln des geltenden Rechts sind daher folgende:

Bei Körperverletzungen und schweren Sittlichkeitsverbrechen ist die Anklage unbedingt öffentlich, wenn der Tod des Verletzten diesen daran gehindert hat, selbst den Antrag zu stellen;

bei widerrechtlicher Freiheitsberaubung, Drohung und Zwang erlischt das Anklagerecht völlig beim Tode des Verletzten;

bei Vermögensdelikten treten dagegen die Erben an die Stelle des Verstorbenen, und

bei Beleidigungen geht das Antragsrecht über auf seinen Ehegatten, seine Eltern, Kinder und Geschwister.

Dies ist, wie leicht einzusehen ist, eine ebenso bunte wie sinnlose Anordnung.

Die meisten fremden Gesetze, welche Bestimmungen auf diesem Gebiete enthalten, führen eine Vorschrift durch, die einigermaßen der entspricht, die wir namentlich in Ansehung der Beleidigungen aufstellen. So das holländische Gesetz, Art. 65: Eltern, Kinder und der Ehegatte; der österreichische Entwurf: Erben und Verwandte im ersten und zweiten Grade sowie der Ehegatte. § 94 des Str.-Pr.-G. läßt den Ehegatten, die Verwandten im ersten und zweiten Grad sowie die Erben hinsichtlich der subsidiären Antragsberechtigung an die Stelle des Verletzten treten. Man scheint deshalb auch hier eine entsprechende Regel aufnehmen zu können, die also dieselbe wie die des österreichischen Entwurfes ist. Ein Bedürfnis in irgendeinem Falle, die Verfolgung auf Antrag in die unbedingt öffentliche Klage übergehen zu lassen, dürfte nicht vorhanden sein, wenn die privat-publike Strafklage in angemessener Weise begrenzt wird, insbesondere wenn bei Notzucht diese Klage keine Verwendung mehr findet. Eine Annäherung an die öffentliche Klage enthält der Entwurf indessen insofern, als, wie bereits erwähnt, nach § 79 in dem dort erwähnten Fall die Amtsbehörde als summus tutor das Recht hat, eine solche zu erheben.

Zu § 80.

Die Möglichkeit, die Anklage-Verfolgung zu beantragen oder selbst Anklage zu erheben, wird jetzt nach § 13, Kap. 7 durch Verjährung verloren, die von der Zeit ab gerechnet wird, wo man Kenntnis von dem Verbrechen erlangt hat. Hierin stimmt unser Gesetz so ziemlich mit allen fremden Gesetzen überein; bezüglich der Verjährungsfristen trifft dies indessen nicht zu, da diese an den meisten Orten drei oder höchstens sechs Monate, bei uns aber ein Jahr beträgt. Zweckmäßigerweise wird diese Frist auch bei uns ohne Nachteil auf die Hälfte verkürzt werden können.[1])

Es erscheint indessen am richtigsten, die Frist für diejenigen, deren Antragsberechtigung nur eine subsidiäre ist, von dem Augenblick ab laufen zu lassen, wo sie berechtigt sind, den Antrag zu stellen. Dieses bestimmt Abs. 2 des Paragraphen.

Eine andere Frage ist es, ob das Gesetz es gestatten soll, daß die Antragsberechtigung durch vertragsmäßigen Verzicht in Wegfall kommt. In Wirklichkeit scheinen die gewichtigsten Gründe dagegen zu sprechen. Die Ansicht des Gesetzes ist es, daß der Verletzte sein Recht auf eine völlig uninteressierte Weise handhaben und es nicht zu Erpressungen benutzen soll; ist aber über den Verzicht ein Übereinkommen geschlossen worden, so wird dieses meistens Bestandteil eines nach dem Grundsatze do ut des abgeschlossenen Rechtshandels sein. Oder der Verletzte hat sich durch Bestürmungen und Bitten das Versprechen der Verzeihung ablocken lassen, dem er sowohl im Interesse der Sache als auch in seinem eigenen am besten nicht ausgesetzt wird. Will man indessen dem Verzicht keine rechtliche Wirkung beilegen, so wird es bei uns nötig sein, dies im Gesetz selbst auszusprechen.[2])

Selbstverständlich wird die Hoffnung vergeblich sein, daß durch eine derartige Bestimmung Mißhelligkeiten vermieden werden; sie werden indessen doch vermindert werden können, und man wird es vermeiden, daß die Gerichte selbst sie in gewisser Weise sanktionieren.

---

[1]) § 13, Kap. 7 unseres Strafgesetzes spricht von »Kenntnis vom Verbrechen erhalten«; der Lauf der Frist kann indessen nicht beginnen, ehe man auch von dem Täter Kenntnis erlangt hat. Es kann z. B. der Fall eintreten, daß lediglich die Person des Täters die Klage seitens des Verletzten notwendig macht, indem es sich z. B. herausstellt, daß er von seinem eigenen Sohn bestohlen worden ist. Außerdem wird oft eine Klage für unnütz angesehen werden, solange man keine Anhaltspunkte dafür zu geben vermag, wer als Schuldiger in Betracht kommen kann. — Sind mehrere Schuldige vorhanden, und erlangt man zuerst Kenntnis von dem einen und später von dem andern, so ist die Frist von der letzten Kenntnis ab zu rechnen, da diese für die Klage hinsichtlich des zuletzt entdeckten Täters maßgebend ist, während die Klage gegen den ersten ex officio eintritt, wenn sie gegen den letzteren erhoben wird.

[2]) In Deutschland wird dies ungefähr einstimmig in der Literatur angenommen, und es ist auch durch die Praxis festgelegt (Binding, Strafrecht I, S. 647), aber bei uns wird jetzt ohne Bedenken die entgegengesetzte Lehre gehandhabt. In dem österreichischen Entwurf (§ 80) ist der Verzicht ausdrücklich zugelassen. Desgl. im italienischen Gesetz (§ 88) u. a.

Zu § 81.

Bezüglich der Frage, wie weit der Verletzte dazu berechtigt sein soll, bei privat-publiken Verbrechen die Verfolgung nur einiger der Mitschuldigen unter Freilassung der übrigen zu verlangen, enthalten die meisten Gesetze, die sich hierüber aussprechen, Vorschriften, die im Grundgedanken mit § 84 des Str.-Pr.-G übereinstimmen, d. h die Alternative aufstellen: alle oder keinen. So das deutsche Strafgesetz § 63, das ungarische § 115, der österreichische Entwurf § 76 (vgl. § 77), der eine Ausnahme macht bei Sachen, die der unbedingt privaten Verfolgung unterstellt sind. Hiervon machen indessen einige Gesetze eine Ausnahme insofern, als sie es zulassen, nur die Bestrafung des Anstifters zu verlangen, so Zürich § 54 und St. Gallen § 44 und, da es sich nicht in Abrede stellen läßt, daß diese Begrenzung das Anstößliche der unbedingt freien Wahl entfernt, so empfielt sich diese Regelung zur Aufnahme.

In einzelnen Fällen pflegen die Gesetze zu bestimmen, daß Verbrechen, die regelmäßig der unbedingt öffentlichen Klage unterliegen, wenn sie von gewissen Personen, namentlich nahen Verwandten des Verletzten, begangen werden, nur auf Antrag zu verfolgen sind. So bei Diebstahl, Unterschlagung und Betrug. Hierbei entsteht die Frage, wie zu verfahren ist, wenn mehrere zusammen ein Verbrechen begangen haben, das für die einen nur auf Antrag, für die andern von Amts wegen zu verfolgen ist. Die Frage wird, wie leicht zu sehen ist, nicht durch die Aufnahme einer Regel wie die des § 84 unseres Str.-Pr.-G. entschieden; vielmehr wird das Fehlen einer ausdrücklichen Bestimmung zur Folge haben, daß auch hier diejenigen ohne weiteres von Amts wegen angeklagt werden, die, wenn sie das Verbrechen allein begangen hätten, ohne Rücksicht auf den Willen des Verletzten verfolgt werden könnten, während die anderen mangels eines Antrags frei ausgehen werden. Zu diesem Ergebnis haben sich auch das deutsche Gesetz § 247, sowie das ungarische § 115 und der österreichische Entwurf § 76 ausdrücklich bekannt. Indessen dürfte es wohl Anstoß erregen, wenn infolge dieser Regelung der schuldige Haupttäter frei ausgehen sollte, während der Verleitete bestraft würde, und man hat auch tatsächlich Beispiele gehabt, daß derartige Fälle das öffentliche Rechtsbewußtsein verletzt haben. (S. so Benz, Das Strafgesetzbuch f. d. Kanton Zürich, S. 41.) Ist ein Diebstahl im Interesse des Betreffenden ausgeführt worden, so würde es, selbst wenn dieser nicht zugleich Anstifter ist, sich sehr schlecht ausnehmen, wenn der fremde Mittäter gestraft werden sollte, während der andere straffrei bleiben müßte. Und wenn ein Sohn einer ganzen Diebsbande bei der Bestehlung seines Vaters geholfen hat, so verliert andererseits die Handlung des Sohnes völlig den eigentümlichen Charakter, der es sonst rechtfertigen könnte, die Verfolgung nur auf Antrag eintreten zu lassen, während es gänzlich unangebracht wäre, die ganze Bande aus Rücksicht für diesen einen, ihren Helfer, leer ausgehen zu lassen. Bezüglich dieser Kombination läßt sich schwer eine allgemeine Regel aufstellen, und es scheint deshalb am besten, die Frage dem Ermessen der Anklagebehörde zu überlassen. Das Notwendige hierüber wird indessen zweckmäßigerweise an der Stelle des speziellen Teiles aufgenommen, wo die Regel über die bedingte öffentliche Verfolgung von Vermögensdelikten unter Angehörigen ihren Platz findet (S. § 265).

Zu § 82.

Es wurde früher angenommen, daß die Klage bis zur Anklageerhebung zurückgenommen werden könnte, und dieses ist jetzt ausdrücklich in § 84 des Str.-Pr.-G. bestätigt. Das richtigste dürfte es indessen sein, als Regel den Satz aufzustellen, daß sie überhaupt nicht zurückgenommen werden kann. Im allgemeinen werden sich unter einer Zurücknahme Mißhelligkeiten verbergen, und es ist auch ein unwürdiges Spiel, das mit den öffentlichen Behörden getrieben wird, [1]) wenn der Private sie zuerst dazu kommandieren darf, einzuschreiten, und dann, nach dem das Verbrechen öffentlich festgestelt ist, die Augen zu schließen. Es ist nunmehr auch Hauptregel in Deutschland (§ 64), im schweizerischen (§ 2), sowie im österreichischen Entwurf (§ 76), daß die Klage unwiderruflich ist, während andere Gesetze z. T. allerdings viel schlappere Bestimmungen haben, so Solothurn (§ 45), das ungarische Gesetz (§ 116) und der russische Entwurf (§ 62). Es muß auch zugegeben werden, daß bei einzelnen strafbaren Handlungen eine derartig unbedingte Regel zu streng ist. Bei Ehebruch und Versehen im Dienstverhältnis dürfte so eine ausgedehntere Möglichkeit der Zurücknahme angemessen sein, da eine entgegengesetzte Regelung oft das Aufhören von Verhältnissen zur Folge haben wird, deren Fortsetzung beide Teile wünschen. Dieselbe Möglichkeit der Zurücknahme erscheint angemessen, wo die Verfolgung auf Antrag geschieht, weil der Täter und der Schuldige verwandt sind [eine derartige Vorschrift ist vorhanden in St. Gallen (§ 55), Appenzell (§ 55), Deutschland (§ 247), und sie wird vorgeschlagen im österreichischen Entwurf (§ 76)].

In beiden Fällen wird indessen angenommen, daß die Zurücknahme nicht länger als bis zur Ausfertigung des Anklagebeschlusses zulässig sein soll, indem die größere Freiheit, die bei uns die Anklagebehörde darin hat, eine Sache niederzuschlagen, ein weitergehendes Recht unnötig machen dürfte.

Um Mißverständnissen vorzubeugen, muß hier noch angeführt werden, daß unter einem Antrag auf Strafverfolgung ein gegen eine

---

[1]) Vgl. die Motive zum schweizerischen Entwurf, wo Stooß ausspricht, daß auch in der Schweiz ein Spiel, ein Handel mit der Zurücknahme des Antrags getrieben wird, die im Widerstreit zu den Interessen der Strafrechtspflege stehen.